Till Bamberg

Die Magie des Visuellen

Till Bamberg

Die Magie des Visuellen

Die Entstehung von Illusionen im Film
Interviews mit Filmkünstlern zu Special-&-Visual Effects

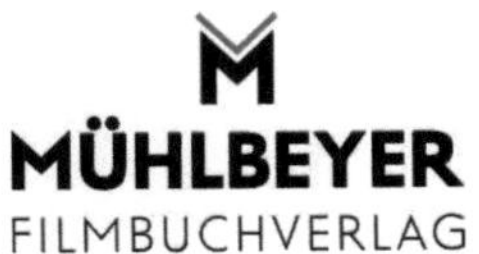

Bibliografische Information der Deutschen Nationalbibliothek:

Die Deutsche Nationalbibliothek verzeichnet diese Publikation in der Deutschen Nationalbibliografie; detaillierte bibliografische Daten sind im Internet über http://dnb.d-nb.de abrufbar.

Inh. Harald Mühlbeyer
Frankenstraße 21a
67227 Frankenthal
www.muehlbeyer-verlag.de

Umschlagbild:
© Martin Mercer / Konzeptzeichnung Hellraiser III – Hell on Earth

Umschlaggestaltung: Steven Löttgers, Löttgers-Design Birkenheide / Harald Mühlbeyer

ISBN:

978-3-945378-73-1 (Print)
978-3-945378-74-8 (PDF)
978-3-945378-75-5 (Epub)
978-3-945378-76-2 (Mobipocket)

Druck: BoD, Norderstedt
Printed in Germany

Inhaltsverzeichnis

1. Preproduction

Am Anfang war das Wort. Das stimmt sogar. Und zwar ein Schriftliches. Im Drehbuch. Oder vielleicht auch auf einem Zettel mit Einfällen. Auf jeden Fall wird irgendwann einmal die Idee zu einem Film aufgeschrieben. Was dann folgt ist die Entwicklung einer Geschichte, die (ein paar Jahre später) dann das Licht der Leinwand erblickt. So in etwa läuft die Gestaltung eines Filmes ab. In dem breiten Zeitraum zwischen diesem ersten Wort und dem fertigen Produkt liegen viele große und kleine Schritte. Planungen, Zeichnungen, Besprechungen und vieles mehr werden benötigt, damit wir uns erfreuen können am laufenden Bild. Hunderte Personen sind an der Fertigstellung eines Filmes beteiligt. Doch nur wenige sind es, die die breite Öffentlichkeit kennt. Meist die großen Namen der Schauspieler und die Regisseure. Doch was ist mit den vielen kreativen Köpfen hinter dem Film? Was ist mit den Namen, die vieles möglich machen, aber die nie den Weg in die Öffentlichkeit finden? Sie sind es, die einen Film zu einem Film machen. Und denen ist dieses Buch gewidmet: den unbesungenen Helden des Zelluloids. Nun stellt man sich vielleicht die Frage, warum man überhaupt ein neues Filmbuch schreibt. Es gibt doch bereits zahlreiche Bücher, die sich mit dem Medium Film beschäftigen. Natürlich gibt es die. Dieses Buch hat auch nicht den Anspruch, das Rad neu zu erfinden. Nur fehlt es bei vielen Veröffentlichungen an einem kleinen, aber wichtigen Detail: Die Kreativen kommen kaum selbst zu Wort. Dies soll hier anders sein, und zwar in aller Ausführlichkeit. Dieses Buch bietet Platz für Informationen aus erster Hand. Kein bloßes Nacherzählen oder eine Aufzählung lexikalischer Begriffe. Hier sprechen diejenigen, die ihren Einfluss im Bereich des Films und des Fernsehens hinterlassen haben. Ungefiltert und ehrlich.

Die Auswahl der Kreativen, die dieses Buch ausfüllen, ist aber nicht zufällig gewählt. Als passionierter Filmfreund haben mich schon immer die Menschen interessiert, die an bestimmten Filmen mitgewirkt haben. Und die wurden hier gezielt gefragt. Meist waren es Filme aus den 1980er und 90er Jahren, die diese Passion vorangetrieben haben. Aufgewachsen in einer Zeit, die man als unbekümmert bezeichnen kann, versetzte man sich als Kind/ Jugendlicher für die Zeit des Filmes in eine andere Welt. Man erlebte sie mit allen Fasern des Körpers. (Was genau dies bedeutet wird im Unterkapitel Konzept erläutert.)

Was aber war an den Filmen dieser Ära so besonders? Was hat diese Filme ausgemacht und warum lohnt es sich, einmal genauer auf sie zu schauen? Ein Film beinhaltet so viele verschiedene Künste, die kaum oder selten Beachtung finden. Das ist, wenn man ein Film als Gesamtwerk betrachtet, nicht nur ungerecht, sondern auch respektlos. Hat man auch mal von den Künstlern hinter diesen Filmen etwas gelesen oder gehört? Was sie zu erzählen haben ist es, was Filmgeschichte ausmacht. Daraus kann man lernen, und man bewahrt die Kunst dieser Menschen auf.

Wie jeder Cinephile habe auch ich irgendwann meinen ersten Film gesehen: In einem Land vor unserer Zeit (1986), damals im Kino. Berührend war es und emotional. Der nächste Film, an dem ich mich bewusst erinnere, war Star Trek VI – Das unentdeckte Land (1991), ebenfalls im Kino. Dieser Film hat mich schwer beeindruckt. Abgesehen von der eigentlichen Geschichte waren es vor allem die Weltraumschlachten mit den Klingonen und die Maske, die mich begeistert haben. Eine Sache hatte mich bereits damals ein wenig gestört. Es waren die herumfliegenden Bluttröpfchen, die ich bereits damals nur bedingt gelungen fand. Aber hier stellte ich mir das erste Mal die Frage: »Wie haben die das gemacht?«

Dieses Gefühl überkam mich im Laufe der Jahre, die da folgten, immer wieder. Viele innovative Filme aus dem fantastischen Bereich haben mich dazu veranlasst nachzudenken, wie diese Tricks funktionieren. In den frühen 1990er Jahren sah ich im Fernsehen das erste Mal Das Ding aus einer anderen Welt (1982). Damals wurde dieser Film anscheinend ungeschnitten ausgestrahlt. Und was ich da erblickte, ließ mich erschaudern. Horror in Reinkultur mit Effekten, die noch heute überzeugen. Es folgte dann Alien – Das unheimliche Wesen aus einer fremden Welt (1979). Dies war mein Schlüsselmoment. Hier wollte ich unbedingt wissen, wie die Kreativen diese Welt erschufen. Ich versuchte (damals gab es noch kein Internet) alles zu bekommen, was ich ergattern konnte, um einen Blick hinter die Kulissen zu erhalten. Gleich danach setzte ich Aliens – Die Rückkehr (1986) an und war noch mehr begeistert. Auch hier wollte ich alles wissen. Aber der größte Trick, den ich je sah und der mich veranlasste, ganz und gar in diese Materie einzutauchen, war aus Poltergeist (1982). Es gibt dort eine Szene in der Küche. Die Mutter spricht mit ihrer Tochter und wandert zwischen Essbereich und Küche hin und her. Die Kamera folgt ihr. Alles geschieht ohne Schnitt. Und auf einmal sieht man, innerhalb von Sekunden, wie sich im Essbereich die Stühle stapeln. Jahrelang wollte ich wissen, wie sie diesen Trickgemacht haben. Als ich es dann herausfand, war ich umso mehr begeistert. Es war ein einfacher Theatertrick mit einer drehbaren Bühne. So simpel und doch so effektiv.

Dies waren im Grunde die Filme, die mich beeindruckt hatten. Und ich wollte mehr wissen. Filme aus jener Zeit (1970 – ca. 2000) haben mich am meisten beeinflusst. Es war eine wunderbare Ära der praktischen Effekte und der visuellen Magie, die noch nicht zu überfrachtet war. Es wurde wohlweislich gewählt, was und wie man etwas zeigte. Viele namhafte Filmkünstler haben in dieser Zeit Filmgeschichte geschrieben. Auch wenn man sie vielleicht weniger kennt als die ganzen großen Namen. Einer dieser Filmkünstler ist der ehemalige Modellbauer Stephen R. Santangelo. Auch er war in dieser »goldenen Ära« tätig und hat dort u.a. an solch Filmen mitgewirkt wie PLANET DES SCHRECKENS (1981), DER WEIßE HAI 3-D (1983) oder DER BLOB (1988). Wie er diese Zeit rückblickend betrachtet, stellte er in dem folgenden Beitrag dar.

Grußwort: »Das goldene Zeitalter der Spezialeffekte«

von Stephen R. Santangelo

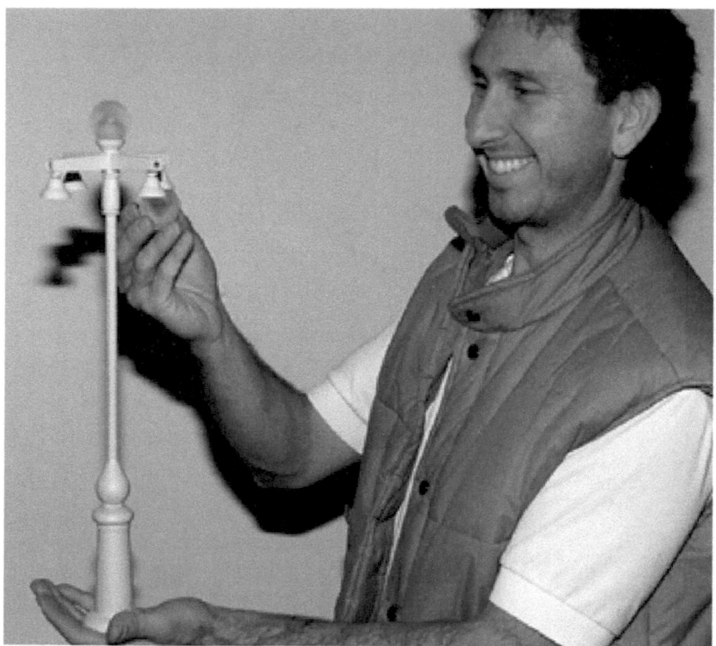

Abb.1.1 Stephen R. Santangelo mit einer Miniaturstraßenlaterne für The Blob.

Mit der Veröffentlichung von Krieg der Sterne, Unheimliche Begegnung der dritten Art (beide 1977) und Der weiße Hai (1975) hatte sich der Film für immer verändert. Diese SFX-Extravaganzen wurden von ihren Vorgängern beeinflusst: Erdbeben (1974), Die Höllenfahrt der Poseidon (1972), Flammendes Inferno (1974) und 2001: Odyssee im Weltraum (1969). Das »neue« Kino wurde als »Event« geschaffen, um das Publikum zu begeistern und trotzdem eine Storyline aufrechtzuerhalten.

Die neuen Künstler und Handwerker waren jung und bereit, das Geschäft zu übernehmen. Ich war Mitte 20, wie so viele andere, die sich von dem neuen Genre des Filmemachens angezogen fühlten. Dann gab es die wenigen, die in ihren 30ern die aufstrebenden Patriarchen in der Produktion von SFX-Filmen waren; bekannte

Namen wie George Lucas und Steven Spielberg. Und es dauerte nicht lange, bis Frauen eine dominierende Kraft in der neuen visuellen Kunst wurden.
Die Studios erkannten, dass mit SFX-Filmen viel Geld zu verdienen war und die Möglichkeiten grenzenlos waren, um den neuen Markt der Kinogänger zu erobern. Von Big-Budget-Major-Studio-Produktionen bis hin zu Low-Budget-Kleinstudios, alle fanden große Gewinne in dem neuen Genre. Weltraumfilme wurden mit einer phänomenalen Geschwindigkeit produziert. Ich hatte die Gelegenheit, an Filmen wie Roger Cormans SADOR – HERRSCHER IM WELTRAUM (1980) und PLANET DES SCHRECKENS mit Robert und Dennis Skotak zu arbeiten, die später die wunderbaren visuellen Effekte für ALIENS kreierten.
Nachdem ich vier Jahre lang freiberuflich gearbeitet hatte, gründete ich meine eigene Firma, Dimensional Effects, die sich auf Miniaturen und SFX-Handrequisiten spezialisierte. Als die Firma wuchs, verzweigte sich die FX-Arbeit in den Bereich der TV-Werbung und der TV-Shows. TV-Werbespots waren reichlich mit FX-Arbeiten bestückt. Der erste Werbespot, bei dem ich die Gelegenheit hatte, viele der FX zu kreieren, die Miniatursets, Live-Action und

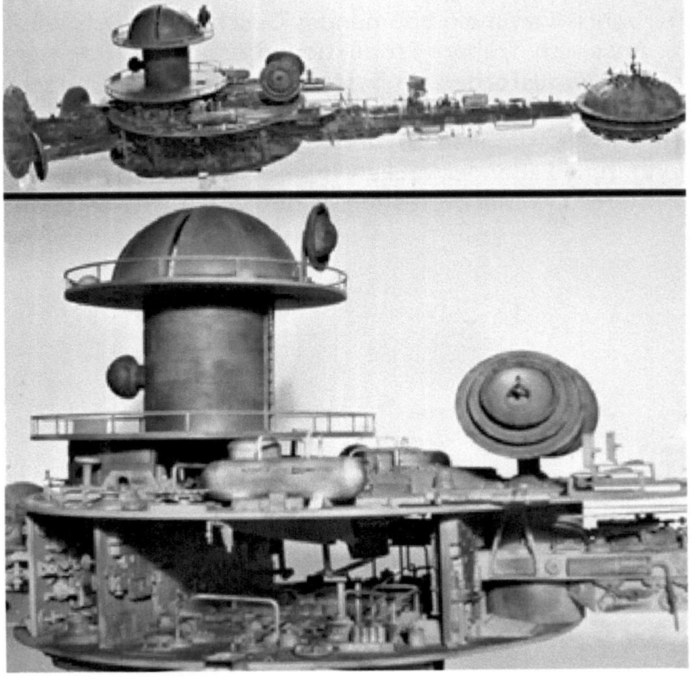

Abb. 1.2 Modell von Stephen R. Santangelo für PLANET DES SCHRECKENS.

Zellanimation kombinierten, war ein M&M Candies Spot, bei dem die gesamten 60 Sekunden in und auf Miniatursets stattfanden. Wir kreierten zahlreiche Miniaturen, die durch 10.000 Fuß Glasfaserkabel hervorgehoben wurden, und die Live-Action wurde in diese Miniaturen eingefügt, mit der Magie der sogenannten »Wandermasken« (also bewegliche Matte Paintings) die später in den 90er-Jahren – heute – durch CGI ersetzt werden. In den 80er Jahren arbeiteten wir an über 60 Werbekampagnen und bauten überdimensionale Requisiten für Nahaufnahmen und Miniatursets für Totalen und Establishing Shots. Die TV-Werbung der 1980er Jahre wurde mit dem Aufkommen von SFX zu einem Erlebnis. Miniaturen, Grafiken, überdimensionale Requisiten und dramatische Lichteffekte wurden zu den neuen Marketinginstrumenten. Es ging nicht nur darum, das Produkt zu zeigen und zu verkaufen; es war ein Thema, das die Zuschauer in eine neue Erfahrung mitnahm, die wir in Werbespots wie M&M Candies, Gillette, Dodge, Pontiac, GE, Quaker State, McDonald's und so vielen anderen kreierten. TV-Werbespots erzählten eine Geschichte, die durch SFX geschaffen wurde, um die konzeptionelle Entwicklung einer neuen Welt ohne Grenzen zu erleichtern.

Die 80er Jahre waren ein boomendes Geschäft für Spezialeffekte, und der Anspruch, frühere Produktionen zu übertreffen, war hoch. Die größte Herausforderung bestand darin, etwas zu erschaffen, das noch nie auf Film gemacht worden war, und das bedeutete, verschiedene Materialien zu finden oder zu »erfinden«, die die Handlung zum Leben erwecken. Mit einem naturwissenschaftlichen Hintergrund machte es mir außerordentlich viel Spaß, eine

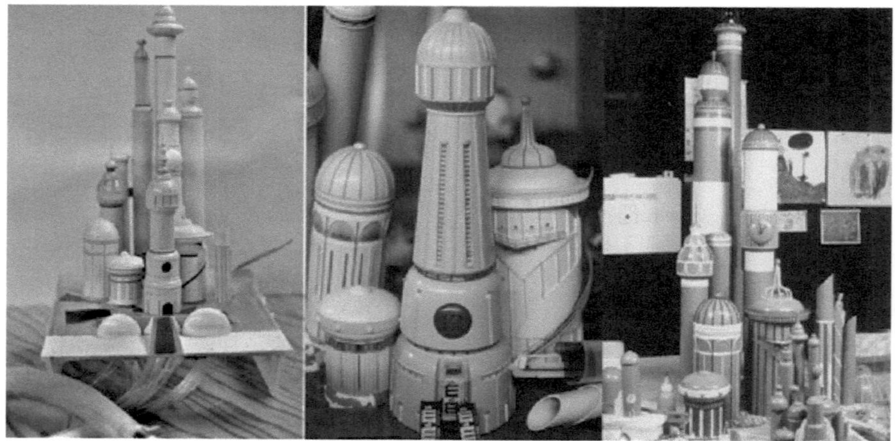

Abb. 1.3 Miniaturschloss für einen Werbespot für M & M's von Stephen R. Santangelo.

Vielzahl von Chemikalien zu verwenden, um spezielle Materialien zu kreieren und die früheren Materialien, die seit Jahrzehnten in der Filmproduktion verwendet wurden, zu ersetzen. Einige der aufregenden FX-Filme, an denen ich das Vergnügen hatte zu arbeiten, waren Star Trek IV, V und VI, bei denen ich zahlreiche Handrequisiten und Teile für die klingonischen Schiffe und die Entwicklung der Enterprise kreierte. Eine interessante Anmerkung: Die verschiedenen Handkommunikatoren, die in den 80er Jahren kleinere Änderungen erfuhren, wurde schließlich zum frühen Design für kompakte Klapphandys. Obwohl es sich um nicht bedienbare Handrequisiten handelte, folgten wir den Blaupausen, die sehr spezifisch waren. In Filmen wie den Star Treks gab es exakte Spezifikationen, die zu befolgen waren. In vielen Low-Budget-Action-Filmen aus dem Weltraum hatten wir viel mehr Freiheiten im Design, solange die Miniatur-Raumschiffe und Handrequisiten innerhalb der Parameter des gewünschten Themas blieben, wie z.B. bei Sador oder Planet des Schreckens. Übrigens war es eine Freude, mit Mr. Corman zu arbeiten.
Vieles von dem, was in den frühen Tagen der neuen Ära der FX geschaffen wurde, war Kit-Bashing: eine Form des Modellbaus. Hierbei werden im Handel erhältliche Bausätze nicht gemäß deren Bauanleitungen zusammengesetzt. Man kombiniert Teile verschiedener Bausätze miteinander (englisch Bausatz = kit – Schlagen/Zerschmettern = bash). Dabei entstehen ganz neue Modelle oder Abwandlungen der Originalmodelle. Diese Methode wurde für alles verwendet. In jedem Sci-Fi-FX-Film, von Low-Budget bis Big-Budget, war Kit-Bashing König. Militärpanzer und Flugzeugträger der Marine waren die beliebtesten Hobby-Modelle, die verwendet wurden. Sie erfüllten ihren Zweck sehr effektiv. So oft fuhr ich irgendwo hin und sah Schrott in einer Mülltonne oder am Straßenrand und dachte: »OMG! Das könnte ich gebrauchen!« Es gab Zeiten, in denen eine Gruppe von uns auf Schnitzeljagd ging und einige der unglaublichsten Teile und Stücke fand, die wunderbar auf Sci-Fi-Sets, Miniaturen und Handrequisiten passten. Als die Nachfrage nach mehr Kreativität und ausgefeilten Effekten immer größer wurde, entstand der Bedarf an hochpräzisen Reproduktionen. Dies ist der Punkt, an dem CNC (Computer Numerically Controlled)-Maschinen in den meisten physischen FX-Werkstätten der Stadt üblich wurden. Diese Technologie produzierte sehr präzise Stücke; innerhalb von ein paar Tausendstel eines Zolls. Vor allem bei Nahaufnahmen, wenn diese Teile auf dem Bildschirm vergrößert wurden, war Präzision unabdingbar.

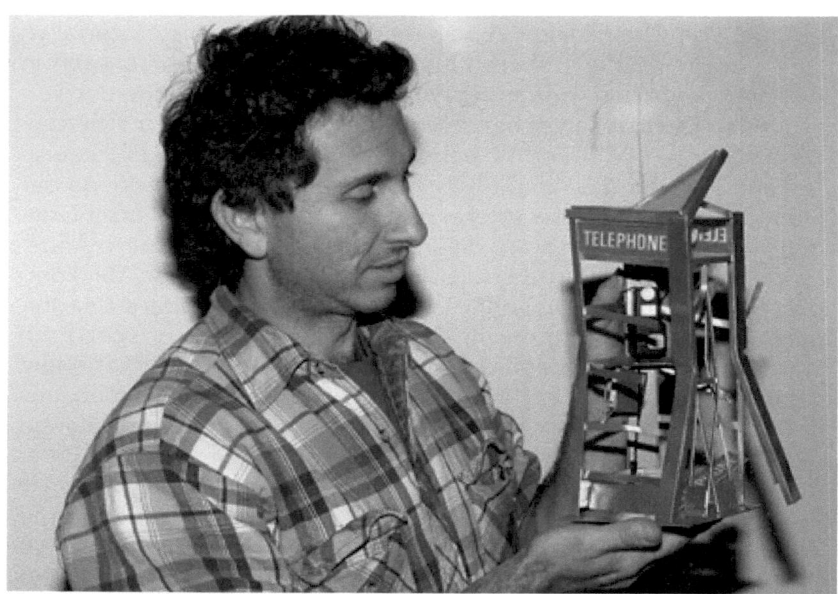

Abb 1.4 Eine Telefonzelle für The Blob *von Stephen R. Santangelo.*

SFX war nicht auf Film und Fernsehen beschränkt. Mit dem Aufkommen des Kabelfernsehens und speziell von MTV begann die Musikindustrie, FX in ihren Videos einzusetzen und auf Live-Auftritte auszuweiten. In den 80er Jahren war ich stark an Videos von so populären Künstlern wie Michael Jackson und Elton John beteiligt. Schließlich schufen Musikvideos ein Ambiente, und Live-Auftritte wurden zu einem »Event«, das in die Fußstapfen der »Event«-Filme trat.

Die FX-Community war ein Team von engagierten Künstlern, die dem Traum folgten, die Vergangenheit neu zu erschaffen und die Zukunft durch ihre und unsere fantasievolle Vision zu gestalten.

Diese Bilder aus der Vergangenheit und Zukunft haben die Kraft, uns zu inspirieren, zu faszinieren und uns in eine Zeit und an einen Ort zu versetzen, von dem wir nur träumen können. Der Nervenkitzel von 35 Jahren, an der unglaublichsten Ära des Filmemachens und der kreativen Kunst beteiligt zu sein, mit ikonischen Produktionen aus der Vergangenheit, von denen wir alle träumen, war und ist immer noch das schönste Kapitel mit dem größten Einfluss in der Filmgeschichte.

Konzept

Wenn wir einen Film sehen, erleben wir ihn. Mit allen Fasern unseres Körpers und unserer Sinne. Wir fühlen ihn, wir leben ihn. Jeder Film, egal aus welchem Genre er kommen mag, verursacht eine Gefühlsregung in uns. Unser Körper reagiert, unserer Wahrnehmungen werden beeinflusst. Jedes Kapitel dieses Buches versucht zu erläutern, wie unser Körper auf die jeweilige Technik reagiert. Wie reagieren wir bei Stop-Motion? Was sehen wir mittels der Kamera? Was fühlen wir, wenn es um Texturen geht? All dies wird einführend in jedem Kapitel behandelt. Denn es geht um die unterschiedlichen Wahrnehmungsebenen jeder Technik.

Anschließend werden einige Filmschaffende, die diese Technik maßgeblich vorangetrieben haben, vorgestellt. Denn sie sind es, die hinter den Kulissen unsere Träume wahr werden lassen. Die Porträts der interviewten Personen sind keine »normalen« Porträts. Sie basieren auf den Aussagen derjenigen Person, die in diesem Kapitel vorgestellt wird. Somit ist das Porträt sehr viel mehr persönlicher gestaltet als andere Kurzbiografien, die man überall findet. Auch kommen dort zum Teil Informationen vor, die man nirgends finden kann.

Exemplarisch für die jeweilige Technik stelle ich dann je einen meiner Lieblingsfilme vor oder Szenen aus diesem Film, um diese Technik dementsprechend zu erläutern. Zu jedem der filmischen Gewerke gibt es dann ein Interview mit einem Filmkreativen, der die jeweilige Technik anwendet. Es sind Interviews, die detailliert und ausführlich (mit zahlreichen exklusiven Fotos versehen) diese Person zu Wort kommen lässt, mit Informationen aus erster Hand. Denn es war mein Anliegen, dass diese Künstler ihr Schaffen einer Öffentlichkeit präsentieren, die sie sonst weniger wahrnimmt. Vielen Fachtermini aus dem Filmbereich habe ich versucht, so gut es geht, eine deutsche Bedeutung gegenüberzustellen.

Es war mir im Besonderen wichtig, dass hier auch deutsche Künstler zur Sprache kommen. Schließlich ist Film ein internationales Produkt, bei dem viele Kreative aus Deutschland ebenfalls ihr Können zur Schau stellen. Mit Frank Schlegel, Simon Weisse und Enrico Altmann werden in diesem Buch Filmschaffenden aus drei unterschiedlichen Bereichen vorgestellt. Doch wer sind diese Künstler, die in diesem Buch vorkommen?

Casting

Die Interviewpartner wurden gezielt ausgewählt. Jeder von ihnen arbeitete an einem Film mit, den ich über alles schätze. Wobei es bei der Auswahl nicht um Beliebigkeit ging: Jeder Film hat mich insbesondere im Bereich der jeweils besprochenen Technik überaus angesprochen. Die Künstler werden in den einzelnen Kapiteln noch näher vorgestellt. Dennoch möchte ich einen Überblick geben, warum diese Person ausgewählt wurde.

Als ich das erste Mal Demolition Man (1993) sah, war ich begeistert über die Gestaltung einer nicht ganz so fernen Zukunft. Besonders die Szene im Konferenzraum, bei dem sich die Bildschirme drehen, hatte es mir angetan. Der Ausstatter David L. Snyder (Blade Runner, 1982) war dafür verantwortlich. Und somit ist er Teil des Buches geworden.

A Nightmare on Elm Street (1984) und The Hidden (1987) gehören immer noch zu den Filmen, denen ich eine unheimliche visuelle Kraft zuspreche. Jeden auf seine Art und Weise. Jacques Haitkin war der Hauptkameramann dieser Filme. Sein Auge ist es, das mich veranlasste, ihn mit in dieses Buch zu nehmen.

Der ausgewachsene Xenomorph in Alien 3 (1992), das bizarre Äußere von Sil aus (1995) oder die ganzen Orks und Uruk-Hais aus Der Herr der Ringe-Trilogie (2001- 2003) sind nur deshalb so gruselig, da sie ein dementsprechendes Äußeres haben. Gino Acevedo hat hier die Oberflächen geschaffen. Und somit muss er mit in dieses Buch des Visuellen gehören.

Monster, Mumien, Spinnenfrauen. Kein ordentlicher 1980er-Grusel-/ Horrorfilm kam ohne ein wunderbares Monster aus. John Dods hat mit seinen Schaffen zu Spookies – Die Killermonster (1986) mit dazu beigetragen, dass ich schöne schlaflose Stunden hatte. Also musste er einfach mehr erzählen.

Kein fantastisches Wesen kann einfach so entstehen. Es bedarf vieler Produktionsdurchläufe. Einer, wenn nicht sogar der wichtigste Schritt bei der Gestaltung eines Wesens ist die Bildhauerei (Sculpting). Gary Pollard war hier tätig und sorgte mit seinem Können dafür, dass Alien 3 so fantastisch wurde, oder auch, dass Hellboy – Die goldene Armee (2008) so viele wunderbare Kreaturen hatte. Pollard musste mit dabei sein.

Harry Walton ist eine wahre Legende der Stop-Motion, einer Filmtechnik, die Maßstäbe setzte. Als junger Bub sah ich die Fernsehserie Im Land der Saurier (1974 – 76). Walton war mit verantwortlich, dass diese Dinos zum Leben erweckt wurden. Auch in Robocop 2 (1989) setzte er sein Könnenein. Ich fühle mich sehr geehrt, dass er ein Teil dieses Buches geworden ist.

Ferne Welten, utopische Szenerien, fantastische Landschaften. All dies kann man heute digital entwickeln. Früher musste dies gemalt werden. Mark Sullivan gehört mit zu diesen erstklassigen Künstlern des Matte Paintings. Oscarnominiert für Hook (1991), war es allerdings Demolition Man, welcher mit seinen Arbeiten beeindruckte. Ich bin überglücklich, dass er für dieses Projekt zur Verfügung stand.

Der Zauberstab von Harry Potter, das Messer von John Rambo oder der Schlagstock, den Hannibal Lecter schwingt, bevor er Sergeant Pembry umbringt. All dies sind Requisiten, die einen Film sehenswert machen. Aber nicht nur diese kleinen Requisiten sind es. Hiervon berichten Doug MacCarthy (Prometheus, 2012) und der Deutsche Simon Weisse. Weisse ist unbestritten ein wahrer Grandseigneur seines Fachs. Er berichtet vor allem über deutsche Produktionen.

Animatronische Effekte haben mich schon immer fasziniert. Sei es der bewegliche Facehugger in Aliens oder kleine Mäuse in Mäusejagd (1997). Als ich den Kopf des Konstrukteurs in Prometheus sah, dachte ich zunächst, es wäre CGI. Dabei war er voll animatronisch. Gustav Hoegen war dafür verantwortlich. Hier erzählt er sehr viel mehr über diese wunderbare Technik.

Modelle und Miniaturen sind bei vielen Filmen unentbehrlich. Der Modellbauer Bruce MacRae ist nicht nur eine Legende im Modellbau. Er veredelte auch Filme wie Titanic, Starship Troopers oder Air Force One (alle 1997) mit seinem Können. Was er erzählt, ist schlicht und ergreifend Filmgeschichte.

Der Deutsche Enrico Altmann war über 20 Jahre lang Mitglied der New Deal Studios und hat hier an den Effekten für Inception (2010) oder The Dark Knight (2008) mitgewirkt. Über seinen fantastischen Werdegang und was Formengießen mit Filmkunst zu tun hat, berichtet er hier.

Der Oscarpreisträger John Ottman (2019 für Bohemian Rhapsody) ist ein Sonderfall. Denn Ottman ist nicht nur Komponist, sondern auch (meist) Cutter seiner eigenen Werke. Und dies zeigte er bereits in seinem Langfilmdebüt Die üblichen Verdächtigen (1995), welcher ein wahres Meisterwerk ist.

Frank Schlegel ist einer der Urgesteine der deutschen VFX und SFX-Szene. Bereits seit fast 40 Jahren im Geschäft, arbeitete er bereits mit Regisseuren zusammen wie Wim Wenders, Roland Emmerich oder Wes Anderson. In diesem Buch berichtet er vieles zum Thema der Front- und Rückprojektion und über die Zeit, als es in Deutschland noch so gut wie keine Ausrichtung im Bereich der visuellen Effekte gab.

Im Grunde besteht fast jeder Film aus visuellen Effekten. Auch wenn man sie kaum sieht. Dennis Skotak (den man immer mit seinem Bruder Robert in einem Atemzug nennen muss, denn die beiden arbeiten stets zusammen) ist ein Meister auf diesem Gebiet. 1990 bekam er für The Abyss einen Oscar. In diesem Buch berichtet er über viele technische Details seiner Arbeit. Ein Muss für jeden Freund von Effekten.

Dies alles sind wunderbare Gesprächspartner und Kollaborateure dieses Buches. Sie alle sind Magier des Visuellen.

2. Die Ausstattung im Realfilm

Die Magie des Visuellen beginnt mit der Wahrnehmung des Auges. Wir öffnen die Augen und erkennen Personen und Dinge sofort. Manchmal kann uns das Auge auch ein Streich spielen und wir erkennen Sachen, die es so in der Realität nicht gibt. Dies ist insbesondere im filmischen Kontext der Fall.

Wenn wir uns entschließen, einen Film oder eine Episode einer Fernsehserie anzusehen, dann erkennen wir mit Hilfe des Auges allerlei Kleinigkeiten. Selbst wenn man am Fernsehgerät den Ton ausmacht, können wir dennoch die Handlung sehen und verstehen. Vornehmlich erkennen wir die filmische Umsetzung einer Idee. Die Welt, die wir im Film oder im Fernsehen sehen, muss gestaltet werden. Diese Gestaltung nimmt viel Planung in Anspruch. Viele Künstler sind daran beteiligt, eine Umgebung im Film zu kreieren. Da gibt es den Konzeptkünstler, der zunächst all seine Ideen für einen Film zu Papier bringt. Das können ganze Szenen sein, die der Realität entnommen wurden, oder auch Monster und Kreaturen, die auf Fantasie beruhen. Da gibt es den Szenenbildner (Production Designer), der den Überblick über das Aussehen des Films zusammen mit dem Regisseur des Films oder der Fernsehserie hat. Der künstlerische Leiter (Art Director) realisiert die Vorschläge zusammen mit den Illustratoren, den Storyboardzeichnern, den Bauleitern und der Konstruktionsabteilung. Der Bühnenbildner (Set Decorator) stellt zusammen mit der Kunstabteilung alles her, was man in einem Set benötigt, wie Vorhänge, Möbel, Teppichböden, Beleuchtungskörper und alle Gegenstände wie Küchenutensilien, Bettzeug usw. Ihm unterstellt ist der Property Master, eine andere Form des Bühnenbildners. Er stellt kleinere Handrequisiten, die von den Schauspielern benutzt werden, zur Verfügung. Viele Handgriffe und Gedanken sind nötig, um eine Welt im Film zu erschaffen, die es so noch nie gab, oder man versucht, unsere Realwelt exakt wiederzugeben. Hierbei gehen teilweise Jahre ins Land von der ersten Idee bis zum fertigen Bild, das wir sehen.

Man kann viele Beispiele aufzählen von grandiosen Ausstattungsorgien wie bei Ben Hur (1959), Der letzte Kaiser (1987) oder Gladiator (2000). Gerade solche historisch verankerten Filme bedürfen einer immensen Vorbereitung in der Kunstabteilung, da man so genau wie möglich versucht, die Magie vergangener Zeiten uns näherzubringen. Ganz im Gegensatz zu Filmen, deren Thematik im fantastischen Bereich anzusiedeln ist wie Aliens. Hier erschufen Peter Lamont und sein Team (natürlich nicht nur die) eine Welt, die von unglaublichem Realismus geprägt ist, obwohl die Geschichte in einem fiktiven Science-Fiction Universum angelegt wurde. Oder nehmen wir als Beispiel Planet der

AFFEN (1968). Nie zuvor hatte es solch eine Welt gegeben, die der Zuschauer im Kinosessel erlebt hat. Die Welt der Affen so zu gestalten ist eine exorbitante Leistung der gesamten Ausstattungsriege.

Einer dieser grandiosen Ausstatter ist David L. Snyder, der folgend vorgestellt werden soll.

Portrait David L. Snyder

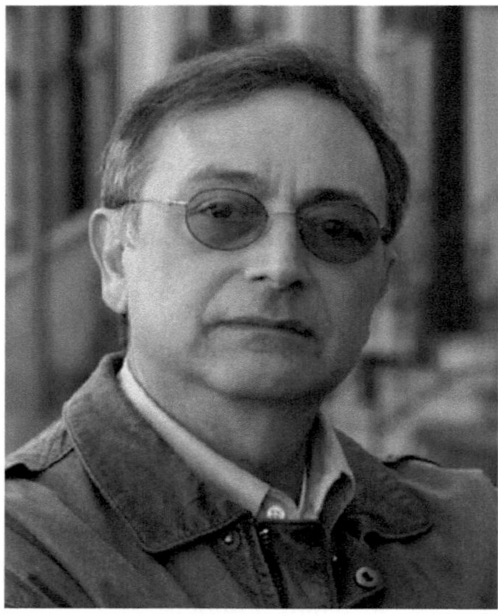

Abb. 2.1 David L. Snyder

David L. Snyder wurde am 22. September 1944 in Buffalo, New York geboren. Er ist Production Designer und hat bereits viele Filme veredelt. Wohl am bekanntesten ist sein Werk für BLADE RUNNER, für den er seine bis dato einzige Oscarnominierung bekam. Aber auch für DEMOLITION MAN, SUPER MARIO BROS. (1992) oder STAR FORCE SOLDIER (1997) war er tätig.

Seine Familie stammt aus New York und haben dort Gebäude errichtet. Sie hatten ein kleines Büro und versuchten herauszufinden, wie Architektur funktioniert. Snyder dachte, dass er darin auch gut sein könnte. Er ging mit 13 Jahren zu einer Art College Vorschule und hatte über die Jahre hinweg in verschiedenen Architekturfirmen in New York und Michigan gearbeitet. Dann bekam er ein Angebot, für eine dieser Firmen zu arbeiten. Er ging nach Kalifornien und arbeitete dort in einem lokalen Büro. Dort war er hauptsächlich für höherwertige Gebäude zuständig. Eines davon sollte als Grundthema »Western und Cowboys« haben. Er bekam dann die Erlaubnis, die »Western«-Street in den Paramount Pictures Studios zu besuchen. Dort drehten man u.a. die TV-Serie Bonanza. Snyder recherchierte dort viel und sah sich die Mechanik und Kunst der Filmherstellung an. Und von da an wusste er, dass er aufgrund seiner Erfahrung in der Architektur, der Innenausstattung und des Grafikdesigns innerhalb der Berufssparte des Production Designers arbeiten kann.

Blade Runner für Warner Brothers war sein erster großer Studiofilm. Angefangen hat er bei MCA-Universal, bei Fernsehserien wie Hulk, Kampfstern Galactica oder Buck Rogers. So bekam Snyder schon viele Ideen für seine mögliche cineastische Zukunft. Während dieser Zeit bekam er einen Anruf von Lawrence »Larry« Paull. Paull hatte mitbekommen, dass Snyder ein guter Assistent sei, und heuerte ihn für Marty Feldmans Film Dreist und gottesfürchtig (In God We Tru$t, 1980) an. Es war ein großer Studiofilm und war sein Übergang vom Fernsehen zum Film. Paull wurde für Blade Runner engagiert, und Snyder arbeitete gerade an einen Film für United Artists. Paull fragte ihn, ob er nicht als sein Assistent an Blade Runner mitarbeiten würde. Zunächst verneinte er dieses Angebot. Er wollte kein Assistent von irgendjemand mehr sein. Nach ein paar Wochen rief Paull ihn wieder an und sagte: »Ich will dich nicht als Assistent, sondern als Partner. Es gibt hier viel zu tun.« Das akzeptierte Snyder. Er lernte innerhalb dieser Zeit enorm viel übers Filmemachen von Paull und Ridley Scott. Bis heute ist Snyder aktiv. Einer der Filme, die mich bis heute wegen ihrer Ausstattung faszinieren, ist Demolition Man. Hier war David L. Snyder der verantwortliche Ausstatter.

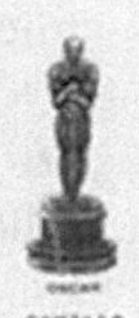

ACADEMY OF MOTION PICTURE ARTS AND SCIENCES

8949 Wilshire Boulevard • Beverly Hills, California 90211 • (213) 278-8990

Telex: 698-614

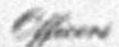

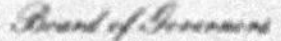

February 22, 1983

Mr. David L. Snyder
3386 Floyd Terrace
Hollywood, CA 90068

Dear David Snyder,

Congratulations!

We're pleased to inform you that you have been nominated for an Academy Award for the art direction in BLADE RUNNER.

The presentation of your certificate of nomination will take place at the Nominees Luncheon at twelve noon on Tuesday, March 22, in the Grand Ballroom of The Beverly Hilton. The luncheon, hosted by the Academy's Board of Governors, is our way of expressing our pride in the achievement of each of our nominees. We hope you will be able to join us to share the celebration and to be among your peers.

Please RSVP before March 16 by phone (213) 278-8990, extension 226, or by returning the enclosed card. Please be sure to let us know in your RSVP if you will be accompanied by a guest.

We also hope you will be able to attend the 55th Annual Awards presentation on Monday, April 11, at the Dorothy Chandler Pavilion of the Los Angeles Music Center. You will be getting further information and a formal invitation to the Awards Presentation soon.

All my best.

Sincerely,

Fay Kanin
President

FK:cb

Abb. 2.2 Snyders Bekanntgabe der Oscarnominierung für Blade Runner.

Demolition Man (1993)

Um die Faszination dieses Films zu erläutern, muss man zunächst klarstellen, dass er, wie viele weitere Filme auch, ein Kind seiner Zeit ist. Viele der Ausstattungsutensilien wie auch der Bau der Gebäude, aber auch der Fahrzeuge sind auf dem zeitgenössischen Stand des damaligen Könnens aller Verantwortlichen. Bevor es mit dem Dreh losging, hatte man lange Gespräche und Konferenzen, wie man diese Welt gestalten möchte. David L. Snyder, der 12 Jahre zuvor für seine dystopische Arbeit an Blade Runner für einen Oscar nominiert wurde, stellte sich zunächst die Frage, welche Art von Zukunft er zeigen möchte. Zusammen mit vielen kreativen Köpfen, so u.a. Konzeptzeichner Tim Valentine oder Patrick Tatopoulus, wählte man eine utopische Zukunftsstruktur mit Anleihen in der damaligen Realität. Und die Gestaltung funktioniert auch heute noch sehr gut. Es wurden verschiedene Szenarien durchgespielt.

Als Beispiel soll hier die Anfangsszene dienen. Ursprünglich war es vorgesehen, dass über Los Angeles statt eines Helikopters ein Zeppelin schwebte. Grundgedanke war, dass somit am Anfang eine trügerische Stille entworfen werden sollte, die im Laufe der Anfangsszene kippt. Das folgende Konzeptbild von Patrick Tatopoulus zeigt diesen Zeppelin.

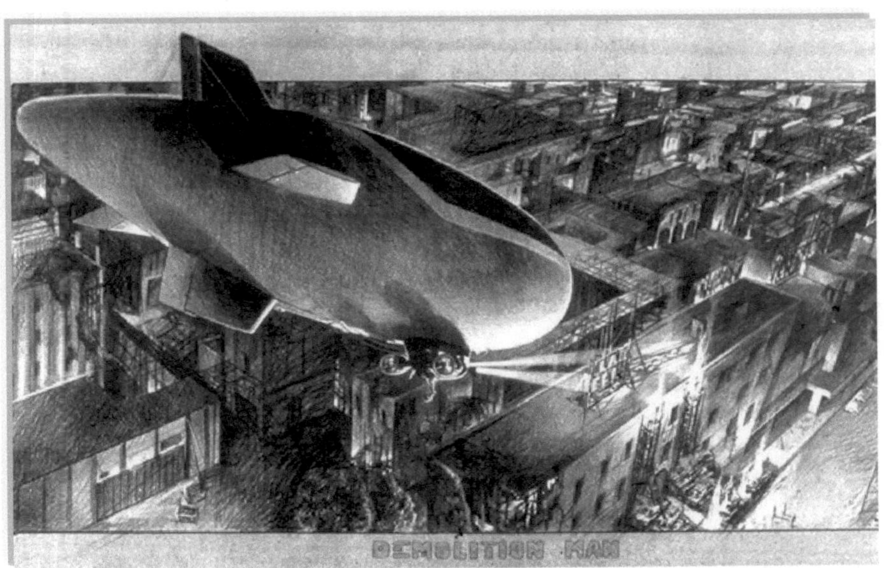

Abb. 2.3 Konzeptzeichnung von Patrick Tatopoulus für die nicht gedrehte Anfangssequenz zu Demolition Man.

Wie man auf diesem Bild erkennen kann, sieht hier zunächst nichts nach Zukunft aus. Alles war in der Realität verankert: Die Häuser, der Zeppelin, die Straßenschluchten. Und dieser Faden durchzieht die Gestaltung des Films von Anfang an. Denn selbst wenn der Film dann im Jahre 2032 spielt, so ist sein Aussehen nicht übermäßig Science-Fictionorientiert. Dies merkt man u.a. auch beim Betrachten der Fahrzeuge, die man im Film sieht. Produzent Joel Silver hatte einen Vertrag mit General Motors. Im Film durfte man Prototypen von Fahrzeugen benutzen, die es so noch nicht gab. Also ging auch hier das Konzept des realen Zukunfts-»Looks« auf. Die Kopplung von (damaliger) Realität und Zukunftsperspektiven im Aussehen des Films und die damit verbundene Faszination sollen hier drei exemplarische Szenen aufzeigen.

Eine der beeindrucktesten Szenen in Bezug auf darauf, die Realität per Ausstattung abzubilden, ist die, die im Untergrund von San Angeles spielt. Hier treffen sich Spartan (Sylvester Stallone), Huxley (Sandra Bullock) und Garcia (Benjamin Pratt), die Menschen, die von der perfekten Gesellschaft ausgestoßen wurden. Natürlich hätte man diese Welt absolut dem Look oberhalb von San Angeles anpassen können. Snyder und sein Team entschieden sich aber, es so aussehen zu lassen, als ob die Zeit im Jahre 1993 stehengeblieben wäre und die gewaltsamen Unruhen von Los Angeles (LA Riots) von 1992 hier stattgefunden hätten. Dies sollte als Kontrast dienen zu den Szenen, die man davor gesehen hat. Sauberkeit trifft Schmutz, Utopie trifft Realität. Sämtliche Ausstattung, von dem dunklen Mauerwerk bis hin zu verschmutzten Einkaufwagen, wurde so hergerichtet, dass man das Gefühl hatte, man befindet sich im L.A. der 90er Jahre. Ganz im Gegensatz zu der folgenden Szene, die die Welt von Demolition Man perfekt widerspiegelt.

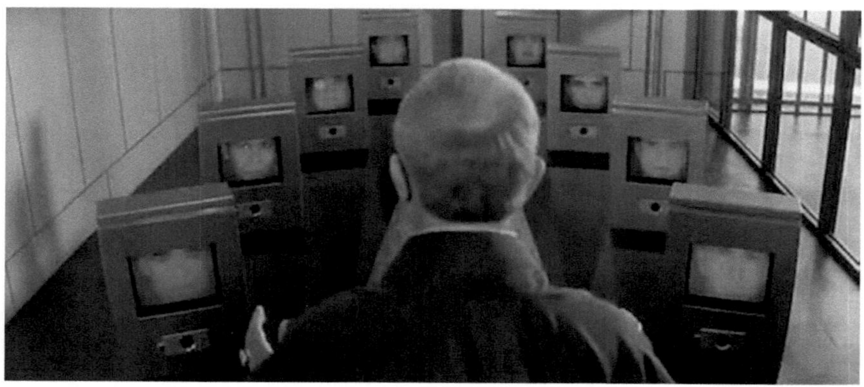

Abb. 2.4 Der utopische Blick auf die Zukunft des Jahres 2032 kann man im Konferenzzimmer von Dr. Raymond Cocteau (Nigel Hawthorne) erblicken.

Hier ist alles im Hochglanz gehalten. Der Tisch, die Stühle, der gesamte Raum. Einfach alles. So sollte der Blick in das utopische San Angeles sein. Selbst das Kostüm von Cocteau ist ohne Makel gehalten. All dies dient dem Blick auf ein »klinisch-reines« 2023. Die Monitore konnten sich drehen. Ein filmischer Trick. Diese drehbaren Monitore gab es im Jahre 1993 noch nicht. Im heutigen Geschäftsgebaren und im privaten Haushalt sind solche Bildschirme, bei denen man Konferenzen in Echtzeit abhalten kann, alltäglich. Ein exorbitant zukunftsweisender Blick, welches vom Ausstatter David L. Snyder erdacht und von Eric Allard und Christopher Ross erbaut wurde.

Und dann gibt es eine grandiose actiongeladene Szene im Film, die beide Seiten der architektonischen Medaille dieser Zukunftsversion vereint. Die Szene, bei der sich Spartan und Simon Phoenix (Wesley Snipes) das erste Mal seit der gemeinsamen Kryophase wieder treffen: im Museum. Dort trifft das utopische Design der Zukunft auf das urbane Leben der 1990er Jahre. Genial verarbeitet und konzipiert.

Der Erfolg dieses Blickes in die Zukunft konnte man sofort am Startwochenende sehen. David L. Snyder stellte sich im folgenden Gespräch vielen Fragen zu diesem Film und zu seinem weiteren Schaffen.

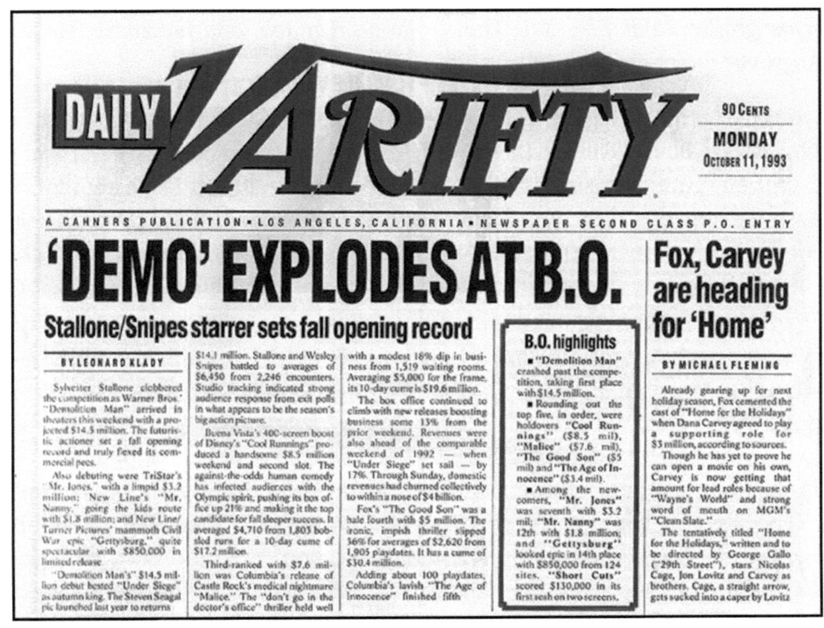

DAILY VARIETY

90 CENTS
MONDAY
OCTOBER 11, 1993

A CAHNERS PUBLICATION • LOS ANGELES, CALIFORNIA • NEWSPAPER SECOND CLASS P.O. ENTRY

'DEMO' EXPLODES AT B.O.

Stallone/Snipes starrer sets fall opening record

BY LEONARD KLADY

Sylvester Stallone clobbered the competition as Warner Bros.' "Demolition Man" arrived in theaters this weekend with a projected $14.5 million. The futuristic actioner set a fall opening record and truly flexed its commercial pecs.

Also debuting were TriStar's "Mr. Jones," with a limpid $3.2 million; New Line's "Mr. Nanny," going the kids route with $1.8 million; and New Line/Turner Pictures' mammoth Civil War epic "Gettysburg," quite spectacular with $850,000 in limited release.

"Demolition Man's" $14.5 million debut bested "Under Siege" as autumn king. The Steven Seagal pic launched last year to returns $14.1 million. Stallone and Wesley Snipes battled to averages of $6,450 from 2,246 encounters. Studio tracking indicated strong audience response from exit polls in what appears to be the season's big action picture.

Buena Vista's 400-screen boost of Disney's "Cool Runnings" produced a handsome $8.5 million weekend and second slot. The against-the-odds human comedy has infected audiences with the Olympic spirit, pushing its box office up 21% and making it the top candidate for fall sleeper success. It averaged $4,710 from 1,803 bobsled runs for a 10-day cume of $17.2 million.

Third-ranked with $7.6 million was Columbia's release of Castle Rock's medical nightmare "Malice." The "don't go in the doctor's office" thriller held well with a modest 18% dip in business from 1,519 waiting rooms. Averaging $5,000 for the frame, its 10-day cume is $19.6 million.

The box office continued to climb with new releases boosting business some 13% from the prior weekend. Revenues were also ahead of the comparable weekend of 1992 — when "Under Siege" set sail — by 17%. Through Sunday, domestic revenues had churned collectively to within a nose of $4 billion.

Fox's "The Good Son" was a hale fourth with $5 million. The ironic, impish thriller slipped 36% for averages of $2,620 from 1,905 playdates. It has a cume of $30.4 million.

Adding about 100 playdates, Columbia's lavish "The Age of Innocence" finished fifth

B.O. highlights

- "Demolition Man" crashed past the competition, taking first place with $14.5 million.
- Rounding out the top five, in order, were holdovers "Cool Runnings" ($8.5 mil), "Malice" ($7.6 mil), "The Good Son" ($5 mil) and "The Age of Innocence" ($3.4 mil).
- Among the newcomers, "Mr. Jones" was seventh with $3.2 mil; "Mr. Nanny" was 12th with $1.8 million; and "Gettysburg" looked epic in 14th place with $850,000 from 124 sites. "Short Cuts" scored $130,000 in its first sesh on two screens.

Fox, Carvey are heading for 'Home'

BY MICHAEL FLEMING

Already gearing up for next holiday season, Fox cemented the cast of "Home for the Holidays" when Dana Carvey agreed to play a supporting role for $3 million, according to sources.

Though he has yet to prove he can open a movie on his own, Carvey is now getting that amount for lead roles because of "Wayne's World" and strong word of mouth on MGM's "Clean Slate."

The tentatively titled "Home for the Holidays," written and to be directed by George Gallo ("29th Street"), stars Nicolas Cage, Jon Lovitz and Carvey as brothers. Cage, a straight arrow, gets sucked into a caper by Lovitz

Abb. 2.5 Anzeige im Daily Variety zum Start von DEMOLITION MAN.

Im Gespräch mit David L. Snyder

»Man lernt mehr am Set als an der Schule.«

Till Bamberg) Gab es Filme oder Personen, die Sie inspiriert haben?

David L. Snyder) ROCKY (1976), DER PATE (1971) und Musicals von MGM aus den 1950er Jahren haben mich dazu animiert Art Director zu werden. Vor dieser Zeit war ich ein Schlagzeuger in einer Rock´n´Roll-Band, Aufnahmeleiter, Grafikdesigner und Architekt. Ich habe niemals im eigentlichen Sinne für meinen Lebensunterhalt gearbeitet. Es war eher ein »Spiel« mit meiner Existenz. Wenn ich einen Namen nennen müsste, der mich inspiriert hat, dann wäre das Dean Tavoularis, der an den PATE-Filmen gearbeitet hat.

Auch, wenn Sie bereits in anderen Büchern, Interviews oder Audiokommentaren viel über Ihre Arbeit zu Blade Runner erzählt haben, möchte ich Ihnen dennoch ein, zwei Fragen hierüber stellen – ich habe großen Respekt vor Ihrer Arbeit und möchte Sie damit nicht langweilen. Soweit ich richtig informiert bin, war dies Ihr erster großer Studiofilm. Wie kamen Sie an den Job, und hatten Sie ein wenig Angst vor dieser großen Aufgabe?

Obwohl der geniale Regisseur Ridley Scott den Film drehte, war ich nicht eingeschüchtert. Bevor Ridley Regie führte, war er selbst Art Director bei der BBC und ein guter Illlustrator, so wie jeder in unserem Art Departement. Und ich war sicher, der Film würde ein großer Erfolg, da ALIEN – DAS UNHEIMLICHE WESEN AUS EINER FREMDEN WELT ebenfalls ein Erfolg war. Ja, das war tatsächlich der erste große Job, den ich bekam. Ich habe an diesem Film länger gearbeitet als bei irgendeinem anderen davor und danach.

Ich wurde, nachdem die Dreharbeiten im Juli 1981 endeten, als Art Director für Douglas Trumbulls PROJEKT BRAINSTORM (1983) engagiert. Trumbull war der leitende VFX-Verantwortliche für BLADE RUNNER (sowie für UNHEIMLICHE BEGEGNUNG DER DRITTEN ART, 1977 oder STAR TREK, 1979). Da ich im selben Gebäude arbeitete, in dem sowohl BRAINSTORM als auch BLADE RUNNER gedreht wurden (zumindest die VFX), konnte ich einen geringfügigen Beitrag zum Team leisten während der gesamten Vorproduktion und dem eigentlichen Dreh von BLADE RUNNER. Ich hatte Kenntnisse, die sonst niemand besaß. Alle anderen Mitglieder der BLADE RUNNER-Ausstattungsabteilung hatten sich mit anderen Filmen beschäftigt, und es war Zufall, dass ich bei der EEG, Entertainment Effects Group, dabei war.

Ich hatte großes Glück, dass ich Philip K. Dick bei einem Screening der aktuellen Visual Effects treffen konnte. Es war das einzige Filmmaterial, welches er von dem Film sah. Denn er starb, bevor der endgültige Schnitt abgeschlossen war. An dieser Vorführung nahmen auch Joanna Cassidy (Zhora), Ridley und Doug teil.

Die Fortsetzung Blade Runner 2049 (2017) ist voller wunderbarer Miniaturmodelle. Hat man Sie eigentlich als Berater hinzugezogen und wie denken Sie über das künstlerische Handwerk in diesem Film?

Nein, man hat mich nie gefragt. Ich muss das Design von Dennis Gassner sehr loben. Er arbeitet bei Francis Ford Coppola´s Zoetrope Studios als Grafikdesigner. Sein erster Film in Hollywood war Einer mit Herz (One from the heart, 1982). Zur selben Zeit, als wir Blade Runner vorbereiteten, hatten wir mit Dennis eine Abmachung getroffen. Wir durften seine Neon-Schilder benutzen aus dem Film. Dennis zeigte Ridley die Schilder und schickte sie mir weiter, damit ich diese an Ralph S. Singleton weitergebe, den Produktionschef. Der sollte einen Vertrag fertigmachen. Später machte Dennis die Ausstattung vieler Filme der Coen-Brüder. Ich liebe seine Designs.

Die einzige wirkliche Konversation, die ich über Blade Runner 2049 führte, war mit Ryan Gosling nach der Premiere von La La Land (2016) und der VIP-Party danach. Er sagte, dass ich sehr stolz auf den Film sein würde, da man viel Respekt vor meiner Arbeit hatte und dem Originalfilm. Ryan sagte mir, dass es wenig CGI gab und fast alle Sets und Miniaturen gebaut wurden. Er war ein ziemlicher Gentleman.

Im ursprünglichen Drehbuch von Blade Runner namens Dangerous Days trug die Riesenmetropole den Namen San Angeles. Einen Namen, den später die Stadt in Demolition Man trug. Auch bei diesem Film wirkten Sie als Production Designer mit. Das Design von Demolition Man wirkt auf mich stets futuristisch mit einer realen Basis. Wie sah denn die Kollaboration bei diesem Film mit ihren kreativen Kollegen wie Matte Painter Mark Sullivan oder Set Decorator Bobby Gould aus, um diese Welt zu erschaffen? Welche Beweggründe sind es, die Sie veranlassen, eine bestimmte Art des architektonischen Designs zu wählen?

Nachdem ich 12 Jahre vor Demolition Man ein dystopisches Los Angeles erschaffen hatte, wollte ich die Gelegenheit nutzen und hier mein Design überdenken und ein utopisches Los Angeles zeigen. In Demolition Man zeigen wir durch das Design eine perfekte Zukunft. Aber eine, bei dem alle guten Gesellschaften eine Kehrseite haben. Diese leben unterhalb der »guten« Gesellschaft:

Obdachlose, enttäuschte Frauen und Männer und Kinder sind unterhalb der Stadt »begraben«. Der Hauptteil der Sets wurde bei Warner Bros. gedreht in denselben Hallen wie BLADE RUNNER, STAR FORCE SOLDIER oder PEE WEE'S IRRE ABENTEUER (PEE WEE'S BIG ADVENTURE 1985). In DEMOLITION MAN kosteten die Sets circa 12 Millionen US-Dollar plus nochmal 2,5 Millionen für die Design Abteilung. Das war mehr als für BLADE RUNNER und weniger als für STAR FORCE SOLDIER.

Ich stellte mir vor, dass in es DEMOLITION MAN, im Gegensatz zu BLADE RUNNER, keine Stadt war, die fünf Jahrzehnte lang andauernd ihre Versorgungsleitungen verlegt. Sondern es war eher so, als ob die gesamte Metropole erbaut und erneuert wurde auf der alten Stadt, die dann aber noch unterhalb existiert. In den 1990er Jahren wurden in Los Angeles viele neue Gebäude errichtet, wie beispielsweise das neue Los Angeles Convention Center, indem noch niemand zuvor gedreht hatte. Durch die Auswahl dieser modernen, futuristisch anmutenden bestehenden Standorte war es für mich eine leichte Aufgabe, für das Jahr 2032 n. Chr. ein gesamtes Stadtbild zu schaffen. Die visuellen Effekte stammten übrigens von Industrial Light & Magic (ILM), der Effekt-Firma von George Lucas.

Die Autos in DEMOLITION MAN stammten von General Motors und waren, wie der Ultralite, Prototypen. Haben Sie, oder jemand aus Ihrer Crew, diese entwickelt oder waren diese Autos mit Anforderungen von GM geliefert worden?

Ich habe Richard F. Mays als Art Director für alle On-Screen-Fahrzeuge engagiert. Produzent Joel Silver hat mit General Motors einen Vertrag abgeschlossen, um alle ihre Autos, die sich noch im Konzeptzustand befanden, in dem Film zu verwenden. Wir haben uns mit dem CEO der GM Oldsmobile Division bei Warner Bros. Studios getroffen. Der Kontakt gab an, dass wir Oldsmobile-Fahrzeuge zeigen könnten. Zusätzlich zu den futuristischen Concept Cars erhielten wir einen GM Ultralite als eine Art »Kreuzer« für das San Angeles Police Department im Film. Aus diesem Fahrzeug haben wir Fiberglas-Formen gegossen und 10 Karosserien hergestellt, die auf Volkswagen-Fahrgestellen mit luftgekühlten VW-Motoren montiert wurden. Jedes Konzeptauto erreichte die Warner Bros. Studios in einem eigenen klimatisierten Anhänger, der von Detroit, Michigan, quer durch die USA fuhr. Jedes Fahrzeug hatte seine eigene Mechanik.

Erzählen Sie uns bitte etwas von der architektonischen Umsetzung der Welt in DEMOLITION MAN.

Ich habe den Film so konzipiert, dass er komplett von BLADE RUNNER entfernt ist, utopisch gegen dystopisch.

Gab es viele Veränderungen im Konzept der Gestaltung von San Angeles? Inwieweit haben Sie sich von der real-existierenden urbanen Baulichkeit des Los Angeles der 90er Jahre inspirieren lassen oder gab es andere Quellen?

Ich entschied mich, viele zeitgenössische, futuristische, architektonische Drehorte in Südkalifornien zu finden, von Los Angeles im Norden bis San Diego im Süden. Es war auch zwingend notwendig an Orten zu drehen, die vor 1993 noch nie in Filmen aufgetaucht waren, z. B. das neue, noch nicht für die Öffentlichkeit geöffnete Los Angeles Convention Center usw. Es gab Widerstände, dort zu drehen, und ich musste mich mit dem Ästhetik-Komitee treffen, um meinen Fall vorzutragen und um die Erlaubnis zu bekommen (in Anzug und Krawatte). Ich konnte die Politiker überzeugen, indem ich ihnen sagte: »Ich möchte Los Angeles alias San Angeles filmen, als Entschuldigung für BLADE RUNNER, der die Stadt als eine unschmeichelhafte Dystopie darstellte.« Ich versprach, dass ich unsere Stadt als eine sichere, saubere und schöne Metropole im 21. Jahrhundert darstellen werde. Dies war die Grundlage des Konzepts, um dann über die »gefundenen« Orte hinaus in die Zukunft zu gehen.

Wie sah Ihre Zusammenarbeit ILM aus?

Mein VFX Art Director, Tom Valentine, war der Dreh- und Angelpunkt mit ILM. Wenn Sie eine 22-köpfige Kunst-Abteilung leiten, müssen Sie die Arbeit an Ihr Schlüsselpersonal delegieren oder Sie werden scheitern.

Set Design bedeutet nicht nur statische Aufbauten, sondern auch mechanische Effekte, wie in DEMOLITION MAN die drehbaren Bildschirme im Konferenzraum von Dr. Raymond Cocteau oder die Telefonzelle, in der Simon seinen eigentlichen Auftrag erfährt. Waren Sie bei der mechanischen Umsetzung dieser Elemente ebenfalls involviert? Wenn ja, wie sieht die Arbeit eines Production Designers in diesen Fall aus? Überlassen Sie den Hauptteil der Crew, die für die Mechanik zuständig ist?

Ich habe Eric Allard angeheuert, um alle mechanischen Effekte und »Gadgets«, die von Christopher Ross entworfen wurden, unter meiner direkten täglichen Aufsicht in einem demokratischen Verfahren zu entwickeln und zu konstruieren, da ich mir alle Ideen anhöre und dann die endgültigen Entscheidungen treffe. Die Videokonferenzen mit Cocteau – die digitalen Tablets (fest unter den Kostümen verdrahtet) gab es 1993 noch nicht. Die Geräte zum Scannen der Netzhautidentität, die Waffen usw. sind alles Geräte des 21. Jahrhunderts, die für die Zeit von Demolition Man geeignet sind.

Einige Aufnahmen wurden »on Location« gedreht. Können Sie uns sagen, welche Drehorte Sie verwendet haben und wie konnten / durften Sie diese verändern? Gab es viele bürokratische Hürden zu überwinden, um etwas umzugestalten?

Wie ich bereits schrieb, zum Beispiel das brandneue Los Angeles Convention Center. Die bekanntesten Drehorte waren:

- 105 Freeway, Los Angeles, California, USA
- 2nd Street Tunnel zwischen Hill und Figueroa, Los Angeles, California, USA
- America Plaza Trolley Station – 600 West Broadway, San Diego, California, USA
- GTE – 1 Baxter Way, Thousand Oaks, California, USA (Außenaufnahmen des San Angeles Police Department)
- Fleur Daniels Chemical Company, Irvine, California, USA (Außenaufnahmen Museum)
- Hollywood Sign, Hollywood Hills, Los Angeles, California, USA
- Hughes Aircraft – 909 N. Sepulveda Boulevard, El Segundo, California, USA (Taco Bell)
- Los Angeles Convention Center – 1201 S. Figueroa Street, Downtown, Los Angeles, California
- Louisville, Kentucky, USA
- Pacific Design Center – 8687 Melrose Avenue, West Hollywood, California, USA
- Park Place Office Campus – 3345 Michelson Drive, Irvine, California, USA (Außenaufnahmen Museum)
- Pasadena, California, USA
- San Diego Convention Center, San Diego, California, USA (Weg zu Taco Bell)
- Stage 15, Warner Brothers Burbank Studios – 4000 Warner Boulevard, Burbank, California
- Stage 16, Warner Bros. Burbank Studios – 4000 Warner Boulevard, Burbank, California, USA

- The Pyramid – 7310 Miramar Rd., San Diego, California, USA (Außenaufnahmen Museum)
- Park Place Office Campus – 3345 Michelson Drive, Irvine, California, USA (Planetarium)
- Westlake Village, California, USA
- GM Hughes Electronics Corporation, El Segundo (Innenaufnahmen San Angeles Police Department)

Im Grunde gibt es zwei Welten in Demolition Man. Zum einen die aalglatte Scheinwelt von San Angeles und zum anderen die dreckige Unterstadt. Welche bevorzugen Sie und welche war am schwierigsten zu gestalten?

Ich mag sie beide gleichermaßen. Wenn man gut in seinem Job als Filmemacher ist, ist nichts davon einfach. Es sollte nicht einfach sein und es gibt das Motto, dass kein Set jemals fertig ist: Die Produktion nimmt sie dir einfach weg, wenn es Zeit zum Drehen ist. Woran ich mich bei meinen Filmen am meisten erinnere, ist, wenn ich mehr Zeit gehabt hätte, hätte ich einige gute Sets großartig machen können.

Wieviel Budget hatten Sie für die Erschaffung dieser beiden Welten zur Verfügung und wie verteilt sich diese Zusammenstellung bezogen auf die einzelnen Abteilungen? Musste man viel improvisieren, um sein Ziel zu erreichen?

Mehr Geld als Blade Runner und weniger Geld als Soldier, alle von Warner Brothers. Das Budget für Set-Design/Kunstabteilung bei Demolition Man betrug jedoch US$ 1.250.000,00.

Wie konkret sieht der (zeitliche) Ablauf zum Bau eines Sets aus? Bleiben wir beim Beispiel des Konferenzraumes in Demolition Man beginnend mit einer Idee bis hin zur fertigen funktionalen Umsetzung.

Mehr Zeit als üblich, da das Set 2,50 Meter über dem Bühnenboden aufgebaut wurde, um die Mechanik der Videokonferenzsequenz unterzubringen. Es könnte immer mehr Zeit sein.

Gibt es irgendetwas, was Sie leider nicht umsetzen konnten (aus welchen Gründen auch immer)?

Für so gut wie jedes Set hätte man mehr Zeit für die Ästhetik und die Qualität der Konstruktion gebrauchen können. Allerdings muss man sich zurückhalten, um auch dem Bühnenbild, der Set Dekoration und den mechanischen Spezialeffekten ihre Zeit zu geben.

Sie waren auch der Production Designer von Tim Burtons Kinodebüt Pee Wee's irre Abenteuer. Warum wählten Sie sich dieses Projekt aus und hatten Sie damals bereits ein Gefühl, dass Burton ein ganz Großer seines Fachs werden würde?

Ich war gerade bei der Arbeit zu Future Projekt – Die 4. Dimension (My Science Project, 1985) für die Walt Disney Studios von Jonathan Betuel (The Last Starfighter). Der 24 Jahre alte Tim Burton drehte gerade seinen Schwarzweiß-Kurzfilm Frankenweenie (1984). Wir hatten beide ein Büro im alten Animationstrakt von Disney und fanden heraus, dass wir vieles gemeinsam hatten. Er kam mehrfach zu Besuch an meine Sets und war schwer beeindruckt. Wenn ich Regisseure und Produzenten treffe, wollen sie alle über BLADE RUNNER sprechen. Burton damals nicht. Er wollte einfach keine weiteren Designer treffen und fragte bei Produzent Robert Shapiro an, ob ich frei wäre.

Ich muss Ihnen gestehen, ich habe einen «Guilty Pleasure"-Film namens Starflight One – Irrflug ins All (1983) und besitze immer noch die VHS davon. Bei diesem Film haben Sie ebenfalls mitgewirkt. Es ist ein TV-Film. Gibt es denn Unterschiede bei der Arbeit an Filmen für das Kino und das Fernsehen?

Heutzutage mit Streamingdiensten wie Netflix, Amazon, HULU, Disney+ und allen anderen gibt es keinen Unterschied mehr.

Was ich über Starflight One sagen kann, ist, dass ich den Regisseur Jerry Jameson mochte und ich hier die Gelegenheit hatte, mit John Dykstra zusammenzuarbeiten. Er engagierte mich später für Gene Wilder´s Die Frau in Rot (The Woman in Red, 1984). Damals waren die 6 Millionen US-Dollar Produktionskosten eine enorme Summe für einen Fernsehfilm.

Die Innenausstattung der Starflight bauten wir in Originalgröße. Ungefähr 40 Meter war diese Bühne lang. Ich würde sagen, dass das Endresultat sich für viele Beteiligte als schlecht herausstellte. Wahrscheinlich war der Grund dafür, dass das ursprüngliche Drehbuch von Jameson von ihm neu geschrieben werden wollte. Nur lehnten die Verantwortlichen der ABC das ab. Sie gaben nur das »grüne Licht« für sein erstes Skript.

Was würden Sie angehenden Ausstattern mit auf dem Weg geben? Welchen Rat sollte man befolgen, wenn man sich überlegt, in Ihrem Bereich Fuß zu fassen?

Es gibt viele Filmschulen in Nordamerika, Europa oder Asien. Ich kann nur jedem empfehlen, der sich entscheidet, im Filmbereich zu arbeiten, dass er dort eine vierjährige Ausbildung macht. In den Semesterferien sollte man versuchen, bei angesehenen Firmen an Filmsets mitzuarbeiten. Und man darf sich nicht zu schade sein, jeden Job anzunehmen. Man lernt mehr am Set als an der Schule. Auch sollte man sich einen Mentor suchen, der einem hilft, seinen Weg zu finden. Ich habe bereits viele erfolgreiche Studenten begleitet, die jetzt im Fernsehen, Film und im Theater arbeiten.

Für Blade Runner waren Sie für den Oscar nominiert. Dieser ging dann aber an das Ausstattungsteam von Ghandi (1982). Sind Sie der Meinung, der Blick auf das Werk eines Ausstatters hat sich im Laufe der Zeit verändert?

Heutzutage, speziell in den Staaten, werden Production Designer mehr gewürdigt als zu der Zeit, als ich anfing im Jahre 1978. In aller Ehrlichkeit glaube ich, dass Filme wie Blade Runner, Star Trek oder Krieg der Sterne den Weg bereiteten, um sich mehr mit unseren Beiträgen zur Filmkultur zu befassen. Mit dem heutigen Internet entstanden viele Fanseiten, die unsere Arbeit entsprechend würdigen.

Ich spreche ungern über die Oscars, seitdem Production Designer Lawrence Paull, Set Decorator Linda DeScenna und ich gegen Ghandi verloren haben.

Was können wir denn in Zukunft von Ihnen erwarten?

Time Zoo von Jonathan Betuel; Niagara – Beyond the Fall von Christen Civiletto, Dinosaur Story (ein Animationsfilm) und Thicker von Terry Nemeroff.

3. Die Kamera im Film

Mit dem Auge sehen wir nicht nur Dinge und Gegenstände. Wir erkennen Gefühle. Wir sehen, wenn jemand weint. Wir erkennen Wut, Trauer, Freude. Gefühle, die wir sehen, setzt das Gehirn in eigene (Mit)Gefühle um. Das Auge dient nicht nur als Gefühlsüberträger. Wir sehen Farben, erkennen Dunkelheit und Schatten, sehen in der dritten Dimension. Wenn man die Augen schließt, bleibt uns die Dunkelheit. Aber auch diese ist wichtig, um beim Öffnen wieder Sachen zusammenzufügen, die wir vor Schließung der Augen wahrgenommen haben. Das Auge dient der allgegenwärtigen Erfassung der visuellen Sinneseindrücke eines Menschen. Die Arbeit des Auges beim Menschen übernimmt bei filmischen Produktionen die Kamera. Und nicht nur das. Die Kamera, bzw. die Arbeit mit dieser visuellen Hilfe, kann uns nicht nur verzaubern und für zwei Stunden in eine andere Welt transportieren. Die Kamera kann uns austricksen. Uns verblüffen mit Dingen, die es so in der Realität nicht gibt. Es fliegt die Kamera und verfolgt die Protagonisten bei ihrer Reise, wie beispielsweise die Jagd der Nazgul auf Frodo im Wald bei Der Herr der Ringe (2001) oder die geniale 360°-Fahrt im Auto bei Children of Men (2006). Wir blicken auf den Gillman in Der Schrecken vom Amazonas (Creature from the Black Lagoon, 1954) unter Wasser. Wir reisen durch die Speiseröhre bis hin zum Chestburster bei Leland Orser in Alien – Die Wiedergeburt (Alien: Resurrection, 1997).

All dies sind kameratechnische Tricks, die uns eine Welt suggeriert, die man noch nie sah oder die es so nicht gibt. Die Kamera im Film ist das Auge für uns. Sie zeigt auf, sie verdunkelt vieles, sie spielt mit Licht und Schatten, und durch viele technische Raffinessen gewährt uns die Kamera einen Blick auf die visuelle Realität im filmischen Kontext. Die Kamera kann also vielerlei Dinge, um einem Film einen ganz bestimmten Look, eine Besonderheit zu geben. Viele Facetten des Spiels mit der Kamera spielen da mit: Licht, Schatten, Farben, Schärfe, Einstellungen oder auch Auflösungen. All dies ermöglicht natürlich nicht nur der DoP (Director of Photographie oder Hauptkameramann). Man benötigt viele Menschen, um die Illusion in der Kamera einzufangen. Da gibt es den Gaffer, also den Beleuchter. Er beaufsichtigt die Abläufe und das Personal der Beleuchtungsabteilung. Wir haben den Camera Operator, auch Schwenker oder Kameraoperateur genannt. Er bedient physisch die Kamera. Hierbei können Kameramänner Schwenker sein, aber Schwenker keine Kameramänner. Oder wir haben den Additional Photographer, den zusätzlichen Kameramann. Dieser nimmt im Film enthaltene Szenen auf. Er beaufsichtigt die Fotografie dieser Szenen und bedient möglicherweise die Kamera. Dafür muss er sich nicht in einer dafür vorgesehenen Einheit befinden. Auch Unterwasserkameramänner darf man nie vergessen. Was wäre DER WEIßE HAI ohne den Blick ins kühle Nass?

Es gibt viele Kameramänner, die uns mit ihrem Blick auf die filmische Realität verzaubert haben. Und sie alle haben ihre Eigenarten, uns ihre Sicht der Welt zu präsentieren. Sei es Darius Khondji (SIEBEN, DIE STADT DER VERLORENEN KINDER, beide 1995), dessen Bilderwelt immer ein wenig an (Alb-)Träume erinnert. Nestor Almendros (IN DER GLUT DES SÜDENS (DAYS OF HEAVEN), 1976), der wie kein Zweiter das Spiel mit Licht und Schatten einsetzen konnte. Oder auch Adrian Biddle, der Action kunstvoll verpacken konnte wie in ALIENS oder THELMA & LOUISE (1990).

Einer dieser unbesungenen Helden der Filmwelt ist Jacques Haitkin. Der Amerikaner ist nicht nur Hauptkameramann, sondern auch der Regisseur und Kameramann der zweiten Einheit bei Filmen wie KONG – SKULL ISLAND (2014) oder FAST & FURIOUS 8 (2016).

3.1 Porträt Jacques Haitkin

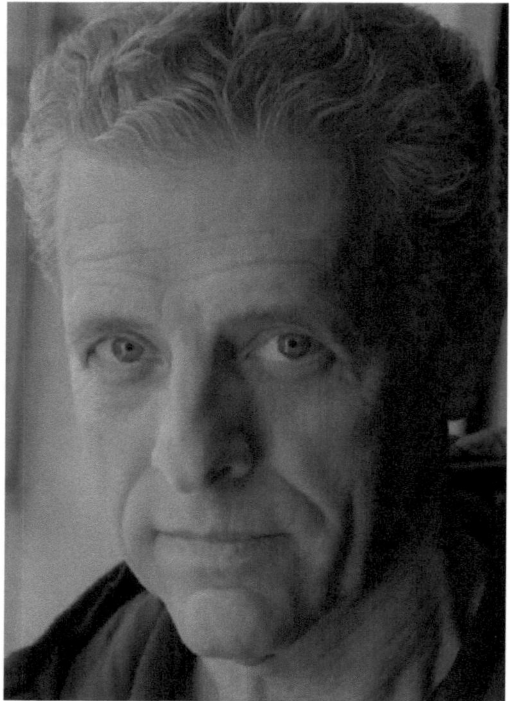

Abb. 3.1 Jaques Haitkin

Jacques Haitkin wurde am 29. August 1950 in Brooklyn, New York geboren. Bevor er ins Filmgeschäft eingestiegen ist, hatte er zunächst an der Universität in New York Film studiert. Stets wollte er im Film arbeiten. Nur kurz, am Anfang seines Studiums, hatte er sich kurzfristig mit der Medizin beschäftigt. Er hat sich für das Studium der Kinematographie entschieden, weil er sich für Kunst, Wissenschaft und Politik interessierte, und er wollte sich selbst ausdrücken. Die Kinematographie erfüllte all seine Bestrebungen. Vom Erzählen der Geschichte über die Beleuchtung, die Komposition, das Design, die Logistik, die Physik, die Technik und das Management – all das ist ein herausfordernder und unterhaltsamer Spielplatz für sein Schaffen. Und das seit über 40 Jahren.

Hot Dogs for Gauguin (1972) war sein erster »Film«. Aber es war kein Job im eigentlichen Sinne. Es war ein Studentenfilm, der an der Filmschule der New Yorker Universität gedreht wurde. Hot Dogs war seine erste Zusammenarbeit mit dem Regisseur Martin Brest (Beverly Hills Cop, 1987; Der Duft der Frauen, 1992).

Zwei wichtige Dinge sollte man über Hot Dogs for Gauguin wissen: 1) Es erregte die Aufmerksamkeit des American Film Institute und ermöglichte Brest und Haitkin, als AFI-Stipendiaten den Weg nach Hollywood einzuschlagen. Haitkin bezeichnete dies später als »kritischen Wendepunkt seiner Karriere«. 2) 2011 wurde Hot Dogs for Gauguin von der U.S. National Film Preservation Foundation als nationales Kulturgut ausgewählt. Eine weitere Auszeichnung: In dem Film spielte der damals unbekannte Schauspieler Danny DeVito die Hauptrolle.

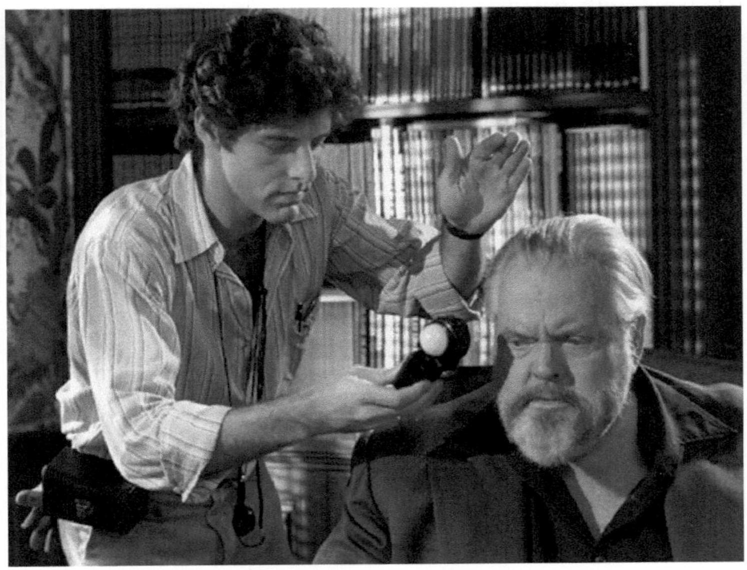

Abb. 3.2 Jacques Haitkin und Orson Welles.

Zwei seiner besten Werke im Film sind mit Sicherheit A Nightmare on Elm Street und The Hidden – Das unsagbar Böse.

Jaques Haitkin verstarb am 21. März 2023 noch vor Veröffentlichung dieses Buches. Dies ist sein letztes, jemals gemachtes Interview. Ich danke Mr. Hatikin für seinen Enthusiasmus während des Gesprächs.

A NIGHTMARE ON ELM STREET (1984)

Traumwandlerisch sehen wir einen jungen Mann, der schlafend in seinem Bett liegt. Etwas quält ihn. Die Kamera zeigt ihn und seine psychische Not. Dann, urplötzlich, ergießt sich eine Fontäne von Blut an die Decke. Dieser junge Mann ist Johnny Depp. Diese Szene ist einer der besten und zugleich schwierigsten Aufnahmen in diesem wegweisenden Film. Jacques Haitkin und sein Team formten aus vielen Unwägbarkeiten eine Szenerie des Schocks, des Grauens. Sie lehrten uns mit Hilfe von Kamera- und Raumtricks eine Illusion des bösen Traumes zu schaffen. Hierzu bauten sie ein Set, welches man rotieren konnte, sodass die ganze Szene auf dem Kopf stand und so gedreht wurde, wie wir sie kennen. Und all dies wurde genauso aufgenommen, wie zu sehen. Keine Nachbearbeitung. Alles direkt gedreht. Im folgenden Kapitel erläutert Haitkin genauer diesen Trick.

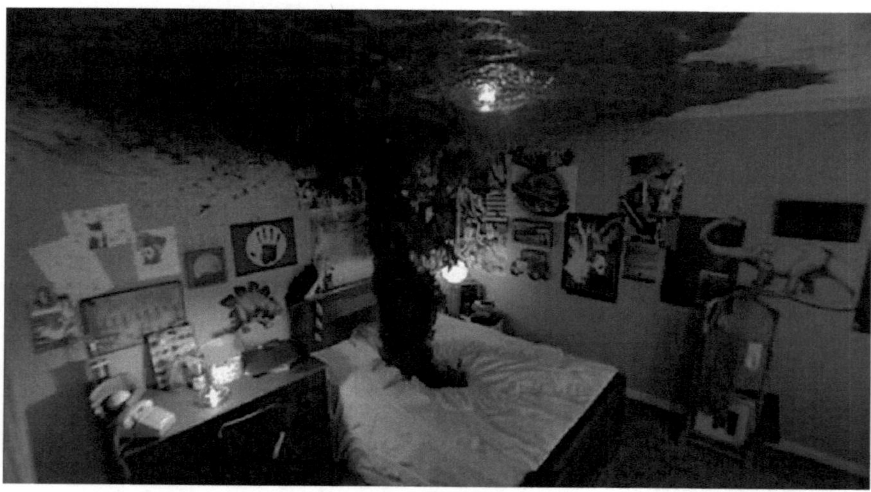

Abb. 3.3 Der Tod von Glenn (Johnny Depp) in A NIGHTMARE ON ELM STREET.

NIGHTMARE ist ein Film, bei dem Haitkin es schaffte, die visuelle Kraft seiner Kamera zu benutzen, um einen filmischen Albtraum uns zu präsentieren. Trügerische Bilder und in traumwandlerischen Farben gehalten, dient die Kamera hier dem Wahrwerden eines oder mehrere Träume. Ohne diese perfekte Kameraarbeit hätte der Film nicht den heutigen Kultstatus.

The Hidden – Das unsagbar Böse (1987)

Jack Sholders Film The Hidden ist gleichzeitig Satire und 80er-Science-Fiction-Action in Reinkultur. Mit einem relativ geringen Budget schuf man hier ein kleines, aber feines Meisterwerk. Maßgeblich dazu beigetragen hat Jacques Haitkin mit seiner Kameraarbeit. Wie kein zweiter schaffte er es, einen Film, der ein geringes Budget hat, groß aussehen zu lassen. Exemplarisch soll hier kurz eine Szene besprochen werden, die genau das aufzeigt.

Es gibt im Film eine Schießerei in einer Polizeistation. Natürlich hätte man diese Szene so konzipieren können, dass es von waghalsigen Stunts und Explosionen nur so wimmelt. Andere Filme aus den 1980er Jahren haben das auch gern so gestaltet, wie zum Beispiel Terminator (1984). Nun stand der Produktion in der Tat nicht viel Geld zur Verfügung. Haitkin drehte diese Szene, die mit relativ wenig Menschen auskommt, sehr gezielt. Es wurden nur so wenige Schüsse wie nötig eingesetzt. Umso effektiver wurden diese aber gezeigt. Auch das Set erscheint zunächst sehr eintönig und lapidar. Grüne Flure, ein paar Zellen, breite Gänge. Kein großer Schnick-Schnack. Es wird nur das gezeigt, was nötig ist. Haitkin drehte diese Szene effektiv statt bombastisch. Und er lässt den Film teurer erscheinen, als er eigentlich war. Durch die stetige Neupositionierung der Kamera auf engstem Raum und die unterschiedlichen Winkel holte Haitkin das Beste aus dieser Szene raus. Denn Geld für den Wiederaufbau des Sets hatte man nicht, und so musste alles bis ins kleinste Detail geplant werden. Dies gelang ihm an mehreren anderen Szenen ebenso. Das ist und war stets ein großes Talent von Haitkin: wenig viel aussehen zu lassen. Und das muss man erst mal schaffen.

Wie er das geschafft hat und noch viele Dinge mehr berichtet er im nachfolgenden Gespräch.

Im Gespräch mit Jacques Haitkin

»Jede Technik ist eine andere Nuance der visuellen Stimme der Kinematographie.«

Till Bamberg) Haben Sie bestimmte Vorbilder oder Filme, die Sie besonders ansprachen, um im Filmgeschäft tätig zu werden? Und als Gegensatz dazu: Gibt es Filme, die Sie gar nicht ansprechen?

Jacques Haitkin) Es gab kein bahnbrechendes Ereignis oder einen Film, der mich motiviert hätte, Filmemacher zu werden. Alle Filme inspirierten mich aufgrund meiner Liebe zur Geschichte. Deshalb hat mich die Standfotografie nicht in gleicher Weise begeistert. Ich fühle mich zu großartigem Storytelling hingezogen, unabhängig vom Genre. Geschichten – vor allem Allegorien – sind Teil unserer menschlichen DNA; für mich ist das sehr wichtig.

Ich habe keinen wirklichen Lieblingsfilm, da es viele Filme gibt, die für mich eine tiefe Bedeutung haben. Aber wenn ich nur einen auswählen müsste, dann wäre es Ein Gesicht in der Menge (1957) unter der Regie von Elia Kazan. Vom Schreiben bis zur Verfilmung ist es meiner Meinung nach ein Meisterwerk.

Sie haben viele Genrefilme als DoP (Director of Photography) gedreht wie Evolver oder Fist of the North Star (beide 1995). Haben Sie zu Filmen, die eher im fantastischen Bereich angesiedelt sind, eine besondere Verbindung?

Ich liebe es solche Filme als Kameramann zu gestalten, aber nicht aus dem Grund, den Sie denken. Ich liebe es, sie zu drehen, weil ihre Komplexität eine Herausforderung darstellt. Sie erfordern viel originelles Design und Problemlösungen. Das ist für mich der Spaß daran. Es geht immer darum, Spaß zu haben. Mein Mantra: Spaß haben, kreativ sein, neugierig bleiben.

Was denken Sie, muss man mitbringen, um Kameramann zu werden?

Ich denke, eine Ausbildung ist obligatorisch, um ein kompetenter Kameramann zu werden. Angehende Kameramänner müssen sowohl das Theoretische als auch das Praktische studieren, um vollständige Erfahrungen zu sammeln. Es gibt keinen Ersatz für praktische Erfahrung. Um ein Künstler zu werden, muss man mehr wissen als nur, wie man etwas macht. Man muss wissen, wie

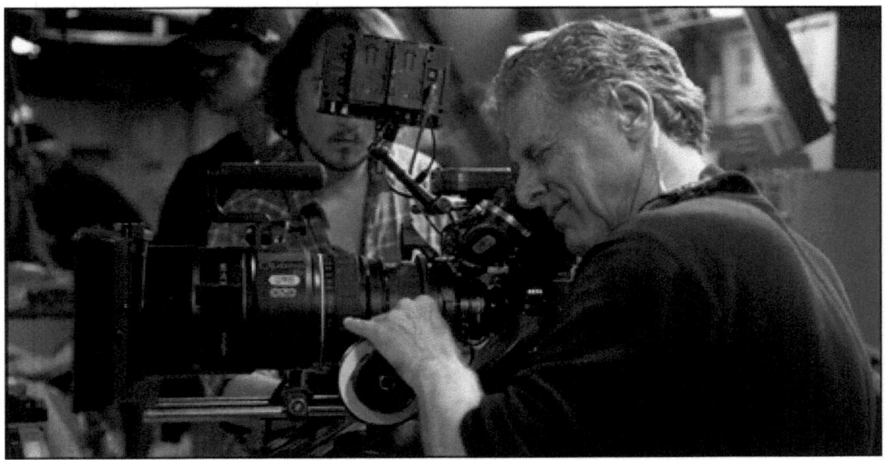

Abb. 3.4 Jacques Haitkin am Set von Captain Phillips *(2013).*

man sich selbst ausdrücken kann. Das Studium aller Kunstformen, um zu wissen, woher die Kunst aus der menschlichen Psyche kommt, ist eine Voraussetzung dafür, ein professioneller Kameramann zu werden.

Es braucht ein gewisses Temperament, um mit der Härte der Filmkunst umzugehen. Es geht darum, ein Hindernis nach dem anderen zu überwinden und ständig Probleme zu lösen, wobei man sich gleichzeitig selbst ausdrücken muss. Der Weg des Filmemachens ist mit einem gewissen Grad an Konflikte verbunden. Es erfordert Geduld, Einsicht, Flexibilität, Belastbarkeit, Zusammenarbeit, Kompromisse und körperliche Ausdauer. Es erfordert auch Neugierde, Leidenschaft und ein Auge für Design, Komposition und Farbe. Und den Wunsch, die Bereitschaft und die Furchtlosigkeit, aus Erfolg und Misserfolg zu lernen und zu wachsen.

Genau diese Leidenschaft zeigen Sie auch in Ihren Filmen. Welche von Ihren Arbeiten würden Sie denn als Ihre Beste bezeichnen?

Meine erfreulichste Arbeit war A Nightmare on Elm Street. Wir haben die physischen, kreativen und finanziellen Herausforderungen überwunden, um eine tolle Welt zu porträtieren – trotz der Widrigkeiten. Eine großartige Zusammenarbeit zwischen allen beteiligten Filmemachern.

In Nightmare on Elm Street *gibt es eine der besten Kameraarbeiten, die ich bisher gesehen habe. Es geht um die Szene, bei der die gigantische Blutfontäne aus Johnny Depp herauskommt. Diese Szene haben Sie quasi »Upside-Down« ge-*

dreht. Könnten Sie uns einen Einblick geben, wie komplex die Vorbereitungen waren und wie der eigentliche Dreh zu dieser Szene aussah? Wie waren die Sicherheitsvorkehrungen und vor allem: Wer hat saubergemacht?

Johnny Depps Schlafzimmerset war in ein riesiges, kreisförmiges Schienensystem eingebaut, das es uns ermöglichte, den Raum in Sekundenschnelle von der richtigen Seite auf die falsche Seite zu drehen. Das ganze System wog Tonnen, plus Kameras und Kameraleute (sogar Wes Craven kam mit). Wir waren alle mit Fünfpunktgurten angeschnallt. Das riesige Rigg war so perfekt ausbalanciert, dass es nur mit Manneskraft bedient werden konnte. Das machte es einfacher und sicherer.

Als man sieht, wie Johnny Depp von Freddy ins Bett gezogen wird, steht der Raum auf dem Kopf. Ein Effekttechniker, der einen Freddy-Handschuh trägt, zieht Johnny durch ein Loch im Bett auf den Bühnenboden hinunter. Dann drehten acht Leute diesen drei Stockwerke hohen Apparat von Hand, um das Bettloch um 180° zu drehen, so dass es auf dem Kopf steht. Ein weiterer Effekttechniker wartete auf dem Gestell, um literweise Filmblut durch das Bettloch zu schütten.

Im Raum sind die Kameras mit dabei. Man sieht also nicht, wie sich der Raum dreht. Die Beleuchtung ist fest installiert. Alles ist entweder geklebt oder genagelt, so dass sich nichts bewegt, wenn sich der Raum von rechts nach unten dreht. Die Kamera sieht keine Veränderung; das Schlafzimmer sieht in der Kamera auf dem Kopf stehend aus. Tatsächlich ist der Raum aber komplett gedreht, so, dass wir die Schwerkraft nutzen können, um das Bett so aussehen zu lassen, als würde es das Blut gerade nach oben »würgen«, wenn das »Blut« in das Bettloch gegossen wird.

In der Endfassung des Films hat der Cutter die Szene umgeschnitten, sodass wir nie in einer ungeschnittenen Einstellung sehen konnten, wie Johnny gezogen wird und das Bett Blut spuckt. Aber so war die Szene ursprünglich gedacht, also haben wir sie so geplant und gedreht. Die Szene war trotzdem eine großartige Leistung für die Kreativ- und Handwerksteams. Ein solch denkwürdiger Effekt, der in der Kamera – ohne Nachbearbeitung – mit einem sehr geringen Budget (ca. 2 Millionen US-Dollar) realisiert wurde.

Die Sicherheit stand immer an erster Stelle, denn wir hatten Schauspieler, Kameraleute (und den Regisseur!) im Spinning-Raum unterwegs. Bevor wir den Dreh machten, wurde das Rigg mehrfach ohne Menschen an Bord getestet, wobei Sandsäcke verwendet wurden, um das Gewicht für die fehlenden Menschen auszugleichen. Wir gehen nie Risiken ein. Wir managen sie.

Ich habe keine Ahnung, wie sie das ganze Blut aufgewischt haben. Wir machten diese Aufnahme als letzte in der Nacht. Als wir am nächsten Morgen zurückkamen, hatte das Art Department alles auf magische Weise weggeputzt.

In Maniac Cop 3 (1993) gibt es einen Stunt, bei dem Matt Cordell (Robert Z'Dar) brennend in einem Auto fährt. Könnten Sie uns etwas über diese enorm gelungene Szene erzählen, denn man sieht, dass der Stuntfahrer anscheinend nicht sofort gelöscht werden konnte?

Bezüglich des Stuntman, der ständig in Flammen steht: Der Stuntman, der Cordell spielt, fährt das Auto nicht. Es gibt einen Stuntfahrer auf dem Beifahrersitz von Cordells Auto mit Fernbedienungen – Gas, Bremse und Lenkrad –, der das Auto tatsächlich fährt. Dieser Fahrer ist komplett feuergeschützt. Er hat abgedunkelte Augenlöcher im Sitz, um zu sehen, wo er hinfährt. Die Aufnahmen waren in der Regel 45 Sekunden oder kürzer, da die Brenndauer bei Cordell weniger als eine Minute betrug. Der Stuntman wird in der letztmöglichen Sekunde gezündet und hat die Kontrolle über ein Feuerlöschsystem im Auto, so dass er sich selbst löschen kann, wenn er sich heiß fühlt. Da Cordell eine Uniform und Kopfschminke trägt, konnten wir den Stuntman mit einer Feuerlöschanlage ausstatten, was ihn sicherer machte und ihm erlaubte, länger in Flammen zu stehen. Cordell tatsächlich fahren zu lassen, wäre aus einer Reihe von Gründen gefährlich. Ein wichtiger Grund, warum er nicht tatsächlich fährt, war, ihm zu erlauben, sich auf seine Performance als böser Cordell zu konzentrieren.

Auch in The Hidden haben Sie perfekt die Balance gehalten zwischen Thrill und Action. Sie lassen Low Budget-Filme immer groß wirken. Ein einmaliges Talent. Gab es bei diesem Film Herausforderungen, die Sie meistern mussten, um ihn so wirken zu lassen, wie wir ihn heute kennen?

Bei einem Low-Budget-Film ist alles eine Herausforderung. Es ist ein Verdienst unserer Kreativ- und Handwerksteams, dass sie wissen, wie sie jeden Dollar auf die Leinwand bringen können. Und eine starke, einheitliche Vision der Geschichte und der Charaktere zu haben, insbesondere der Hauptfigur, Detective Beck (gespielt von Michael Nouri), die den Zuschauer in seine Reise eintauchen lässt und dem Film Tiefe verleiht. Wir vermischen zwei Welten – die reale Welt der Polizei und der Verbrecher und die Welt der Außerirdischen. Das gibt The Hidden seinen Publikumszuspruch. B-Movies, die am besten funktionieren, haben meist gut gezeichnete Reisen der Hauptfiguren. Das war hier der Fall. Eine gute Geschichte, gut erzählt, und das kreative Team ist der Situation gewachsen.

In Fast & Furious 8 gibt es eine gewaltige Actionszene im Eis. Was war hier die besondere Schwierigkeit?

Bei Fast & Furious 8 haben wir auf einem riesigen zugefrorenen See in Island gedreht. In der besonderen Jahreszeit, in der wir gedreht haben (Winter 2016), waren die Temperaturen etwas wärmer als normal und die Sicherheit wurde durch das auftauende Eis zu einem Problem. Da für die Szenen eine riesige Menge an Autos und Militärfahrzeugen gleichzeitig auf dem Eis sein mussten, plus ein riesiges Filmunternehmen mit mehreren Kameras, Lastwagen und Hilfsfahrzeugen, hatten wir eine Vollzeit-Eissicherheitscrew mit 50 Leuten, die nichts anderes taten, als die Dicke des Eises in den Bereichen zu messen, die wir filmen wollten, um sicherzustellen, dass das Eis eine so große Menge an Gewicht tragen würde. Eine weitere Herausforderung war es, alle Fahrzeuge für die Actionsequenzen auf dem glatten See manövrierfähig zu machen. Unser Trick war, spezielle Spikereifen auf allen Fahrzeugen zu verwenden. Die Fahrzeuge rutschten immer noch ein wenig, um die Action spannend zu halten, aber die Spezialreifen erlaubten den Stuntleuten mehr Kontrolle.

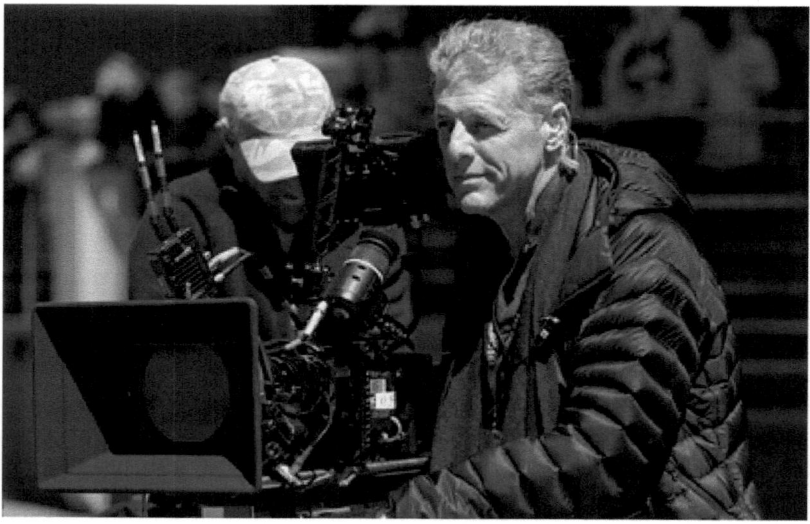

Abb. 3.5 Beim Dreh von Fast & Furious 8 .

Als Hauptkameramann sind Sie für die Gestaltung von Filmen wie Cherry 2000 (1987) oder Ambulance (1990) verantwortlich gewesen. Und Sie sind auch Kameramann der zweiten Einheit in Filmen wie z.B. Kong – Skull Island oder Fast &

FURIOUS 7 (2015). Ist es schwierig, die visuellen Wünsche und Vorgaben des Hauptkameramanns dieser Filme zu realisieren, wenn Sie selbst viele kreative Ideen haben, um eine Szene zu drehen?

Das Drehen von spektakulären Actionsequenzen in Hollywood-Filmen ist ein völlig anderes Handwerk als das Drehen der Haupteinheit mit Schauspielern, bei dem die zentrale Geschichte, die Charaktere und die Themen dargestellt werden. Die Haupteinheit bestimmt das kreative Aussehen des Films. Die Beleuchtung, die Komposition und die Kamerabewegung – der filmische Ausdruck und der Ton des Films – werden von der Haupteinheit festgelegt. Die Aktionseinheit ist eine reine »Geistereinheit«. Unsere Aufgabe ist es, unsichtbar zu sein. Wir drehen Sequenzen, als ob wir die Haupteinheit wären. Zudem muss man so tun, als ob wir die erste Einheit wären. Wenn das Publikum den fertigen Film sieht, sollten die Zwischenschnitte zwischen Haupt- und Nebeneinheit praktisch nicht zu unterscheiden sein; als ob alles von der Haupteinheit gedreht worden wäre. Ich finde es herausfordernd, die kreativen Ausdrucksformen der Haupteinheit anzunehmen und nachzuahmen, und es macht mir Spaß. Es ist kein einfaches Handwerk; es erfordert Erfahrung, Haltung und Bescheidenheit.

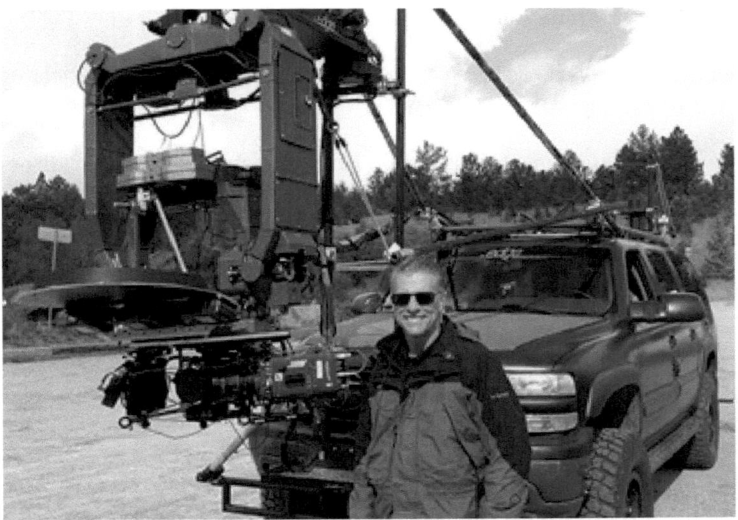

Abb. 3.6 Aufbau einer Kameraaufhängung für FAST & FURIOUS 7.

Haben sie eine bestimmte Kamerabewegung, die Sie am meisten mögen?

Ich bewundere alle Kamerabewegungen. Jede Technik ist eine andere Nuance der visuellen Stimme der Kinematographie. Von der neuesten Drohnenarbeit über Teleskopkräne bis hin zu genialen stabilisierten Hand-Rigs, Kamerawagen und Montagen – all das verleiht der Welt, die wir porträtieren, Emotionen, Dimension und Klarheit. Heutzutage bin ich fasziniert von den Möglichkeiten, mit kleinen Drohnen komplizierte, noch nie dagewesene Kamerafahrten in Innenräumen mit Schauspielern durchzuführen. Das eröffnet den Filmemachern eine ganz neue Welt des Ausdrucks und dem Publikum ein noch intensiveres Erlebnis.

Ich liebe das Aussehen und den Stil, den Sie für bestimmte Produktionen geschaffen haben. Haben Sie einen besonderen Ansatz für die bildliche Gestaltung eines Films?

Mein »spezieller Ansatz« für die bildliche Gestaltung besteht darin, mit den Vorstellungen des Drehbuchs und des Regisseurs von der Geschichte in Einklang zu bringen. Da keine zwei Geschichten identisch sind, erfordert jedes Projekt eine große Menge an origineller Gestaltungsarbeit. Das ist die Freude an der Kinematographie und am Filmemachen im Allgemeinen.

Haben Sie ein Projekt, das Sie schon immer machen wollten, oder gibt es etwas, dass wir in Zukunft von Ihnen genießen können?

Ich habe kein »Haustier«-Projekt. Vorläufig bin ich wegen einer körperlichen Behinderung aus dem Filmgeschäft ausgeschieden. Aber vor kurzem habe ich mit dem Drehbuchschreiben begonnen, um meiner Leidenschaft für das Geschichtenerzählen nachzukommen. Die Zeit wird zeigen, ob meine neue Reise Früchte tragen wird.

4. Die Texturen im Film

Was wir fühlen, erfahren wir durch Berührungen. Wir spüren beispielsweise Finger auf unserer Haut, die uns zart streicheln. Oder wir erleben das Gegenteil. Wir spüren den Schmerz, wenn wir uns verletzen. Wir fühlen Kälte oder Wärme auf unserer Haut. All das erleben wir mittels des größten Organs, welches unser Körper zu bieten hat: der Haut. Dies ist unsere lebende Oberfläche. Wenn diese Oberfläche sich verändert, spüren wir das. Auch sieht diese Oberfläche stets anders aus: Farbe, Narben oder zum Beispiel Leberflecke verändern unsere Haut und unser Gefühl. Die Oberfläche des Menschen dient der Wahrnehmung auf vielen Ebenen.

Die Technik des »Texturing« im Film, also die Bearbeitung von Oberflächen, ist ein wichtiger Bestandteil der menschlichen Wahrnehmung im filmischen Kontext. »Textur«, vom lateinischen »textura«: Gewebe, bedeutet so viel wie die Anordnung, das Gefüge oder die Struktur im Möbelbau, genauer gesagt die Maserung. Im Film kann man das Übertragen auf die Gestaltung der Oberfläche von speziellen Make-Up-Effekten oder auch Ganzkörperkostümen.

Hierbei geht es nicht nur um die optische Gestaltung, sondern auch konkret um die (Un-)Ebenheiten dieser Masken. Diese schaffen für uns als Publikum einen besonderen Reiz. Denn durch die Verarbeitung bestimmter Materialien kann man ein einmaliges Aussehen erzeugen. Und dieses Aussehen nehmen wir durch visuelle Reize wahr und »fühlen« mit ihnen. Dies zu erschaffen ist eine Kunst für sich. Wie sehr haben wir mit Eric Stoltz gelitten, als wir ihn in Die Maske (1986) sahen. Durch die Brechung innerhalb der Oberflächenbearbeitung seiner Gesichtsmaske mit der »normalen« menschlichen Vorstellung der Haut und dem Knochenwachstum konnten wir, wie er sich innerhalb des Charakters fühlt. Oder nehmen wir das Aussehen der Erkrankten der Leprakolonie in Franklin J. Schaffners Papillon (1972). Man sieht sie nie ganz (nur zum Schluss dieser Szenen). Aber das, was man sieht, erweckt Mitleid. Und dies geschieht durch die Bearbeitung der Maskenoberflächen. Auch und insbesondere in fantastischen Genrefilmen ist ein gutes Texturing unablässig, um die menschlichen Gefühle anzusprechen. Freddy Kruegers vernarbtes Gesichtsgewebe lässt uns erahnen, wie sich es geschmerzt hat, als er verbrannt wurde. Auch die Monstren aus der Alien-Filmreihe wären ohne eine bedrohliche Texturenbehandlung nicht mehr denkbar. Sie erzeugen ein Unwohlgefühl, welches solche Filme benötigen. Das Ursprungsdesign des Xenomorphen erschuf der Schweizer Künstler Hans Rudi Giger für Ridley Scotts grandiosen Alien – Das unheimliche Wesen aus einer fremden Welt. Es wurde stets weiterentwickelt. In der zweiten Fortsetzung Alien 3 war der ausgewachsene Xenomorph vom Aussehen her der am bedrohlichsten wirkendende der ganzen Reihe. Der Mann, der die Oberfläche gestaltete, also die Farbnuancen setzte und weitere farbliche Komponenten hinzufügte oder wegnahm, um uns das Gruseln zu lehren, war Gino Acevedo.

Portrait Gino Acevedo

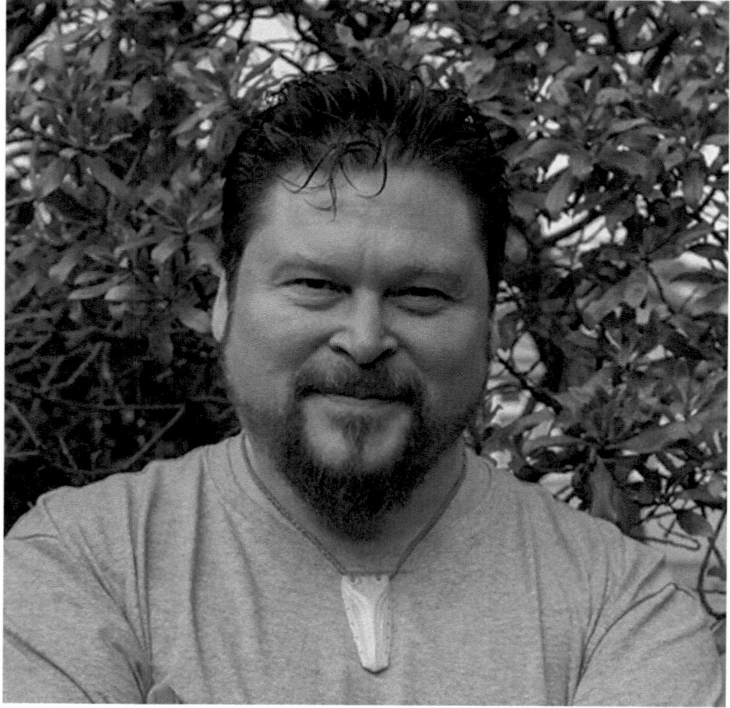

Abb. 4.1 Gino Acevedo

Gino Acevedo wurde 06. Dezember 1964 in Phoenix, Arizona geboren. Er liebte bereits in früher Kindheit die alten Monster und Monsterfilme von Universal, wie beispielsweise Frankenstein (1931), Die Mumie (1932) oder Der Wolfsmensch (1941). Insbesondere hatte es ihm Der Schrecken vom Amazonas angetan. Im Alter von sieben Jahren sah er Planet der Affen. Er war so fasziniert von den sprechenden Affen, dass er jedes Mal, wenn er den Zoo besuchte, die erste Anlaufstation der Affenbereich war: »Ich war das Kind mit dem Gesicht gegen die Glasscheibe und versuchte mit den Affen zu sprechen, weil ich einfach ‚wusste', dass sie genauso wie im Film sprechen könnten! Aber ich war traurig und enttäuscht, als sie nicht antworteten, und ich dachte mir, dass es nur daran lag, dass andere Leute da waren und sie sich nicht aufgeben wollten!« Im zunehmenden Alter wuchs seine Leidenschaft für Monster, Affen und allgemein der Tierliebe.

Als er 18 Jahre alt war und die High-School in Phoenix besuchte, brachte ihn seine alte Klassenlehrerin mit dem Ehemann eines einer anderen Lehrerin in Kontakt. Dieser arbeitete in einer Firma namens »Imagineering«. Der Eigentümer war Larry Liff. Liff hatte die »Vampire Blood and Evil Vampire Teeth« für den Halloween-Markt für Kinder in den vereinigten Staaten erfunden. Als Kind hatte Gino diese Maskeraden bereits zu Halloween benutzt, und nun durfte er in dieser Firma arbeiten. Er traf sich mit Larry und zeigte ihm seine Zeichnungsmappe, die mit Drachen, Kerkern und Barbaren gefüllt war. Es war nicht genau das, was Liff suchte, aber er gab ihm zum Glück eine Chance in seiner Firma. Zuerst in der Produktionslinie, die Vampirblut verpackte und allerlei andere Dinge, die Gino sich stets von seinen Eltern zu Halloween gewünscht hatte. Er arbeitete dort ungefähr sechs Monate in der Produktion, und es war für ihn eine erstaunliche Erfahrung zu sehen, wie diese Produkte hergestellt wurden.

Nachdem dieser Zeit in der Produktion brachte Liff ihn in die Forschungs- und Entwicklungsabteilung, und er lernte, wie man Halloween-Masken gestaltet. Zu dieser Zeit wurde er einem Mann vorgestellt, der mit Liff befreundet und ein sehr bekannter Hollywood-Maskenbildner namens Barry Koper war. Zu der Zeit war Koper Leiter der Make-up-Abteilung der CBS Studios in Hollywood. Koper kam jedes Jahr nach Phoenix, um das neue Make-up für den Halloween-Katalog anzufertigen, der in Phoenix fotografiert werden sollte. Koper nahm Gino unter seine Fittiche und brachte ihm eine Menge über Make-up bei. Gino ging später nach Los Angeles, um Koper zu besuchen, und dieser machte ihn mit großartigen Make-up-Legenden wie John Chambers, Dick Smith, Stan Winston, Rick Baker und Greg Cannom bekannt. Wie sein Leben weiter verlaufen ist, erläutert Gino im Interview.

Einer der Filme, an denen Gino Acevedo später mitwirkte, war Alien 3.

Alien 3 (1992)

Wenn man sich die Alien-Filmreihe ansieht (ich lasse das Aufeinandertreffen der Predatoren mit den außerirdischen Xenomorphen mal außen vor), dann wird man bemerken, dass sich die Erscheinungsformen der ausgewachsenen Xenomorphen stets verändert haben. Vom genialen Urdesign des Schweizer Künstlers Hans Rudi Giger ausgehend, haben sich diese Monster immer weiterentwickelt. Im ersten Teil der Reihe sah man die ausgewachsene Kreatur immer nur schemenhaft und nicht in voller Pracht. Abgesehen vom Showdown in der Narcissus. Man sah immer nur einen Teil des Designs, was dieses Wesen umso bedrohlicher machte. Giger formte eine Filmfigur, wie es sie nie zuvor gegeben hat. Im zweiten Teil, Aliens von James Cameron, übernahm Stan Winston und sein Team (u.a. Alec Gills, Tom Woodruff jr. und John Rosengrant) die Erschaffung der Monster. Ihr Aussehen war martialischer, robuster, kampfbereiter. Das merkte man auch anhand der Oberflächengestaltung der Haut. Zäher und eher im dunklen, bläulichen Ton gehalten, symbolisierten diese Farben und die Oberflächenbeschaffenheit Aggressivität. Im dritten Teil, Alien 3, dem Erstlingswerk von David Fincher, folgte man wieder den Spuren von HR Giger.

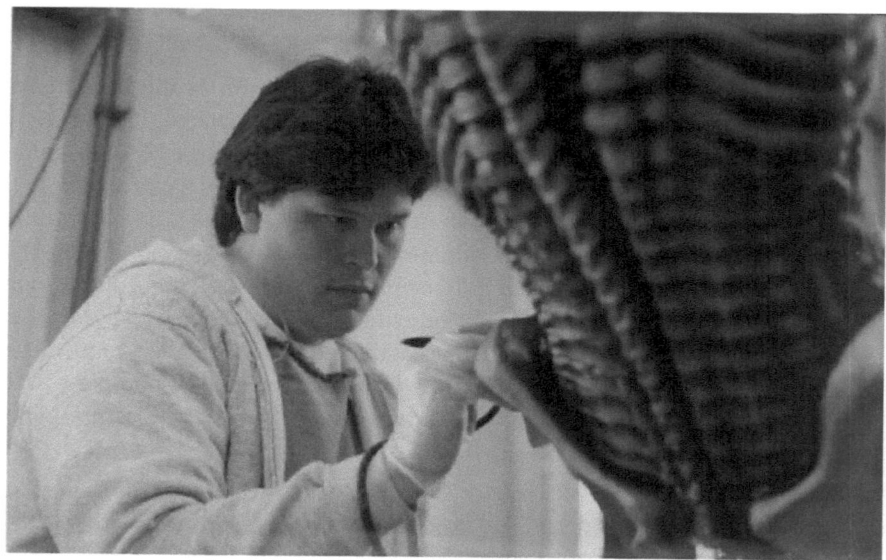

Abb. 4.2 Gino Acevedo bei der Farbgestaltung für einen der Anzüge für Alien 3.

Das Design wurde schlanker, wendiger und wirkte wieder bedrohlich unheimlich. Man gestaltete die ausgewachsene Kreatur so, als ob sie ein schneller Gepard wäre. Das Aussehen und die Farbgestaltung wurden an die Umgebung angepasst. Die Strafkolonie »Fury 161« ist ein hässlicher Ort, der fast komplett aus Rost und Schmutz besteht. Der Xenomorph wurde so gestaltet, dass er sich nahtlos in die Umgebung anpassen kann. So scheint es zu mindestens. Wie ein Chamäleon auf Jagd wurde die Oberfläche geschaffen, um zu suggerieren, dass das Böse sich in jeder Ecke der Kolonie befindet. Kein Entkommen, kein Entrinnen. Gino Acevedo war für die Farbgebung verantwortlich und erschuf eine Kreatur des Grauens, der Bedrohung.

Im Gespräch mit Gino Acevedo

»Das Schwierige ist, wenn Sie an einem Film arbeiten, müssen Sie daran denken, dass es sich um Zusammenarbeit handelt.«

Till Bamberg) Sie haben erzählt, dass Barry Koper Ihnen viel beigebracht hat. Er lebte in Los Angeles und Sie haben ihn dort häufiger besucht. Wie ging es weiter in Ihrem Leben?

Gino Acevedo) Ich wollte nach LA ziehen, aber meine Mutter erkrankte an Krebs. Ich hatte Angst, dass ihr etwas passiert, wenn ich weg wäre. Aber meine Mutter war so großartig – sie wusste, dass ich diese Leidenschaft und diesen Antrieb hatte, und sie drängte mich immer zum Gehen. Aber ich tat es nicht. Ich war froh, in meinem »Willie Wonka Halloween-Land« zu bleiben.

Etwas später bot mir Barry die Gelegenheit, für kurze Zeit nach LA zu kommen, als er in den NBC Studios Prothesen für eine von Dick Clark moderierte TV-Show namens Friday Night Surpise arbeitete. Dies war die Fortführung einer Show aus den 60er Jahren mit dem Namen »Masquerade Party«. Einer Show mit Publikumsbeteiligung, bei der bekannte Prominente mit Make-up auf die Bühne kamen und sich als andere Prominente verkleideten. Dann musste das Publikum durch Fragen erraten, wer diese Prominenten waren! Ich hatte die Chance, die großartigen Alan Hale und Bob Denver aus der klassischen TV-Serie Gilligan's Island (1964 – 67) für diese Sendungein Make-Up aufgesetzt. Ich habe Bob »Gilligan« Denver als »Mae West« und Alan »Skipper« Hale Jr. als »W. C. Fields« umgestaltet. Nachdem ich diese Show gemacht hatte, hatte ich noch zwei Wochen Zeit, bevor ich wieder in meine Halloween-Fabrik in Arizona gehen sollte.

Während dieser Zeit wurde ich von David Miller (den Barry mir bereits früher vorgestellt hatte und der den ersten ikonischen Look von Freddy Krueger von Nightmare on Elm Street kreierte) gefragt, ob ich daran interessiert wäre, mit ihm und der Nightmare-Crew zusammenzuarbeiten für den 5.Teil der Freddy Krueger-Reihe. Natürlich habe ich ja gesagt! Ich war im Himmel und rief jeden Abend meine Mutter an, um sie zu hören und ihr von all den aufregenden Dingen zu erzählen, die ich tat. Sie war so glücklich, dass ich endlich tat, was ich liebte. Während ich an diesem Film arbeitete, erhielt ich leider einen Anruf, dass meine Mutter verstorben war. Zuerst war ich so wütend auf mich, dass ich nicht da war, um mit ihr zusammen zu sein, aber später fand ich Trost, da ich wusste, dass sie diese Welt verließ in dem Wissen, dass ich glücklich war.

Wo Sie gerade von Nightmare on Elm Street 5 – Das Trauma (1989) sprechen. Was haben Sie denn von Ihrer ersten Kinofilmerfahrung mitgenommen?

Nachdem ich mit David Miller zusammengearbeitet hatte, der mir so viel bei Nightmare 5 beigebracht hat, konnte ich das, was ich bei diesem Job gelernt hatte, zum nächsten Job mitnehmen. Das ist es, was man lernt. So wie man aus Fehlern im Leben lernt oder wenn man Wissen weitergibt.

Sie sind ein wahres Genie von Texturen. Eine (für mich) ziemlich anspruchsvolle und schwierige Sache. Was fasziniert Sie daran?

Menschliche Ähnlichkeit zu reproduzieren wird immer die Herausforderung sein. Kreaturen sind immer zweitrangig. Wir wissen alle, wie wir aussehen, und wenn wir jemanden auf der Straße sehen, der sich in seiner Gesichtsstruktur unterscheidet, werden wir es immer bemerken. Leider scheint es eine Regel zu geben, was schön ist und was nicht. Es gibt eine allgemeine Regel des »perfekten« Gesichts in Bezug auf die richtigen Proportionen, aber meine Faszination war immer das Gegenteil und ich liebe es, wie verschieden wir alle sind. Ich liebe es, Leute zu beobachten und all die schönen, interessanten, fremden und abwechslungsreichen Gesichter zu studieren!

Ich war schon immer von Gesichtern fasziniert. Ich habe über 250 Masken von berühmten Schauspielern und interessanten Leuten, die ich im Laufe meiner Karriere gesammelt habe. Aber ich habe Freunde, die noch viele mehr haben! Als Maskenbildner handeln wir sie wie Baseballkarten!

Ich liebe Alien 3. Schon beim Erscheinen war ich von ihm angetan. Es ist einer der unterschätztesten Filme, die es gibt. Aber es war auch eine Produktion voller Probleme. Was denken Sie über den Film, an dem Sie mitgewirkt haben, über 25 Jahre nach Veröffentlichung?

Ich finde es ist ein großartiger Film. Ich denke, wenn Regisseur David Fincher ihn so gedreht hätte, wie er wollte, wäre es ein viel besserer Film geworden. Es war eine erstaunliche Erfahrung, an diesem Film zu arbeiten. Erstens mit dem großartigen Team, das Alec Gillis und Tom Woodruff zusammengestellt haben, und zweitens das Abenteuer, in London zu arbeiten! Das Team bestand aus Yuri Everson, Mitch Coughlin, David Leroy Anderson und mir. David war neben Alec und Tom der erfahrenste FX-Techniker unserer Gruppe aus den

USA. Nach allem, was ich verstanden habe, durften insgesamt sechs »amerikanische« Crewmitglieder ein Visum für diese Produktion haben. Der Rest der Crew bestand aus englischen FX-Künstlern. Alec und Tom hatten bereits die großartige Erfahrung, als sie bei Pinewood an ALIENS gearbeitet hatten. Sie hatten entschieden, einen sehr talentierten Künstler namens Stephen Norrington, einen unglaublichen Bildhauer und Zeichner der mechanischen Animatronik, einzusetzen. Sie fragten Stephen, wer sonst noch auf der »englischen« Seite mitgebracht werden sollte, und schlug einen sehr jungen Chris Halls vor, der zu diesem Zeitpunkt 18 Jahre alt war (heute bekannt als Chris Cunningham), Mark Coulier, Paul Catling, Brendan Lonergan, Paul Dunn, Dave Elsey, Jeremy Hunt, Dave Keen, Gary Pollard und Mike Scanlan. Es war eine tolle Zeit mit dieser neuen Crew zu arbeiten. Wir haben uns alle sofort verstanden und voneinander gelernt.

Ich habe also nicht nur an einem ALIEN-Film gearbeitet, sondern es war auch das erste Mal, dass ich in einem anderen Land gearbeitet habe – meine Begeisterung lag bei 1000 Prozent!

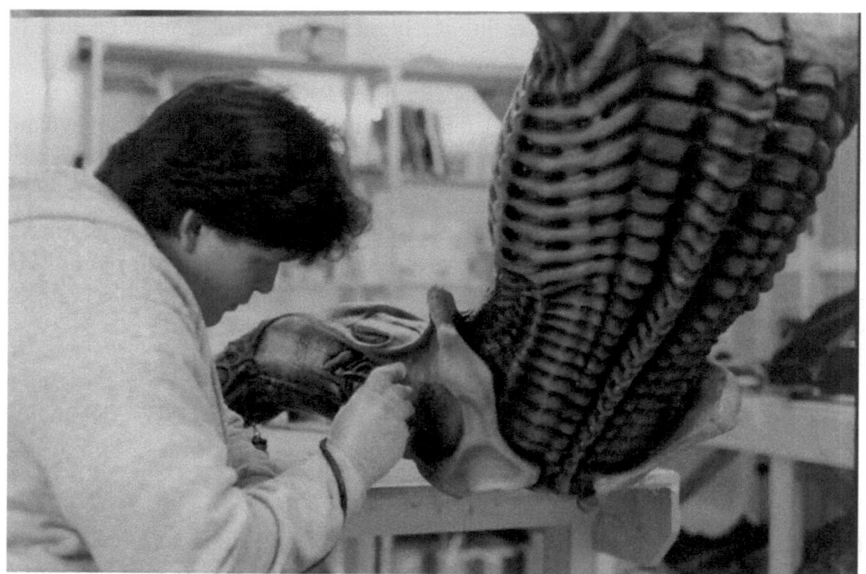

Abb. 4.3 Gino Acevedo beim Bearbeiten eines der Xenomorphe bei ALIEN 3.

Ich war für die Entwicklung des Farbschemas für das Alien verantwortlich. Ich war schon immer ein großer Fan von Gigers Arbeit gewesen. Daher hatte ich eine gute Vorstellung davon, was er wohlgetan hätte. Ich versuchte Gigers Vorstellung in die Farbgebung zu integrieren. Yuri half auch bei der großen Aufgabe, die Anzüge zu bemalen.

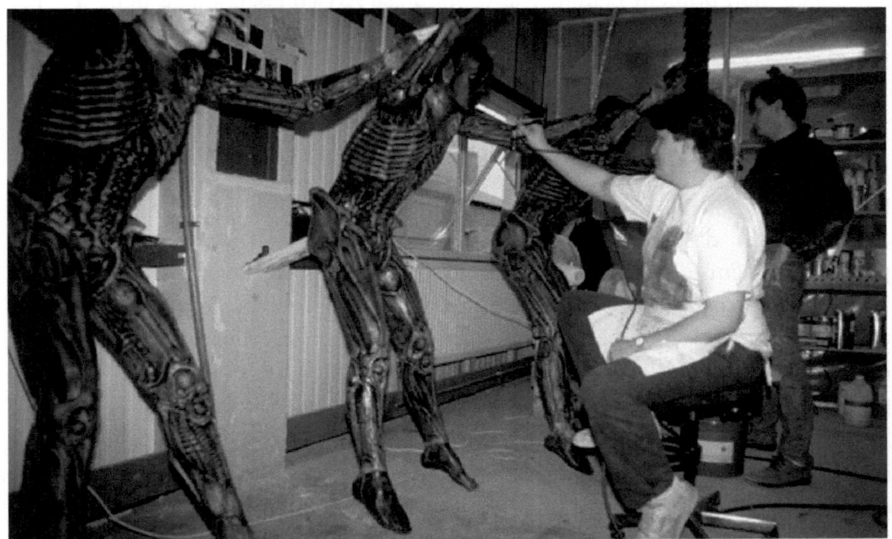

Abb. 4.4 Gino Acevedo (sitzend) mit der Airbrushpistole.

Ich habe den Meister nie persönlich kennengelernt und erst viele Jahre später, als ich hier in Neuseeland bei Weta arbeitete, besuchte mein Freund Richard Taylor Giger, um über mögliche zukünftige Unternehmungen zu sprechen. Eines Tages, als ich mit meinem Truck fuhr, klingelte mein Handy und ich sah, dass es Richard war, also hielt ich an und sagte: »Hallo, Kumpel! Wie war das Treffen mit Giger?« Er sagte, dass es wirklich gut gelaufen ist, aber jemand will »Hallo« sagen. Und dann hörte ich diese Stimme am anderen Ende, die ich kannte: »Ello, Gino? Eello, 'dis ist Giger »! Ich habe fast in meine Shorts geschissen! Er sagte, dass er die Farbgebung des Alien 3-Anzugs und SIL aus Species wirklich gut fand! Ich dachte, ich wäre gerade gestorben und im Himmel! Ich dankte ihm und sagte ihm, dass er eine große Inspiration für mich war und immer sein würde.

Sie Glücklicher. Ich hatte ihn mal angerufen in den 90ern und aufgelegt, weil ich vor Ehrfurcht kein Wort rausbekam. Man spürt förmlich, dass Sie in Ihrer Arbeit vollkommen enthusiastisch aufgehen. Was benötigt man denn noch, um Ihren Job auszufüllen?

Ich denke man braucht Leidenschaft, um diese Art von Sachen zu lieben. Es ist schwer, jemanden für diese Art von Sachen zu interessieren, wenn man nicht bereit ist, dass zu lieben.

Sie erwähnten die Leidenschaft für diese Art von Filmliebe. Ist es Ihrer Meinung nach Kunst oder »nur« ein weiterer technischer Aspekt im Filmbereich?

Es ist Kunst. Das Schwierige ist, wenn Sie an einem Film arbeiten, müssen Sie daran denken, dass es sich um Zusammenarbeit handelt. Es gibt so viele Aspekte bei einem Film und was dazu gehört. Es gibt viele verschiedene Abteilungen, und ich finde es immer erstaunlich, dass sie alle zusammenkommen, um ein zusammenhängendes Produkt zu schaffen. Das alles hat mit extremer Planung und Visualisierung des Zeitplans zu tun und wie er gepflegt wird.

Ich wünschte, es würde mehr Auszeichnungen geben, die die verschiedenen Abteilungen anerkennen, weil der Film ohne sie nicht hätte gemacht werden können. Einer von ihnen ist »Casting«. Ich bin so geschockt, dass es keine Oscar-Kategorie für »Casting« gibt. Für die meisten Filme braucht man Schauspieler, und es sind die Casting-Agenten, die ihre Fähigkeiten einsetzen, um den perfekten Schauspieler für die Rolle zu finden, und dennoch werden sie dafür nicht anerkannt.

Was halten Sie von den «Kampf" (wenn es einen gibt) der CGI gegen praktische Effekte?

Ich denke, dass die ganzen praktischen Effekte ein Comeback erleben und es viel Interesse gibt, dass Digitale mit dem Praktischen zu verbinden. Als digitale Effekte frisch und neu waren, wollte jeder Regisseur sie nutzen. Aber wie bei jedem neuen Spielzeug gibt es teure und weniger teure, und es gibt so viele Filme, die sich das neue »teure Spielzeug« nicht leisten können, so dass sie nicht immer ein hervorragendes Ergebnis liefern. Sowohl »praktisch« als auch »digital« haben ihren Platz in der Branche. Es geht nur darum, das Gleichgewicht zu finden, was wo verwendet werden soll.

Was ist eigentlich der Job eines Verantwortlichen für Texturen?

Ich habe mich acht Jahre lang um die Abteilung Weta Digital Textures gekümmert und war begeistert! Digitale Effekte waren für mich eine so neue Lernerfahrung, durch meine praktischen Erfahrungen und mein Auge als Künstler wurde ich »Head of Department« (HOD; auf Deutsch: Abteilungsleiter).

Aus praktischer Sicht konnte ich neue Einblicke in die digitale Welt bringen. Mit der Hilfe einiger sehr talentierter Kollegen von Weta Digital (Sergei Nevshupov, Jess Cowley und Keven Norris) haben wir eine Methode entwickelt, das Gesicht einer Person aus dem Leben zu nehmen (ein Prozess, den ich oft für Make-Up-Effekte durchgeführt habe) und ein gegossenes, durchscheinendes Silikon über eine Gussoberfläche zu gießen. Sobald das Silikon ausgehärtet war, konnten wir es abziehen. Es hatte die Dicke eines Latexhandschuhs. Durch die enorme Transparenz, wenn Sie es gegen ein Licht hielten, konnte man alle Hautdetails sehen, die es erfasste. Dann scannen wir dieses Teil mit einer sehr hohen Auflösung auf einem Flachbrettscanner ein, nehmen es dann in Photoshop auf und passen den Kontrast an, um die Porendetails hervorzuheben. Dieses Abild wird dann als Tiff-Datei zur Gruppe, die die digitalen Texturen bearbeitet geschickt. Diese wandelt den Scan um, sodass man diese eingescannte Maske als Grundlage für Motion-Capture benutzen kann. Dies war ein großer Durchbruch. Gesehen hat man das für den ersten AVATAR-Film (2012). Wir erzeugten ein lebensechtes Hautbild.

Was war eigentlich das Schwierigste, was Sie jemals machten?

Das waren wohl die praktischen Szenen in DER HERR DER RINGE: DIE RÜCKKEHR DES KÖNIGS (2003), bei dem wir Bilbo altern lassen mussten für die grauen Häfen. Dies war ein schwieriges Make-up, da es menschlich sein musste und im Allgemeinen sind die Make-ups von Menschen und das »Älterwerden« von Menschen am schwierigsten. Aber wir haben es geschafft, und ich war mit dem Ergebnis sehr zufrieden. Es war auch eine wunderbare Zusammenarbeit mit einem großartigen Schauspieler. Vielen Dank an Sir Ian Holm für die Geduld, dass wir ihn als Bilbo 75 Jahre in die Zukunft schickten.

5. Die Special-Make-Up-Effekte im Film

Der Mensch strebt in gewisser Hinsicht nach Perfektion, sei es im privaten Umfeld, auf der Arbeit oder aber auch in Bezug auf seinen Körper. Zeiten wandeln sich und somit auch das äußere Erscheinungsbild. Wir nehmen Menschen immer zuerst visuell wahr. Man mag dies für tragisch halten, aber dies scheint die Wirklichkeit zu sein: Was wir sehen, bewerten wir. Und wenn etwas nicht in unser Konzept des perfekten Menschen passt, wirken wir unsicher. Um diese Perfektion für bestimmte Filme zu umgehen, um beispielsweise aufzuzeigen, wie man sich als Mensch mit einer körperlichen Beeinträchtigung fühlt, können die Special Make-Up-Effekte dienlich sein. Aber nicht nur das.

Special Make-Up Effekte können noch viel mehr. Sie können uns Angst einjagen. Und sei es nur durch kleine Nuancen in der Gestaltung im Gesicht durch Narben. Sie können uns den Horror näher bringen in Gestalt vielerlei Kreaturen und monströsen Ausgeburten der Hölle. Diese Effekte dienen dazu, unsere Instinkte anzusprechen und uns das Gruseln zu lehren – ein weiterer wichtiger Aspekt im filmischen Prozess. Was wäre ein Grusel- oder Horrorfilm ohne fürchterliche Special Make-Up-Effekte? Was wäre Linda Blair als Besessene in Der Exorzist (1973) ohne die genialen Make-Up-Effekte des Gurus dieser Branche Dick Smith? Hätte uns das Antlitz von Gary Oldman als Mason Verger in Hannibal (2001) weniger abgeschreckt, wenn es anders gestaltet worden wäre? Seien es Narben, Schnittwunden oder ähnliches: All dies kann einen Film zum Scheitern bringen, wenn es unecht wirkt. Und das ist die große Kunst dieser Technik: die menschlich-körperliche Perfektion ad absurdum führen.

Zudem dienen solche Techniken auch der Gestaltung von Monstern oder ähnlichem. Dies begann bereits weit vor dem Film im Theater oder auf Gaukelplätzen. Je abstruser man sich anzog oder kostümierte, desto schauerlicher wirkte man. Hörner auf den Kopf und ein wenig Schminke und schon war man der Beelzebub. Die Special Make-Up-Effekte im Film haben diese Angst perfektioniert. Man nehme nur mal Jack Pierce geniales Make-Up für Boris Karloff in Frankenstein oder die Transformation von Lon Chaney jr. in Der Wolfsmensch. Dies waren die Paradebeispiele damaliger absoluten Spitzentechnik, die sich bis heute immer weiterentwickelt und solch Ausnahmetalente hervorgebracht hat wie den unnachahmlichen Rick Baker (Greystoke, 1984), Rob Bottin (Das Ding aus einer anderen Welt) oder Stan Winston (Terminator).

Zu dieser Zunft gehört auch der Special Make-Up-Künstler John Dods.

Portrait John Dods

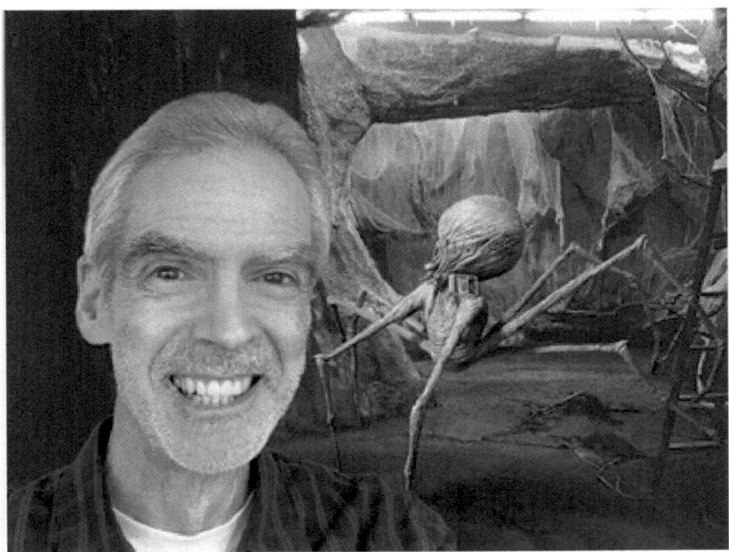

Abb. 5.1 John Dods

John Dods wurde am 10. Dezember 1948 in Plainfield, New Jersey geboren. Lange bevor Dods anfing, professionell im Film oder Theater zu arbeiten, fertigte er Skulpturen aus Kerzenwachs und Masken an. Zudem drehte er Stop-Motion-Animationskurzfilme. Als Kind hatte er im Keller seiner Eltern kleinere Vorführungen veranstaltet. Der Zauberer von Oz (1939) war ein Highlight davon. Mit Horror oder Fantasy hat er immer zu tun gehabt. Mitte 20 hatte er einige gute Fähigkeiten im Zeichnen, Bildhauerei, Formenbau und Fertigung selbst erlernt. Dank seiner Eltern konnte er später die Kunstschule besuchen. Aber diese lehrte ihn nicht das, was er benötigte. Er schmiss die Ausbildung hin und wurde Autodidakt, indem er viele Artikel zu Make-Up Effekten las und sich ausprobierte. Dods arbeitete in Kaufhäusern, verkaufte Abonnements für die New York Times und arbeitete als Fotograf für ein Portraitstudio. Er hatte viele Jobs, um die Rechnungen zu bezahlen, während er seine künstlerischen Fähigkeiten nach Feierabend weiterentwickelte, indem er viel experimentierte.

Don Dohler gründete Anfang der 70er Jahre das «Cinemagic Magazine". Ein einzigartiges Magazin, das jungen Filmemachern zeigte, wie man Spezial- und Make-Up Effekte erstellte. Dohler hatte einen Artikel gesehen, den John Dods über seine Stop-Motion-Filme für das Bolex Reporter Magazine geschrieben hatte, und bat ihn später für die Cinemagic zu schreiben. Dods arbeitete nun an der Cinemagic als Stammautor. In den späten 70er Jahren begann Don Dohler sehr preiswerte Spielfilme zu produzieren, beginnend mit The Alien Factor (1978). Er bat Dods, das Monster für seine dritte Produktion Nightbeast (1982) zu produzieren. Das wurde Dods erster bezahlter Filmauftrag. Es gab lange Zeiträume der Arbeitslosigkeit, aber mit immer mehr Engagements in Film/ Fernsehen und auf der Theaterbühne arbeitete Dods in den 80er Jahren nun professionell im Filmbereich und machte oft Stop-Motion-Modelle oder spezielle Requisiten für Fernsehwerbung in Studios von New York City. Nachdem er Dick Smiths »Professional Makeup Kurs« besucht hatte, bekam er Arbeit für die nächsten 25 Jahre.

Spookies – Die Killermonster (1986)

Spookies – Die Killermonster ist eine 80er Jahre Horrorproduktion in Reinform. Man sieht dem Film zwar an, das er nicht über ein großes Budget verfügte, aber dies tut dem Spaß keinen Abbruch. Nach kurzem Kinoeinsatz fand er eher in den Videotheken seiner Zeit seine Abnehmerschaft.

Die Geschichte ist schnell erzählt. Teenager werden in einer Villa von einem Hexenmeister gefangen gehalten, damit dieser seine tote Frau wiedererwecken kann. Man kann über solche Produktionen denken, was man möchte, aber die Special Make-Up-Effekte in diesen Film sind von erstaunlich hoher Qualität, wenn man sich das geringe Budget ansieht. Da gibt es Mistmänner, kleine Reptilien-Dämonen, Riesenspinnen, eine Spinnenfrau, eine krakenähnliche Kreatur mit elektrischen Tentakeln, eine Skeletthexe, einen Sensenmann, ein Vampirjunge in Mönchsgewohnheit, einen Schlangendämon und eine große Gruppe von Zombies. Zudem gibt es bei diesen Kreaturen auch noch auflösende Hautfetzen, auseinandergehende Körperteile, riesige Zähne oder geifernde Münder. Gepaart wird dies alles mit einer typischen Prise Schleim. Das Sounddesign ist unheimlich, wie es sich für solch einen Film gehört. John Dods entwickelte zu diesem Film verschiedene Make-UpEffekte, die es teilweise nicht in den Film geschafft haben (siehe folgendes Interview). Zudem hatte er mit vielen Produktionsproblemen zu kämpfen. Aber das Endresultat sieht dennoch gut aus.

Im Gespräch mit John Dods

»Gummimonster, die live am Set gedreht werden, bleiben eine ausgezeichnete Produktionstechnik, wenn sie gut gemacht sind.«

Till Bamberg.) Sie haben den Make-Up-Kurs von Dick Smith besucht, dem »Paten« ihres speziellen Gebietes. Gab es denn ein filmisches Ereignis, was Sie veranlasste, den Weg einzuschlagen, den sie letzten Endes eingeschlagen haben?

John Dods) Wir alle scheinen am meisten die Filme zu lieben, die wir in jungen Jahren gesehen haben. Für mich sind das King Kong und die weiße Frau (1933) und die Universal-Monster-Filme, die in den 1950er Jahren, als ich ein Kind war, im Fernsehen gezeigt wurden. Ich liebte die Tatsache, dass die Künstler bei King Kong mit einfachen Materialien wie Gips, Ton und Gummi eine ganze Welt erschufen – und sie mit coolen Kreaturen bevölkerten. Ich wollte das auch tun und verbrachte viele Jahre damit, Stop-Motion-Kurzfilme zu kreieren, die in einem Fantasiewald voller Charaktere spielen, die ich erfunden habe. Meine andere Leidenschaft für Make-up-Effekte, insbesondere diejenigen aus der Zusammenarbeit von Jack Pierce und Boris Karloff, wurde erst im Alter von fast 40 Jahren erfüllt, als ich den Professional Makeup-Kurs von Dick Smith besuchte. Danach arbeitete ich über 20 Jahre lang nonstop als Make-up-Künstler für Film, Fernsehen und Theater. Ich habe nie mein Interesse am Stop-Motion-Filmemachen verloren und führe diese Arbeit als Hobby weiter. Alles, was ich tue, ist immer noch von King Kong und den Universal-Filmen geprägt und inspiriert, die mein Leben als Kind bereichert haben.

Für die TV-Serie Monsters (1988 – 89) waren Sie für das Make-Up verantwortlich. Für die Episode The Legacy haben Sie den berühmten Vampir aus Um Mitternacht (1927) von Tod Browning mit Lon Chaney sr. nachgebaut. Chaney war Schauspieler und hat sich sein Make-Up selbst beigebracht. Was hat Chaney denn Ihrer Meinung nach für die Make-Up-Welt hinterlassen?

Lon Chaneys großes Vermächtnis ist für mich, dass man mit den einfachsten Materialien großartige Ergebnisse erzielen kann (Jack Pierce ist ebenfalls ein großer Meister auf diesem Gebiet). Das Konzept, die Form und die Farben sind immer die wichtigsten Bestandteile eines Make-up-Designs. In Chaneys Ära hatte er nur Nasenspachtel, Wachs, Brandgummi, Baumwolle, andere einfache Materialien und Farben, um seine Charaktere zu erschaffen, von denen einige bis heute berühmt sind. Chaneys Entwürfe und der fantasievolle Umgang mit Materialien – zusammen mit seinem intensiven, oft hypnotischen Performance-Stil – machten seine Kreationen oft unvergesslich, wie Der Glöckner von Notre Dame (1923) oder Das Phantom der Oper (1925). Heute gibt es wunderbare neue Materialien, die talentierten modernen Make-Up-Künstlern helfen können, der genauen Prüfung durch die heutigen hochauflösenden Kameras standzuhalten. Aber Konzept und Design sind nach wie vor am wichtigsten, und wir Visagisten kämpfen alle damit. Es gab viele wunderbare Make-Up-Künstler, aber es ist schwer so viel Effektivität zu erreichen wie Lon Chaney.

Eines meiner Lieblingsmonster der TV-Geschichte sind die Würmer aus der Episode »The Mother Instinct«, ebenfalls aus der Serie Monsters. Immer, wenn ich die Szene aus Peter Jacksons Remake von King Kong (2005) sehe, bei dem die Teilnehmer der Expedition in die Grube fallen und von CGI-Würmern gefressen werden, muss ich an Ihre Würmer denken, da sie sich so ähnlichsehen. Wie lange haben Sie denn gebraucht, um diese zu bauen und vor allem, wie?

Danke, dass Sie diese Monster mögen! Ich habe Effekte für 18 Episoden von Monsters erstellt. Die Episoden wurden sehr schnell gedreht – normalerweise in 4-5 Tagen –, und es gab nie viel Zeit oder Geld, um die Monster zu machen. Der große «Mutterwurm"« wurde durch Aufkleben von Schaumstoffplatten hergestellt. Eine Haut entstand, indem der Schaumstoff mit Papierhandtüchern bedeckt wurde, die in flüssigen Latexkautschuk getaucht waren. Der Mundbereich wurde aus Ton geformt und in Polyfoam gegossen. Ich habe das Monster mit Truthahnfedern bestückt, nachdem ich den weichen Teil der Federn entfernt habe. Die kleineren Würmer wurden geformt und in Schaumlatexgummi gegossen. Jede der kleineren Würmer hatte ein mechanisches Innensystem, das sie auf verschiedene Weise bewegen ließ.

Ich liebe Spookies. Vor allem die Monster haben es mir angetan. (Leider gibt es bis heute keine vernünftige Veröffentlichung in Deutschland.) Könnten Sie mir bitte etwas über Ihre Arbeit zu diesem Film erzählen?

Zu Beginn meiner Karriere wurde ich angeheuert, um die Monster für zwei Sequenzen für Spookies zu erschaffen: Der Schlangendämon und die Spinnenfrau. In der Transformation der Spinnenfrau verwandelt sich eine schöne asiatische Frau in eine achtäugige, gezahnte, sabbernde Kreatur. Dies erfolgte in vier Stufen und erforderte sowohl prothetische als auch mechanische Konstruktionen. Eine zusätzliche Endstufe war als Stop-Motion-Animationseffekt geplant,

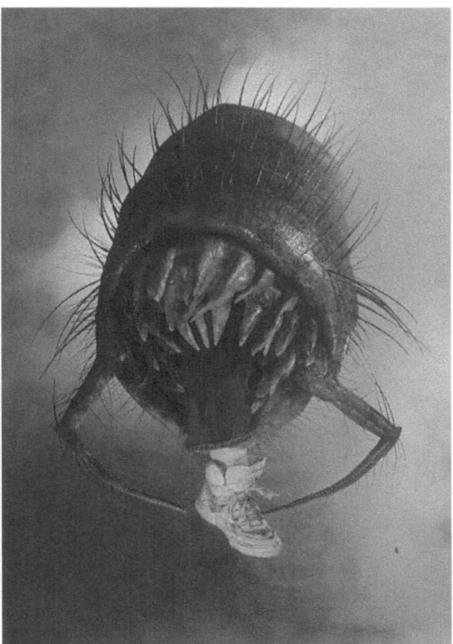

5.2 Der Wurm aus der Episode »The Mother Instinct«.

aber Zeit und Geld waren knapp. Das Schlangendämon-Monster war eine große Handpuppe, die einige Gesichts- und Handbewegungen hatte, die durch Kabel gesteuert wurden. Obwohl es zwei Schlangendämonen in der Sequenz zu geben schien, musste nur einer gebaut werden. Die Illusion mehrerer Dämonen entstand im Bearbeitungsprozess.

Spookies war enttäuschend, weil die Effektfotografie sehr schnell war. Manchmal wird nur ein Prozent des aufgenommenen Materials tatsächlich verwendet. Du musst oft viel Mist drehen, um ein paar tolle Sekunden an Material zu bekommen. Stop-Motion-Animation ist eine Ausnahme, aber mit praktischen Effekten in Echtzeit haben Sie weniger Kontrolle über die Bewegung als mit Stop-Motion oder mit Computergrafik. Manbrauch also wirklich viel Zeit, um mit praktischen Monstern die besten Ergebnisse zu erzielen. Als ich am Set ankam, war Spookies bereits über dem Budget und alles musste aus wirtschaftlicher Notwendigkeit heraus sehr schnell erledigt werden. Ich bin heute glücklich, wenn ich höre, dass die Leute die Monster in Spookies mögen, weil ich nur das sehe, was mit meiner Arbeit in diesem Film nicht stimmt.

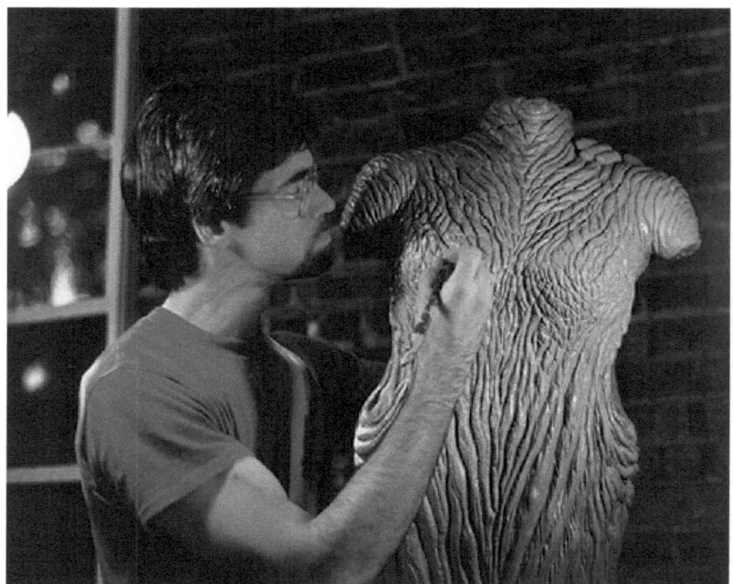

5.3 John Dods bearbeitet die Haut der Spinnenfrau.

Wer gehörte noch zu ihrem Team und was waren deren Aufgaben?

Vincent Guastini war mein einziger Assistent. Damals stand er noch ganz am Anfang dessen, was eine sehr produktive Karriere werden sollte. Vinnie arbeitete so hart wie kein anderer, den ich je gesehen habe, und er tat dies mit enormer Begeisterung und einer gigantischen Liebe zum Monsterbau. Ich erinnere mich, dass Vinnie mir bei den Formen und der Herstellung meiner Kreaturen half. Aber er schuf auch mehrere Figuren mit eigenem Design allein.

Ich habe auch Ken Walker dazu gedrängt, den mechanischen Augenblinzelmechanismus für die Spinnenkreatur der Endszene zu bauen. Ich hätte sicherlich noch mehr Hilfe gebrauchen können, aber es war nicht viel Geld da. Glücklicherweise war ich nach Jahren des extremen Low-Budget-Filmemachens sehr gut darin, Monster mit minimalen Mitteln zu bauen.

Hatten sie für die Gestaltung dieser beiden Monster freie Hand oder gab es bestimmte Vorgaben? Woher kam die Inspiration für diese beiden Monstren?

Nun, sie baten mich, eine Spinnenfrau-Kreatur und eine Schlangendämon-Kreatur zu erstellen. Sie hatten einen kleinen mechanischen Schädel, der von einem früheren Projekt übriggeblieben war, und fragten mich, ob ich ihn verwenden könnte, um Geld für die Kreation einer Schlangendämon-Puppe zu

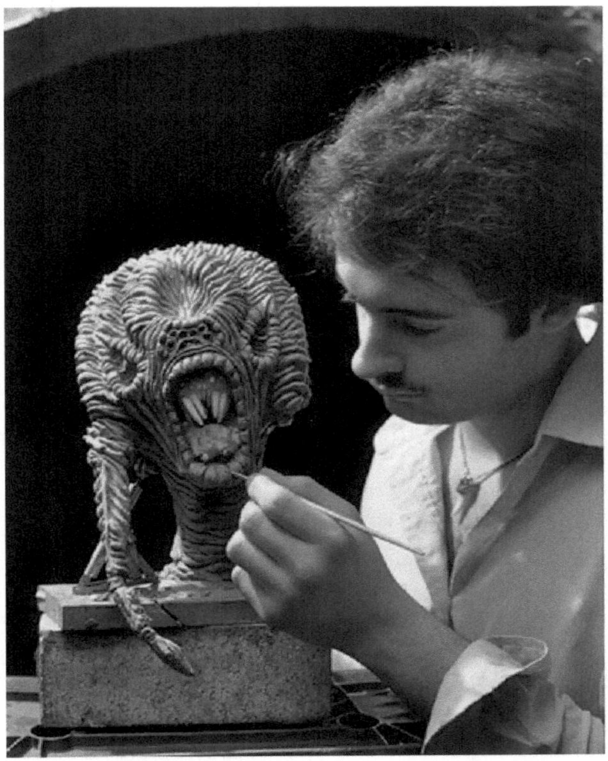

5.4 Vincent Guastini bearbeitet eines der Monster für Spookies.

sparen. Ich habe Teile des überzähligen Schädels verwendet, und das hat das Aussehen der Gesichtsanatomie des Schlangendämons etwas beeinflusst. Der Schlangendämon ist ein reiner Ray Harryhausen-Einfluss. Er war eine Ikone meiner Kindheit – und bis heute prägt seine Arbeit alles, was ich mache. Der Produzent Frank Farel und die Regisseure Thomas Doranund Brendan Faulkner sahen Polaroid-Fotos von meinen Skulpturen, die gerade in Arbeit waren, so dass sie Kommentare abgeben und um Korrekturen bitten konnten. Sie waren sehr hilfsbereit. Das Design der Spinnenfrau begann mit einer Zeichnung, von der Tom und Brendon begeistert waren. Ich kann mich nicht erinnern, ob die Idee einer Serie von Verwandlungsphasen von mir oder von den Regisseuren kam, aber es wurde entschieden, dass eine wunderschöne asiatische Frau in drei Hauptstadien zu einem grotesken Spinnenmonster werden sollte. Eine vierte und letzte Stufe der Verwandlung sollte von mir selbst in Stop-Motion durchgeführt werden. Obwohl dieses Material nie gedreht wurde, schuf Vincent Guastani ein fertiges, sehr cooles Animations-Modell basierend auf meiner Zeichnung.

Könnten Sie uns bitte explizit erläutern, wie genau man ein Monster wie beispielsweise die Spinnenfrau baut und gestaltet? Waren viele mechanische Effekte von Nöten? Wie muss man sich das Modellieren solch verschiedener Figuren vorstellen?

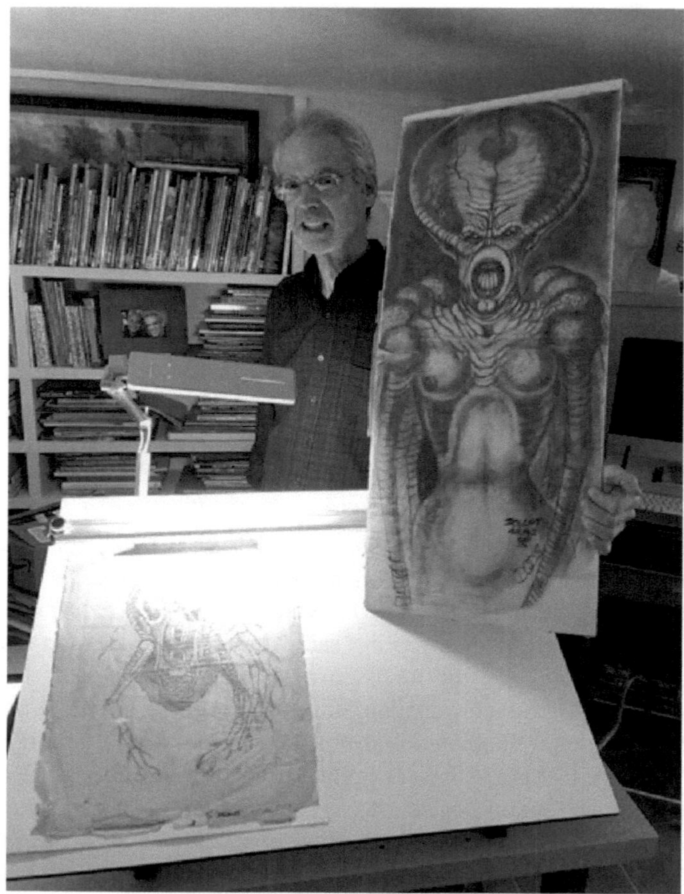

5.5 John Dods mit den Konzeptzeichnungen der Spinnenfrau.

Die Spinnenfrau erscheint in exotischer menschlicher Form, dann eine prothetische Gesichts- und Handmutation. Später eine menschliche, achtarmige weitere Fortentwicklung und schließlich eine komplette Spinne. Die letzte Stufe hatte einen Augenblinzelmechanismus (leider nicht im Endschnitt zu sehen), den Ken Walker kreierte und der so aufwendig war wie das Innere einer Uhr. Ich befestigte Dutzende von Fahrradkabeln an die Kreatur der Stufe drei, so dass Schlitze im sich entwickelnden Torso und Kopf bewegbar werden konnten. Ich benutzte alle praktischen Effekte. Computergenerierte Bilder waren noch nicht in Gebrauch, also musste alles live vor der Kamera passieren.

Könnten Sie uns bitte verraten, wieviel Geld vom Budget für solche Effekte veranschlagt werden und wie die Aufteilung innerhalb der Abteilungen ist?

Vielleicht haben sie zu mir gesagt: »Wie viel können Sie uns für 8.000 Dollar geben?« – oder etwas in der Art. Ich kann mich nicht mehr erinnern. Sobald ich mich auf ein Budget geeinigt habe, das genau festlegt, welche Dienstleistungen und Konstruktionen ich anbieten werde, entscheide ich, wie das Geld ausgegeben wird. Ken Walker bekam ein Pauschalhonorar für die Entwicklung eines kabelgesteuerten Augenblinzelmechanismus. Ich glaube, ich habe Vincent Guastani etwas bezahlt, aber sicher nicht das, was er wert war! Ich wollte mir ein Portfolio und einen guten Ruf aufbauen, indem ich die beste Arbeit leistete, die ich machen konnte. Damals war es nicht ungewöhnlich, dass ich bei einem Job einen finanziellen Verlust hinnehmen musste, weil ich das ganze Geld für die Monster ausgegeben hatte!

Wie haben sich die Arbeitsbedingungen im Vergleich zu den Zeiten von SPOOKIES verändert? Sind die Materialien besser geworden oder wurden sie nur angepasst? Gab es irgendwelche Neuerungen, die Sie als gut oder weniger gut empfunden haben?

Die Standards für akzeptable Qualität von Make-up und Effekten im Allgemeinen sind sehr hoch. In den 1980er Jahren flossen Geld und Erfahrung zunehmend in Horror-, Fantasy- und Sci-Fi-Filme. Die Arbeit mit Make-Up und Effekten wurde besser und realistischer. Spezialeffekte und das Make-Up wurde zu einer Industrie, viele neue Jobs wurden geschaffen und eine Menge aufregender Talente strömten in die Branche. Um das Jahr 2006 herum begannen Blu-ray und seine höhere Auflösung die Art und Weise zu beeinflussen, Makeups und Monster zu erstellen. Dieser Trend zur hyperscharfen Auflösung in der Film- und TV-Produktion (4K ist die neueste Innovation) erforderte immer höhere technische Standards. Heute sind Fehler in Make-Ups – insbesondere in realistischen Make-ups – in einer Nahaufnahme deutlich zu sehen. Das

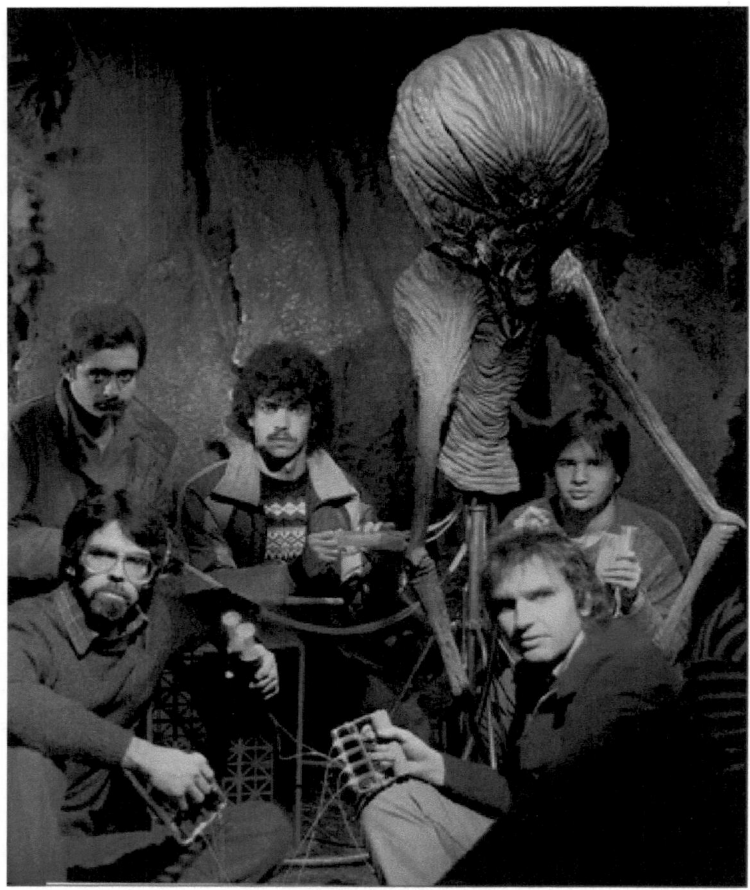

Abb. 5.6 John Dods (mit Brille) und seine Crew mit der Mechanik eines der Monster aus Spookies.

Publikum erwartet heute, dass das Design und die Ausführung von Make-Up und Effekten außergewöhnlich sind. Es ist also schwieriger als je zuvor, sich abzuheben und zu beeindrucken. Für mich sind die vielen Innovationen im Bereich der Computerbildbearbeitung revolutionär und sehr aufregend, aber ich bin sehr froh, dass der Einsatz von praktischen Effekten in der Filmproduktion heute mehr denn je verbreitet ist.

Wo wir gerade beim Thema sind: Wie finden Sie eigentlich die Entwicklung des CGI in den letzten Jahren?

CGI ist eine gigantische Innovation in der Spezialeffektproduktion. Ich sehe es nicht als Fluch an. CGI kann groß oder schrecklich sein – so wie praktische Effekte der alten Schule groß oder schrecklich sein können. Monster, die mit praktischen Effekten erschaffen wurden, haben den großen Vorteil, dass sie immer real aussehen. Wenn du versuchst, das Publikum zu erschrecken, ist das sehr wichtig! Ich habe viele CGI-Monster gesehen, die zu synthetisch aussahen, um bedrohlich zu sein. Aber in den letzten Jahren sieht eine Menge CGI fantastisch aus – die neuesten Filme von Planet der Affen (2011 – 2024) sind besonders beeindruckend. Wenn das Publikum springt oder in Ehrfurcht zusieht, wenn das Monster erscheint, spielt es keine Rolle, wie es erschaffen wurde. Es gibt keine Spezialeffekttechnik, die ein gutes Monster garantiert. Das Konzept, die Beleuchtung, der Schnitt und das Geschick des Regisseurs bei der Inszenierung einer Sequenz sind genauso wichtig wie alles, was der Monstermacher erschaffen kann. Gummimonster, die live am Set gedreht werden, bleiben eine ausgezeichnete Produktionstechnik, wenn sie gut gemacht sind. Vor allem, wenn das Budget begrenzt ist. Und Gummimonster sehen immer so aus, als ob neben den Schauspielern etwas Echtes wäre – was ein gigantisches Plus ist.

Was bevorzugen Sie als Experte für prosthetisches Make-Up: realistische oder fantasiereiche Gestaltung?

Ich bevorzuge Fantasie. Allerdings mag ich eher eine Kombination aus Fantasie und Realismus. Realistische Details, Falten, Texturen und Anatomie können ein fantastisches Design hervorrufen und es möglich machen, dass es wirklich existieren könnte. Ich bevorzuge die Fantasie, weil sie mehr Erfindung vom Künstler erfordert. Ich entwerfe gerne Dinge, die ich noch nie zuvor gesehen habe. Ich bevorzuge das, was ich »fantastischen Realismus« nenne.

Gibt es für Sie einen Unterschied zwischen Filmen mit viel Geld, wie z.B. Ghostbusters II (1989) oder Alien – Die Wiedergeburt, an denen Sie mitgewirkt haben, oder Filmen mit wenig Geld, wie z. B. Kosmokiller – Sie fressen alles (1983)?

Sowohl Projekte mit großem als auch mit niedrigem Budget können spannend oder schrecklich sein. Ich finde kein einheitliches Muster. Bei einem Low-Budget-Bild werde ich oft als wichtiger angesehen, da ich die Person bin, die die Monster zur Verfügung stellt – sie sind das wichtigste Verkaufsargument für einen Low-Budget-Film. Bei einem Big-Budget-Projekt mag ich vielleicht weniger wichtig sein, aber ich werde besser bezahlt. Und kann mehr Geld haben, um Hilfe anzustellen.

Vorhin erzählten Sie etwas über King Kong, den Film, der Sie am meisten beeindruckte. Welche Filme bewirken denn das Gegenteil bei Ihnen?

Ich mag nur keine Filme, die langweilig sind. Aber das ist eine sehr persönliche Reaktion. Einige berühmte »schlechte« Filme scheinen mir sehr unterhaltsam zu sein. Ed Woods Plan 9 from Outer Space (1959) und Don Dohlers The Alien Factor kommen mir in den Sinn. Dennoch finde ich einige sehr teure Produktionen schwer zu realisieren, wie zum Beispiel Aquaman (2018). Schrecklich! Aber es hat über eine Milliarde Dollar eingebracht. Ich hasse Aquaman nicht, es ist einfach nichts für mich – trotz all der tollen Designarbeit. Ich würde das mit einem anderen Actionfilm vergleichen, der 2018 veröffentlicht wurde: Fallout – ein fantastischer Actionfilm, der voller praktischer und CGI-Effekte ist.

Was würden Sie den Anfängern in Ihrem Berufsfeld raten, wie sie sich fort- und weiterbilden sollen? Was ist denn besonders wichtig, um ein Experte im Special Make-Up Effects-Bereich zu werden?

Wissen ist unerlässlich. Aber niemand, den ich im Make-Up-Geschäft kenne, wird sich um akademische Qualifikationen kümmern. Du brauchst ein gutes Portfolio. Das Portfolio ist dein Lebenslauf. Man wird wahrscheinlich nicht eingestellt werden, es sei denn, man hat ein Portfolio von guten Werken, um es potenziellen Arbeitgeber zu zeigen. Ein Portfolio enthüllt mehr über die Ausbildung als jeder Lebenslauf.

Einige Leute haben Talent, aber die meisten Leute, die ich im Make-Up-Effektgeschäft kenne, sind relativ durchschnittlich – außer in der Intensität ihres Wunsches, in unserem Beruf zu arbeiten. Ich würde sagen, dass Begeisterung, harte Arbeit und die Fähigkeit, gut mit anderen zusammenzuarbeiten, wichtiger sind als »natürliche Talente«. Einige Schüler kommen nur in einer Umgebung gut voran, in der sie mit einem Lehrer und anderen Schülern interagieren können; sie brauchen diese Stimulation. Es gibt andere Menschen, die sehr gut allein durch Experimente, Bücher und Online-Tutorials lernen. Was auch immer Sie machen, sie müssen das Wissen in einem Portfolio von qualitativ hochwertigen Fotos dokumentieren. Ein Portfolio ist in der Regel der beste Weg, um zu zeigen, was man mit Make-up-Effekten machen kann. Es ist oft schwierig, in den Beruf des Make-Up Künstlers zu gelangen. Ausdauer und Entschlossenheit können für den Erfolg entscheidend sein.

Sie haben auch viel für das Theater gemacht, so z.B. für Die Schöne und das Biest. In welchem Umfeld arbeiten Sie denn am liebsten?

Sie sind in gewisser Weise völlig entgegengesetzt. In Kinofilmen und im Fernsehen muss Make-up aus der Nähe gut aussehen. Im Theater muss Make-Up aus der Ferne gut aussehen. Die Distanz der Akteure im Live-Theater erfordert, dass ein Make-Up durch die Verwendung von Form, Licht, Schatten und Farbe verstärkt wird. Je größer das Theater ist, desto mehr muss das Make-up übertrieben werden. Der Stil des Theater-Make-Ups ist eher impressionistisch als realistisch. In einem Nahaufnahme-Film – gerade in diesem neuen Zeitalter der High Definition – muss der Stil in der Regel fotorealistisch sein.

Ich bevorzuge das Theater, weil ich als Achtjähriger im Keller meiner Eltern Shows veranstaltete und schon damals glaubte, dass ich am Ende an Broadway-Shows arbeiten würde. Es ist sehr befriedigend zu sagen, dass genau das passiert ist. Nach drei Jahren der TV-Serie Monsters wurde mir die erste Broadway-Show von Disney angeboten. Danach habe ich sehr wenig Filmarbeit geleistet und mache seit der Eröffnung von Die Schöne und das Biest 1993 gerne Make-Ups für das Theater.

Make-Up-Effekte gibt es, seit es Filme gibt. Früher wurde diese Arbeit nicht so wirklich gewürdigt. Hat sich das jetzt geändert?

Nun, besser spät als nie, wie man so schön sagt. Die Academy of Motion Picture Arts and Sciences schuf 1981 die damals neue Kategorie des Oscars und verlieh sie an Rick Baker für An American Werewolf in London (1981). Dick Smith und Rick Baker hatten so viel Arbeit geleistet, dass es unmöglich wurde, die kreativen und technischen Sprünge zu ignorieren, die zu dieser Zeit stattfanden. Im Theater gab es noch nie einen Tony Award für Make-Up oder Frisurenarbeit. In bestimmten Jahren schien das eine ernsthafte Auslassung zu sein. Für meine Arbeit über Die Schöne und das Biest erhielt ich 1994 den Preis Theatre Crafts International. Meine Arbeit ist 23 Mal auf Zeitschriftenumschlägen erschienen, so dass ich keine Beschwerden über die Anerkennung habe. Ich glaube, dass jeder, der in einer wichtigen Position im Film oder Theater arbeitet, das Glück hat, ein so wunderbares Leben zu führen.

Was mich zur nächsten Frage bringt: Was können wir denn von Ihnen noch erwarten?

Ich wollte schon lange meine grafischen Fähigkeiten entwickeln, daran arbeite ich. Ich habe mehrere Illustrationsprojekte entworfen – alle im Lovecraftschen Stil. Am Ende steht ein Kinderbuch »Redmond's Late Breakfast«, in dem der Held auf alle möglichen fantastischen Charaktere und kinderfreundlichen

Monstrositäten trifft. Ich zeichne die Illustrationen mit Bleistift und male, verfeinere und detailliere sie dann in einem Computer mit Photoshop und anderer Grafiksoftware.

Und nun noch eine obligatorische Frage zum Schluss: Was war der schwierigste Effekt, an dem Sie je gearbeitet haben?

Das wäre wahrscheinlich der 1.000 Jahre alte Gnom-Charakter, der für die TV-Serie MONSTERS in der Episode HOUSEHOLD GODS auftritt. Der Schauspieler »Little Mike« Anderson musste ein alter Zwerg werden, mit Hilfe von Moosgummi-Prothesen, Yak-Haaren, Körperbemalung und Alterspünktchen (an seinen Händen). Wie immer bei der Monsters-Serie blieb wenig Zeit für die Arbeit. Ich hatte weniger als zwei Wochen, um die Gesichtsprothese und das Polyfoam-Kopfstück zu formen, die Stücke herzustellen und die Perücke und den Bart herzustellen. Ich hatte kurz zuvor den Dick Smith Make-Up Kurs abgeschlossen und war bestrebt, eine Altersschminke zu machen – die auch eine starke Dosis Fantasie im Design hatte. Irgendwie kam alles gut zusammen. Sicherlich hat die Zusammenarbeit mit einem erfahrenen Schauspieler, der durch all das Gummi begeistert auftreten kann, das Ergebnis erheblich verbessert. Schauspieler tun oft so viel, um das Make-Up glaubhaft zu machen, wie der Make-Up-Künstler.

6. Das Sculpting im Film

Der Mensch fühlt, der Mensch sieht, der Mensch riecht, der Mensch hört. Was er mit seinen Händen berührt, fühlt er. Was er berührt, kann er sehen. Er ertastet, er formt mit seinen Händen, er gestaltet. Seit Menschengedenken versucht der Mensch Abbilder seines Antlitzes, seiner Götter oder ähnliches plastisch wiederzugeben. Er schuf aus Stein Statuen wie die Venus von Willendorf oder die großen Köpfe auf den Osterinseln. Er schnitzte und formte aus Holz wunderschöne Figuren. Auch andere Materialien kommen bei der Bildhauerei zum Einsatz: Glas, Metall, Wachs oder Plastilin. All dies diente schon immer dazu, den Menschen etwas Schönes zu erschaffen.

Der Film bedient sich ebenfalls der Technik der Bildhauerei oder auch Sculpting. Wenn wir in Historienfilmen beispielsweise riesige Statuen sehen, wie in BEN HUR, dann wurden diese hergestellt aus allerlei Materialien, die man zur Verfügung hatte. Holz (als Unterbau oder Gerüst), Styropor oder anderweitige Stoffe kamen und kommen zum Einsatz. Man denke nur beispielsweise an die Drachenköpfe bei Wikingerschiffen in Filmen. Auch diese mussten hergestellt werden. Die Bildhauerei deckt ein weites Themenfeld im Film ab. Ganze Sets müssen erbaut werden. Hier kann die Bildhauerei helfen, diese Illusionen zu gestalten. Man unterscheidet vier verschiedene Techniken: Schnitzen, Zusammenbauen, Gießen und Modellieren. Beim Modellieren fügt man etwas hinzu und fertigt man etwas an. Hier sind Korrekturen möglich. Beim Schnitzen ist dies nicht der Fall. Hier nimmt man etwas aus einer Substanz dauerhaft weg.

Heutzutage sind die am meisten verwendeten Rohstoffe für Skulpturen Wachs, Ton, Pappmaché und Gips. Gussskulpturen umfassen das Modellieren der Skulptur, das Herstellen einer Form und das Gießen in ein Metall oder ein anderes Medium.

Bei der Verwendung des Sculptings im filmischen Bereich der Spezialeffekte greift man auf diese Techniken zurück, um beispielsweise Abgüsse von Körperteilen zu nehmen, um diese später zu bearbeiten. So entstehen teilweise ganze Abdrücke von Körpern, um deformierte Leichen darzustellen. Oder man formt aus Ton fantasiewesen, die man später weiterverarbeitet, damit sie auf der Leinwand zum Leben erweckt werden können.

In ALIEN 3 gibt es, wenn auch lediglich kurz zu sehen, wunderbare Beispiele dieser Technik. Gary Pollard war der Mann, der für diesen Film diverse Formen und Modellierungen vornahm.

Portrait Gary Pollard

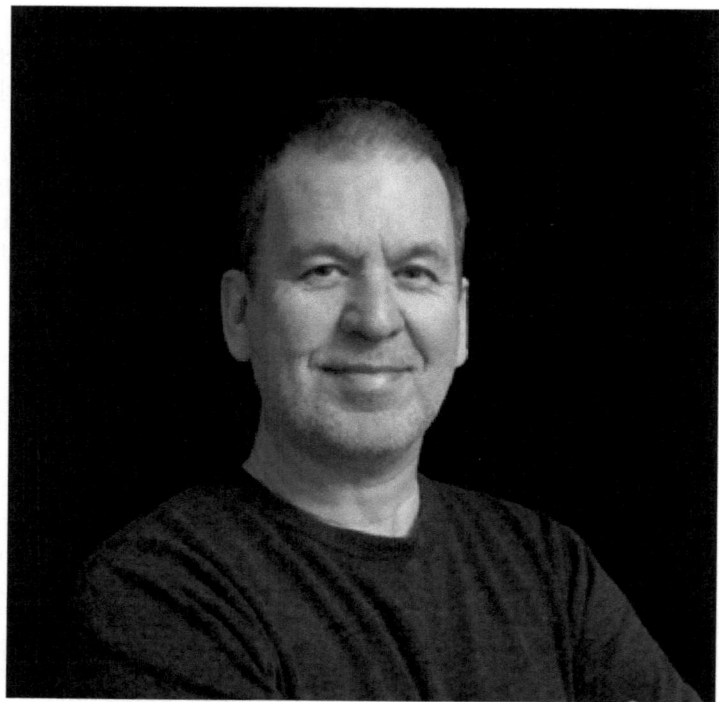

Abb. 6.1 Gary Pollard

Gary Pollard wurde am 26. Januar 1961 geboren. Bevor Pollard in die Filmindustrie einstieg, war diese Art von Arbeit sein Hobby. Er war eines dieser Kinder mit einem Raum voller Comics, Monstermodellbausätze und Masken. Pollard hatte ein großes Interesse an Tieren, Anatomie und Naturgeschichte. So war sein erster Berufswunsch Tierarzt. Aber er ging diesen Wunsch nicht nach, da er sich hierzu in Mathematik und Chemie hätte verbessern müssen. So ging er zu Plan B über. Schon in seinen jungen Jahren war es eine Stärke von ihm, Dinge zu erschaffen. Er studierte im künstlerischen Bereich und erhielt einen Bachelor of Arts in 3D Design, und diese Erfahrung war für ihn von unschätzbarem Wert. Es bereitete ihn auf die Arbeit mit Beleuchtung, Kostüme, Bühnenbild und der Performance von Schauspielern vor. Im Grunde auf die gesamte Umgebung um eine Figur herum und wie diese verschiedenen Teilbereiche zur Effektivität beitrugen. Diese Dinge wurden im dritten Jahr des Studiums noch interessanter, als er Puppenspiel, Masken und Make-up studierte und Elemente seines geliebten Hobbies, Monster zu erschaffen, in die Arbeit mit einbringen konnte.

Am Ende seines Studiums hatten die Tutoren angedeutet, dass die Detailgenauigkeit seiner Arbeit vielleicht eher für das Filmhandwerk als für das Theater geeignet war. Tatsächlich dachte er eine Zeitlang darüber nach, Theaterrequisiteur zu werden. Einer der Tutoren gab ihm die Adresse eines Formenbauers in der Filmindustrie. Diesen konnte er anschreiben, um sich beraten zu lassen. Er schickte eine Reihe von Fotos von Arbeitsproben und erhielt eine Liste mit wichtigeren Namen, bei denen er sich melden sollte: Stuart Freeborn (2001: Odyssee im Weltraum), Christopher Tucker (Zeit der Wölfe, 1984) und Nick Maley (Das Imperium schlägt zurück, 1980). Alle reagierten sie positiv auf seine Fotos. Nick Maley und Christopher Tucker boten ihm Arbeit an, nachdem sie sich sein Portfolio angesehen hatten. Seine persönliche Make-up-Legende Stuart Freeborn sagte ihm dann am Telefon, er habe Pollard in die engere Wahl gezogen – und riet ihm, in der Zwischenzeit Arbeiten für die Jim Henson Organisation zu machen. Der erste Film, bei dem er mitwirkte, wurde dann Labyrinth (1986) für die Jim Henson Organisation in London. Es war für ihn ein fantastisches Training. Plötzlich musste Pollard zehn Stunden am Tag Bildhauern, während er von einer großen Anzahl sehr talentierter Leute umgeben war. Anstatt nun nur ein Praktikant zu sein, konnte er nun vom ersten Tag an Kreaturen modellieren: Rüstungen, Kobolde, Teile von Ludo und den Wurm Ello aus dem Labyrinth.

Alien 3 (1992)

Wir befinden uns in einem Lagerraum. Kälte umgibt diesen Raum. Clemens (Charles Dance) zeigt Ripley (Sigourney Weaver) die Leiche von Newt und obduziert sie. Man sieht nichts. Nur kurze Szenen von Instrumenten, Blut und Ripleys Reaktionen. Eine Szene, die ins Mark geht. Den Körper von Newts Leiche sieht man (leider) kaum. Dabei sorgt gerade er für eine unheimliche Atmosphäre. Gary Pollard nahm hierfür nicht den ganzen Körper als Abdruck, sondern nur das Gesicht, und formte den Rest selbst. Eine große Leistung. Auch der »Super Facehugger« wurde von Pollard modelliert. In diesem Film sieht er exorbitant groß und noch mehr insektenartiger aus als seine Vorgänger. Wie er diese Kreatur schuf und vieles weitere im folgenden Interview.

Im Gespräch mit Gary Pollard

»Jede Reise für die Erschaffung eines Monsters ist anders.«

Till Bamberg) Mr. Pollard, Sie sagten mir mal, dass nicht nur Stuart Freeborn Ihnen als Vorbild fungierte. Wer denn noch?

Gary Pollard) Mein letztes Jahr an der Universität war das Beste, um mich in Bezug auf Filme inspirieren zu lassen. Es war eine goldene Zeit mit Filmen wie Das Tier (1981), An American Werewolf in London, Scanners (1981), Der Höllentrip (1982) oder Terminator. Wir verließen das Kino einfach wie weggeblasen. Und dann erst die schöne Drachenkreatur in Der Drachentöter (1981)! Als ich sah, wie die Puppe die Höhle mit einem Feuersturm abfackelte, war ich in Ehrfurcht erstarrt! Kein übliches Gefühl heutzutage. Was die Fortsetzung der Karriere betrifft, so habe ich diese Option erst am Ende des Studiums in Betracht gezogen.

Meine Idole sind die großen Horrorschauspieler – Peter Cushing, Christopher Lee, Vincent Price und auch Lon Chaney Jr. und Boris Karloff. Sie lehrten unschätzbare Lektionen über den entscheidenden Wert des Schauspielens. Als ich noch sehr klein war, fragte ich meine Mutter, ob ich aufbleiben könnte, um die »Universal Monster Series« am Freitagabend zu sehen. Bei Frankenstein trifft den Wolfmenschen (1943) sah ich, wie Lon Chaney Jr. das gefrorene Gesicht des Frankenstein-Monsters im Eis enthüllte. Von da an war ich für immer von diesem Genre abhängig. Nicht zu vergessen das unsichtbare Monster aus Alarm im Weltall (1956) und das unglaublich atmosphärische Formicula (1954 – möglicherweise mein persönlichster Lieblingsfilm aller Zeiten). Ich mag normalerweise keine Filme, die Schauspiel und Geschichte durch Spezialeffekte (besonders CGI-lastige) ersetzen. Mit einem so starken Schauspieler wie Peter Cushing in der Titelrolle kann ich leicht eine schwache Geschichte voller Handlungslücken verzeihen. Aber ich schalte bei CG-Kreaturen, die sich gegenseitig bekämpfen, egal wie viele Dinge explodieren, aus.

Und wenn der Hauptschurke, obwohl er im Grunde genommen menschlich und effektiv als Make-up gemacht werden könnte, dann doch CG ist, dann funktioniert das selten für mich. Zu den schlechten Leistungen gehören »Ultron«, »Steppenwolf«, »Abomination«, »Snoke« und der Skorpion-König aus Die Mumie kehrt zurück (2001).

Meine Lieblingsmomente in jedem Projekt sind gut geschriebene 1:1-Gespräche zwischen den Protagonisten. Subtil, aber voller Bedrohung. Dann können wir die physischen Monster und die Modellraumschiff-Sequenzen bringen! Wenn man mal gesehen hat, wie ein Modell-Miniatur-Meisterwerk durch Explosionen zerstört oder von einem wunderschönen Gummifuß zertrampelt wird, kann ich mir nicht vorstellen, warum man das alles komplett digital machen will. Eine Zeit lang entwickelte sich die sinnvollste Beziehung zwischen digitalen und physikalischen Effekten bei vernünftigen Entscheidungen, welche Elemente zu einer einzigen Sequenz passen. Die Arbeit mit Guillermo del Toro war eine Freude, da er Effekte mischte.

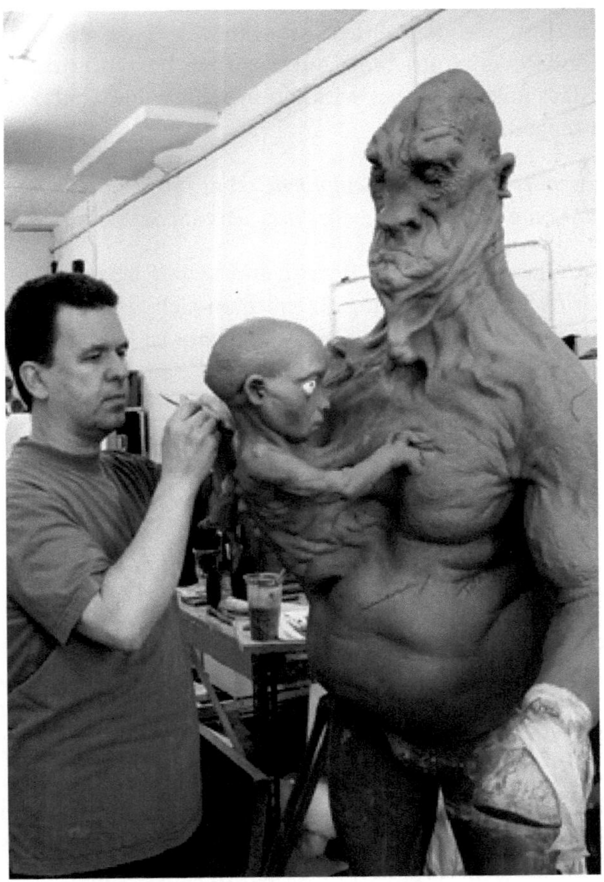

Abb. 6.2 Gary Pollard während der Arbeit zum Film
Hellboy II – Die goldene Armee.

Auf der anderen Seite wollte Stephen Sommers unsere physischen Mumien in seinen Filmen nicht haben. Obwohl CGI im Allgemeinen überhandnahm und das Publikum abspenstig machte, kann es heutzutage wieder zu einer überzeugenderen Mischung kommen. Wenn ein Regisseur will, dass das Publikum in der Szene »mehr Gefahr« spürt, kann er sich wieder bequem die Zeit nehmen, eine Sequenz »for real« zu drehen, anstatt sich in der Postproduktion damit zu beschäftigen. Es scheint oft so, dass in einer Kreaturensequenz, in die Elemente vor der Kamera gedreht werden, die VFX sich diesen Aufnahmen anpassen, wie z.B. der berühmte Angriff des Tyrannosaurus in Jurassic Park (1993) oder der Angriff des Basilisken in Harry Potter und die Kammer des Schreckens (2002), an dem ich beteiligt war. Wenn der Regisseur es auf sich nehmen will, kann man sogar ein Ding wie die Teufelsschnecke aus Harry Potter ganz physisch (mit 'Old School'-Reverse) drehen! Und natürlich bekommt man den zusätzlichen 'Bonus', dass unsere Helden wirklich in schleimige Tentakel gehüllt sind, um darauf zu reagieren!

Sie sind ein großer Meister des Sculptings, sei es für prosthetische oder für Kreatureneffekte. Könnten Sie bitte beschreiben, was ein Sculpturist konkret macht?

Bildhauerei ist ein weit gefasster Begriff und bedarf bei jeder Anwendung einer etwas spezifischeren Erklärung. Wenn man sich zum Beispiel nur auf den Bereich prothetisches Make-up spezialisiert hat, ist das eigentlich ein sehr schmales Band von Techniken. Ich für meinen Teil habe es genossen, mich durch viele Abteilungen zu bewegen – bis jetzt umfasst die Liste Prosthetik, Animatronik, Kostüme, Sets und Requisiten, Modellbau und die »grüne Abteilung« im Film. Ich habe mich in Themenbereichen engagiert, die Charaktere, architektonische Elemente oder Landschaften anbieten. Ich sollte darauf hinweisen, dass ich viele Make-ups aufgetragen habe, Sets mit einer Vielzahl von Rigs und Effekten angewendet und internationale Künstlerteams betreut habe, so, dass ich eine Vielzahl von Erfahrungen und Locations genießen konnte.

Die lange Erfahrung ermöglichte mir, neue Techniken zu erlernen und von Anfang an bis zum letzten Ankleiden der Darsteller vor der Kamera dabei zu sein. In jedem Fall war mein Verantwortungsniveau und mein Design-Input unterschiedlich, von Drehbuchbesprechungen über die Gestaltung der Effekte bis hin zur Soloskulptur aus fertigen Entwürfen. Selbst wenn ich nur bildhauerisch tätig bin, habe ich immer noch ein umfassendes Bewusstsein dafür, was genau ich anbiete, was für die Herstellung des Objekts angemessen und hilfreich ist und wie es sich verhalten wird. Ich muss gestehen, dass ich, obwohl

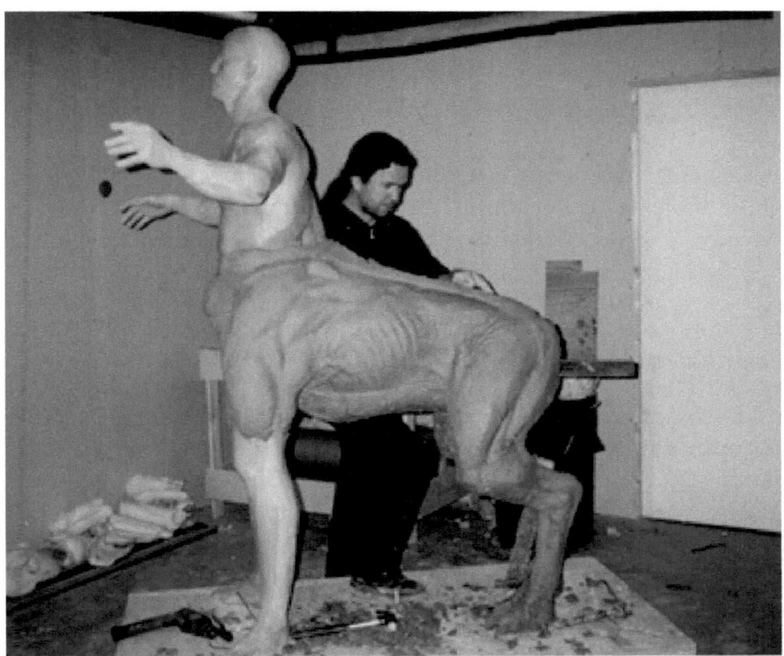

Abb. 6.3 Gary Pollard fertigt eine Skulptur zu Mortal Kombat 2 – Annihilation *(1997) an.*

die Aufsichtsfunktion in gewisser Weise lohnend sein kann (man kann das Talent seiner Wahl einstellen und mit ihm arbeiten), im Allgemeinen nicht danach suche, da es bedeutet, dass ich nicht genug praktische Zeit habe.

Ihr Portfolio ist eine Ansammlung fantastischer Arbeit. Gibt Sie ein besonderes Lieblingsprojekt, an dem Sie gearbeitet haben?

Meine aktuellen Lieblingsengagements sind die Mangalores aus Das fünfte Element (1997) und Iraxxa, die Eiskriegerin aus der Episode »Empress of Mars« der 10. Staffel von Dr. Who. Entscheidend für unsere Arbeit ist die Art der Regie und der Dreharbeiten und in beiden Fällen war dies erstklassig. Die Entwurfsphasen waren schon hervorragend – im Fall der Mangalores entwickelte ich die Charaktere aus dem Basisdesign und ging dann weiter zur Bildhauerei, zum Artwork, zur Anfertigung von Zahn- und Mundinnenteilen, zur künstlerischen Leitung der Bauarbeiten und zur Supervision am Set. Erfreulicherweise führte Luc Besson mit großem Enthusiasmus zu unvergesslichen Ergebnissen. Was Iraxxa betrifft, so war ich seit meiner Kindheit ein Dr. Who-Fan. Also war es ein Traumberuf, die Kreaturen der Serie 10 zu beaufsichtigen. Sie können sich vorstellen, dass es sehr befriedigend war, ein solch klassisches Who-

Monster zu entwerfen, zu modellieren und zu beaufsichtigen. Wenn sie sich im Licht dreht und ihre schillernden Schuppen aufblitzen, mit ihren Dreadlocks und ihrem Umhang und mit ihren Zwillingspistolen, sieht sie wunderschön aus.

Ich stehe meiner eigenen Arbeit sehr kritisch gegenüber. Deshalb ist es toll, auf einige Projekte zu verweisen und zu sagen: »Gut gemacht Team (Licht, Performance, Kostüm, Make-up, Drehbuch, Regie, Soundeffekte und Musik etc. etc.), wir haben es geschafft!«

Und gibt es vielleicht etwas, was Sie immer schon mal machen wollten, für dass Sie aber bisher nicht die Chance bekommen haben?

Ich bin froh sagen zu können, dass die meisten Designphasen, an denen ich beteiligt war, schon vorangeschritten waren. Aber innerhalb dieser Zeiträume erblickt ein Großteil der Designarbeit nie das Licht der Welt. Millennium FX und andere Werkstätten haben Regale voller unbenutzter Entwürfe in Form von Maquetten oder maßstabsgetreuen Modellen und ich habe viele Skizzenbücher (erfreulicherweise frei von Photoshop, da ich sowas nicht mag). Einige von ihnen gehen den richtigen Weg, um die Charaktere zu entwickeln, andere wurden nie akzeptiert, aber alle haben ihren Zweck erfüllt, indem sie einen Dialog mit den Produktionen darüber begannen, was letztendlich auf der Leinwand erscheinen könnte und wie es erreicht werden könnte.

Wenn Sie drei Werkzeuge auswählen, müssten um Ihre Arbeit zu erklären, welche wären das?

Sie werden verstehen, dass die Werkzeuge, die für jede Arbeit benötigt werden, unterschiedlich sind. Ich kann die Haut auf einem prothetischen Make-up detailliert darstellen, einen Helm füllen und schleifen, Polystyrol schnitzen, riesige Tonplatten auf einen Dinosaurier klatschen – es ist also schwierig, drei Favoriten zu wählen. Also werde ich die kluge Antwort geben müssen und sagen: meine Hände und mein Gehirn. Ich habe allerdings einen großen Holzspatel, der von Jamie Courtier von der alten Henson Organisation in London für mich als Geschenk hergestellt wurde.

Was denken Sie über gesellschaftlich relevante Themen in SF-Filmen?

Filme über die dystopische Zukunft sind alltäglich. Ich denke, dass wir uns an ihre düstere Botschaft gewöhnt haben. Es ist leicht, Ausbrüche tödlicher Viren und die Zerstörung durch Computer vorherzusagen, und vielleicht stehen diese unmittelbar bevor. Aber ich glaube nicht, dass jemand zuhört. Der subtilere

Ansatz in Öko-Filmen wie Lautlos im Weltraum (1972) hinterlässt eine Traurigkeit, die bleibt. Die Themen rund um die künstliche Intelligenz in der Blade Runner-Fortsetzung fand ich sehr bewegend.

Ihre Monster sind absolut schön mit einer Menge Details. Was inspiriert Sie solche Wesen zu erschaffen?

Bei der Erschaffung von Monstern beziehe ich mich nicht auf persönliche Ängste, sondern lasse mich eigentlich von der Naturgeschichte, der Anatomie und den Beobachtungen der Welt um mich herum inspirieren. Dann gebe ich dem eine Wendung. Ich habe allerdings ein paar furchterregende Kreaturen aus Kindheitsalbträumen, die ich eines Tages hervorbringen werde.

Ich bin gespannt. Wo wir schon mal bei den furchterregenden Kreaturen sind: Sie haben auch am »Super-Facehugger« aus Alien 3 gearbeitet. Was genau haben Sie für den Film gemacht und könnten Sie uns etwas über die problematischen Umstände der Produktion erzählen? Es gibt diesbezüglich ja eine Menge Gerüchte.

Die Arbeit an Alien 3 hat mir sehr viel Spaß gemacht, obwohl ich nur relativ kurze Zeit daran gearbeitet habe. Ein fertiges Skript gab es nicht, als ich anfing. Es gab ein wenig Rätselraten. Ich modellierte den Newt-Autopsiekörper und einen Sigourney-Körper, der vom abgestürzten Schiff aus dem Meer getragen werden sollte. Wir hatten lebensechte Gesichter, die ich mit Lehm gepresst und leicht verändert und in meine Lehm-Körper-Skulpturen integriert habe. Die Crew hatte ein Teamsystem im Fließband-Stil, in dem ein Projekt von mehreren Künstlern bearbeitet wurde, z.B. habe ich eine verfeinerte Form modelliert und dann einem Detailkünstler übergeben, um an feinen Hautdetails zu arbeiten. Am ersten Tag traf ich Gino Acevedo, der das Alien-Embryo auf ein Niveau brachte, das ich noch nie zuvor gesehen hatte! Ich wusste, dass er nie gesehen werden würde (es war für ein Röntgenbild), aber ich musste mich trotzdem fragen, ob ich ihn zuordnen konnte. Als nächstes modellierte ich den Super-Facehugger oder Queen Facehugger (Gino modellierte den Schwanz) und genoss die Erfindung der feinen Sehnenanatomie und anderer Merkmale.

Ich dachte, das wäre fertig, aber dann fragte mich Alec Gillis, ob ich es auch im Detail machen wolle! Ich krempelte meine Ärmel hoch und nahm die Herausforderung an. Eigentlich schaffte es nur sehr wenig meiner Arbeit in den endgültigen Schnitt, so dass es erfreulich war, dass der Queen Facehugger in einer kürzlich erschienenen Neufassung zurückkehrte.

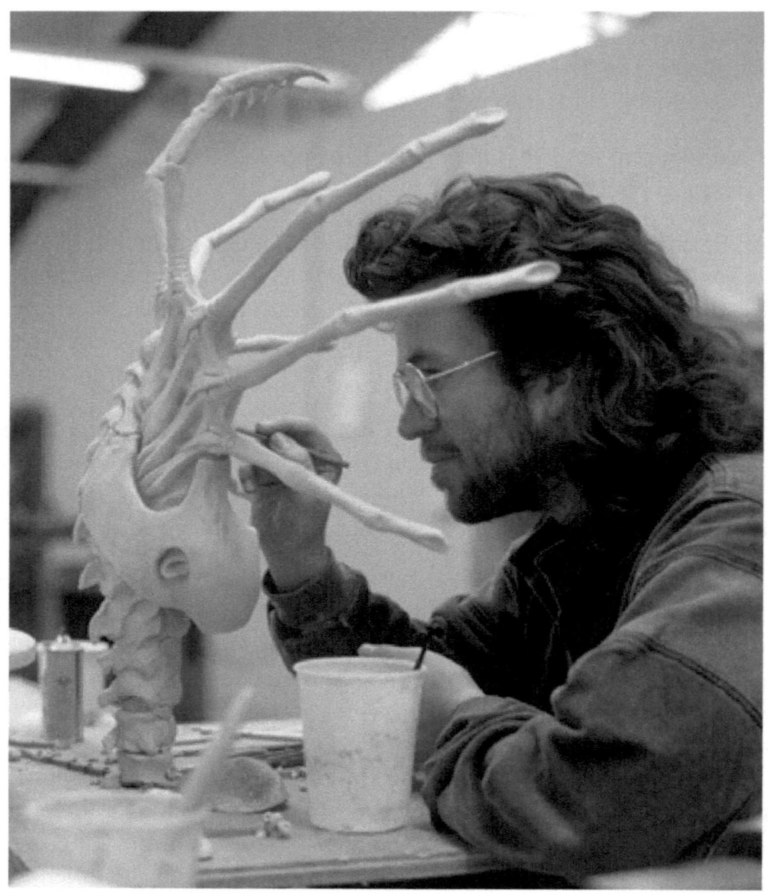

Abb. 6.4 Gary Pollard beim Modellieren des »Super Facehugger« aus ALIEN *3.*

Ich denke der Film wurde poetisch schwierig, da das Studio und Fincher uneins waren. Ich ging dann, um einen Drachen für Patrick Read Johnsons DRAGONHEART (1996) zu entwerfen.

Sie haben den »Super-Facehugger« modelliert und Gino Acevedo den Schwanz. Hatten Sie bestimmte Vorlagen, an denen sie sich orientiert haben? Wurde das Design von H.R. Giger abgesegnet oder war er sogar mit für das Design verantwortlich?

Die Modellierung des Queen Facehugger begann mit ein paar Skizzen von Alec Gillis. Ich habe an Alec Gillis die Frage weitergeleitet. Seine Antwort:

»Giger reichte seine Entwürfe von Zürich aus ein, aber Tom Woodruff und ich wurden gebeten, ebenfalls unsere Entwürfe einzureichen. Das führte später dazu, dass Giger uns gegenüber böse wurde, was sehr bedauerlich war. Sogar bei Aliens, an dem Giger nicht beteiligt war, betrachteten wir uns als Verwalter der unglaublichen Designs, die er geschaffen hat. Aber wenn ein Regisseur nach deinen Ideen fragt, gibst du sie ihm. Wir baten um den Vermerk »Alien-Effekte entworfen von«, während Giger den Vermerk »Original Alien entworfen von« erhielt, um deutlich zu machen, dass wir nicht versuchten, Gigers brillante Arbeit zu schmälern.«

Die Skizzen waren für mich als Künstler ideal. Sie waren herrlich locker, zeigten aber den Weg. Ein krabbenartiges Gehäuse mit Ventilen an den Seiten. Ich durfte sie interpretieren und ein paar eigene Details hinzufügen, ein erfreulicher Prozess.

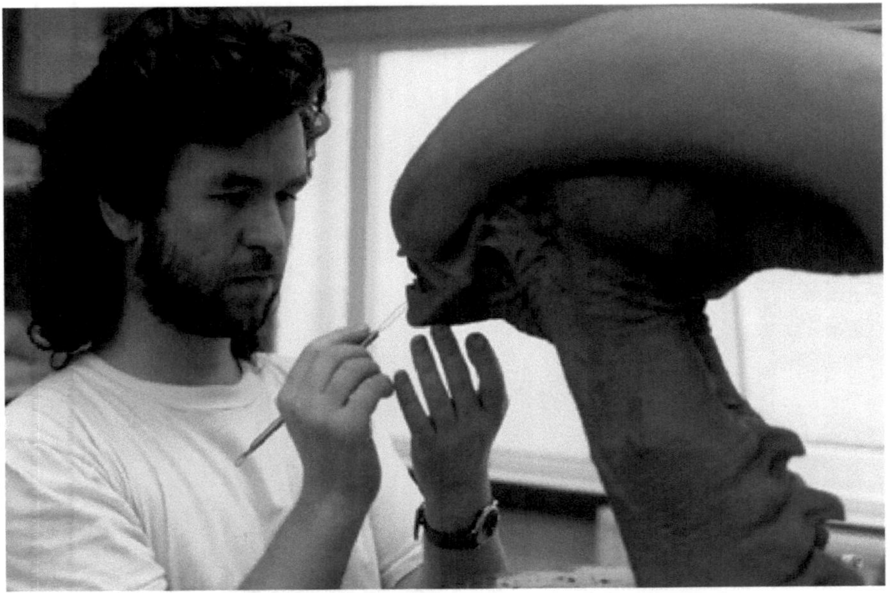

Abb. 6.5 Gary Pollard formt den Kopf des »Dogbuster« aus Alien 3.

Sie haben für Alien 3 einen Ganzkörperabdruck von Sigourney Weaver modelliert. War dies tatsächlich ihr Körper? Könnten Sie uns bitte erläutern, wie genau man solch einen Abdruck nimmt? Nehmen Sie nur Teilstücke oder den ganzen Körper? Mit welchen Materialien arbeiteten Sie dort?

Die Skulptur, die ich von Sigourney Weaver anfertigt, entsprach den Längenmaßen, die von Tom und Alec genommen wurden. Sigourney Weaver hatte damals vor kurzem ein Baby bekommen. Also war meine Aufgabe eine schlan-

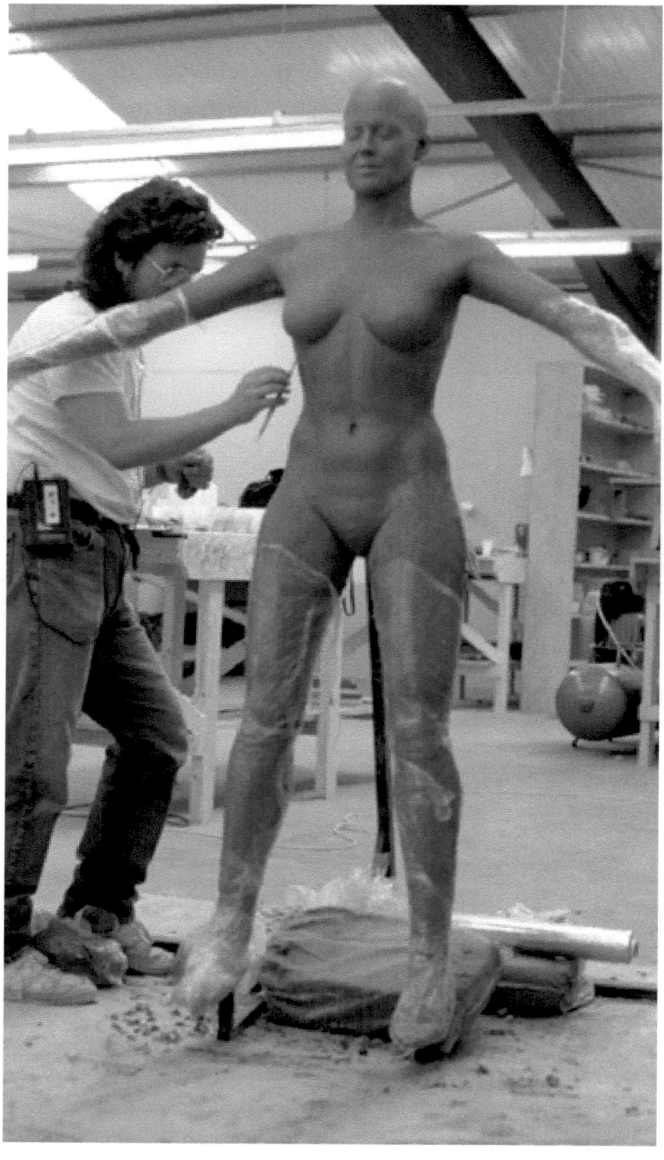

Abb. 6.6 Gary Pollard mit dem Ganzkörperabguss von Sigourney Weaver für Alien 3.

kere, magerere Ripley-Form zu schaffen. Wäre es eine Körperabformung (Lifecast) gewesen, wäre sie fast vollständig mit Alginat (zahnärztliches Abdruckmaterial) und Gipsverband überzogen worden, um die Form zu erhalten. Ihr Kopf und ihre Hände wären dann wahrscheinlich einzeln hergestellt worden, um dann Abgüsse zur Reinigung und weiteren Reproduktion in geeigneten Materialien wie Silikon oder Schaumlatex herzustellen. Die Materialien haben sich kaum verändert. Abgesehen von einem schnell abbindenden und festeren Lifecasting-Silikon, welches hilft, das Anwendungsgewicht niedrig zu halten, wodurch das Motiv weniger verformt wird. Dass das Silikon zäher ist, bedeutet auch, dass eine Reihe von Abgüssen daraus gemacht werden können, während das Alginat nach einem Zug zerfallen kann.

Die Arbeitsbedingungen sind seit jeher schon immer sehr unterschiedlich. Ebenso wie die Führungsstile und die Einrichtungen, die in unterschiedlichem Maße für die Gesundheits- und Sicherheitsüberlegungen eingesetzt werden. Es gibt kein einheitliches Modell, zumal ich in verschiedenen Abteilungen mit unterschiedlichen Materialien und Umgebungen arbeite. Generell wird heute mehr Wert auf die Absaugung und den Luftstrom gelegt, aber das ist nicht garantiert. Nachdem die Skulptur genehmigt wurde, kann sie zum Abformen zerlegt werden oder es müssen weitere Komponenten wie Zähne oder Kostümelemente modelliert werden. Die Skulptur muss möglicherweise während des Abformprozesses repariert oder gesäubert werden, und die anschließenden Formen müssen für die Hautproduktion entkernt werden. Vor Jahren war dies die Aufgabe des Bildhauers in Absprache mit anderen Abteilungen wie der Fabrikation oder der Animatronik. Aber jetzt kann dies auch die Gussabteilung übernehmen oder der Animatroniker selbst. Ich bin oft in den gesamten Prozess des Aufbaus involviert, um die künstlerische Dynamik zu erhalten.

Sie haben auch den Autopsiekörper von Newt modelliert. Die Darstellerin von Newt aus ALIENS, Carrie Henn, war zu diesem Zeitpunkt schon weitergewachsen. Wie bekamen Sie dennoch die Formen hin? Hatten Sie andere Quellen, und warum sehen wir davon im fertigen Film nichts?

Der Autopsiekörper für Newt war ein ähnlicher Fall wie Sigourney Weaver, da es unangemessen war, sie so zu gießen, wie sie gewachsen war. Es kann eine mühsame Erfahrung für ein Kind sein, einen Ganzkörper zu gießen. Und selbst wenn man es tut, gibt es viele weitere Prozesse, um eine Form vorzubereiten, einen realistisch gefertigten Körper. Man kann ihn genauso gut modellieren. Was ich auch getan habe. Ich hatte einen einfachen Gesichtsabdruck von Newt, so wie ich es bei Sigourney gemacht habe, und habe den Rest komplett extrapoliert. Das gab wiederum künstlerische Freiheit. Mit einem kritischen

Auge zurückblickend, denke ich, ich hätte sie ein wenig dünner machen sollen. Ich glaube, diese Sequenz war ein wenig zu düster in einem allgemein düsteren Film, so dass die Kamera bei dieser Szene wegblieb. Trotz der erstaunlichen Autopsie-Silikonarbeit des Teams, die für diese Szene zur Verfügung gestellt wurde.

Könnten Sie mir bitte erläutern, wie der Prozess des «Monster"- Bauens vonstattengeht. Gibt es eine spezielle Technik oder Produkte, die Sie bevorzugen?

Jede Reise für die Erschaffung eines Monsters ist anders – und so sind auch die verwendeten Techniken stets anders. In diesem Sinne sind sie Prototypen. Das Design kann aus verschiedenen Quellen oder von mir selbst stammen. In meinem Fall kann ich eine grobe Skizze anfertigen, um die Richtung zu verdeutlichen, in die ich gehen will. Obwohl ich ein vorzeigbares Kunstwerk herstellen kann, überlasse ich die fotorealistischen Ansätze den Experten und bevorzuge einen dynamischen Ausgangspunkt und die Möglichkeiten, die Kreatur nach und nach zu entwickeln (und nicht zu versuchen, jedes Detail am Anfang festzulegen). Ausdrucksstarke Bilder sind weitaus fesselnder und ermutigen zu Interpretationen und Gestaltungsvorschlägen. Dies sollte ein normaler Teil der Entwicklung des Charakters sein. Ich beginne den Prozess oft mit der Maquette, die eine Reihe von Features in 3D ausprobiert und Methoden präsentiert; Anzug, Animatronic, Prothesen und endlose Kombinationen. Es müssen viele Vorbereitungen getroffen werden, dann kann ich modellieren, wobei ich eine Menge praktischer Anforderungen einbeziehe und mit den Formenbauern, Herstellern und Animatronikern in Verbindung stehe. Nicht zu vergessen die Freigabe des Designs von der Produktion. In der anfänglichen Skulpturphase modifiziere ich die Texturen und den Stil, um dem Thema gerecht zu werden – beängstigend, komisch, niedlich –, und es hilft, wenn ich mir der Handlung, der Beleuchtung und des Dialogs bewusst bin.

Sie bieten seit einiger Zeit auch Workshops an. Warum entschieden Sie sich dafür und was können Ihre Schüler bei Ihnen lernen?

Bei der Betreuung von Teams hat es mir Spaß gemacht, Ideen an andere Künstler weiterzugeben, und ich werde oft um Rat gefragt. Ich habe es als sehr befriedigend empfunden, anderen zu helfen, sich zu verbessern. Es ist also ein einfacher Schritt, einen Raum mit lernwilligen Schülern zu füllen.

Man könnte sagen, dass ich in einer Videothek groß geworden bin. Ich habe haufenweise Filme gesehen. Dabei war es mir egal, ob Kinofilme oder Direct-to-Video-Produktionen. Nach welchen Kriterien wählen Sie Ihre Jobs aus?

Meine Jobs neigen dazu, mich auszuwählen und nicht umgekehrt! Im Allgemeinen macht es mir nichts aus, was die Art der Arbeit ist. Es ist alles eine Lernkurve für mich in gewisser Weise und ich begrüße Abwechslung (obwohl ich vor übermäßigem Gore zurückschrecke, wenn möglich).

Gibt es etwas, was Sie schon immer einmal Machen wollten?

Ich bin froh sagen zu können, dass ich viele Kästchen auf meiner To-Do-Liste angekreuzt habe (obwohl ein Star Trek-Film schön gewesen wäre!) Heutzutage wird es für mich immer wichtiger, meine eigenen Kunstwerke und Projekte unter meiner exklusiven kreativen Kontrolle zu generieren. Ich fange an zu erkennen, dass ein großer Teil der angebotenen Arbeiten eine Wiederholung eines früheren Projektes ist. Kürzlich habe ich jedoch mit einer exzellenten Crew von in den Midlands ansässigen Filmemachern unter der Leitung von John Williams (nicht der Komponist) als Produzent an Tales of the Creeping Death (2022) gearbeitet, was eine großartige Erfahrung war, die mir die Freiheit der Kommunikation bezüglich der benötigten Effekte ermöglichte. Ich habe mich auch verpflichtet, Skulpturen für eine Galerie im Ausland zu produzieren. Mein Lieblingsprojekt, das sich seit Jahren in der Entwicklung befindet, ist »Pollard Laboratories«. Eine thematische Umgebung mit kryptozoologischen Präparaten und außerirdischen Überresten, um die Öffentlichkeit zu unterhalten.

Gab es ein besonders schwieriges Projekt, an dem Sie gearbeitet haben?

Mein wohl schwierigstes Projekt war Mortal Kombat 2 – Annihilation. Ich war der Prothesen-Supervisor bei diesem Projekt. Leider nahm das Projekt nach einer schönen Zeit der Malerei und der künstlerischen Gestaltung einige sehr schwierige Wendungen. Es waren umfangreiche VFX in Verbindung mit praktischen Rigs zu machen. Da dies nicht richtig bedacht worden war, begannen Mängel, Schuldzuweisungen und Unsicherheiten die Arbeitsatmosphäre zu vergiften. In allen Abteilungen, sowohl privat als auch öffentlich, wüteten Streitigkeiten, die eine riesige Menge an negativer Energie erzeugten, die den Film geschadet hat.

Mein Stresspegel als Supervisor war extrem hoch und die meisten Tage verbrachte ich damit, einfach nur dem Mist auszuweichen und meine unerschrockene Gruppe von Maskenbildnern durch einen Drehtag zu bringen. Leider wurden wir am Ende von all dem auch noch nicht mit einem guten Film belohnt. Diese Erfahrung und ein oder zwei andere haben mich überzeugt, mich von Managementpositionen abzuwenden und das zu machen, was ich am bes-

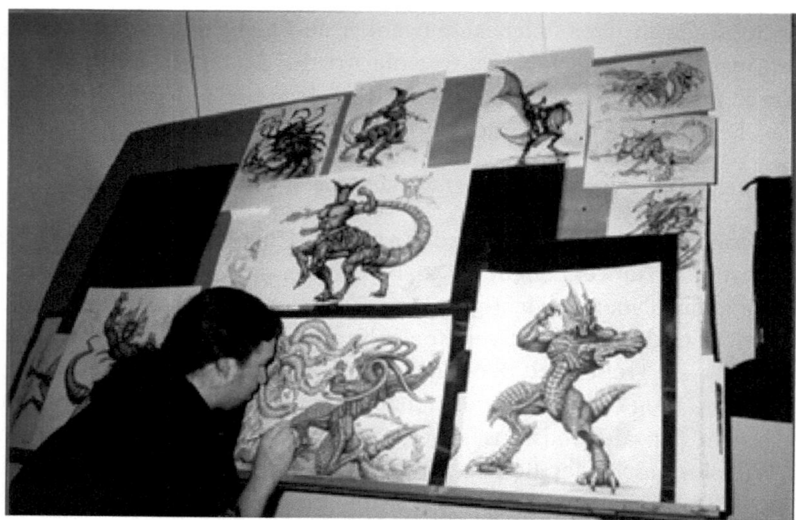

Abb. 6.7 Gary Pollard mit Skizzen zu Mortal Kombat 2 – Annihilation.

ten kann. Ich sollte sagen, dass Erfahrungen dieses Horrorniveaus sehr selten sind, und ich habe es sehr genossen, mit sehr vielen talentierten Künstlern auf der ganzen Welt zu arbeiten.

7. Die Stop-Motion im Film

Bereits als Kleinkinder waren wir fasziniert von kleinen Figuren, mit denen wir gespielt haben, Puppen, Lego-Figuren, kleine Plastiksoldaten oder Holzpferde. Das Spiel mit diesen Figuren nimmt die gesamte Wahrnehmung in Anspruch. Hände umfassen die Figuren, die Augen sehen eine Fantasiewelt, die wir uns erschaffen. Wir sprechen mit den Figuren, wir entwickeln Geschichten. Es ist eine Gesamterfahrung des menschlichen Geistes. Es regt unseren Gebrauch der Fantasie an und entführt uns in viele verschiedene Welten. Wir verlieren uns darin. Bereits in grauer Vergangenheit versuchte der Mensch mit Hilfe von selbstgestalteten Figuren andere Welten zu erklimmen, seien es Jahrmarktsgaukler mit Puppentheater im Mittelalter oder vielleicht auch schon die Kinder der Menschen aus früher Vorzeit. Immer war die Fantasie angeregt, und wir schulten unsere Wahrnehmung.

Im filmischen Kontext tut man dies auch, u.a. mit Hilfe der Stop-Motion Technik. Hier werden Bewegungen von Personen oder Objekten hergestellt, indem man diese mit Einzelaufnehmen anfertigt. Die Figuren werden je Aufnahme und dem, was man aufnehmen will, geringfügig verändert und die Bilder hintereinander gereiht, so dass die Illusion einer fließenden Bewegung erzeugt wird. Der Urknall dieser Technik war King Kong mit den Stop-Motion-Effekten von Willis O'Brien. Nach diesem Meisterwerk der Trickfilmkunst wurde diese Technik immer weiter perfektioniert. Für den Film Panik um King Kong (1949) arbeitete O´Brien erstmals mit Ray Harryhausen zusammen. Harryhausen wurde später der »Godfather« dieser Technik. Mit seinen Geschöpfen und Kreaturen, die er mit einem unglaublichen Detailreichtum und Geschick einsetzte, verfeinerte er solche Filme wie Fliegende Untertassen greifen an (1956), Sindbads siebente Reise (1958), Jason und die Argonauten (1963, bis heute ist der Kampf zwischen Jason und den Skeletten eine absolute Meisterleistung) oder Gwangis Rache (1968). Harryhausen war ein absoluter Meister auf diesem Gebiet.

Der italienische Autor Andrea Ferrari ihm für dieses Buch ein paar Zeilen gewidmet. Ferrari war nicht nur der Herausgeber und Chefredakteur der italienischen Ausgabe von *Famous Monsers of Filmland*. Er war auch ein enger Freund von Harryhausen, der im Mai 2013 verstarb.

Tribut an Ray Harryhausen

von Andrea Ferrari

Ray und seine reizende Frau Diana waren Freunde der Familie seit unserer ersten Begegnung, ich glaube im Jahr 1975 oder so, bis zu ihrem Abschied von dieser Welt. Sie waren außergewöhnlich süße, freundliche, liebenswerte Menschen – wir trafen uns oft in London, wo sie ihr Zuhause hatten, oder in Italien, das sie mehrmals als unsere Gäste besuchten, und wir besuchten sogar gemeinsam Washington, DC, dank unseres gemeinsamen Freundes Forry Ackerman. Ich erinnere mich noch gut an meinen ersten Besuch in ihrem Londoner Haus '75 – er ließ mich einige Minuten unten warten und machte dann einen klassischen Hollywood-Auftritt. Ich bot den wahrscheinlich sehr unerwarteten Anblick dieses jungen italienischen Teenagers, der seine amerikanische Freundin sah, die nervös vor dem Kamin wartete! Nach dem Abendessen nahm er mich mit nach oben in sein kleines Arbeitszimmer, und ich werde nie die überwältigende Emotion vergessen, die mich beim Anblick seiner Modelle im Schrank überkam – Gwangi war da, und Kali, und der Archelon aus Eine Millionen Jahre vor Christus und Talos, und eines der Skelette aus Jason, und oh, so viele andere! Er nahm sie eines nach dem anderen für mich heraus, und er ließ sie mich sogar »animieren« und posieren – ich erinnere mich noch, wie unerwartet schwer sie waren, und ihr ausgesprochen starker Geruch nach Latex... Das war das erste von vielen anderen Treffen, die folgten, als ich die Harryhausens zu einem »Harryhausenfest« in Modena, Italien, einlud, oder als ich ihn besuchte, während er »Kampf der Titanen (1981)« drehte, oder als ich ihn und Diana zu Gast in Verona, Italien, hatte, zusammen mit unseren gemeinsamen und geliebten Freunden Wendy und Forry Ackerman sowie Henrietta und Curt Siodmak, mit denen Ray an »Die Erde gegen die fliegenden Untertassen« gearbeitet hatte. Zu sehen, wie Ray und Curt sich nach so vielen Jahren wieder treffen, war wunderschön! Und jedes einzelne Mal war Ray freundlich, einladend und unglaublich freundlich zu mir. Erinnern Sie sich daran, dass es lange dauerte, bis er den Status eines Weltstars erlangte, so dass er wahrscheinlich von meinem jugendlichen Enthusiasmus berührt war. Ich hatte noch viele andere Gelegenheiten, viele seiner Modelle zu halten und anzufassen- jedes Mal wunderte ich mich über ihre feinen Details und die Komplexität ihrer Stop-Motion-Armaturen. Im Laufe der Zeit – und vor allem mit dem großen weltweiten kommerziellen Erfolg von »Kampf der Titanen« – erlangte Ray schließlich Ruhm und Anerkennung, aber er blieb immer ein sehr bescheidener und außergewöhnlich bescheidener Mann – er bezeichnete »unsere Filme« immer im Plural, nicht als »meine Filme«. Er war ein großer Mann, mit einer tiefen, schönen Stimme, sehr großen Händen – wir nannten sie scherzhaft seine »Joe Louis-Hände« – und einem großen, dröhnenden Lachen, das wir oft hörten, denn er liebte Scherze. An eine Episode erinnere ich mich gerne – ich hatte ihm gegenüber einmal erwähnt, dass ich keine Videokassetten mit vier seiner Filme hatte (das war natürlich vor der Zeit der DVDs und Blu-ray), und dann, ein Jahr später, trafen wir uns in Bologna, Italien. Als ich in einem tiefen Sessel in der Hotellobby saß und auf ihn wartete (und mich nebenbei mit Harrison Ellenshaw unterhielt!), sah ich plötzlich eine Plastiktüte, auf der Lebensmittel abgedruckt waren, langsam vor meinen Augen schweben und in meinem Schoß herabsteigen – mit Videokassetten der Filme darin! Und dann hörte ich Rays großes, dröhnendes Lachen – er hatte sich heimlich hinter mich geschlichen (mit der Komplizenschaft von Ellenshaw) und mir seine Filme von zu Hause mitgebracht und sogar Panik um King Kong von der BBC speziell für mich aufgenommen, da er nicht auf VHS erhältlich war. Ich habe diese Videokassetten immer noch! So war Ray – ein großer, süßer, bescheidener Kind-Mann, ein wahres Genie, ein außergewöhnlicher Künstler. Ich vermisse ihn immer noch schrecklich, und Antonella und ich denken immer noch jeden Tag an ihn und Diana – wir werden ihresgleichen nie wiedersehen.

Neben Ray Harryhausen gibt es viele herausragende Künstler auf dem Gebiet der Stop-Motion. Einer der vielen Stop-Motion Magier ist Harry Walton. Er verwendete diese Technik unter anderem bei der Produktion der US-amerikanischen Fernsehserie Im Land der Saurier oder aber auch Robocop 1 und 2 (1987/ 90) oder Liebling, ich habe die Kinder geschrumpft (1989).

Portrait Harry Walton

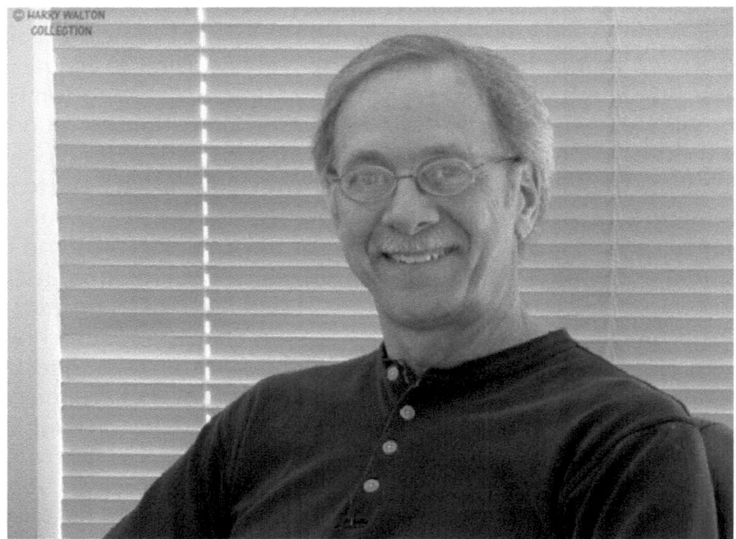

Abb. 7.1 Harry Walton

Harry Walton wurde am 26 Januar 1961 geboren. Bereits im Alter von sieben Jahren war er fasziniert von Filmen wie KING KONG UND DIE WEIßE FRAU oder PANIK UM KING KONG. Mindestens zweimal im Monat fuhren seine Tante und sein Cousin mit ihm in den 1950er Jahren ins Kino, um Monster- und Science-Fiction-Filme zu sehen. Natürlich sah er alle Ray-Harryhausen-Filme der 50er und 60er Jahre und war sehr fasziniert davon, wie die Kreaturen aussahen, sich bewegten und auf eine seltsame Weise lebten. Walton konnte nicht herausfinden, wie Harryhausen dies gemacht hat, bis er das Magazin *Famous Monster of Filmland* erhielt. So begann er als Kind an Wochenenden einfache Monster-Make-ups von ihm und seinem Cousin und Fotos von sich selbst zu machen. Das ging bis in sein erstes Jahr an der High-School und führte schließlich dazu, dass er 8-mm-Heimvideos drehte und mit Stop-Motion-Animation und visuellen Effekten experimentierte. Walton fertigte Tonfiguren an und animierte sie. So baute er eine fliegende Untertasse in Miniatur an und animierte diese vor einem 8-mm-Rückprojektionsbild auf Transparentpapier. Oder er gestaltete eine Werwolftransformation mit Überblendungen in der Kamera. Hierzu erstellte er grobe Matte-Paintings und kombinierte sie mit Live-Action über Splitscreen. Auch animierte er eine 2D-Fledermaus-Transformation in seiner Version von »Dracula« und viele weitere solcher Experimente.

Seine berufliche Laufbahn begann 1968, als er für Clokey Productions bei den US-amerikanischen Fernsehserien The Gumby Show (1968 – 69) und Davey & Goliath (1971 – 72) arbeitete. Rick Baker und Walton hatten sich in der High-School kennengelernt und Baker arbeitete bereits bei Clokeys und erzählte ihm von dem Unternehmen. Walton bewarb sich dort. Er bekam einen Vorstellungstermin und brachte seine 8-mm-Home-Movie-Animationsexperimente mit zu Clokey Productions. Bald darauf wurde ihm ein Job angeboten.

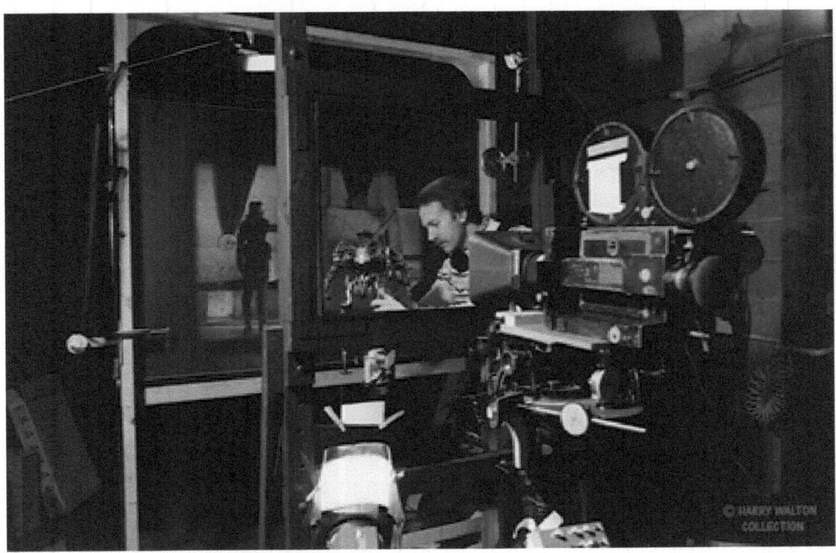

Abb. 7.2 Harry Walton bei der Einstellung einer Aufnahme mit Cain aus Robocop 2. Walton versorgte das Tippett Studio mit drei VistaVision Projektoren, einem 4-Perf Projektor, einer Vista Kamera und zwei 35mm Mitchell Kameras.

Eine seiner ersten Arbeiten für ein Studio war die Episode The Tool Box aus der TV-Serie Curiosity Shop (1971) für Gene Warren Sr. in seiner Firma »Excelsior! Animated Moving Pictures«. Es war die erste Stop-Motion-Animation, die er machte. Hierbei bewegten sich Charaktere zu musikalischen Beats. Dies war ein Projekt, das George Pal ins Studio brachte. George hatte Walton kennengelernt und gab ihm während der Produktion sehr hilfreiches Animations-Feedback. In den sechs Jahren bei seiner Arbeit mit Gene Warren sr. hat Walton mehr gelernt als bei irgendeiner anderen Person.

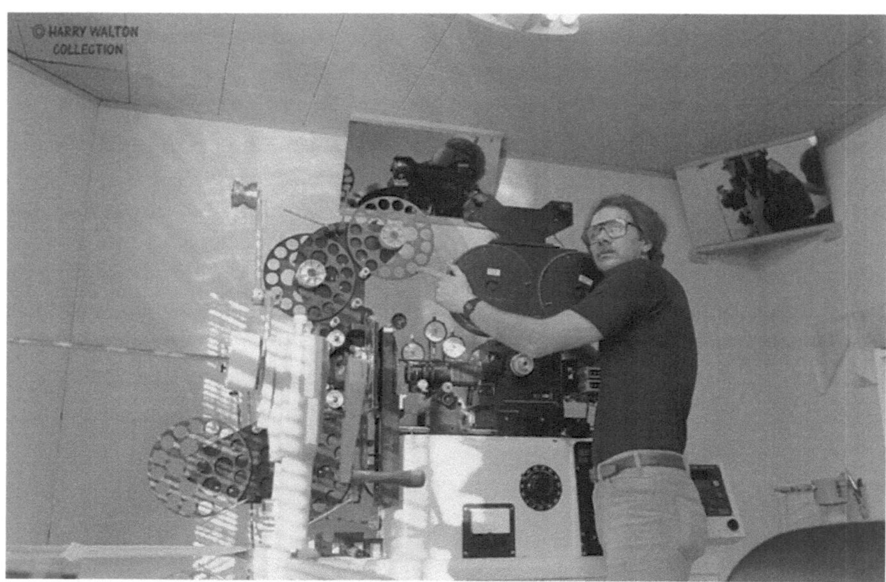

Abb. 7.3 Harry Walton in der optischen Abteilung des Tippett Studios, ca. 1989. Walton: »Ich richtete diese Abteilung mit meinem optischen Drucker des Producers Service ein, um die niedrig maskierten VistaVision-Rückprojektionsplatten für die Kombination der Stop-Motion-Animation mit der Live-Action-Fotografie herzustellen.«

Im Land der Saurier (1974 – 76)

Rick Marshall macht zusammen mit seinen Kindern Will und Holly einen Ausflug auf einem Schlauchboot. Sie kommen in ein Erdbeben, stürzen einen Wasserfall hinunter, und als sie wieder zu sich kommen, befinden sie sich in einer prähistorischen Welt. Hier müssen sie sich erst einmal zurechtfinden. Sie schließen Freundschaft mit einer affenähnlichen Rasse namens Pakuni und haben auch Feinde, echsenähnliche Wesen, die Sleestaks heißen. Die Marshalls müssen gegen Dinosaurier kämpfen und allerlei Angriffe der Sleestaks abwehren. Diese wohnen in einer unterirdischen Stadt, die von den Altrusians gebaut wurde. Auch mit denen nehmen sie Kontakt auf und finden in Enik einen guten Kumpel. Es gibt auch goldene Pyramiden, in denen sich farbige Kristalle verbergen. Mit denen kann man u.a. das Wetter beeinflussen. Eines Tages berührt Rick einen Kristall und kehrt, da es ein Zeitportal ist, in seine Zeit zurück. Er hinterlässt seine Kinder. Aber keine Panik, der Onkel der Kinder ist nämlich ebenfalls in diese prähistorische Zeit gekommen. Kehren die Marshalls je wieder zurück?

Ob die Marshalls zurückkommen? Nun, nur teilweise. Denn Hauptdarsteller Spencer Milligan wurde nicht für die dritte Staffel engagiert (an seiner Stelle trat Ron Harper als Onkel Marshall auf). Milligan und die Produzenten konnten sich nicht auf eine höhere Gage einigen, die Milligan haben wollte. Die Begründung war, dass er es nicht einsah, dass sein Gesicht per Merchandise vermarktet wurde und er kein Stück vom Kuchen abbekam. Und in der Tat war diese Serie durchaus populär.

Geschaffen wurde die Serie von den beiden Brüdern Sid und Marty Krofft. Aber besonders die Vermarkung der Serie war damals einmalig. Unzählige Merchandiseartikel konnte man verkaufen, eben, weil sie auch sehr kindgerecht und fantastisch erzählt wurde.

Die Effekte sind für die Entstehungszeit sehr gut. Stop-Motion, so wie es sich für solch eine Serie gehört. Die Kostüme der Sleestaks sind von eindrucksvoller Einfachheit. Es wurden, obwohl es ein ganzes Volk ist, nur drei Kostüme hergestellt. Und diese wurden dann von verschiedenen Darstellern getragen. So u.a. vom Basketballspieler Bill Laimbeer.

Ich habe diese Serie als Kind geliebt. Sie bot alles, was man sich vorstelle, wenn man mit Ray Harryhausen aufgewachsen ist: Monster, Dinos und eine mystische Geschichte gepaart mit allerlei Versatzstücken der Fantasy. Sie machte einfach Spaß, und man musste keine Angst haben mit Alpträumen ins Bett zu gehen. Besonders die Geräusche der Sleestaks haben es mir angetan. Schon damals merkte ich, wie sehr der Ton einen doch beeinflussen kann.

Im Gespräch mit Harry Walton

»Alles, was ich sagen kann, ist, dass ich dankbar bin, dass ich von den 60er bis 90er ein traditioneller Effektspezialist war.«

Till Bamberg) Sie haben Gene Warren sr. viel zu verdanken. Gibt es denn weitere Personen, die Sie inspirierten, weiter im Feld der Animation zu arbeiten?

Harry Walton) Auf jeden Fall. Willis O'Brien, Ray Harryhausen, George Pal, Jim Danforth, Albert Whitlock, Peter Ellenshaw, Les Bowie, Phil Kellison, Wah Chang and Ron Seawright und viele andere. Filme wie King Kong, Mein großer Freund Joe oder Sindbads siebente Reise waren große Inspirationen für meine Karriere. Wiederum war die Arbeit für Gene Warren Sr. der einflussreichste Job, weil dies am Anfang meiner Karriere stand und ich von Gene mehr über Animation gelernt habe als von irgendjemanden sonst. Ich lernte auch viel über andere Bereiche der visuellen Effekte wie Frontprojektions-Compositing, optisches Compositing, Miniaturkinematographie und mehr. Ich muss sagen, dass ich auch viel über Charakteranimation und Timing von Tex Avery gelernt habe, später bei Cascade Pictures of California und bei CPC Associates, wo wir beide gearbeitet haben.

Sie gehörten mit zur Animationscrew einer meiner absoluten Lieblingsserien Im Land der Saurier und haben fantastische Arbeit geleistet. Diese Serie ist Teil meiner Kindheit. Was genau haben Sie für diese Serie gemacht und haben Sie damals geglaubt, dass diese Serie heutzutage Kult ist?

Ja, Im Land der Saurier war auch eine meiner Lieblingssendungen, an denen ich gearbeitet habe. Wir drehten drei Staffeln von 1974 – 76. Meine Hauptaufgabe war die eines Stop-Motion-Animators. Ich führte auch viele andere Arbeiten aus, wie die Herstellung einiger der Armaturen, die Bildhauerei, den Guss und die Bemalung der meisten Dinosaurier, die Kinematografie, die Beleuchtung und die Einrichtung meiner Aufnahmen. Damals dachte noch niemand, dass Im Land der Saurier später Kultstatus erreichen würde. Es war eine andere Arbeit, aber wir wussten, dass diese Arbeit cool war und die damalige Hollywood-Effekt-Community neidisch darauf war.

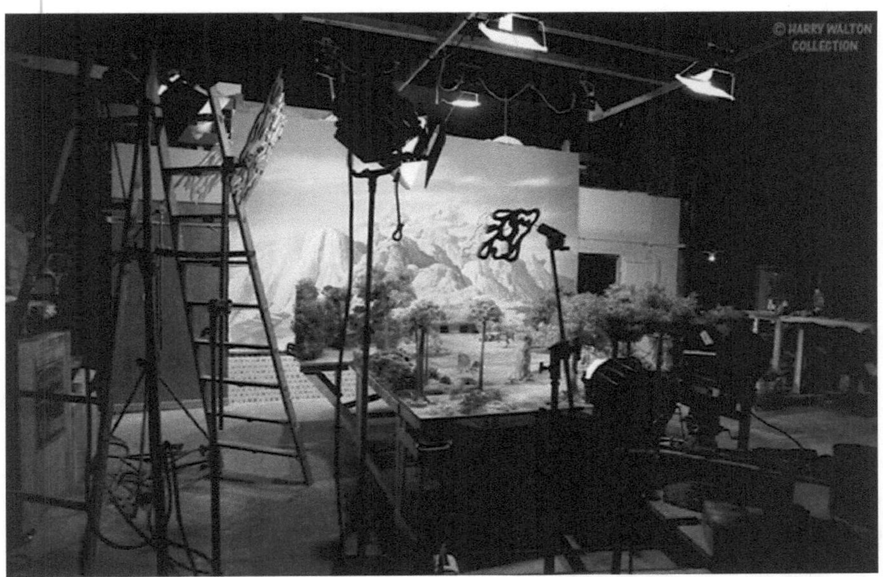

Abb. 7.4 Stop-Motion-Bühne von Excelsior im Jahr 1974: die erste Staffel von Im Land der Saurier. Etwas schwer zu erkennen, aber Alice befindet sich in der Mitte des Lost City-Sets. Mike Minor malte die Kulisse und fertigte die Versatzstücke an.

Waren die für diese Fernsehserie verwendeten Materialien schwer zu handhaben? Hatten oder haben Sie bestimmte Werkzeuge oder Materialien, die Sie bei der Stop-Motion-Animation am besten verwenden können?

Die Materialien wie die Uniroyal- oder Goodyear-Schaumgummisätze, flexible Farben, Gummipaste und Pflaster waren alle gut, was mich betrifft. Mit diesen Materialien gab es keine Probleme, wenn man wusste, wie man sie verwenden sollte. Ich erinnere mich, dass später in den 80er Jahren die Qualität der Schaumgummisätze nicht so gut war und die Schaumgussteile nicht so lange zu halten schienen. Es gab viele verschiedene flexible Lackierverfahren. Eines der besten Verfahren, war das Verdünnen von Gummikitt mit Waschbenzin und das Färben mit Latex-Tönen.

Sie haben mir berichtet, dass Sie in Im Land der Saurier die Animationspuppen von Grumpy und Alice neu entwerfen mussten, weil die Originalpuppen von Animator Wah Chang nicht funktionierten. Was genau war das Problem mit Changs Puppen und wie haben Sie es gelöst?

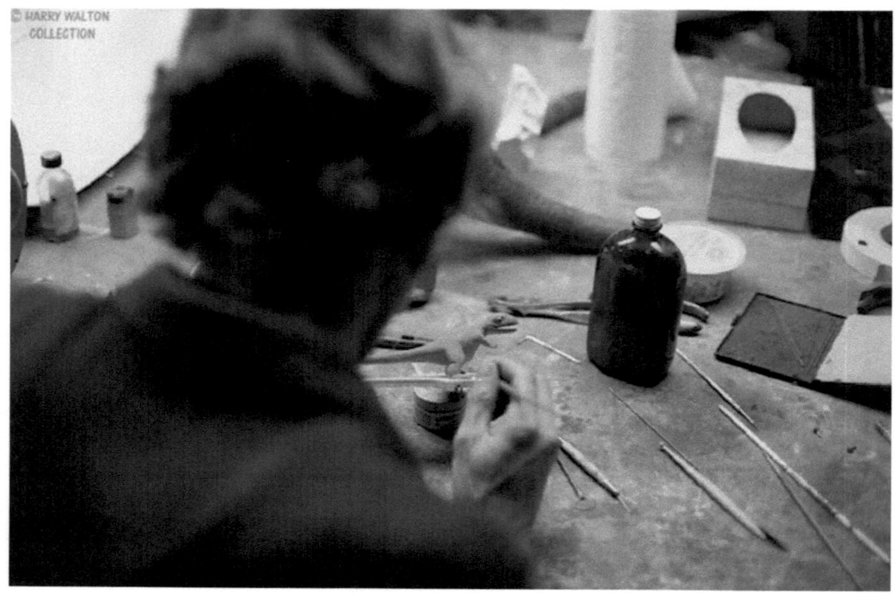

Abb. 7.5 Harry Walton in der Werkstatt von Excelsior 1975. Man sieht ihn hier beim Modellieren von Alice' Baby Junior. Dieses Allosaurier-Baby erscheint in der fünften Folge der zweiten Staffel mit dem Titel »Der Test«.

Zunächst einmal habe ich Grumpy und Alice nicht neugestaltet, sondern umgebaut. Ich begann den Bewegungsbereich und die Ankerspannung der Puppen zu testen, indem ich alle Gelenke manipulierte. Als ich die Puppen in verschiedene Positionen bog, begann die Haut zu zerreißen. Das war nicht normal für eine neue Stop-Motion-Puppe, die sehr flexibel sein sollte. Ich fragte Wah, wie er Grumpy und Alice gemacht hat. Wah baute die Puppen durch Schnitzen und Formen von Moosgummi, was natürlich ein bewährtes Verfahren war, aber für die abschließende Häutungsphase bedeckte Wah den Schaumstoff mit Papiertüchern, die er mit flüssigem Latex bestrich. Er benutzte diese Papiertücher, weil sie eine schöne holprige Textur hatten, die wie Schuppen aussah. Die Flexibilität des Flüssiglatex reichte nicht aus, um die Unflexibilität der Papierhandtücher zu überwinden. Ich reparierte Wahs Originalpuppen Grumpy und Alice, machte Gipsformen, goss sie in Uniroyal-Moosgummi und bemalte sie. Die Brontosaurus-, Triceratops- und Pteradactyl-Dinosaurier, die Wah später an uns lieferte, waren einsatzbereit.

Wenn Sie damals Puppen für eine solche Serie entwickelt und ständig für die Animation verwendet haben, gab es da nicht Abnutzungserscheinungen? Wie oft mussten Sie diese Puppen neu anfertigen?

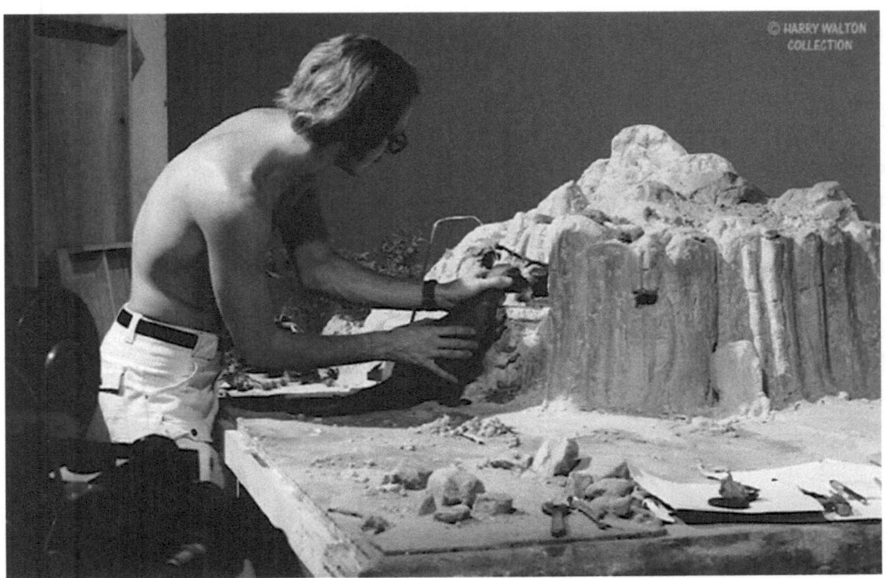

Abb. 7.6 Excelsior Stop-Motion-Bühne im Jahr 1974. Harry Walton animiert Grumpy. Dies ist die Szene, in der Grumpy Marshall, Will und Holly in ihr Höhlenversteck jagt. Auf der Stop-Motion-Bühne wurde es in den Sommermonaten bei all den brennenden Studiolichtern sehr heiß, und so animierte man oft ohne Hemd.

Ja, es gab eine Menge Abnutzung, besonders bei Grumpy und Alice, die die Hauptdarsteller waren und am meisten benutzt wurden. Bei kleineren Abnutzungserscheinungen tupfte ich Flüssig- oder Pastenlatex auf die benötigten Stellen und fügte Farbausbesserungen hinzu. Für alle drei Staffeln haben wir Grumpy und Alice jeweils etwa ein Dutzend Mal neu bemalt.

Standen Sie sehr unter Zeitdruck, was die Gestaltung und den Dreh der Animation für diese Produktion angeht?

Wir standen sehr unter Zeitdruck, vor allem bei der ersten Staffel, die die meisten Animationen und den Bau von Dinosauriern, Sets und Requisiten beinhaltete. Als wir die Animation auf Hochtouren laufen ließen, waren wir zu viert: Sneaky Pete Kleinow, Gene Warren Jr., John Huneck und ich. Wir erstellten viele generische Aufnahmen, die mehrfach in der gleichen Geschichte, in anderen Geschichten und für die zweite und dritte Staffel verwendet wurden.

Wie sah der Aufbau eines Sets aus? Was waren die Dimensionen eines Sets und mit wem wurde an diesen Sets gearbeitet?

Bei den Sets handelte es sich im Allgemeinen um modulare Abschnitte von 1,20 Meter x 2,40 Meter großen Tischen in verschiedenen Konfigurationen, die auf ebenso großen Sperrholzplatten basierten. Zusätzliche Stücke der Tischplatte wurden dem Basistisch hinzugefügt, um bestimmte Kamerawinkel oder andere Set-Anforderungen zu erfüllen. Mike Minor war für das Design und den Bau der großen Stop-Motion-Sets verantwortlich, wobei wir Animateure einige Anregungen für die Arbeit mit den Puppen am Set hatten. Mike malte die entfernten Felsformationen auf ausgeschnittene Platten aus Masonit. John Huneck assistierte Mike bei der Konstruktion der Sets und Gene Jr. baute den Teergrubenabschnitt eines der Sets. Die Felsformationen wurden um grobe Holzrahmen herum gebaut, die mit Hühnerdraht bedeckt waren, der die Grundform bildete und dann mit Käsetuch und Gips bedeckt, dem Vermiculite hinzugefügt wurde, um das Gewicht gering zu halten.

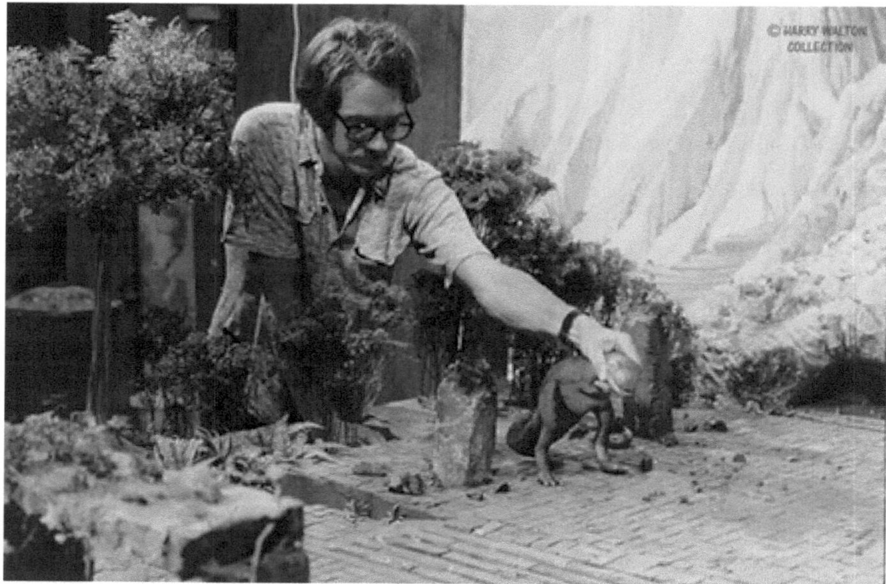

Abb. 7.7 Harry Walton animiert Alice bei der Stop-Motion Bühne bei Excelsior im Jahre 1974.

Dinosaurier zu animieren ist eine Sache, aber wie wurde entschieden, wie sie aussehen sollten? Haben Sie eine Menge Fachliteratur benutzt, um sie zu machen, oder hatten sie kreative Freiheit? Ich denke, besonders bei der Farbgestaltung weiß ja nicht wirklich, wie die Dinosaurier aussahen.

Soweit ich weiß, haben Sid und Marty Krofft das Aussehen und die Farbgestaltung der Dinosaurier unserer Expertise bei Excelsior überlassen! Wir erhielten von Wah Chang mehrere Dinosaurier, die in seiner Dokumentation DINOSAURS: THE TERRIBLE LIZARDS (1970) verwendet wurden, die wir im gleichen Look beibehielten. Andere Dinosaurier, die für die Show benötigt wurden, fertigten Tom Judd und ich zum Teil anhand von Dinosaurier-Illustrationen und Fotos verschiedener Reptilien an.

Lassen Sie uns kurz zu ROBOCOP (1987) übergehen. Sie haben die Projektionsplatten beaufsichtigt. Worauf genau mussten Sie da besonders achten?

Als wir uns auf die Stop-Motion-Effekte im Tippett Studio vorbereiteten, bestand meine erste Aufgabe darin, die Produktion der Rückprojektionsplatten zu beaufsichtigen. Ich hatte zu diesem Zeitpunkt noch keinen optischen Drucker im Tippett Studio. Also ließ ich die optische Abteilung von ILM die Platten nach meinen Vorgaben anfertigen. Das Verfahren, das ich schon oft verwendet habe, nennt sich »Low Contrast Masking«. Wenn dieser Prozess richtig durchgeführt wird, erhält man exzellente Duplikate, besonders im VistaVision-Format. Hier die Kurzfassung: Vom Originalnegativ wird ein kontrastarmer, dünner Schwarzweiß-Positivabzug (die Maske) erstellt, der auf ein niedriges Gamma entwickelt wird. Dieser S/W-Abzug wird mit einem Lichtstreufilter in den Projektorkopf des optischen Druckers eingelegt oder leicht unscharf positioniert. Das Originalnegativ und der Rohabzug werden in die Kamera eingelegt. Die S/W-Maske wird auf ihr Bild auf dem Negativ ausgerichtet und angepasst, und diese Kombination wird gedruckt. Die Maske hält die Lichter fest und druckt die Schattendetails des Negativs nach oben, wodurch ein kontrastarmes Bild mit der gesamten ursprünglichen Farbtreue entsteht. Wenn alle Prozesse von der Originalfotografie bis zur Dulcierung des projizierten Bildes auf der Stop-Motion-Bühne korrekt durchgeführt werden, kann das Ergebnis wie das Original aussehen. Einige Leute haben dies bestritten, aber ich habe die Filmvergleiche Bild für Bild, um dies zu beweisen.

Eine meiner absoluten Lieblingsaufnahmen in diesem Film ist die, in der ED209 auf dem Rücken liegt und schreit (was, und das darf man ruhig zugeben, ziemlich witzig anzusehen ist). Wie schwierig war diese Animation in Bezug auf das Timing?

Ich kann nicht sagen, dass es überhaupt schwierig war. Normalerweise spiele ich so viel wie möglich vor, was eine Figur tut, um ein Gefühl für die Aktion zu bekommen. Das erste Bild der Animation ist immer das schwierigste für mich. Sobald ich die Puppe berühre und anfange, sie zu animieren, werde ich zu dieser Figur. Ich kann die Performance fühlen, die Animation fließt und fühlt sich natürlich an. Nach so vielen Jahren der Stop-Motion-Animation wird es einfach zur zweiten Natur.

Können Sie bitte erklären, was genau an der Animation des Kampfes zwischen Murphy und Cain in ROBOCOP 2 schwierig war?

Ich nehme an Sie fragen nach der Einstellung, in der Robocop vom Dach des Trucks auf Cains Rücken springt. Es war nicht so sehr, dass die Animation schwierig war. Es war einfach ein großer, komplexer Stop-Motion-Prozess, der herauszufinden und einzurichten war. Ich musste zwei projizierte VistaVision-Platten mit zwei Projektoren und zwei Matte-Gläsern zwischen den Projektoren und der Rückseite der Projektionsfläche aneinander anpassen und mit ei-

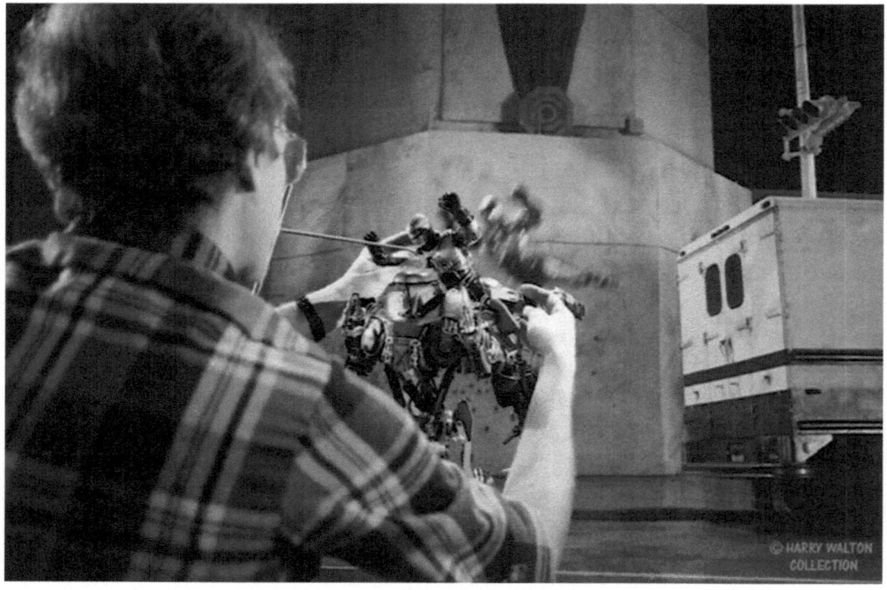

Abb. 7.8 Harry Walton animiert Robocop, der auf den Rücken von Cain springt für ROBOCOP 2. Walton: »Wieder habe ich alle meine Aufnahmen eingerichtet und alle meine Aufnahmen animiert. Dieses Mal richtete ich meine optische Abteilung in Phils Studio ein, um alle VistaVision maskierten Hintergrundplatten sowie viele andere optische Prozesse zu machen. Dies war eine besonders schwierige Aufnahme, die aus zwei VistaVision-Projektionen bestand, die aneinandergereiht und mit einer Soft-Edge-Matte überblendet werden mussten. Auf der einen Platte war der lebende Robocop-Stuntman, der auf einer Matte sprang und landete, und die andere Platte war eine reine Platte. Die weiche Matte, die die beiden Platten miteinander verband, bildete einen 45-Grad-Winkel, der die Matte verdeckte und Robocop hindurch verschwinden konnte.An der Stelle, an der Robocop verschwindet, setzte ich die Stop Motion-Robocop-Puppe ein und passte die Position und die Aktion an.«

nem Soft-Split überblenden. Dann Cain auf einem Miniaturboden animieren, den ich passend zum Boden in der Platte gemalt hatte, den Live-Action-Robocop durch den Soft-Split an der richtigen Stelle im Bild verschwinden lassen und den Schauspieler nahtlos durch die Stop-Motion-Robocop-Puppe ersetzen. Die beiden projizierten Hintergrundplatten mussten in Größe, Farbe und Dichte so angepasst werden, dass sie wie ein einziges projiziertes Bild aussahen, da sich beide Projektoren in Bezug auf Linsen und Lampenhausoptik unterschieden.

Wie kann ich mir die Arbeit eines Stop-Motion-Animators in den 1970er Jahren vorstellen? Vieles war sicherlich neu und vieles wurde ausprobiert. Was denken Sie rückblickend über diese Zeit?

Ich liebe die 70er bis Mitte der 90er Jahre und die Jahrzehnte davor, als Animation und Effekte noch fotomechanisch waren. Für mich ist die taktile Erfahrung am Set zu sein, mit Puppen zu hantieren, Armaturen herzustellen, Matte Paintings von Hand zu bemalen, Miniaturen zu machen, Kameras und Projektoren zu bedienen, Beleuchtungssets zu bedienen und so weiter, unschlagbar. In den 70er Jahren gab es eine Menge Arbeit und keine riesige spezialisierte Belegschaft, wie heute sodass wir immer beschäftigt waren. Es gab immer eine Menge Arbeit zu erledigen. Die meisten Effektgerätehersteller waren nach heutigen Maßstäben klein, also haben sie gelernt, mehr als eine Sache zu tun. Alles, was ich sagen kann, ist, dass ich dankbar bin, dass ich von den 60er bis 90er ein traditioneller Effektspezialist war.

Gibt es einen Unterschied zwischen einem Stop-Motion und einem Go-Motion-Animator?

Ich sehe keinen Unterschied zwischen den beiden. Tatsächlich betrug die Go-Motion-Bewegung, die in der ILM durchgeführt wurde, etwa 75 Prozent Stop-Motion. Man manipuliert immer noch die Anhängsel einer Puppe, egal ob Sie die Teile von Hand bewegen oder ob Sie die Teile über eine Bewegungsvorrichtung bewegen... der Animator steuert immer noch die Aufführung. Der ganze Zweck von Go Motion besteht darin, der ansonsten statischen Animation Bewegungsunschärfe hinzuzufügen. Ich und andere haben tatsächlich Unschärfe hinzugefügt, um die Bewegung mit anderen Mitteln zu stoppen, bevor es »go motion« gab.

Welche Fähig- und Fertigkeiten benötigt man Ihrer Meinung nach, um Stop-Motion-Animator zu werden?

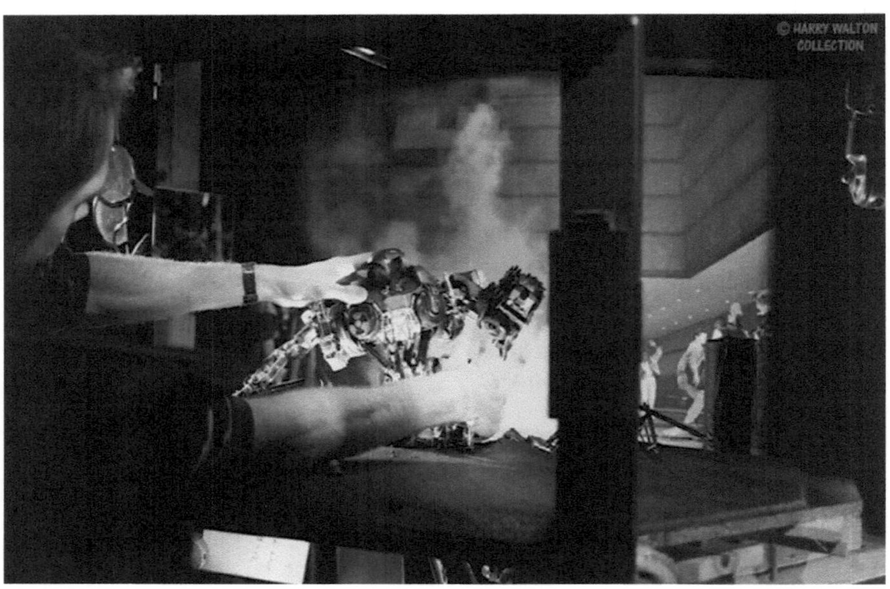

Abb. 7.9 Tippett Studio Stop-Motion-Bühne 1990. Harry Walton animiert Cain, der durch den Garagenboden aufbricht. Walton: »Ich hatte viele Aufgaben bei diesem Film – Stop-Motion-Animation, Beleuchtung, Kamera, richtete meine optische Abteilung ein, überwachte die Maskenplattenproduktion, Rück- und Aufprojektion-Compositing, konstruierte und lieferte vier VistaVision-Projektoren und eine VistaVision-Kamera.«

Ich glaube, Enthusiasmus ist die wichtigste Voraussetzung, denn ohne Enthusiasmus werden Sie nicht das tun, was nötig ist, um das notwendige Wissen zu finden, zu experimentieren und zu erwerben. Ich komme aus einer anderen Welt, in der es keine Schulen für visuelle Effekte oder Animation gab. Ich lernte allein, von Freunden, Kollegen und vor allem im Beruf als Meister und Lehrling.

Sie sagten gerade, dass Sie aus einer anderen Welt kommen, in der es keine Schulen für visuelle Effekte gab. Hat sich dieses Bild heute geändert?

Visuelle Effekte sind sowohl technischer als auch künstlerischer Natur. Der Film würde leiden, wenn es nur technisch oder nur künstlerisch wäre. Man muss ein künstlerisches Auge haben, um das Werk richtig einschätzen zu können und Korrekturen, Änderungen oder, falls nötig, eine komplette Neubearbeitung vornehmen zu können. Ich musste auch die technischen Aspekte der visuellen Effekte lernen, um meine künstlerischen Qualitäten zu ergänzen, wie z.B. die Verfahren des Filmlabors, die Funktionsweise der Drucklichter, technische Aspekte verschiedener Filmmaterialien, mathematische Formeln zur Berechnung der Aufnahme von Hochgeschwindigkeitsminiaturen und viele andere Dinge. In vielerlei Hinsicht musste ich auch ein Erfinder sein.

Gibt es eigentlich Filme, die Sie nicht mögen?

Filme, die ich nicht mag? Das ist zu schwierig zu beantworten. Es gab viele im Laufe der Jahre, und ich denke, ich vergesse sie einfach oder denke nicht darüber nach. Ich würde lieber über die Filme sprechen, die ich mag, und darüber, warum.

Gerne doch. Wenn wir auf die Filme zurückblicken, die Sie gemacht haben, sehen wir, dass Sie viele Genre-Filme gemacht haben. Ich interessiere mich sehr für Science-Fiction (oder Fantasy-Filme im Allgemeinen), weil ich glaube, dass diese Art von Filmen die beste Möglichkeit ist, aktuelle politische und gesellschaftliche Ereignisse zu zeigen. Zum Beispiel Jahr 2022 … die überleben wollen oder Lautlos im Weltraum. Glauben Sie, dass diese Genres den Menschen etwas vermitteln können?

Sicherlich übertragen diese Art von Filmen etwas auf die Zuschauer, wie es meiner Meinung nach alle Arten von Filmen auf die eine oder andere Weise tun. Einige Filme haben eine starke »in your face«-Botschaft, einige sehr subtile Botschaften und einige sind einfach reine Unterhaltung. Letztendlich muss man die Aufmerksamkeit des Publikums mit starken und interessanten Charakteren, einer guten Story, dem Tempo und anderen filmischen Werten einfangen und halten.

Gibt es ein Projekt, was sie gerne einmal noch machen würden?

Ja, es gab um 1980 eine Filmidee namens Hellspawn, welches ein Projekt eines Freundes von mir namens Bill Stromberg war. Bill stellte Schauspieler und eine kleine Crew zusammen und drehte eine kurze Live-Action-Sequenz. Ich war für die Aufnahme der Platten verantwortlich, um später eine Stop-Motion-Kreatur einzufügen, die die Schauspieler bedrohen sollte. Dies war ein Projekt, für das ich meine Freizeit zur Verfügung stellte. Ich führte einige Projektionstests und Kreaturendesigns durch, konnte aber wegen anderer Arbeitsanforderungen nicht weitermachen. Ich hätte diesen Film gerne fertig gestellt.

Jetzt arbeite ich hauptsächlich an digitalen Matte-Paintings und Gemälden der bildenden Kunst. Ich arbeite an einigen Matte-Painting-Kompositionen für David Allens Film The Primevals, der jetzt von Davids langjährigem Mitarbeiter Chris Endicott bearbeitet wird.

Davon habe ich bereits gehört. Ich freue mich darauf. Aber mal Hand aufs Herz: An welchen Film hätten Sie denn gerne mitgearbeitet?

Um 1979 traf ich mich zweimal mit Charles Schneer, um über die Arbeit an Kampf der Titanen zu sprechen, aber aus verschiedenen Gründen geschah dies nicht. Ich fühlte mich geehrt, in Erwägung gezogen worden zu sein.

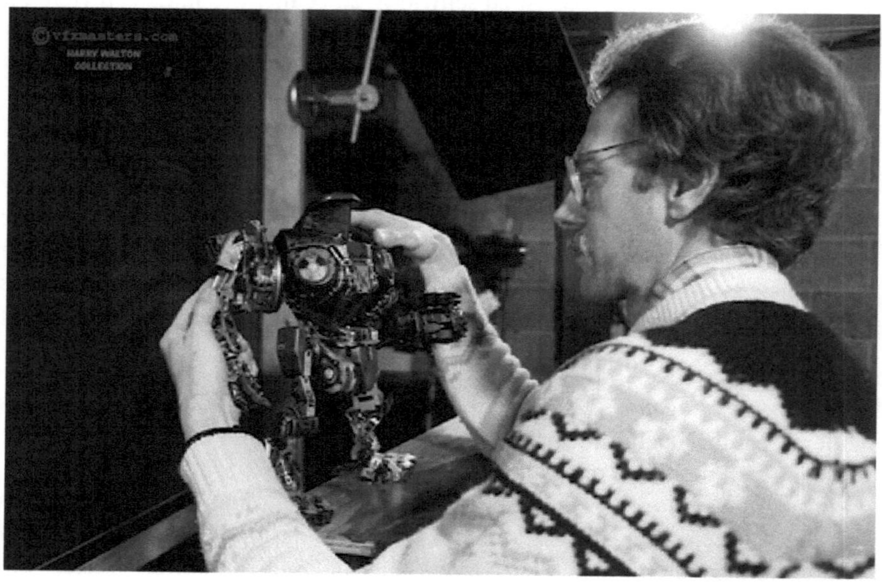

Abb. 7.10 Harry Walton animiert Cain im Studio von Phil Tippett um 1989 für Robocop 2. Walton: »Ich habe alle meine eigenen ›Dynamation‹-Einstellungen und andere optische Aufgaben übernommen.«

Diese Frage stelle ich immer wieder gerne am Ende eines Interviews: Welches war der schwierigste Effekt, an dem Sie je gearbeitet hatten?

Ich habe zwei, die aus verschiedenen Gründen schwierig waren. Der erste ist aus The Tool Box, wo ich den Reißnagel animiert habe, wie er im Takt der Musik am Lineal hinuntertanzt. Dies war eine zermürbend lange Aufnahme, bei der ich die Stifte vor der Kamera verstecken musste, während ich zu Musikbeats animierte. Ich begann die Aufnahme um 10 Uhr morgens und beendete sie am nächsten Tag gegen 9 Uhr morgens, ohne anzuhalten.

Das andere Projekt war Robocop 2. Dies war die Aufnahme, in der Robocop von der Spitze des Lastwagens auf den Rücken von Cain springt, von der ich vorhin sprach. Dabei handelte es sich nicht so sehr um eine Schwierigkeit bei der Animation, sondern eher um eine technische Schwierigkeit beim Aufbau der Aufnahme. Bei einer Projektion sprang der Robocop-Stuntman vom Lastwagen auf den Boden und landete auf einer Matratze. Die andere Projektion war eine saubere Platte ohne Schauspieler oder Stuntman. Eine Matte eliminiert die Matratze und eine weitere Matte eliminiert den Robocop-Stuntman auf halbem Wege durch den Sprung, kurz bevor er Cains Rücken erreichte. Als der Robocop-Stuntman in der weichen Matte verschwindet, ersetze ich das Live-Bild durch die passende Robocop-Stop-Motion-Puppe. So sieht der endgültige Effekt so aus, als ob der Live-Schauspieler vom Lastwagen springt und auf dem Stop-Motion-Rücken von Cain landet. Alles in einer Aufnahme!

8. Das Matte Painting im Film

Die menschliche Fantasie kann uns in ungeahnte inspirative Höhen treiben. Wir stellen uns beispielsweise fremde Welten vor oder Landschaften, die es so einfach nicht geben kann: Marslandschaften, Unterwasserwelten oder aber auch nur Gebäude, die es entweder in der Realität nicht geben kann oder so verändert wurden, dass diese Bilder uns täuschen. Schon die berühmten Maler der vergangenen Zeiten haben mit ihren Bildern den Menschen inspiriert, ihre Fantasie anzuregen. Manchmal bildeten sie mit ihrer Kunst real existierende Landschaften ab, manchmal formten sie mit ihren Pinseln fantastische Gebilde. Als das Medium Film aufkam, wurde ebenfalls die Fantasie stark beansprucht. Wir sehen in Filmen Planeten und Sternsysteme, wir sehen zerstörte Städte nach einem Erdbeben oder auch Inseln und vulkanische Ebenen, die man mit einem Filmteam unmöglich vor Ort drehen kann. Hier kommt der Matte Painter ins Spiel.

Matte Painting ist einer der ältesten Techniken der visuellen Effekte. Im Grunde ist das Prinzip einfach. Man malt verschiedene Gemälde, um einen Hintergrund zu ersetzen. Was so einfach klingt, ist aber eine enorme technische und künstlerische Herausforderung. Die ersetzen Bilder müssen die filmische Realität widerspiegeln und ins Konzept passen. Zudem muss man dieses Bild so glaubhaft gestalten, dass das Publikum diesen Hintergrund als echt erachtet. Matte Paintings können das menschliche Auge manipulieren, um uns den Film glaubhaft zu machen. Wenn ein solches Bild benutzt wird in einer rein statischen Aufnahme, ist es noch einfach zu realisieren. Schwieriger wird es dann, wenn sich das gemalte Bild (per Wandermaske) bewegt. Dann muss man das Bild den Bewegungen anpassen. Heutzutage macht man dies digital. Früher musste man diese Bilder häufig auf geschichteten Gläsern malen und dementsprechend wurde das Bild bewegt.

Es gibt eine große Anzahl wahrer Meister auf diesem technischen Gebiet. Peter Ellenshaw (20.000 Meilen unter dem Meer, 1954, Mary Poppins, 1964), Albert Whitlock (Erdbeben, Das Ding aus einer anderen Welt), Ralph McQuarrie (Krieg der Sterne, E.T. – Der Außerirdische, 1982), Matthew Yuricich (Ben Hur, Blade Runner) oder auch Rocco Gioffre (Unheimliche Begegnung der dritten Art, Robocop) sind solche Genies.

Einer dieser Experten des Matte Paintings ist Mark Sullivan. Sein Können sah man in unzähligen tollen Filmen wie z.B. Robocop 1 & 2, Schmeiß die Mama aus dem Zug (1987), Demolition Man oder Ghostbusters II, um nur fünf zu nennen.

Für seine Arbeit an Steven Spielbergs Hook wurde er für den Oscar für die besten visuellen Effekte nominiert, musste sich dann aber Terminator 2 – Tag der Abrechnung (1991) geschlagen geben.

Portrait Mark Sullivan

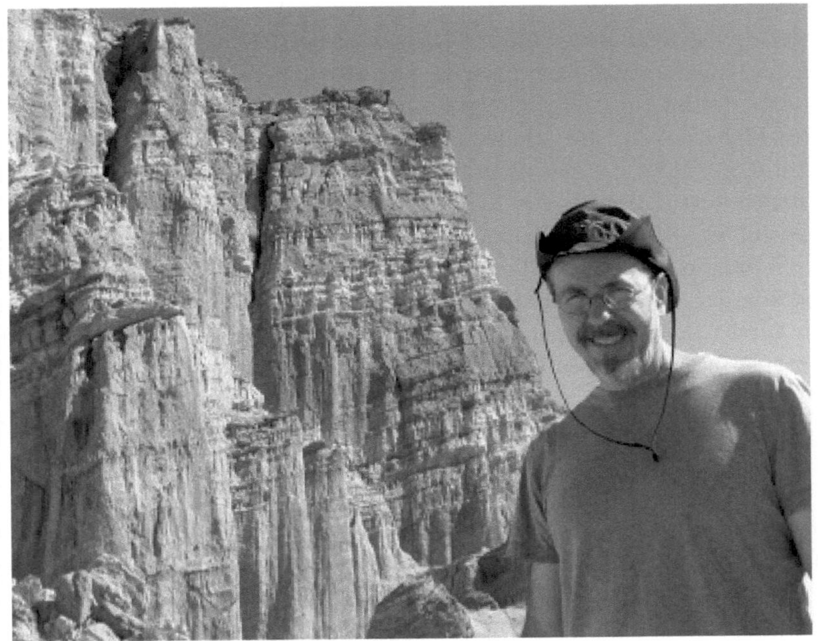

Abb. 8.1 Mark Sullivan

Mark Sullivan interessierte sich schon von frühen Kindheitstagen an für visuelle Effekte. Seine Eltern nahmen ihn im Alter von acht mit in die Vorstellung von 2001: Odyssee im Weltraum. Kurze Zeit später sah er das erste Mal King Kong und Als Dinosaurier die Erde beherrschten (1970). Als er die beiden letztgenannten sah, war es um ihn geschehen. Ab diesen Zeitpunkt drehte Sullivan mit einer Super 8 Kamera Animationsfilme mit Dinosauriern aus Lehm.

Mit dem Malen kam er das erste Mal in Kontakt, als er für diese Filme Hintergründe brauchte. Sein Kunstlehrer an der Junior High School ließ ihn während seines Unterrichtes diese gemalten Hintergründe anfertigen. Er malte mit

Temperafarben die Bilder, rollte sie vorsichtig ein, nahm sie mit nach Hause, machte sie an der Wand fest, setzte den Dino davor und fing an zu drehen. Es kam ihm wie eine Ewigkeit vor, an diesen Hintergründe zu malen. Und so unfertig und roh diese Bilder auch aussahen, so gaben sie ihm doch genug Hintergrundwissen und Selbstvertrauen, um später in den Beruf des Matte Painters einzusteigen.

Der Matte Painter und Experte für visuelle Effekte Jim Danforth (Der mysteriöse Dr. Lao, 1964, Das Ding aus einer anderen Welt) suchte einen Assistenten für die Malerei seiner Effekte. Genau zu der Zeit, als Sullivan von Ohio nach Los Angeles zog. David Stipes, ein VFX-Supervisor und Matte Painter, gab ihm dessen Nummer, damit Sullivan sich bei Jim melden konnte. Zunächst klang das für ihn absolut absurd. Alles, was er hatte, war ein 16mm Kurzfilm. Er fühlte sich, als ob er ein großes Produktionsstudio anrufen sollte, um denen mitzuteilen, dass er in der Stadt ist und sofort anfangen könnte, Regie zu führen. Als er anfing, bei Danforth zu arbeiten, durchlebte er den gesamten Prozess der Kompositionen bis hin zu den Besonderheiten der Prozessfotografie der Rückprojektion. Viele Details waren für ihn neu. Erst nach und nach kamen dann die Erkenntnisse. Während der Zeit mit Danforth hatte er mehr gelernt als in den drei Jahren, als er auf dem College war.

Demolition Man (1993)

Die Welt in Demolition Man ist in zwei Lager geteilt. Zum einen die klinisch saubere oberhalb von San Angeles. Und zum anderen die, die unterhalb liegt. Für die obere Welt malte Mark Sullivan einige Objekte und ganze Landschaften als Matte Paintings. Dabei orientierte er sich an real existierenden Gebäuden und erweiterte diese, um uns einen kleinen Ausblick in die nahe Zukunft zu gewähren. Es sind nicht viele Matte Shots in dem Film. Aber die, die es gibt, sind beeindruckend, weil sie so unscheinbar wirken. Eins der schönsten Bilder ist das, bei dem man zum einen auf der linken Seite einen Park nebst futuristischem Gebäude sieht. Und auf der rechten Seite ein Gebäude mit parkenden Autos. Warum ist das so beeindruckend? Es zeigt, mit welchen großen Talent Sullivan ausgestattet ist, die Szenerie so realistische wie möglich zu malen. Auch wenn das Bild nur für ein paar Sekunden zu sehen ist, so zeigt es doch die enormen Möglichkeiten, die das Matte Painting bietet.

Im Gespräch mit Mark Sullivan

»Es ist immer wunderbar, wenn man eine großartige Aufnahme in einen obskuren Film sieht, welchen man so nicht erwartet hat.«

Till Bamberg) Bei Jim Danforth gingen Sie in die Lehre. Auch er ist ein wahres Genie in Ihrem Bereich der Filmtechnik. Und, meiner bescheidenen Meinung nach, stehen Sie auch in einer Reihe mit Albert Whitlock, Matthew Yuricich und Ralph McQuarrie. Haben Sie denn eigentlich irgendwelche persönlichen Vorbilder aus Ihrem Sujet?

Mark Sullivan) Das ist wirklich sehr freundlich, aber dazu braucht es noch etwas. Die Künstler, die Sieaufgezählt haben und Jim Danforth, Willis O, Brien, Mario Larringa und Ray Harryhausen sind nach wie vor meine Favoriten auf dem Gebiert der visuellen Effekte. Ich war schon immer an Illustrationskünstlern wie Norman Rockwell, N.C. Wyeth oder Frank Frazetta interessiert. Ich hatte stets das Gefühl, dass Illustratoren an visuellen Effekten mitwirken sollten. Am meisten hat mich die Arbeit bei King Kong begeistert.

In der High-School drehten Sie einen Film namens HIGHRISE. Welche Absichten hatten Sie dahinter?

Damals langweilte ich mich in meiner Philosophieklasse. Ich starrte immer aus dem Fenster und hatte Tagträume. Einer davon war, dass ein Hochhaus sich in die Wolken erhebt. Hochhäuser standen vor unserer Schule. Also kritzelte ich ein paar Notizen und dachte mir, naiv wie ich war, das könnte ein interessantes Subjekt für Testaufnahmen für Matte Paintings mit meiner Bolex Kamera sein. Also warum nicht ein wenig mehr erzählen. Und so verbrachte ich den ganzen Sommer damit, diesen Film zu drehen. Was ich allerdings nicht bedachte war, wie teuer sowas sein kann. Also musste ich mir für die ganzen Leuchten, Gegenstände, Filmbestände und Nachbearbeitung einen Job suchen. Den bekam ich auch in einer Fabrik für Schilder. Eigentlich war das alles großartig, außer vielleicht, dass mich der Job auffraß. Aus dem Sommerprojekt wurde dann ein Projekt, das über zweieinhalb Jahre ging. Und er wurde mein Demofilm, als ich in den Westen zog.

Es hat sich ja ausgezahlt. Ihre Bilder sind sowohl schön als auch fantastisch. Welche Art von Oberflächenbehandlung bevorzugen Sie: Öl oder Acryl oder doch etwas Anderes?

Ich glaube, mit Öl kann man mehr anfangen. Vor dem Trocknen des Lacks hat man Zeit, subtile Mischvorgänge vorzubereiten, und man kann transparente Schichten einfacher malen. Früher benutzte ich Temperas aus Wasserbasis und Acryl, weil sie billiger waren und einfacher zu handhaben. Aber jetzt liebe ich Öl für Matte Paintings. Früher auch bereits, wenn ich an einem Projekt bearbeitet habe, welches einen großzügigen Drehplan hatte.

Der Production Designer des Films Demolition Man, David L. Snyder, sagte mir, dass er die Welt in Demolition Man auf zwei unterschiedliche Art und Weise zeigen wollte. Zum einen die Welt, wie man sie oberhalb sieht, zum anderen eine Art »Unterwelt«, die allerdings durchaus die Welt der 1990er Jahre widerspiegelt. Haben Sie für beide »Welten« Matte Paintings gemalt und wenn ja, bei welcher »Welt« konnten Sie am meisten ihre Inspiration freien Lauf lassen?

Ich denke der einzige Grund für die Matte Shots war, den Look der modernen, nahen Zukunftswelt zu erweitern. Exotische, hohe Gebäude, die vertraut wirken, aber nicht wirklich erkennbar sind. Das war mein Eindruck von dem, was erforderlich war.

Wie genau wurde die Welt von San Angeles, die Sie letzten Endes malten, konzipiert? Gab es bestimmte Richtungen, die man versuchte einzuschlagen, oder gab es keine Grenzen bezüglich der Gestaltung der Szenerien?

Ich war mit einem sehr talentierten Architekten in Berkeley befreundet namens Tim Rempel. Er hatte eine beeindruckende Buch- und Magazinsammlung mit vielen innovativen und experimentellen modernen Gebäuden. Ich machte ein kleines Sammelalbum mit xeroxierten Fotokopien für Ideen und nahm es zu einem Treffen mit Marco Brambilla und Michael McAllister mit. Ich verbrachte ein paar Tage auf dem Warner Brothers-Gelände und machte ein paar kleine Mal-Skizzen über Standfotos, die Michael von den Drehorten geschossen hatte, die für die Matte Shots ausgewählt worden waren. Zu dieser Zeit gab es in der Kunstabteilung weder Macs noch Windows mit Photoshop! Als ich in der Kunstabteilung arbeitete, sah ich eine Menge schöner Skizzen für Kulissen und Fahrzeuge von David Snyder. Aber leider hatte er zu diesem Zeitpunkt seine Arbeit an dem Projekt beendet und zog weiter. Ich habe also nie mit ihm gesprochen, um irgendwelche Ideen zu erörtern. Michael McAllister beaufsichtigte die visuellen Effekte und die zweite Kameraeinheit. Also ar-

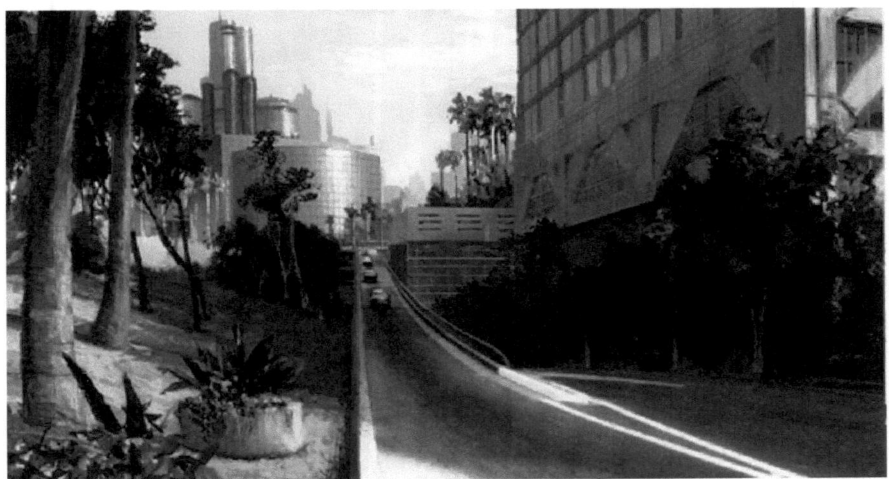

Abb. 8.2 Die Skizze eines der Matte Paintings für Demolition Man. Dies ist nicht die im Film gezeigte Szenerie.

beitete ich hauptsächlich mit ihm und Marco zusammen. Ich glaube, ich habe drei oder vier kleine Acrylbilder gemalt, etwa einen Meter breit, als Design-Skizzen für die Matte Shots, an denen ich beteiligt sein sollte. Craig Barron und Michael Pangrazio von Matte World machten ein sehr schönes Matte Shot für Demolition Man. Sie haben ihre gesamte Arbeit, das Design, die Fotografie und das Matte Painting, getrennt von mir gemacht.

Ein Film entsteht stets als Teamarbeit. Wie genau haben Sie mit David L. Snyder, Regisseur Marco Brambilla oder anderen Kreativen des Films zusammengearbeitet?

Ich traf mich ein paar Mal mit Marco, um ihm die Fotoausschnitte von Ideen für einige der futuristischen Gebäude zu zeigen und später die Skizzenbilder. Ich habe direkt mit Michael McAllister zusammengearbeitet und die Platten für die Matte Shots aufgenommen. Zwei der drei, an denen ich gearbeitet habe, wurden als Latent Image Composites gemacht. Das bedeutet, eine Black Out Matte auf der Mattebox der Kamera oder auf einer Glasplatte vorzubereiten, durch die hindurch geschossen wurde. Diese Arbeit ist immer einfacher, wenn man zu zweit ist, und Mike hat mit mir daran gearbeitet. Ich nahm den unentwickelten Film der Live-Action zurück in mein kleines Studio in Berkeley und begann mit den Bildern. Kurze Abschnitte des Live-Action-Plattenmaterials wurden in eine Acme Model Six Filmkamera geladen, und die Matte Paintings wurde auf diesen Film belichtet. Brian Flora machte eines der Gemälde (eine Nachtaufnahme), um mir zu helfen, im Zeitplan zu bleiben. Nach

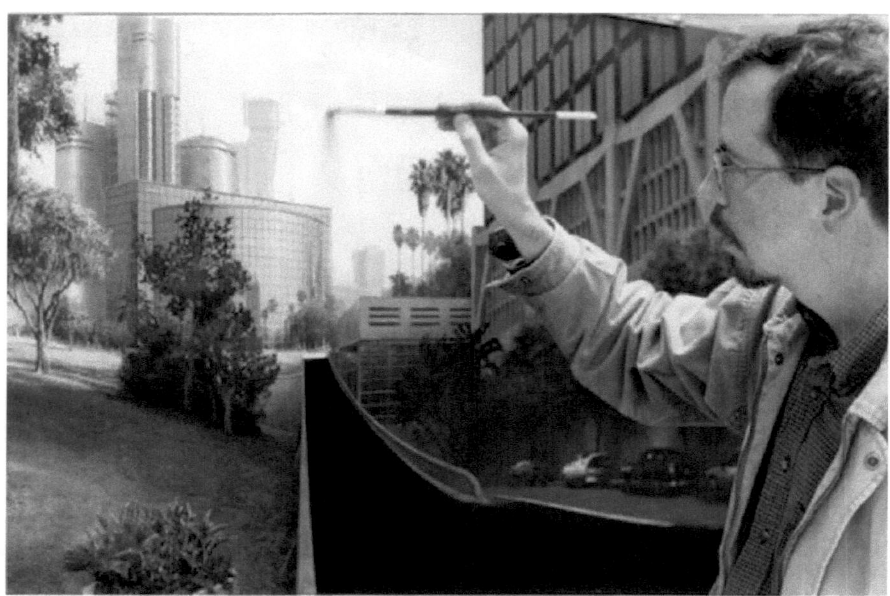

Abb. 8.3 Mark Sullivan bei der Erstellung des eigentlichen Bildes für Demolition Man.

ein paar Tests, als die Bilder gut aussahen und Michael McAllister sie mochte, wurde das gesamte Live-Action-Material in die Matte-Kamera geladen und das fertige Bild »darauf« belichtet.

Gab es ein Gemälde von Ihnen, welches im Film entweder nur kurz zu sehen war (was ja häufig bei Matte Paintings vorkommt) oder gar nicht, welches Sie absolut hervorragend fanden?

Nein, nichts absolut Herausragendes. Ich mochte die Nachtaufnahme der Fahrbahn mit den Wolkenkratzern. Der Produzent mochte sie sehr, ich fand meine Design-Skizze gut und Brian Flora hat sehr gute Arbeit bei der Matte Painting geleistet.

Ein Film besteht aus vielen Szenen, die ein Ganzes bilden sollen. Dabei spielen Farben eine entscheidende Rolle. Gab es für den Film bestimmte Farben, die bevorzugt benutzt werden sollten?

Nein, ich kann mich an keine Diskussionen über Farben erinnern. Ich glaube, die Hauptsorge war, dass die Bilder realistisch aussehen.

Wie bezeichnen Sie ihre Arbeit für den Film Demolition Man auf einer Skala von 1 -10, wobei 1 die beste Bewertung ist.

Oh, das ist die Art von Frage, bei der ich nervös werde. Ich bin wahrscheinlich der schlechteste Beurteiler meiner eigenen Arbeit, zumindest in dem Kontext, dass sie als Szene oder Einstellung in einem Film verwendet wird. Ich habe zwar das Gefühl, das ich hart daran gearbeitet habe, dass die Aufnahmen funktionieren. Nur sehe ich Dinge wie z. B. wie viel des Rahmens gemalt ist, wo die Matte-Linie ist, bestimmte Teile des Rahmens, die vielleicht nicht so gut funktioniert haben, wie sie hätten funktionieren können. Ich kann die Aufnahme nicht frisch sehen und ein unparteiischer Juror sein. Ich denke, die Aufnahmen waren in Ordnung oder gut, obwohl eine bestimmte Aufnahme mit weitem Tageslicht vielleicht etwas weniger gut schien. Der Produzent und der Cutter schienen mit der Nachtaufnahme zufrieden zu sein. Sie gaben sich Mühe, ihre Abneigung gegen die Tagesaufnahme mit den geparkten Autos auf der rechten Seite des Bildes zu äußern, und ich mochte diese Aufnahme irgendwie!

Ihre Arbeiten sind ja nicht nur auf bestimmte Genres begrenzt. Sie malten auch für solch Filme wie Ishtar (1987), Rain Man (1989) oder Schmeiß die Mama aus dem Zug. Also Filme, die dem fantastischen Kino eher weniger zuzuordnen sind. Vom künstlerischen Standpunkt aus betrachtet: Welche Thematiken bevorzugen Sie?

Im Allgemeinen präferiere ich eher natürliche, organische Objekte als komplizierte architektonische Strukturen, obwohl gerade das große Herausforderungen werden können. Was ich überhaupt nicht mag, ist, wenn man mir wenig Zeit gibt, diese komplizierten Dinge zu machen.

Gibt es den einen bestimmten Malstil, den Sie bevorzugen?

Realismus hat mich immer am meisten angesprochen. Maler wie Thomas Eakins, Winslow Homer oder Jan Vermeer.Sie sind eine Inspirationsquelle für mich als Matte Painter. Photorealismus ist nicht mein Ding. Ich mag es, wenn man den Maler erkennt und wie das Gehirn Schatten oder Dinge subtil verarbeitet.

Einer Ihrer besten Freunde im Filmgeschäft ist der großartige Rocco Gioffre. Es scheint, dass diese Freundschaft über die Professionalität hinausgeht. Glauben Sie, dass diese Kollaboration die einflussreichste Ihrer Karriere war?

Oh ja, Rocco hatte einen großen Einfluss auf mich. Nachdem ich mit den Projekten fertig war, die ich für Jim Danforth machte, heuerte mich Dreamquest an. In den 1980er Jahren war Dreamquest eine sehr produktive Firma für visuelle Effekte in Los Angeles. Rocco war einer der Eigentümer. Er war für die Matte Abteilung verantwortlich, die er gründete.

Ich habe dort gern gearbeitet und viel gelernt. Rocco und Ich lieben beide die Arbeiten der frühen Jahre des Kinos. Man kann so viel lernen, wenn man sich alte Filme ansieht wie Alarm (1926), Nacht über Indien (1939), In Old Chicago (1938) oder Ben Hur. Viele der Effektszenen dieser Filme wurden clever und einfallsreich montiert durch Matte Paintings, Miniaturen, Rotoskopie, Wandermasken oder der erzwungenen Perspektive. Es machte Spaß und war wissenswert, wenn man sich das Wissen über solche Effekte von einer Person wie Jim Danforth oder eben Rocco abholen konnte.

Vorhin sprachen wir kurz über solch Größen wie Albert Whitlock oder Matthew Yuricich. Natürlich gibt es auch noch viele weitere tolle Namen in diesen Bereich, wie der Spanier Emilio Ruiz del Rio. Sehen Sie Unterschiede beim Malen der Hintergründe aus Europa und Nordamerika?

Ich liebe die Arbeiten von Mr. Ruiz del Rio. Ich sehe keinen Unterschied. Es ist immer wunderbar, wenn man eine großartige Aufnahme in einen obskuren Film sieht, welchen man so nicht erwartet hat. Einige der schönsten Miniatureffekte, die ich je gesehen habe, waren aus russischen SF-Filmen der 1950er und 60er Jahre.

Was denken Sie, als Maler der alten Schule, von digitalem Matte Painting?

Die Frage ist alt und es gibt nichts Neues oder Brauchbares, was ich darüber noch neu sagen kann, was nicht schon gesagt wurde. Mit digitalem Matte Painting kann man mehr Kontrolle bekommen, es ist sehr viel schneller in der Verarbeitung, man kann Elemente sehr gut miteinander vermischen, Kamerabewegungen machen usw. Das ist alles großartig.

Allerdings muss ich sagen, so sehr ich das digitale Matte Painting auch mag, ich kann mich mAehr dafür begeistern und inspirieren, wenn ich alte Aufnahmen von Matte Paintings in Filmen sehe. Ich denke, dass der Zuschauer bei solchen alten Aufnahmen eine künstlerische Interpretation sieht, die manchmal eine interessantere strukturelle Eigenschaft aufweist als einige digitale Aufnahmen, so perfekt diese auch sein mögen. Aber vielleicht ist das nur meine alleinige Sichtweise, da ich mit den traditionellen Methoden aufgewachsen bin.

Was sind Ihrer Meinung nach neben der Bildung und dem Enthusiasmus grundlegende Voraussetzungen, um den Anforderungen eines Matte Painters gerecht zu werden?

Großartige Frage. Ich habe mich schon immer bei der Kunst gefragt, warum es diese "Natur gegen Bildung"-Sache gibt. Enthusiasmus ist das Benzin, mit dem man seinen Antrieb in der Kunst hat. Auf der anderen Seite gibt es aber auch Menschen, die sind mit einer Begabung geboren worden. Ich werde nie so gut zeichnen können wie Winsor McKay, oder malen wie Vermeer. Da kann ich machen, was ich will. Aber damit möchte ich mich nicht schlechter fühlen als bisher

Das gehört alles mit zu der großen Erfahrung, die man im Laufe seiner Lebensdekaden machen kann: Finde etwas, was du besonders gut kannst, und mache das Beste daraus.

Das sind wahre Worte. Sie waren und sind ja auch viel in der Werbung unterwegs. Gibt es da einen Unterschied zur Arbeit an Filmen? Was mögen Sie lieber?

In der Werbung gibt es prinzipiell einen kürzeren Zeitplan. Persönlich mag ich Filme lieber, da es Spaß macht, deine Arbeit im Kontext der Geschichte und der Schauspieler zu sehen.

Glauben Sie, dass die Arbeit an Matte Painting genug gewürdigt wird innerhalb der Filmlandschaft? Ist Matte Painting Kunst oder eher eine weitere Technik?

Matte Shots sind beides: Kunst und Technik. Solang sie gut gemacht sind, ist mir das egal. Sie bereichern einen Film. Es geht wohl eher darum, wie man einen modernen Matte Shot definiert: CG Modelling, digitales Malen oder auch eine Kombination von beiden. Es scheint, dass heutige Filme mehr visuelle Effekte benutzen als zuvor.

Arbeiten Sie gerade an einem Projekt oder gibt es etwas von Ihnen, auf das wir uns in Zukunft freuen können?

Seit Jahren arbeite ich bereits an einem Kurzfilm. Den will ich endlich zu Ende bringen. Wenn man an etwas über eine lange Zeitspanne arbeitet, dann hat man manchmal die Tendenz, alles zu überarbeiten und es besser zu machen. Immer und immer wieder. Ich versuche dieses Problem zu lösen und sage Dir dann Bescheid, wenn es so weit ist.

Ich habe eine Lieblingsfrage, die ich immer am Ende eines Interviews stelle: Was war das schwierigste Matte Painting, an dem Sie bisher bearbeitet haben und warum?

Eins der Matte Paintings für den Film Rain Man war eine große Herausforderung. Das Matte verlief senkrecht zu einem klaren, blauen Himmel. Also mussten der Farbton, die Dichte und der Abstufungseffekt im Matte-Gemälde den realen Himmel in der Live-Action-Platte nachahmen. Zusätzlich zu dieser Anforderung musste das Gemälde die gleiche Weichheit der Mischung aufweisen, um die Belichtung der Live-Action zu »übernehmen« oder zu vereinfachen (hierbei handelt es sich um eine Doppelbelichtungs-Mattaufnahme mit latentem Bild in der Kamera.) Obwohl ich anfangs ein bisschen verängstigt war, konnte ich nach ein paar Belichtungstests ein Gefühl dafür bekommen, was zu tun war. Aber ich war sehr erleichtert, als dieser Sequenz abgeschlossen war! Das wahrscheinlich zweitschwierigste Gemälde war das Innere des Hula-Hoop-Lagers für Hudsucker – Der große Sprung (1994). Das Bemalen der scheinbar endlosen Reihen von Hula-Hoop-Stapeln dauerte lange.

9. Die Requisiten im Film

Sowohl als Kind als auch als Erwachsener freut man sich stets über die kleinen Dinge im Leben. Glückshormone werden ausgeschüttet und wir bekommen ein Lächeln im Gesicht. Sei es das Weihnachtsgeschenk als Kind oder der Blumenstrauß zum Muttertag. Es sind die kleinen Dinge, die wir gewinnbringend wahrnehmen. Wir sehen sie, wir fühlen sie, wir hören sie. So ist es auch im Film.

Gerade die kleinen Requisiten (aber nicht nur die) sind es, die einen Film und seine Protagonisten sehenswert macht. Was wäre Harry Potter ohne seinen Zauberstab? Oder Batman ohne seine Utensilien zur Verbrechensbekämpfung? Wilson, der Volleyball aus Cast Away (2000) mit Tom Hanks, ist ebenso ein bekanntes Requisit wie der geheimnisvolle Koffer aus Pulp Fiction (1994). All diese Requisiten müssen entweder besorgt oder modifiziert werden. Zudem ist es auch der Fall, dass man natürlich viele Requisiten herstellen muss, da diese (je nach Film) nicht real existent sind. Speziell in Genres, die eher der Fantasie verschrieben sind, müssen solche Requisiten gebaut und getestet werden. Planungen müssen gemacht werden, Konzeptzeichnungen erstellt, Berechnungen durchgeführt, Material besorgt und zusammengefügt werden. Es sind gerade die technischen Teams, die häufig Mammutaufgaben entrichten müssen, damit die filmische Realität wahr wird. Beispielweise müssen Waffen und Rüstungen für Historien- oder Fantasiefilme so konzipiert und gebaut werden, dass sie einerseits echt wirken und andererseits die Darsteller nicht verletzen. Natürlich muss, um einem Film Glauben zu schenken, all das, was man sieht, hergestellt oder besorgt werden. Selbst jedes kleinste Detail und Requisit, damit alles authentisch wirkt.

Im Laufe der Filmgeschichte gibt es zahlreiche Techniker, die es möglich machten, dass wir als Zuschauer die Illusion bekamen, dass Waffen oder ähnliches funktionieren. Platzpatronen, Sprengkapseln an Körpern, Hochdruckplatten, die Stuntleute in die Luft schleudern, Messer, aus denen Blut rinnt, wenn man jemanden verletzen wollte.

Zwei dieser Requisiteure und Techniker sollen hier in diesem Kapitel vorgestellt werden. Zum einen der deutsche Simon Weisse, der einen Blick vornehmlich auf deutsche Produktionen wirft, an denen er mitgearbeitet hat. Nach seinem Einstand im Film mit dem Die Abenteuer des Baron Münchhausen

(1988) arbeitete er noch an solch Filmen wie Die unendliche Geschichte 2 & 3 (1990/ 94), Die Stadt der verlorenen Kinder, Event Horizon (1997), Mein Führer (2007), Grand Budapest Hotel (2014) oder jüngst Asteroid City (2023).

Zum anderen kommt Doug MacCarthy zu Wort. Er arbeitete an den Spezialeffekten mit bei Filmen wie Auslöschung (2018), Sherlock Holmes (2009) oder bei der vierten Staffel der TV-Serie Game of Thrones (2010). Bei John Rambo (2008) war er zuständig für die Spezialeffekte der zweiten Regieeinheit. Hier musste er kontrollieren, dass die Kugeln und die Körpertreffer gut funktionieren. Auch baute er für viele weitere Filme Fahrzeuge wie die Rover in Prometheus. Seine Spezialität ist die Herstellung von Waffen und Ausrüstung.

Zunächst wenden wir uns aber den deutschen Produktionen zu, die immer ein wenig zweitrangig in der cineastischen Auswertung erscheinen. Speziell die technischen Aspekte deutscher Produktionen kommen meist zu kurz.

Portrait Simon Weisse

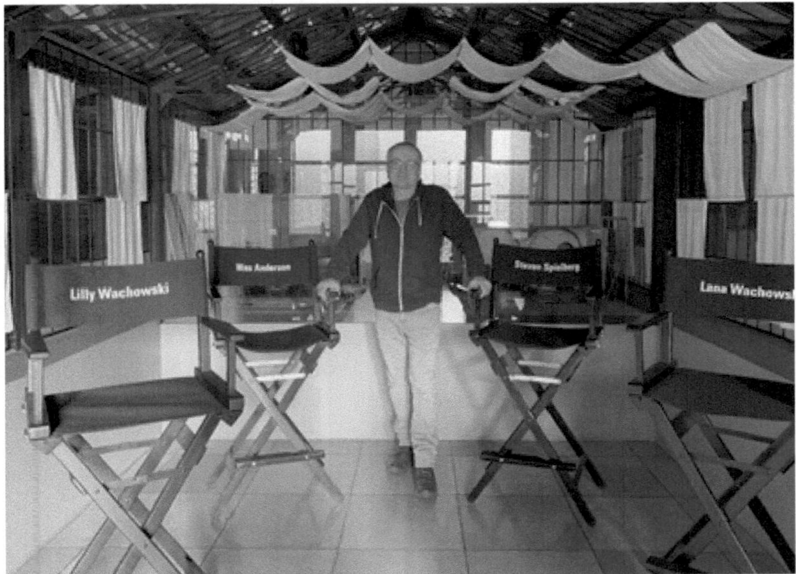

Abb. 9.1 Simon Weisse

Simon Weisse ist in Frankreich aufgewachsen und hat dort Kunst in Montpellier studiert, Fachbereich Fotografie, wusste aber danach nicht so genau, was er damit anfangen soll. Sein Vater war Standfotograf beim Film und hat durch seine Beziehungen zur Filmwelt ihm die Möglichkeiten gegeben, »bessere« Praktikumjobs zu finden. Und so hat er anfänglich bei kleineren Produktionen bei der Requisite gearbeitet. 1987/88 gab es die außergewöhnliche Möglichkeit, bei einer größeren Produktion mitzuwirken, nämlich Die Abenteuer des Baron Münchhausen von Terry Gilliam. Da er Englischkenntnisse besaß, wurde er dem SFX-Department von Richard Conway zugeordnet, dort arbeitete er fast ein Jahr im Studio Cinecitta in Rom. Dies war für Weisse eine sehr aufregende Zeit, da alles neu für ihn war. Die Spezialisten aus England waren es auch, die ihm rieten, er solle in dem Bereich weitermachen. Zu der Zeit beinhalteten die meisten Spezialeffekte oft Explosionen, Waffen, Spezialrequisiten und sogar Modellbau für Miniatur-Sets. Alles in allem führte er über Jahre bei anderen Produktionen in Frankreich, England und Deutschland diese Arbeit weiter, für Simon Weisse war es pures »learning by doing«.

Das Parfum – Die Geschichte eines Mörders (2006)

Vor vielen Jahren musste man in der Schule den Roman *Das Parfum* von Patrick Süsskind lesen. Es war nicht unbedingt meine bevorzugte Lektüre. Das gebe ich zu. Jahre später kam dann die Verfilmung in die Kinos, und ich dachte mir: »Gut, du hast das Buch gelesen, jetzt willst du es auch sehen.« Ganz im Gegensatz zum Buch war ich von diesem Film höchst angetan. Und das lag vor allem an der unglaublich detailgenauen Ausstattung des Lebens. Unzählige kleinere und größere Requisiten trugen dazu bei, dass man sich direkt in diese Zeit hineinversetzt fühlte. Das können große Sachen sein, wie Kutschen, Fässer, Kleidung. Aber auch die vielen kleinen Gegenstände sind es, die das ganze authentisch machten. Simon Weisse und sein Team schufen unzählige kleinere Gerätschaften wie Flaschen, Flacons, auch Tierattrappen mussten hergestellt werden. Und das mit ungeheurer Präzision. Simon Weisse spricht im folgenden Interview auch über diesen Film.

Im Gespräch mit Simon Weisse

«Das, was zählt, ist das gutaussehende Ergebnis auf Film und Leinwand, dafür wurde es hergestellt."

Till Bamberg) Sie haben an zahlreichen Filmen als Modellbauer der Miniaturen gearbeitet. Was fasziniert Sie am Modellbau? Wo sehen Sie die besonderen Herausforderungen hierbei?

Simon Weisse) Ich war immer davon fasziniert, dass man mit Miniaturen so eindrucksvolle Filmbilder kreieren konnte, es musste nicht immer echt aussehen, sondern hat geholfen, ein bestimmtes Szenenbild zu erschaffen, in Zusammenhang mit dem Realdreh und Full-Size Sets. Aber ich war nie der Modellbauer, der in seinem Keller saß und an der Modelleisenbahn hockte. Nein, für mich war das immer eine spezifische Tätigkeit für visuelle Effekte. Dann kam die Zeit, in der CGI immer größere Wichtigkeit einnahm, und das war auch faszinierend. Deswegen hatte ich mich dann immer mehr um Requisitenbau gekümmert, da Miniaturen für VFX nicht mehr so gefragt waren. Im Moment aber gibt es so eine kleine Rückkehr dieser analogen Techniken in Zusammenarbeit mit den heutigen Computereffekten, die Arbeit ist anders geworden.

Ich denke, Ihre Profession steht in der Tradition alter und neuer Effekte (obgleich »neu« hier auch schon ein zeitlich dehnbarer Begriff ist). Hatten oder haben Sie eigentlich Vorbilder im Bereich der Effekte bzw. des Modellbaus wie z.B. Gregory Jein?

Richard Conway war mehr oder weniger mein Mentor, er hatte schon so viel mit Miniaturen gearbeitet, u.a. bei Brazil (1985), und ist einfach ein kreativer Visionär für solche Filmaufnahmen, selbst wenn er sich immer bescheiden gehalten hat. Ich hatte dann auch die Möglichkeit, mit Derek Meddings zusammenzuarbeiten, er war auch hervorragend, wenn auch ein wenig »old fashioned«. Als ich später bei Event Horizon in den Pinewood Studios gearbeitet habe, waren wir eine ziemlich junge Crew und hatten eine andere Herangehensweise in der Arbeit, vor allem technisch.

Viele Regisseure haben ihr «Stammpersonal", dem sie blind vertrauen in mannigfaltigen Bereichen, wie die Combo Spielberg/ Williams oder Scorsese/ Schoonmaker. Dasselbe scheint bei Ihnen und Wes Anderson der Fall zu sein, wie bei The French Dispatch; *ein Regisseur, dessen Bildsprache irgendwo zwischen Art-Deco und Surrealismus platziert ist. Wie hat sich Ihre Zusammenarbeit denn entwickelt und was kann man an ihrer Kollaboration besonders hervorheben?*

Ja, da habe ich viel Glück, die Zusammenarbeit mit Wes und seinem Produzenten Jeremy Dawson funktioniert hervorragend seit The Grand Budapest Hotel. Es ist aber auch so, dass ich inzwischen über eine Crew verfüge, bei der sich jeder mit seiner spezifischen Begabung in dieser eigenen Welt dieses Regisseurs involvieren kann. Es geht ja nicht nur um einfachen Modellbau, sondern auch um Umsetzung kreativer Ideen mit Beachtung der Materialen, Maßstäbe, Patina etc. und einen Sinn für diesen Stil. Darüber bin ich sehr froh, es ist so eine Art von Symbiose, die ich mit meinen zum größten Teil selbständigen Mitarbeitern habe.

Wenn man als Team arbeitet, kann es häufig zu Differenzen kommen. Sehen Sie denn die Zusammenarbeit mit vielen kreativen Köpfen als Belastung oder als Chance?

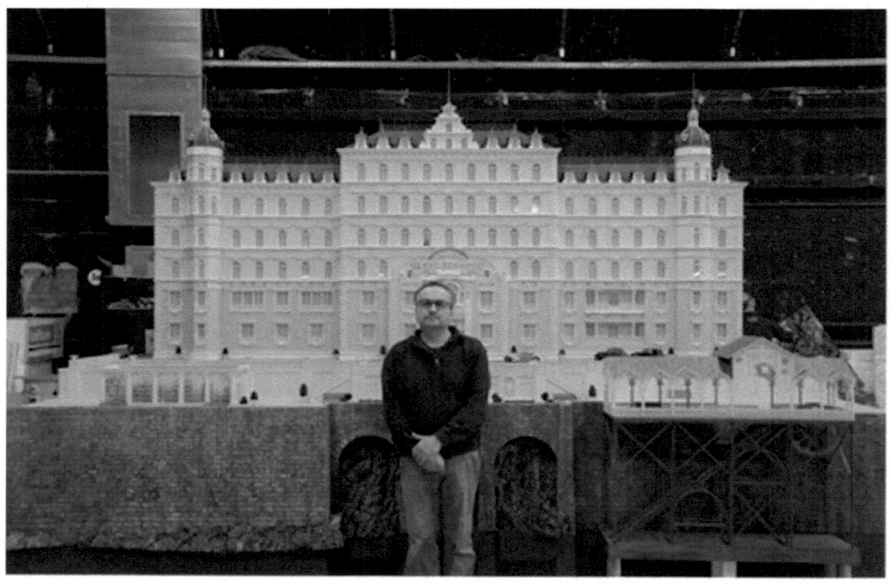

Abb. 9.2 Simon Weisse vor dem Modell des Grand Budapest Hotel.

Ich würde es nicht als Belastung sehen, sondern als Verantwortung. Kreativität ist gut, nur kommen viele andere Faktoren dazu, mit denen man umgehen muss, vor allem Zeit und Geld. Bei manchen größeren Produktionen verbringe ich oft mehr Zeit mit Budget und Diskussionen mit der Produktion als der eigentlichen Arbeit an kreativen Ideen, nicht immer ganz einfach.

In der TV-Produktion The Mall – Flutkatastrophe im Shopping Center (1997) war Frank Schlegel der Leiter der visuellen Effekte. Sie waren der Leiter der Modellabteilung. Es gibt in diesen Film eine Szene, bei dem ein Staudammbruch sehr viel Schaden anrichtet. Wie haben Sie diese Szenerie geplant? Wie lange dauerte der Aufbau, und blutete Ihnen nicht das Herz, als alles in den Fluten versank?

Das ist lustig, dass Sie sich ausgerechnet dieses Beispiel ausgesucht haben! Bei The Mall haben wir mehrere Miniatur-Sets gebaut – ein Einkaufszentrum, eine überflutete Landschaft u.a. –, aber ich bin ausgerechnet für diesen Staudamm nicht verantwortlich! Da hat die Produktion Aufnahmen von einem älteren Film aus den 70ern oder so verwendet, ich fand, dass das grauenvoll aussah, vor allem gab es ein Maßstabsproblem zwischen Wasser und Betonbrocken. Mehrere Leute hatten mir damals gesagt, die Miniatursets sehen ja gut aus, aber dieser Staudamm sei ein wenig peinlich. Ich musste mich da immer rausreden, gar nicht so einfach.

Was die zweite Frage anbetrifft, für mich ist das eigentliche Modell unwichtig. Wenn es für filmische Zwecke zerstört werden soll, bin ich froh, wenn es gut klappt. Das, was zählt, ist das gutaussehende Ergebnis auf Film und Leinwand, dafür wurde es hergestellt.

Sie haben für Dany Levys Mein Führer wieder zusammen mit Frank Schlegel gearbeitet und u.a. die Reichskanzlei im Maßstab 1:18 gebaut. Es gibt in den Film viele Close Ups dieser Kanzlei. Waren das die Modelle oder doch digital?

Das war tatsächlich alles Modellbau, natürlich wurde später mit CGI daran nachgearbeitet, auch in Zusammenhang mit echten Gebäuden aus Krampnitz.

Für die deutsche Produktion von Tom Tykwers Das Parfum haben Sie die Requisiten hergestellt. Für diesen historischen Film sind es die Details, die die Glaubwürdigkeit seiner Epoche reflektieren. Wie akribisch sind Sie bei der Recherche vorgegangen? Ist der Zeitaufwand für die Nachforschung dieser Requisiten höher gewesen als bei anderen Filmen, an denen Sie gearbeitet haben?

Es ist immer eine Zusammenarbeit mit Szenenbild, Art Department, Requisite und Regie. Jeder hat Recherchen gemacht, und wir kombinieren alle Ergebnisse und Ideen und versuchen sie im Rahmen unserer Möglichkeiten herzustellen. Da das damals die teuerste deutsche Produktion war, hatte man natürlich mehr Möglichkeiten und auch zeitlich eine gewisse Freiheit in den beiden Propshops, die wir in München und Barcelona für die Zeit der Produktion aufgebaut hatten, um viel verschiedene Sachen zu testen und sich dann das Beste auszusuchen. Aber im Endeffekt wurde alles, was wir gebaut haben, irgendwie und irgendwo bei den Dreharbeiten verwendet.

Viele der Gegenstände, die man für diesen Film benötigte, existieren nicht mehr. Nehmen wir als Beispiel die Apothekerflaschen, die man alle neu herstellen musste. Könnten Sie uns anhand dieses Beispiels erzählen, wie man solch eine Requisite plant? Benötigt man ein spezielles Computerprogramm zur Prävisualisierung oder reicht ein CAD-System, wie man sie in technischen Bereichen findet? Wie und wo wurden dann diese Flaschen hergestellt?

Das ist ja nun auch schon 15 Jahre her und zu der Zeit hatte man für solche Objekte noch nicht wirkliche Anwendungen am Computer, es wurde alles noch mit der Hand vom Art Department gezeichnet, und wir haben das dann handwerklich in unseren Werkstätten realisiert. Bei diesen Parfümflaschen gab es aber zwei Techniken, einerseits haben wir einige Modelle selbst hergestellt, mit Drehbank, Bildhauerei, Formenbau etc. Andererseits haben wir auch ein paar sehr wertvolle authentische historische Flacons für sehr kurze Zeit von einem Sammler geliehen bekommen, davon haben wir Silikonformen gemacht, um dann diese Formen vervielfältigen und weiter verarbeiten zu können.

Können Sie sich erinnern, wie viele Requisiten Sie für diesen Film herstellen mussten?

Nicht wirklich, es waren viele. Es ist ja auch immer eine Mischung von Objekten, die von Requisite und Set Decorator gekauft werden und die wir dann so umbauen, dass sie zeitgemäß aussehen.

Welche besonderen Herausforderungen mussten Sie überwinden, um die Requisiten herzustellen? Gab es besondere Gegenstände, die schwer zu produzieren oder zu planen waren?

Wir hatten z.B. eine große Menge von Fischen als Attrappen herstellen müssen, dass waren auch meistens Formenbau und Abgüsse in Kunststoff von echten Fischen, bei Temperaturen in Barcelona von 35° eine echte Herausforderung. Sonst gab es den »einen" wichtigen Parfümflacon, den die Hauptfigur Grenouille am Ende des Films für die Massenorgie benutzt, da hatten wir viel experimentiert, um die richtige Form zu finden mit dem richtigen Transportkasten dazu (Teile eines trockenen Astes). Tom Tykwer hatte sich dann ein Modell ausgesucht, welches man schließlich auch im Film sieht.

Was geschieht eigentlich am Ende der Drehzeit mit diesen ganzen Requisiten?

Es wird kaum etwas aufgehoben. Kleine, im Film bedeutende Objekte haben noch eine Chance, bei der Regie oder Produktion zu landen, selten mache ich mir eine Kopie, das liegt meistens am Platzmangel. Bei Das Parfum aber wurde einiges aufbewahrt, der größte Teil davon im Musée des Miniatures et du Cinéma in Lyon, Frankreich. Es ist eine die beste Sammlung in Europa für Requisiten und Modelle, und ich habe es geschafft, dass viele Objekte diverser Produktionen, an denen ich beteiligt war, dort ausgestellt und dadurch gerettet werden. Sonst gibt es auch einen für mich dubiosen Markt im Netz, wo mit Requisiten gehandelt wird, dies betrifft aber eher amerikanische Blockbuster.

Auch für die deutsch-amerikanische Produktion Cloud Atlas (2012) waren Sie tätig. Sie planten und erschufen die Requisiten für die Teile des Films, die in der Zukunft spielen, Waffen, Fahrzeuge und weitere Gegenstände. Wieso nicht die Teile des Films, die in der Vergangenheit und in der Gegenwart liegen? Bauen diese Requisiten nicht in gewisser Hinsicht aufeinander auf? Hätte man nicht einen größeren Überblick und Kontrolle gehabt, wenn einer die Komplettverantwortung hat?

Es gab auch Requisiten der Vergangenheit, aber dies war eine der kompliziertesten Produktion, an denen ich je gearbeitet habe. Es gab zweimal Regie, einerseits die Wachowski-Schwestern, die die Sektionen in der Zukunft gedreht haben, und andererseits Tom Tykwer, der sich der Teile der Vergangenheit und Gegenwart angenommen hat. Dies bedeutete aber auch jeweils zwei verschiedene Art Departments mit zwei Production Designern. Ich war mit meiner Crew für die Wachowski-Seite zuständig und habe an sehr futuristische Sachen gearbeitet in einem eigenen Propshop, den wir dafür im Studio Babelsberg nur für diese Produktion temporär aufgebaut haben. Es gab auch eine kleine Truppe von Propmakern für die Tykwer-Seite. Und selbst, wenn wir eigentlich die gleichen Räumlichkeiten hatten, wurde meistens parallel und unabhängig gearbeitet. Natürlich hätte man das von vornherein alles zusammenfügen können, aber ich denke, es lag allgemein an der Philosophie dieses Films, die verschiedenen Welten auseinander zu halten.

Bei futuristischen Requisiten hat man im Grunde doch recht freie Hand bei der Gestaltung, da diese Dinge ja nicht real existieren. Gab es dennoch Einschränkungen in der Planung? Und wenn ja, welche waren das?

So frei ist man auch nicht, es gibt viele Ideen, die vom Art Department und der Regie kommen, die man dann irgendwie im Bau interpretieren muss. Dann spielen die Zeit und das Budget eine enorme Rolle, beides wird immer weniger und leider verbringe ich dafür immer mehr Zeit in Planung, Diskussionen und Excel-Tabellen, um zur Verfügung stehende Geldsummen auf Mitarbeiter und Material zu verteilen. Für mich leidet die Kreativität sehr darunter, aber das ist gegenüber einer Produktion nie leicht zu erklären.

Sie sind ein Wanderer zwischen Europa und Amerika? Gibt es bei der Arbeitsmoral bzw. generell zur Arbeitsweise der Teams dieser beiden Kontinente Unterschiede? Wenn ja, welche?

Es gibt seit ein paar Jahren diesen Hype mit den 3D-Druckern, die ich auch hin und wieder benutze, ein hervorragendes Werkzeug, was man im richtigen Moment am richtigen Ort einsetzen sollte. Manche haben aber die Vorstellung, dass man inzwischen alles damit machen kann, aber es sind auch damit manche langen Arbeitsprozesse verbunden, die man mit einrechnen muss.

Aber wie gesagt, in meiner Crew laufen solche Sachen gut ab, wir respektieren uns gegenseitig in der persönlichen Arbeitsweise und es gibt eigentlich selten Konflikte deswegen, eher einfache Missverständnisse.

Ist es eigentlich schwer, sich durchzusetzen in dieser Branche?

Auf alle Fälle. Versuchen Sie mal einem Produzenten zu erklären, warum man aus künstlerischen Gründen und auf Wunsch des Regisseurs und/oder Szenenbildner ein physisches Modell herstellen will, anstatt das einfach digital machen zu lassen.

Alles in allem laufen die meisten Jobs über Beziehungen und Hörensagen, aber man muss sich ständig auf dem Laufenden halten, wo und wann Produktionensind. Und von vielen Projekten, auf die ich angesprochen werde, gibt es nur wenige, die dann auch wirklich gedreht werden.

Haben Sie eigentlich bestimmte Genres oder Filme, die Sie überhaupt nicht mögen?

Ja, ich habe gewisse Probleme mit deutschen Filmen oder TV-Produktionen, es gibt zum Glück manchmal überraschende Ausnahmen wie BABYLON BERLIN, SYSTEMSPRENGER oder TONI ERDMANN. Aber ich habe z.B. immer wieder versucht, mir mal einen TATORT anzuschauen, und kann nicht verstehen, dass dieses Format noch so läuft, ich halte meistens nur ein paar Minuten durch.

Was benötigt man Ihrer Meinung nach denn für Eigenschaften und Fertigkeiten, abgesehen von Enthusiasmus und Liebe zum Job, um Ihren Beruf auszuführen? Welche besondere Ausbildung o.ä. sollte man, Ihrer Meinung nach, besitzen, um im visuellen Bereich Bestand zu haben?

Es gibt ja zum Glück heutzutage ein paar gute Film- und Medienschulen, die vernünftig und professionell verschiedene Bereiche der Film- und Fernsehproduktion angehen. Ich kenne auch einige Leute meines Alters (Ende 50), die eher durch Zufall zu diesem Job gekommen sind. Aber man darf sich nichts vormachen, viele haben den Eindruck, bei uns herrscht der Glamour und dass wir im Reichtum leben, nein, das ist harte Arbeit, sei es physisch oder menschlich, und das ist nicht jeden Tag einfach. Aber es reicht aus, um seine Miete zu bezahlen.

Denken Sie, dass Ihre Art des Filmschaffens genug gewürdigt wird? Ist das, was Sie machen, Kunst oder »nur« ein weiterer technischer Aspekt von Filmen?

Da ich in Frankreich aufgewachsen bin kenne, ich beide Seiten, aber ich muss schon meiner Meinung nach sagen, dass wir hier in Deutschland zwar technisch sehr gut aufgestellt sind, aber es fehlt ein wenig der Stoff und der Mut, um auch mal was wirklich Kreatives, Neues zu produzieren. Es kommt dann, wie ich schon erwähnte, dieser Fernsehstil rüber. In Frankreich wird auch viel Mist gemacht, aber Film ist schon mehr als eine Kunstart angesehen als hier, auch in Zusammenhang mit unserer spezifischen Arbeit. Das habe ich besonders mit den Filmen von Wes Anderson gemerkt, er hat dort einen viel größeren Kultstatus als hier, und das färbt sich dann auch auf meine Arbeit ab.

Wo wir gerade bei der «Würdigung" Ihrer Arbeit sind. International betrachtet sind es vor allem die Filme aus dem US-amerikanischen Raum, die große Aufmerksamkeit bekommen. Dabei müssen sich deutsche Produktionen in keiner Weise verstecken. Sie arbeiten ja für beide »Welten«. Wie sehen Sie die Stellung des deutschen Films auf internationalem Terrain? Bekommen die technischen Abteilungen eines Filmes genug Anerkennung?

Das ist für mich zwiespältig. In Deutschland sind wir sicherlich technisch sehr gut aufgestellt, aber ich finde vor allem junge Filmemacher haben es hierzulande sehr schwer, mit ihrem guten Willen und ihren Ideen sich durch den Markt zu schlagen. Einerseits müssen sie Fördergeldern hinterherrennen, und andererseits ist diese öffentlich-rechtliche Tatort-Mentalität immer noch total präsent. Da bleibt dann nicht mehr viel Spielraum für was echtes Neues und Überraschendes, das sieht man auf dem internationalen Filmmarkt, wo der deutsche Film kaum eine Rolle spielt. Vor allem Science-Fiction, Fantasy und Horror tun sich da sehr schwer. Dafür gibt es inzwischen Streamingserien wie z.B. Dark oder Babylon Berlin, wo sich endlich mal was Anderes entwickelt, das tut richtig gut. Ich bin immer wieder erstaunt, wie ein kleiner französischer oder spanischer Film allein durch ein gutes Drehbuch und interessante Schauspielerei überraschen kann. Leider wird in solchen Filmen unsere meistens Arbeit nicht gebraucht oder es gibt einfach kein Budget dafür.

Nichtdestotrotz gibt es auch im deutschsprachigen Raum einige gute Filme, die zwar z.B. auf Festivals gezeigt werden, aber nicht immer den Weg in die Kinosäle schaffen, das ist echt schade.

Amerikanische Blockbuster sind aber für uns arbeitstechnisch sehr interessant, auch hat man dadurch gute finanzielle Möglichkeiten, aber es läuft immer sehr nach Hierarchien ab und man muss bestimmte Regeln und eine »chain of command« beachten, das hat alles seine Vor- und Nachteile. Trotz allem werden wir weiterhin hier immer noch als einfacher Dienstleister angesehen, und es ist schwierig, sich bei diesen Kunden einen Namen zu machen. Das läuft im angelsächsischen Raum einfach ganz anders als hier. Ich hatte da Glück in den letzten Jahren, vor allem wegen der Zusammenarbeit mit Wes Anderson, dies würde aber nicht ohne eine tolle Crew funktionieren, mit der wir uns jetzt schon seit einiger Zeit gut etabliert haben.

Eine Frage stelle ich stets am Ende: Welches war denn der mit Abstand schwerste Effekt, an dem Sie gearbeitet haben, und warum war das so?

Ach, das war letztens ein Requisit für eine schreckliche amerikanische Produktion, wo ich eigentlich keine Zeit hatte, das vernünftig herzustellen, da sich bis zum letzten Augenblick niemand entscheiden konnte, wie das im Endeffekt aussehen soll. Und ich wollte eigentlich absagen, habe mich aber dann doch überreden lassen und in einer Nacht- und Nebelaktion etwas Unbefriedigendes hergestellt und die Produktion vorgewarnt, die mir beteuert hat, dass das schon ausreichen wird. Und dann kamen Beschwerden, weil das am Set natürlich nicht richtig funktioniert hat. Aber Schwamm drüber, man lernt immer wieder dazu!

Ein weiterer Requisitenhersteller ist Doug McCarthy. Im folgenden Gespräch erzählt er einiges zu den internationalen Produktionen, an denen er beteiligt war.

Portrait Doug McCarthy

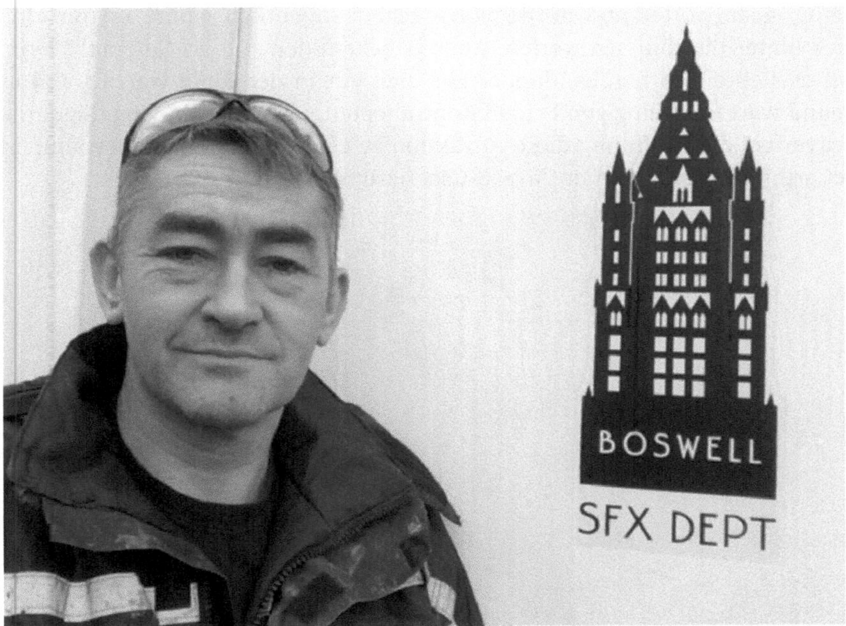

Abb. 9.3 Doug McCarthy während des Drehs zu Phantastische Tierwesen und wo sie zu finden *sind (2016).*

Doug McCarthy verließ 1983 die Schule und begann eine Lehre bei Rolls Royce in Leavesden in der Nähe von Watford in England. Dort stellte man alle möglichen Teile für Gasturbinentriebwerke her für Helikopter wie Lynx, Wessex, Puma oder Gazelle. Nachdem er dort nach sechs Jahren ausgelernt hatte, entschloss er sich 1989, bei Rolls Royce aufzuhören. Er fing an, Schlagzeug zu spielen. Zu der Zeit arbeitete er in einem Familienunternehmen und war dort der Werkhallenmeister. Das bedeutete, er hatte viel Zeit, um mit seiner Rockabilly Band THE RATTLERS durch Deutschland, Belgien, Holland und die Schweiz zu touren.

Dann sah McCarthy in einer Zeitung, dass einer seiner für Rolls Royce gebauten Vans für Werbezwecke für eine neue Attraktion im Londoner West End namens »Alien War« benutzt wurde. Bei dieser Attraktion ging man durch ein umgebautes Gebäude mit einer Darstellercrew, die sich als U.S. Colonial Marines verkleidete und von Xenomorphen angegriffen wurde. Der Aufbau des Gebäudes war ähnlich wie die der Kolonie in dem Film Aliens. Die Darsteller führten zahlende Gäste durch die Gänge und man musste Missionen erledigen. McCarthy hatte auf eine Anzeige, bei der man Darsteller für diese Attraktion suchte, geantwortet und durfte vorsprechen. Eigentlich wollte er nur einen Blick hinter die Kulissen werfen. Aber er bekam den Job als Colonial Marine, und es stellte sich heraus, dass er ziemlich gut in der Rolle war. Er und ein Freund waren die einzigen beiden Kontrahenten, als es darum ging, Sigourney Weaver bei der Eröffnung diese Attraktion zu zeigen. Der Freund gewann, und McCarthy führte später den Alien 3-Cast herum.

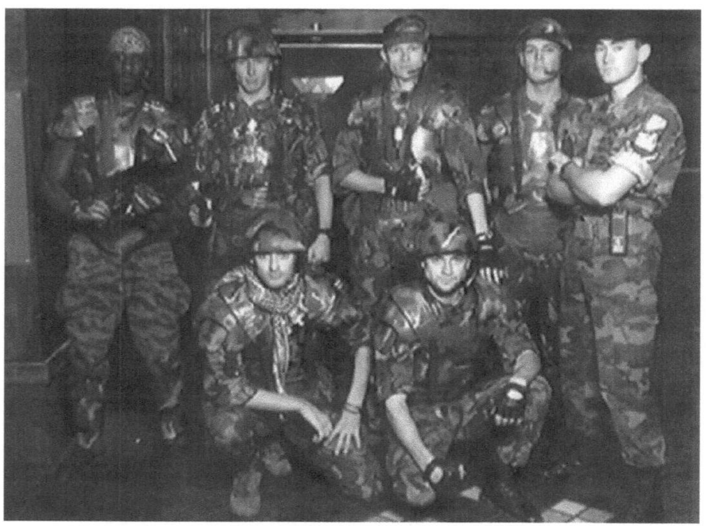

Abb. 9.4 McCarthy (rechts) mit der Crew bei »Alien War«.

18 Monate war er dort und stellte seine eigene SFX-Crew zusammen, denn man musste alle Kostüme und die gesamte Ausstattung selbst reparieren. 1995 wurde die Gesellschaft, die diese Attraktion veranstaltete, verkauft.

Zu der Zeit erzählte ihm ein Freund, dass eine SFX-Firma im Südwesten Londons Ingenieure suchte für eine Fernsehserie. Hier benötigte man jemanden für den Bau futuristischer Fahrzeuge. McCarthy fuhr mit seinem 1929er V8 Chevrolet vor und bekam den Job.

Er lernte in den 18 Monaten dort viel bei den ganzen Fernsehsendungen, den Popmusik-Videos oder den Werbefilmen zu dieser Zeit. Es war ein großartiges Training und noch heute ist er mit einigen dort Angestellten befreundet. Dann fing seine Karriere im Film langsam an Fuß zu fassen. Mit Lost in Space (1998) ging es los und zieht sich bis beute hin. Sein neuestes Engagement ist für den Film Ghostbusters – Frozen Empire (2024).

Prometheus – Dunkle Zeichen (2012)

Über die Vorgeschichte zu Alien kann jeder denken, was er oder sie möchte. Der Film spaltet die Fangemeinde. Allerdings wird eins häufig außer Acht gelassen: Der Film hat ein wunderschönes Design. Er ist vollkommen durchgestylt und hat einige der besten Setdesigns zu bieten. Zudem gibt es dort Fahrzeuge zu sehen, die den Spagat schaffen zwischen Futuristik und Realität. Alles, was zu sehen ist, benötigte Monate der Vorbereitung und Planungen, seien es die Prometheus selbst mit all ihrem Interieur (Labor, Aufenthaltsräume, Schlafplätze, Verladerampe), die Pyramiden auf LV-223 oder auch die Rover und die Geräte, die die Crew trägt. All diese Utensilien und Fahrzeuge haben ein exorbitant schönes Design. Doug McCarthy hat einiges dazu beigetragen, wie er im folgenden Interview erläutert.

Im Gespräch mit Doug McCarthy

»Meiner Meinung nach hätte man PROMETHEUS *einen Oscar für die beste Ausstattung geben sollen.«*

Till Bamberg) Im Abspann von Filmen werden Sie gelistet als Senior Special Effect Technician. Was genau bedeutet diese Bezeichnung?

Doug McCarthy) Ich freue mich immer wieder, meine Erinnerungen mit jemanden zu teilen, und es ist mir eine Ehre, dass Sie mich fragen. Also, sowohl im Film als auch im Fernsehen gibt es seine Art Rangliste für diese Art der Arbeit und der Erfahrung, die man im Bereich der Spezialeffekte hat. Man fängt an als Lehrling (normalerweise so circa fünf Jahre lang). Dann bekommst du die relativ neue Rolle als assistierender Techniker, dann bist du Techniker, dann ein Senior Techniker, der kurz vor dem hauptverantwortlichen Techniker steht. Dieser darf Teams anleiten und die ganzen Effekte ausführen, wenn es der Supervisor möchte. Als Senior Technician benötigt man viel Erfahrung in allen Bereichen der Technik. Man kann dann selbstständig Effekte entwerfen, mechanische Anlagen bedienen und mit Pyrotechnik arbeiten.

Bei JOHN RAMBO *waren Sie ja für die SFX der zweiten Regieeinheit verantwortlich. Was genau war dort ihr Betätigungsfeld?*

2007 wurde ich gefragt, ob ich mit fünf weiteren Mitarbeitern in den Norden von Thailand fliegen würde. Ich sollte dort die zweite Regieeinheit unterstützen. Ich erarbeitete und überwachte sämtliche Körpertreffer und die dazugehörigen Kugeln für diesen Film. Ich war ziemlich beschäftigt!

Die zweite Einheit kümmerte sich ausschließlich um Nahaufnahmen der Körpertreffer. Ich hatte mit den Darstellern und den Stuntteams weniger zu tun. Das ist häufig so bei Dreharbeiten. Und ich bin glücklich, zum zweiten Team gehören zu dürfen.

Sie haben auch an den TV-Serien GAME OF THRONES *oder* COLD LAZARUS *mitgewirkt. Gibt es da arbeitstechnisch eigentlich einen Unterschied zu Kinoproduktionen?*

Hauptsächlich das Geld und die Zeit, die man mit dem Gestalten, Bauen, Testen und Ausführen sämtlicher Aufträge benötigt.

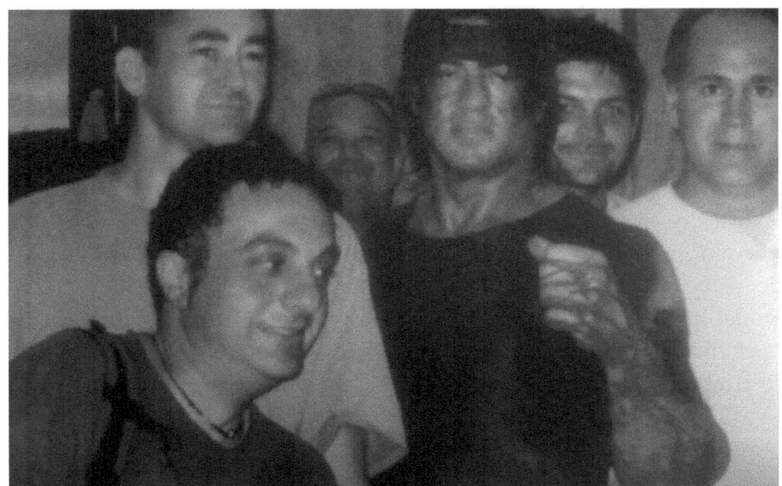

Abb. 9.5 Doug McCarthy (links neben Sylvester Stallone) beim Dreh der Spezialeffekte der zweiten Regieeinheit bei John Rambo.

*Gibt es einen Lieblingsfilm und/oder Darsteller*in, die Sie bewundern?*

Jäger des verlorenen Schatzes (1981) ist mein ewiger Favorit. Brillant gefilmt, eine großartige Besetzung, tolle Geschichte. Der Film ist universell und hat für jeden was zu bieten. Die anderen Filme, die ich favorisiere, sind Aliens, den originalen The Italian Job (1969), Stoßtrupp Gold (1970) und Dark Star (1974). Den ersten Krieg der Sterne liebe ich ebenfalls. Aber zu meinen Top 5 gehört er nicht.

Einen, eine Lieblingsdarsteller*in habe ich nicht. Allerdings bin ich ein wenig Angelina Jolie verfallen. Sie war unheimlich nett, als ich mit ihr gearbeitet habe für Lara Croft: Tomb Raider (2002). Immer fröhlich, hilfsbereit und freundlich zu der Crew. Wenn ich wählen müsste bei den männlichen Darstellern, dann wären das Matt Damon und Heath Ledger. Wunderbare Typen. Heath war sogar der DJ auf meiner Geburtstagsfeier in Prag im Jahr 2003. Sein früher Tod ist so schade, und ich erinnere mich daran, wie ich mich mit Daniel Radcliffe gerade bei den Dreharbeiten zu Harry Potter und die Heiligtümer des Todes (2010) unterhielt, als wir die Nachricht bekamen. Den Moment werde ich nie vergessen.

Lassen sie uns über ein Thema sprechen, das häufig bei Filmbesprechungen zu kurz kommt: die Herstellung von Waffen oder anderen Props für einen Film. Sie haben u.a. für den Film Prince of Persia – Der Sand der Zeit (2010) die Schwerter und Messer hergestellt. Dafür waren Sie sechs Monate in Marrakesch. Wie genau muss ich mir diese Herstellung vorstellen? Hatten Sie historische Vorbilder oder haben Sie Ihrer Fantasie freien Lauf gelassen? Waren diese Waffen real einsetzbar?

Bei Prince of Persia im Jahr 2007 wurde ich vom Leiter der Waffenkammer (dem verstorbenen großartigen Richard Hooper, den ich seit 1993 kannte) eingekauft. Er bat mich die Waffenkammer-Werkstatt in Marrakesch zu leiten. Das war ein großes Unterfangen. Wir waren zehn Leute, um 700 Schwerter/ Schilde, 400 Speere und alle Bögen/Pfeilmesser usw. herzustellen. Wir hatten vier Modellbauer/Skulpteure, die die Details wie Griffe und Zierteile anfertigten. Zwei der Jungs waren Formenbauer und fertigten viele Hartgummiwaffen für die Hintergrunddarsteller an. Richard hatte einige historische Bücher, aus

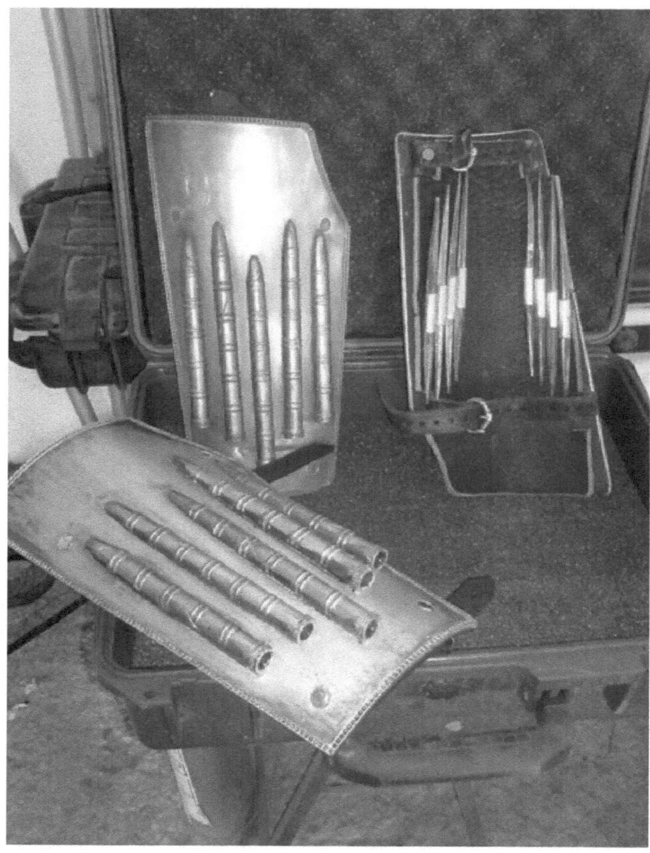

Abb. 9.6 Praktische Staubschutzarmschoner für die Wirbelsäulenabschüsse für Prince of Persia.

denen er Ideen holte, aber da es sich um einen Fantasyfilm handelte, hatten auch wir einige Anregungen. Wir fertigten Holzmodelle an, die so bemalt wurden, dass sie echt aussahen, und diese wurden dem Regisseur gezeigt, der die Entscheidung über Ja oder Nein traf. Ich musste viele der Aluminiumwaffen des Helden anfertigen, indem ich eine Fräsmaschine und ein WIG-Schweißgerät benutzte, um die Aluminiumteile miteinander zu verbinden. Ich fertigte einige der spezifischen Waffen an, wie z. B. die Waffen der Hashassin. Einer von ihnen hatte zwei Armschützer, von denen ich einen mit einer Art Messer und den anderen mit einem Stilett mit drei Klingen anfertigte (wir gaben ihm den Spitznamen »Messer- und Gabelmann«), bei einem anderen musste ich Stacheln aus seiner Rüstung herausschnellen lassen. Seine Beinschienen und Ellbogen hatten Stacheln, die dann heraussprangen. Und seine gebogenen Buckler sollten Stacheln aus Stahl schießen. Also machte ich einen Rucksack für ihn mit einer Batterie und einem kleinen Luftzylinder, um Luft und Staub zu schießen, damit es so aussah, als ob die Stacheln herausgeschossen würden. Der Stuntman hatte die volle Kontrolle mit versteckten Schaltern. Das war ein guter Job, aber es waren lange, harte Tage bei hohen Temperaturen und es war schwierig, vor Ort Materialien von guter Qualität zu bekommen.

Für The Dark Knight konzipierten und bauten Sie und ihr Team die Waffen der Polizei von Gotham. Haben Sie reale Waffen genommen und diese umgebaut? Wie genau muss ich mir die Produktion von Waffen vorstellen? Bauen Sie diese selbst oder wird das ausgelagert?

Bei The Dark Knight wurde ich für kurze Zeit von Bapty und Co., der Waffenfirma des Films, eingekauft. Ich war nur dort, um mich um die Schusswaffen der Gotham-Polizei (im Wesentlichen H&K Mp5s) und die Joker-Schrotflinte zu kümmern. Die Schusswaffen sind echte Feuerwaffen, bei denen die Läufe mit einem Gewinde versehen sind, um kleine Madenschrauben mit einem kleinen Loch in bestimmter Größe hinzuzufügen, damit der Rohling aufblitzt, aber genug Gegendruck erzeugt wird, um die Waffe zu zyklieren und den nächsten Rohling zu laden und die benutzten Rohlinge auszuwerfen. Ich kannte Heath Ledger bereits gut, da ich 2003 bei Terry Gilliams The Brothers Grimm als Special Effects Supervisor der zweiten Einheit tätig war. Um die Waffen als spezielle Requisiten erscheinen zu lassen, die von der Kunstabteilung/Produktionsdesigner entworfen wurden, werden sie in der Regel im Haus von Modellbauern in der Waffenkammer hergestellt.

In GLADIATOR waren Sie Spezialist für die Feuerpfeile. Können Sie uns etwas über diese Produktion berichten? Wieviel Pfeile mussten Sie produzieren? Wie exakt baut man die Pfeile, die ja viele Meter fliegen mussten, oder war dass alles ein Fake?

Bei diesem Film wurde ich gerufen, um bei den Spezialeffekten der germanischen Schlacht zu helfen. Ich wurde gebeten, bei der Herstellung der Feuerpfeile zu helfen. Es handelte sich um eine spezielle Mischung aus entflammbarem Gel auf einer Filzhülle, die mit feinem verzinktem Draht befestigt wurde. Die Pfeile wuArden von der Rüstungsabteilung hergestellt, damit sie zu den am Set und bei den Kostümen verwendeten Pfeilen passten. Wir schossen jeweils 36 beleuchtete Pfeile aus einem Spezialeffekt-Luftmörser (es gab einige davon, die hinter den römischen Bogenschützen positioniert waren). Wenn die Bogenschützen die SFX-Pfeile in den Feuergraben vor ihnen eintauchten, entzündeten sich die Pfeile und blieben beleuchtet, bis sie landeten. An diesem Punkt fügten die SFX-Luftmörser weitere Pfeile in die Luft hinzu.

Haben Sie sich schon mal verletzt bei der Arbeit mit diesen Waffen?

Ich bin noch nie durch eine von mir hergestellte Waffe verletzt worden.

Woher kommt Ihre Liebe zur Herstellung von Gegenständen im Film?

Ich habe mich schon immer für Bogenschießen und Nahkampfwaffen interessiert. Ich habe mit japanischen Schwertern und Jo-Stab bis zum schwarzen Gürtel trainiert. Ich habe auch altgriechische Kampfstile und mittelalterliche Eval-Schwertstile gelernt, und so macht es mir Spaß, Waffen herzustellen, die in Filmen zu sehen sind.

Sie, als alter Recke der mechanischen Effektschule: Was halten Sie von CGI?

CGI ist ein wunderbares Instrument, um einen bereits vorhandenen physischen Effekt aufzubessern und zu vervollständigen. Während meiner Karriere sah ich 1997 in LOST IN SPACE die wahrscheinlich letzten großen Modelle. Danach wurde langsam alles durch CGI ersetzt. Für mich ist CGI teurer und kann mir nicht das Gefühl geben, ein reales Objekt im Film zu sehen. CGI verbessert sich ständig, aber auf mich wirken viele Filme, die randvoll mit CGI gefüllt sind, wie ein Cartoon. Das ist nur meine persönliche Meinung.

Apropos Modelle. Sie haben auch an PROMETHEUS mitgewirkt. Mal ganz davon abgesehen, dass ich diesen Film recht gut finde: Wie kamen Sie zu diesem Projekt und was genau war dort Ihre Aufgabe?

Zu der Zeit arbeitete ich gerade für eine kleine Kindersendung in den Pinewood Studios und war dort für die Pyrotechnik verantwortlich. Ich traf dort meinen SFX-Workshopleiter, mit dem ich an den letzten drei Harry Potter-Filmen gearbeitet hatte. Er fragte mich, was ich zurzeit mache. Denn er hätte einen Job, der perfekt für mich wäre. Das war Prometheus, und so fing ich mit vier weiteren Kollegen an, an den drei 8x8-Rovern zu arbeiten. Als das erledigt war, ging ich in die SFX-Hauptabteilung, um mich um weitere Projekte für den Film zu kümmern. Ich wurde gefragt, ob ich mit nach Island für sechs Wochen kommen würde. Dort sollte ich mich um die Fahrzeuge, die man im Film sieht, kümmern und sie reparieren. Und ich muss sagen, dass es einfach fantastisch war, mit dem Rover tagtäglich zwischen den Aschefeldern hin und her zufahren. Sehr schöne Erinnerungen.

Meiner Meinung nach hätte man Prometheus einen Oscar für die beste Ausstattung geben sollen. Der Film sah erstaunlich aus mit einem unglaublichen Design und Detailreichtum. Ich habe s sehr genossen, ihn zusammen mit der Crew anzusehen. Aber wie das ebenso häufig ist, können die meisten Fortsetzungen oder Prequels nicht mit dem Original mithalten.

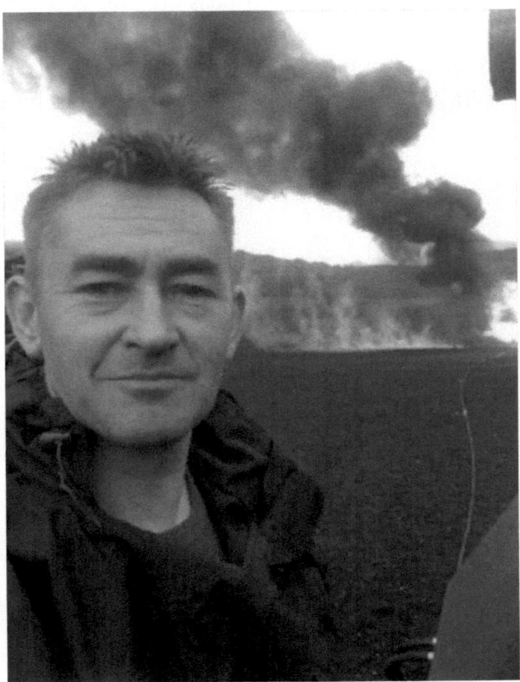

Abb. 9.7 Doug McCarthy beim Test zur Erstellung von schwarzem Rauch auf Island beim Dreh zu Prometheus.

Sie sprachen von den Rovern im Film. Wie entstanden diese Rover? Gab es richtige Baupläne? Konnten Sie selbst entscheiden, wie Sie diese bauen, oder gab es viele Vorgaben? Waren diese Rover auch funktionsfähig oder nur partiell für einige Sequenzen im Film?

Ich arbeitete hauptsächlich an der Konstruktion von Fahrzeug Nummer 2. Nummer 1 hatte den hinteren Innenraum des Hauptvehikels. Mein Fahrzeug hatte nur den Innenraum des Hauptfahrzeugs. Fahrzeug 3 war ein kippbarer Pick-up-Truck für die Raupenquads, der nur in einer der Laderampen der Prometheus im Film zu sehen war, aber voll praktisch war. Meiner war der Schnellste der drei und wird bei den langen Aufnahmen gesehen, wie er mit Geschwindigkeit über die Planetenoberfläche fährt. Das wurde auf den Aschefeldern in Island gefilmt, und jeden Tag zum Set hin- und zurückzufahren war eine tolle Erfahrung. Diese Fahrzeuge basierten aufrollenden Fahrgestellen der in Tschechien gebauten Scud-Raketenwerfer-Plattformen von Tatts. Sie hatten einen 8-Rad-Antrieb mit 4-Rad-Lenkung und einen luftgekühlten V 10-Dieselmotor. Die Produktionsdesigner entwarfen das Design und wir fertigten die Stahlkarosserien, die auf das Fahrgestell passten. Die vorderen Türen wurden elektrisch/hydraulisch und die hinteren drei pneumatisch betätigt. Diese drei wurden Anfang Januar begonnen und nach drei Monaten waren alle lackiert und einsatzbereit. Wir haben fast jeden Tag in Teams gearbeitet, um sie fertig zu bekommen.

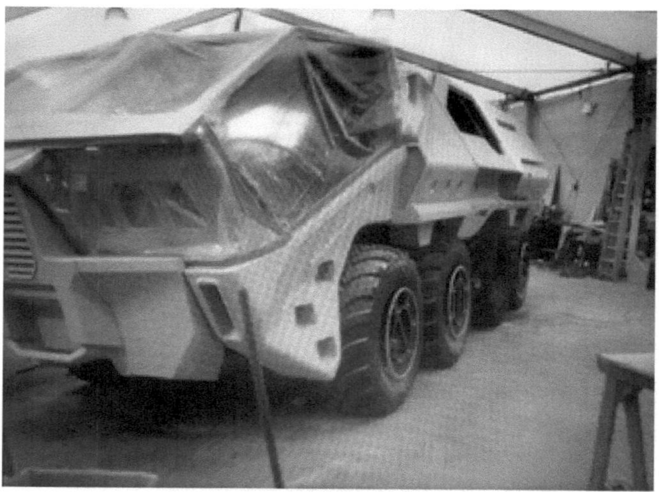

Abb 9.8 Rover Nr. 2

An welchen Projekten arbeiten Sie denn aktuell? Gibt es etwas, an dem Sie unbedingt arbeiten möchten?

Ich habe schicke Arbeit bei AUSLÖSCHUNG abgeliefert, finde ich, und an zwei Bond-Filmen war ich auch beteiligt. Zudem habe ich auch an THE DARK KNIGHT mitgewirkt und gehörte dort zur Waffenabteilung. Im Grunde habe ich all das gemacht, was ich machen wollte.

Ich habe jetzt mit Film und Fernsehen aufgehört für die SFX- und Waffenabteilung. Der letzte Film, bei dem ich beteiligt war, war GHOST BUSTERS: FROZEN EMPIRE (2024).

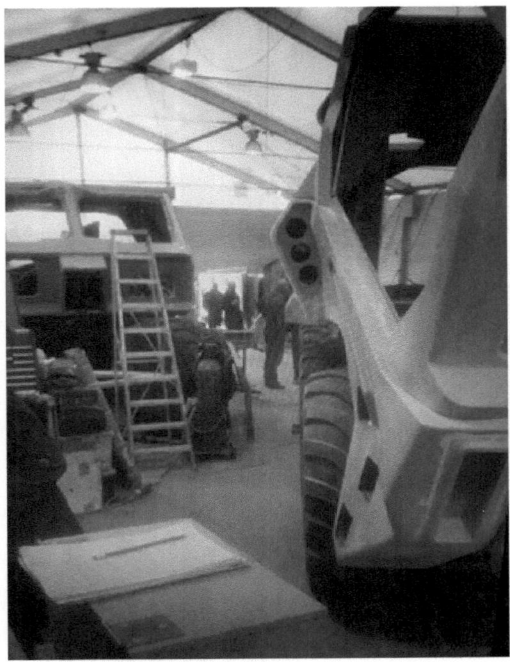

Abb. 9.9 Rover Nr. 2

Bevor Sie jetzt ganz in Rente gehen, noch eine letzte Frage: Welches war denn der schwierigste Effekt, an den Sie gearbeitet haben?

Da haben Sie sich wirklich die schwerste Frage für den Schluss aufgehoben. Der größte Aspekt meines Jobs ist, dass der Effekt real aussehen und funktionieren soll. Also ist es hauptsächlich ein Design und Bautest, der ausschlaggebend ist. Das schwierigste hierbei sind zeitlich begrenzte Jobs (also unter Druck) und wenn man wenig Vorlagen hat, um ein Design zu entwickeln.

Bei PROMETHEUS hatten wir verdammt wenig Zeit, alle drei Rover zu bauen. Wir haben drei Monate lang jeden Tag und jedes Wochenende daran gearbeitet. Auch habe ich 32 Tage am Stück an einer großen hydraulischen Stahltakelage für PHANTASTISCHE TIERWESEN UND WO SIE ZU FINDEN SIND (2016) gewerkelt. Und dann haben sie in der letzten Minute ihre Meinung geändert, und die Hälfte unserer Arbeit wurde nicht benötigt. So ist das eben im modernen Film.

Was machen Sie denn noch neben der Arbeit an SFX?

Ich war Schlagzeuger einer Rockabilly Band: The Rattlers. Vor vier Jahren hatten wir einen Gig auf einem deutschen Festival zum 25-jährigen Jubiläum. Jetzt spiele ich nicht mehr. Übrigens wurde eins unserer Alben in Deutschland verboten, weil ich auf dem rückseitigen Cover mit einem Gewehr abgelichtet wurde. Zudem singe ich seit 10 Jahren ab und an für die Band The Resistants.

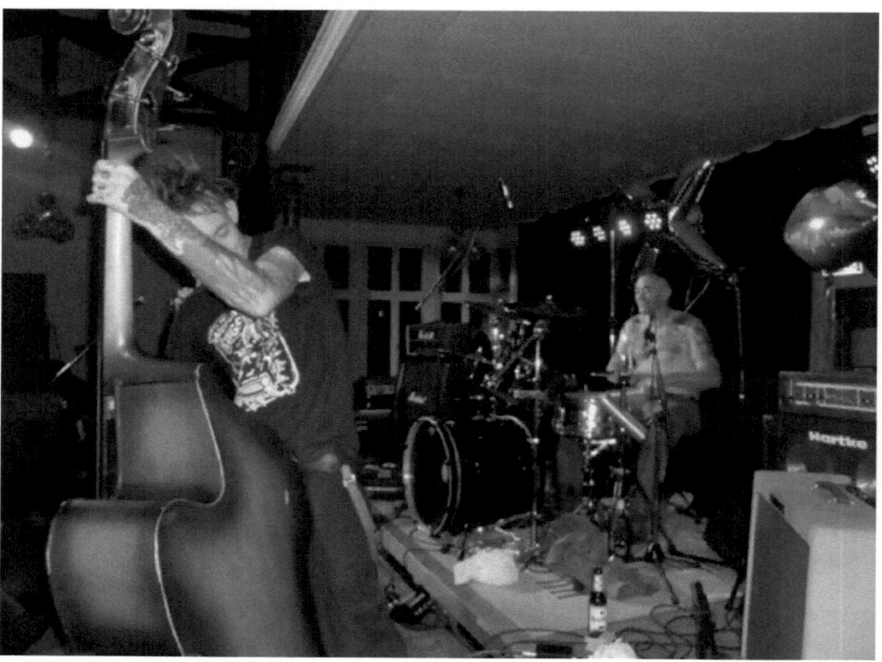

Abb. 9.10 Doug McCarthy (Schlagzeug) beim 25-jährigen Jubiläum von The Rattlers in Xanten.

10. Die Animatronik im Film

Können wir uns noch daran erinnern, wie es als Kind war, wenn wir ein Spielzeug bekommen haben, welches sich bewegte – Spielzeugroboter, Dinosaurier oder auch ferngesteuerte Autos? Auch sich verwandelnde Objekte, die von Autos zu Roboter mutieren, erfreuten unser Kinderherz. Wir waren glücklich, weil diese Spielzeuge doch für uns so einzigartig waren. Sie fuhren, sie liefen, sie transformierten. Sie machten Dinge, die wir für Magie hielten. Grundlage dieser Magie, die unsere kindlichen Gemüter erfreute, war Mechanik, die in diesen Spielzeugen verarbeitet wurde. Die Zauberei der Mechanik und ihre Möglichkeiten erschlossen sich uns in früher Kindheit nicht, da wir nicht wussten, wie es funktionierte. Vielleicht wollten wir das auch gar nicht wissen. Denn so hätte man uns ein Stück Magie weggenommen. Die Mechanik in Spielzeuggeräten kann man auch auf den Film übertragen.

Mechanische Effekte sind all die, die man physisch im Film etablieren kann. Das können Requisiten sein, Modelle oder atmosphärische Effekte wie Nebel, Regen, Schnee, Wolken. Auch die Pyrotechnik, also die gezielte Detonation eines Gegenstandes, sowie Feuer sind mechanischer Natur. Zu den mechanischen Effekten gehört auch die Animatronik. Dieses Themenfeld innerhalb der mechanischen Effekte bündelt eine Vielzahl von weiteren Elementen der Mechanik, wie das Puppenspiel, bestimmte anatomische Kenntnisse und auch die Mechatronik. Mechatronik ist die Konstruktion elektrischer Systeme gekoppelt mit verschiedenen Kombinationen aus dem Bereich der Elektronik, Robotik, Computer und bestimmten Steuersystemen. Die Animatronik kann sowohl computer- als auch direkt per Hand gesteuert werden. Bestimmte Aufbauten können Muskelbewegungen und realistische Ausführungen der Gliederbewegungen erzeugen. Um die Figuren lebensechter aussehen zu lassen, wird über diese Animatronik künstliche Haut oder ähnliches gezogen.

Besonders in Themenparks gibt es eine große Anzahl von animatronischen Wesen. Doch auch in der Filmgeschichte gibt es viele Beispiel von tollen animatronischen Geschöpfen. 1964 waren es die Vögel in Mary Poppins, die als erste in einem abendfüllenden Film Animatronik beinhalteten. Auch der Tyrannosaurus Rex aus Jurassic Park ist eine animatronische Figur (und zugleich der größte Animatronikbau für einen Film). Beispiele für animatronische Figuren in Filmen existieren vielfältig. Der schnelle und bewegliche Facehugger aus Aliens, die Charaktere in Der dunkle Kristall (1982) auch Der weiße Hai oder E.T. – Der Außerirdische sind wunderbare Beispiele für Animatronik im Film.

Einer der Animatroniker der jüngeren Generation ist der Niederländer Gustav Hoegen, der bereits Filme veredelt hat wie PROMETHEUS, STAR WARS EPISODE VII – DAS ERWACHEN DER MACHT (2015), SOLO – A STAR WARS STORY (2018) oder JURASSIC WORLD: DAS GEFALLENE KÖNIGREICH (2018).

Portrait Gustav Hoegen

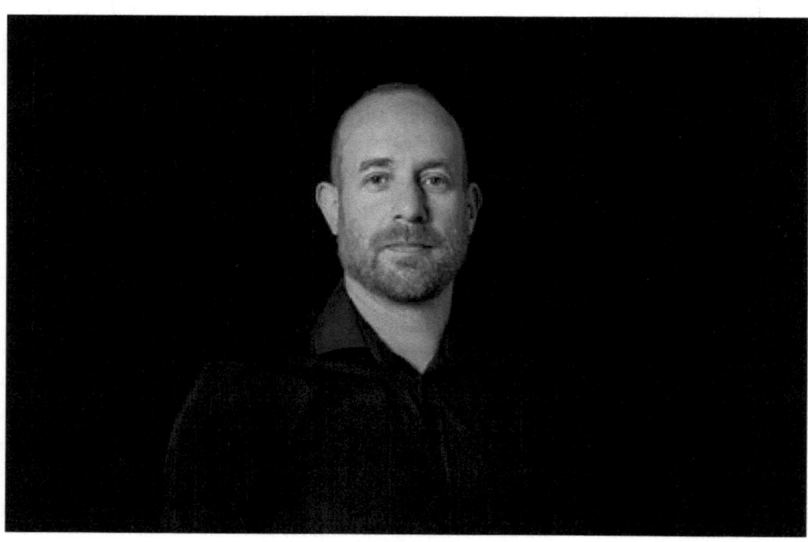

Abb. 10.1 Gustav Hoegen

Gustav Hoegen wurde geboren am 17. Oktober 1976. Bevor Hoegen eine Karriere im Bereich der Animatronik startete, ging er in Amsterdam zur Schule. Schon sehr früh wusste er, dass er in der Filmindustrie arbeiten wollte. Seine anfänglichen Interessen waren nicht unbedingt im Bereich der Animatronik angesiedelt. Er wusste zwar, dass es solch ein Gebiet gibt und fand es faszinierend, aber seine Leidenschaft lag zunächst bei der Konzeption von prothetischem Make-Up und beim Sculpting. Er fühlte sich mehr von der künstlerischen Seite angezogen als von der technischen Seite der Filmeffekte. Seine Entscheidung, als Animatroniker zu arbeiten, kam ein paar Jahre nach Beginn seiner Karriere. Zu sehen, wie andere es machen, das kreative Denken, das mit dem Design dieser Mechanismen verbunden ist, und der individuelle Aspekt in der Art und Weise, wie man animatronische Figuren baut, haben ihn begeistert. Jeder Animatroniker hatte einen anderen Stil und eine andere Technik. Ihm wurde klar, dass die Animatronik ein sehr kreativer Prozess ist, und dies zog ihn magisch an. Abgesehen von der Begrenztheit des Innenraums der Kreatur gibt es eine Menge Freiheiten, wie man eine Animatronic gestaltet und baut. Das gab für ihn den Ausschlag, in diesem Feld zu arbeiten.

Der erste Spielfilm, an dem er gearbeitet hatte, war Just Visiting (2001), das Remake des französischen Films Die Besucher (1993) mit Jean Reno. Dort machte er aber keine animatronischen Arbeiten, sondern war ein Teil des Konzept-Teams. Zu diesem Zeitpunkt war es genau das, was er in seiner Karriere machen wollte. Er bekam diesen Job, indem er hartnäckig darum bettelte, dass er ein paar Zeichnungen für diesen Film machen könnte. Schließlich gab man ihm bei bei Artem eine Chance sich zu beweisen.

Prometheus – Dunkle Zeichen (2012)

Neben den fantastischen Aufbauten in Prometheus (siehe hierzu auch das Kapitel »Die Requisiten im Film«) sind es vor allem die Monster und Geschöpfe, die in zahlreichen Varianten erscheinen und den Film so besonders machen. Und viele dieser Arbeiten sind mit Animatronik versehen. Der Kopf des Konstrukteurs, der an Bord untersucht wird, plötzlich zu atmen anfängt, um kurz danach zu Grunde zu gehen, indem sich seine Haut zersetzt: Es sieht zunächst sehr danach aus, dass die Mimik und die Gestaltung des Kopfes computerbasiert sind. Dem ist nicht so. Dieser Kopf ist rein mechanisch und wurde von Gustav Hoegen konzipiert und gebaut. Eine enorme Leistung. Auch die anderen Kreaturen sind zum großen Teil animatronischer Natur. Sei es der Hammerpede, der Trilobit (zumindestens in einigen Szenen ist er komplett »echt« animiert), der Neomorph und auch Deacon, der Proto-Xenomorph, der aus dem Konstrukteur am Ende des Films herausbricht. All dies sind fantastische Geschöpfe, die per Mechanik und Animatronik gebaut wurden. Die wahre Meisterleistung allerdings ist der Kopf von David (Michael Fassbender). Dieser wurde benötigt bei der Kampfszene im Innenraum des Raumschiffes zwischen David und dem Konstrukteur. Der Schädel, der voller Steuerungssysteme konzipiert und gebaut wurde, ist von einer unglaublichen Authentizität.

Im Gespräch mit Gustav Hoegen

»Für mich ist Animatronik eher Kunst als Technik.«

Till Bamberg) Welche Filme oder Personen haben Sie denn am meisten geprägt?

Gustav Hoegen) Der erste Film, der mein Interesse an Filmeffekten geweckt hat, war Die Rückkehr der Jedi-Ritter (1983). Mein Vater nahm mich mit ins Kino, als ich sechs Jahre alt war, und ich erinnere mich bis heute an dieses Erlebnis. Ich war völlig fasziniert von dem, was ich auf der Leinwand sah.

Später sind die Filme, die mich wirklich beeinflusst und meinen Ehrgeiz, in der Filmindustrie zu arbeiten, gefestigt haben, beispielsweise Ridley Scotts Alien. Es ist das beste Kreaturendesign des brillanten H. R. Giger, das jemals auf die Leinwand gebracht wurde. Meiner Meinung nach kommt nichts daran heran. Die erste Krieg der Sterne-Trilogie war offensichtlich eine große Inspiration und nicht zuletzt Paul Verhoevens Robocop. Der Robocop-Anzug und die Make-up-Effekte, geschaffen von einem meiner Helden, Rob Bottin, sind nicht von dieser Welt. Der Kontrast zwischen dem hochmodernen Roboter und der düsteren Kulisse von Detroit, gemischt mit extrem viel Blut und Herzblut, ist genial. Es ist ein brillant zusammengestellter Film.

Was genau benötigt man, Ihrer Meinung nach, um als Animatroniker zu arbeiten?

Es ist schwer zu sagen. welche Ausbildung genau geeignet ist, um sich auf eine Karriere in der Animatronik vorzubereiten. Die meisten Leute, mit denen ich arbeite, haben es einfach so gelernt und haben sehr unterschiedliche Hintergründe und Ausbildungen. Manche kommen von einem Ingenieursstudium und andere von einer Kunsthochschule. Die Hauptanforderungen zu Beginn der Karriere sind Grundkenntnisse über Werkzeuge und Materialien, aber am wichtigsten ist es, Leidenschaft, Enthusiasmus zu zeigen, die Bereitschaft, hart zu arbeiten und gut im Team zu arbeiten. Kreatureneffekte sind eine große Teamleistung.

Ich habe einen Kurs in Design und Modellbau am Kunstinstitut in Bournemouth gemacht. Er vermittelte mir einige grundlegende Fähigkeiten, die jedoch nicht die Animatronik einschlossen. Das Wichtigste, was dieser Kurs mir

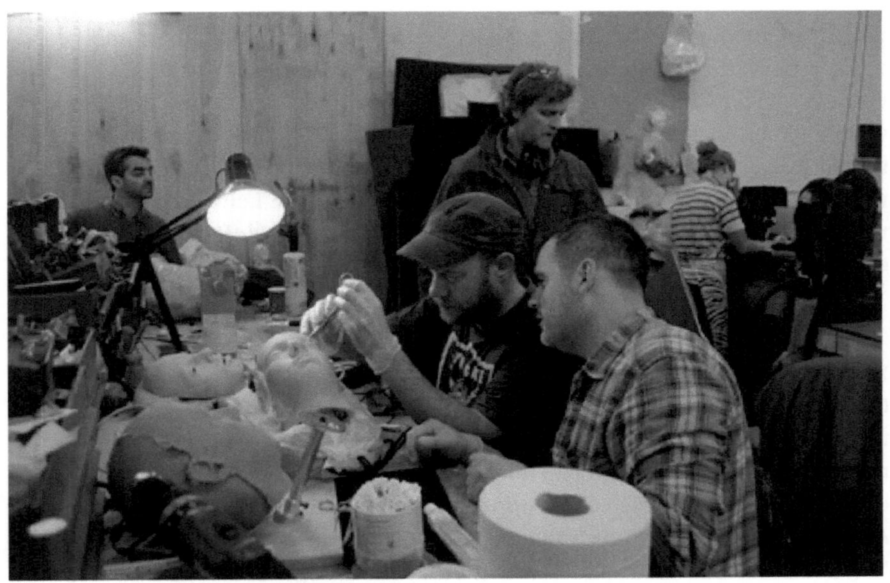

Abb. 10.2 Gustav Hoegen und Waldo Mason bearbeiten die Haut des Kopfes von Greg Townley aus The World's End (2013).

gab, war Selbstvertrauen und ein paar Verbindungen zur Industrie. Das war gerade genug, was ich brauchte, um den Sprung zu schaffen und nach London zu ziehen, um eine Karriere in der Filmindustrie zu verfolgen.

Nach vielen Jahren im Geschäft: Wie sehen Sie Ihre Arbeit im Kontext des kreativen Schaffens?

Ich betrachte meine Arbeit sowohl als technisch als auch als künstlerisch. Für mich ist es schwer, beides zu trennen. Die Animatronik, die meine Kollegen und ich bauen, sieht technisch aus und es ist eine Menge technisches Zeug dabei, sie zu bauen. Für mich ist das jedoch ein künstlerischer Prozess, und das Aussehen der Mechanismen, die das Innenleben der Kreaturen ausmachen, finde ich ästhetisch sehr ansprechend. Das Erzeugen von Bewegung durch Mechanik ist auch ein sehr kreativer Prozess, darauf gehe ich später noch ein. Für mich ist Animatronik eher Kunst als Technik.

Ich habe das Gefühl, dass unsere Kunst in den letzten zehn Jahren immer mehr Anerkennung gefunden hat. Dafür gibt es viele Gründe. Eine gewisse Nostalgie für Filme aus den 70er und 80er Jahren. Viele der heutigen Regisseure sind in diesen Jahrzehnten aufgewachsen.

Es gibt mehr das Bedürfnis, ein Gleichgewicht zwischen digitalen und praktischen Effekten herzustellen. Das liegt zum Teil an den Zuschauern, die sich von den vielen digitalen Effekten übersättigt fühlen und, wie ich bereits erwähnt habe, an bestimmten Regisseuren, die mit Filmen mit praktischen Effekten aus der Vergangenheit aufgewachsen sind, und die diese Greifbarkeit wiederherstellen wollen, die praktische Effekte auf die Leinwand bringen. Ein weiterer wichtiger Faktor ist, dass es für Schauspieler einfacher ist, mit einer echten Kreatur zu interagieren.

Also sehen Sie CGI nicht grundlegend negativ?

In den letzten Jahren begann ich, CGI eher als Segen denn als Fluch zu sehen. Obwohl es uns viel Arbeit weggenommen hat, kann es auch zu unseren Gunsten eingesetzt werden. Ein gutes Beispiel ist der Wegfall von externen mechanischen Vorrichtungen, die für die Bedienung der Animatronic benötigt werden. Puppenspieler, die eine Puppe bedienen, das Entfernen von Teilen der Anatomie eines Kostümdarstellers, um den Kreaturenanzug, den er oder sie trägt, zu verbessern, und die Liste geht weiter. In gewisser Weise hat es uns befreit und erlaubt uns Dinge zu versuchen, die vor Jahrzehnten nicht für möglich gehalten wurden.

Die Figur Babu Frik aus Star Wars – Der Aufstieg Skywalkers (2019) war ein gutes Beispiel dafür. Um diese Kreatur zum Leben zu erwecken, hatten wir drei Puppenspieler, die sie aus nächster Nähe bedienten und den gesamten Rahmen hinter Babu Frik ausfüllten. Im Film wird man dank der digitalen Entfernung der Darsteller nie wissen, dass sie überhaupt da waren. Vor Jahrzehnten hätte man für diese Aufnahme alle Darsteller unter dem Set verstecken müssen. Ich habe auch das Gefühl, dass es in den letzten Jahren mehr Zusammenarbeit zwischen der CGI- und der Creature-Abteilung gibt.

Wir streben alle nach dem gleichen Ziel.

2013 haben Sie die Biomimic Studios gegründet. Was hat Sie zu diesem Schritt bewogen? War es die Überlegung, Ihrer Phantasie unabhängig freien Lauf zu lassen, oder was waren die Gründe?

Es gibt viele Gründe, warum ich meine Firma Biomimic Studio gegründet habe. Der erste Grund war, dass ich mir selbst eine neue Herausforderung geben und eine andere Seite meiner Branche kennenlernen wollte. Die Verhandlungen und Gespräche mit den Kunden direkt sowie die Budgetierung von Aufträgen. Außerdem wollte ich mit Produktionsfirmen arbeiten, ohne den Filter, für jemand anderen zu arbeiten.

Der zweite Grund war, dass immer mehr Produzenten und Regisseure auf mich zukamen und mich um meine Dienste baten. Um diese Anfragen erfüllen zu können, brauchte ich einen eigenen Arbeitsplatz. Ich glaube, dass man nie aufhört das Handwerk der Animatronik zu erlernen, und bis heute lerne ich immer noch neue Dinge.

Meine eigene Firma zu haben hat mir eine ganz neue Dimension von Dingen eröffnet, die ich verarbeiten muss. Es ist, als würde man seine Karriere ganz von vorne beginnen. Was gleichermaßen aufregend wie beängstigend ist.

Wenn man sich Ihre Arbeit ansieht, fällt einem die unglaubliche Detailfülle im Bereich der Mimik auf. Wie genau gehen Sie vor, wenn Sie sich vorbereiten? Studieren Sie anatomische Literatur oder nutzen Sie Ihre Phantasie?

Um die richtige Mimik bei meinen animatronischen Köpfen zu erreichen, ist eine Kombination aus mehreren Disziplinen von Nöten. Wenn es sich um einen menschlichen Kopf handelt, dann studiere ich meine eigene Mimik und die anderer Menschen. Ich schaue mir an, wie und an welchen Stellen die Haut Falten wirft und in welchem Winkel der Muskel kontrahiert. Ich studiere auch den Bogen der Bewegung, zum Beispiel bewegen sich die Stirnrunzelmuskeln über eine gewölbte Stirn, und dann versuche ich das mechanisch zu replizieren. Das Studium der Anatomie des Gesichts ist für mich eine enorme Inspirationsquelle. Die Winkel, in denen die Gesichtsmuskeln ziehen, ähneln meist sehr stark denen der Mechanik.

Bei Fantasiewesen suche ich nach Merkmalen, die existierenden Tieren, Menschen oder Insekten ähneln, und versuche mich von diesen Vorbildern inspirieren zu lassen. Sehr oft lasse ich mich aber von der Haut der animatronischen Figur leiten. Ich bewege sie stundenlang, bis ich den gewünschten Ausdruck gefunden habe, und dann versuche ich diesen durch mechanischen Bewegungen einzufangen. Sich von der Haut leiten zu lassen, ist entscheidend. Es sollte nie andersherum sein. Es ist sehr verlockend, sich in der Konstruktion der Mechanik zu verlieren und zu versuchen, diese so schön wie möglich zu gestalten.

Aber wenn die Mechanik nicht die gewünschten Ausdrücke auf die Haut überträgt, ist die Mühe umsonst. Es sind die Ausdrücke und Eigenschaften der Kreatur, die Sie auf dem Bildschirm sehen, und nicht die Mechanik. Die Kosmetik der Kreatur wie Skulptur, Haare und Lackierung verdienen eine große Erwähnung. Ohne all diese enormen Fähigkeiten gäbe es keine Kreatur zum Filmen.

Können Sie bitte anhand eines Beispiels erklären, mit welchen Materialien (Kabel, Servomotoren, etc.) Sie am besten arbeiteten und wie genau diese Mechanismen an die Maske angepasst werden?

Ich habe die meisten Techniken angewandt, um meine Animatronics zum Leben zu erwecken. Meine Methode ist die Verwendung von Hebeln und Gestängen, die fest mit Servomotoren verbunden sind, wenn es darum geht, meine animatronischen Köpfe zu bauen. Die Bewegung ist sehr direkt und genau. Die Servotechnik hat einen langen Weg hinter sich, und wir entdecken immer kleinere und stärkere Servos, was bedeutet, dass wir immer mehr Servos in einen Kopf packen können. Das ist unglaublich nützlich, da wir viele Köpfe bauen, die von den Darstellern getragen werden und wenig Platz für die Mechanik und die Motoren lassen.

Ich sollte auch erwähnen, wie unglaublich wichtig ein gutes Steuerungssystem ist, das den Kopf bedient. Ein großartiges Beispiel dafür ist Argus Panox (Six Eyes), den ich für Solo gebaut habe. Der mechanische Kopf war ziemlich kompliziert, aber nichts Außergewöhnliches. Ich habe die gleichen Techniken und Servos angewandt, die ich auch bei vielen anderen Köpfen verwendet habe. Was diesen Kopf wirklich zu etwas Besonderem gemacht hat, ist das, was Matt Denton (ein Techniker meines Teams) mit seinem Steuerungssystem und seinen unglaublichen Programmier- und Darstellungsfähigkeiten daraus gemacht hat.

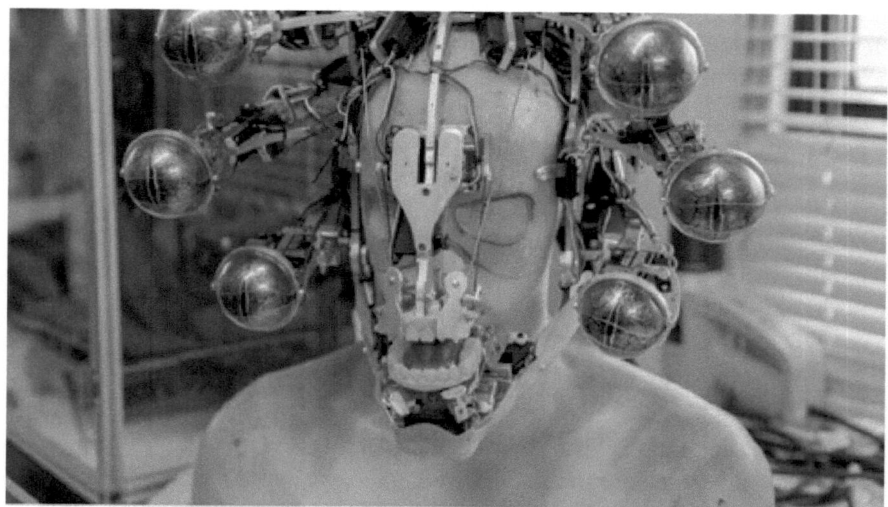

Abb. 10. 3 Das Innenleben von Argus Panox.

Sehr wichtig bei der Erstellung eines guten animatronischen Kopfes ist es auch, die richtige Hautdicke zu wählen. Ich mag eine fleischige Haut, d.h. eine anständige Dicke. Ich finde, eine etwas dickere Haut verzeiht mehr und die Bewegung sieht organischer aus.

Für Jurassic World: Das gefallene Königreich haben Sie nicht nur einen Arm nebst Klaue und Teile des Kopfes des Indoraptors gebaut, auch wurde für einige Szenen ein animatronischer Tyrannosaurs Rex benötigt. Die Teile des Indoraptors wurden hauptsächlich benutzt (soweit ich richtig informiert bin), um Szenen mit den Darstellern zu proben. Sind die Teile dieser Szenen im fertigen Film zu sehen? Wenn ja, welche, und wenn nein, schmerzt es nicht, wenn man Ihre tolle Arbeit nicht genug würdigt und diese zeigt?

Der Indoraptor, für den ich den animatronischen Kopf gebaut habe, war so gut wie komplett CGI. Die einzige Szene, in der die Animatronik zum Einsatz kam, ist glaube ich die, in der er Ted Levine in den Arm beißt und ihn in die Luft hebt. Aber diese Szene schneidet schnell zu einem CG-Indoraptor für weitere Aufnahmen. Ich ärgere mich ein bisschen, wenn ich sehe, dass sie ihn nicht mehr eingesetzt haben, obwohl sie es hätten tun können. Aber insgesamt war der Indoraptor eine so dynamische Kreatur, dass CG besser geeignet war, ihn zum Leben zu erwecken.

Inwieweit haben sie Originalkonzepte des T-Rex benutzt, oder gab man Ihnen vollkommene künstlerische Freiheit?

Ich war nicht persönlich in den Bau des T-Rex involviert, aber ich war dabei, als er gebaut wurde. Und soweit ich weiß, musste sich das Team, das ihn gebaut hat, komplett an das Design halten, das ihnen von ILM vorgegeben wurde, damit er zu ihrer CG-Version passt.

Wie geht man beim Bau von animatroischen Dinosauriern vor? Sind die Motoren und Verkabelungen komplexer als beispielsweise bei Fantasiefiguren wie Admiral Ackbar aus Star Wars Episode VII – Das Erwachen der Macht oder der Kopf von David aus Prometheus?

Die Techniken, die beim Bau eines animatronischen Dinosaurierkopfes angewandt werden, unterscheiden sich nicht so sehr vom Bau eines anderen animatronischen Kopfes. Abgesehen davon, dass es sich um einen viel größeren Maßstab handelt. Das bedeutet, dass wir in manchen Fällen Hydraulik anstelle von Servos verwenden, um zum Beispiel einen Kiefermechanismus anzutreiben.

Ein weiterer Unterschied zu einem menschlichen Animatronik-Kopf besteht darin, dass man bei einem Dinosaurierkopf weniger Ausdrucksmöglichkeiten hat, was man kompensieren kann, indem man sich z. B. auf die Augen des Dinosauriers konzentriert oder die Halsbewegung sehr aufwändig gestaltet. Wie bei jeder anderen Kreatur oder jedem anderen Tier konzentriert man sich auf seine Eigenschaften, und im Fall eines fleischfressenden Dinosauriers ist dies normalerweise ein großes Maul mit scharfen Zähnen, die zuschnappen, um seine Beute zu packen, und ein strampelnder Hals, um sie zu zerreißen. Die Gesichtsausdrücke müssen nicht so nuanciert sein wie z. B. bei einem menschlichen Kopf.

Apropos Admiral Ackbar. Diese Figur hat mittlerweile Kultstatus erreicht. War es eine besondere Bürde, diese Figur zufriedenstellend zu bauen? Haben Sie die Möglichkeit bekommen, sich an dem Original-Ackbar aus Die Rückkehr der Jedi-Ritter zu orientieren?

Die größte Herausforderung, Ackbar für Das Erwachen der Macht neu zu erschaffen, bestand vor allem darin, dem Original-Admiral Ackbar treu zu bleiben, ihn aber 30 Jahre älter zu machen. Daher geht die volle Anerkennung an den unglaublich talentierten Martin Rezard, der Admiral Ackbar für Episode 7 modelliert hat.

Wir hatten auch das Glück, dass Tim Rose seine Rolle des Ackbar wiederaufnahm. Tim Rose spielte und baute den Original-Ackbar. Das bedeutete, dass er die Techniken, die er beim Bau des Originals verwendete, mit uns teilen konnte. Ich erinnere mich noch gut daran, wie er erklärte, wie man die markanten Ackbar-Augen herstellte, indem man auf einer Drehbank eine Kurve auf einem Knüppel aus klarem Plexiglas formte. Die ausgeprägte schwarze Pupille wurde durch das Ausbohren einer Kuppelform in die Rückseite des kuppelförmigen Stücks Plexiglas erreicht. Dies verlieh dem Auge echte Tiefe.

Ein großes Lob geht auch an Henrik Svensson, der für die außergewöhnliche Lackierung verantwortlich war. Auch hier wurde mir die Arbeit durch die brillante Ausführung meiner sehr talentierten Kollegen leichtgemacht. Die Animatronik war beim Ackbar-Kopf ziemlich einfach. Ich habe versucht, den Originalbewegungen des Originals treu zu bleiben, was hauptsächlich Kiefer- und Augenlidbewegungen waren.

Was wird eigentlich aus all den Modellen und Bauten, die man für die Filme benutzt? Bleiben die in einer Garage stehen oder werden versteigert oder behält man die?

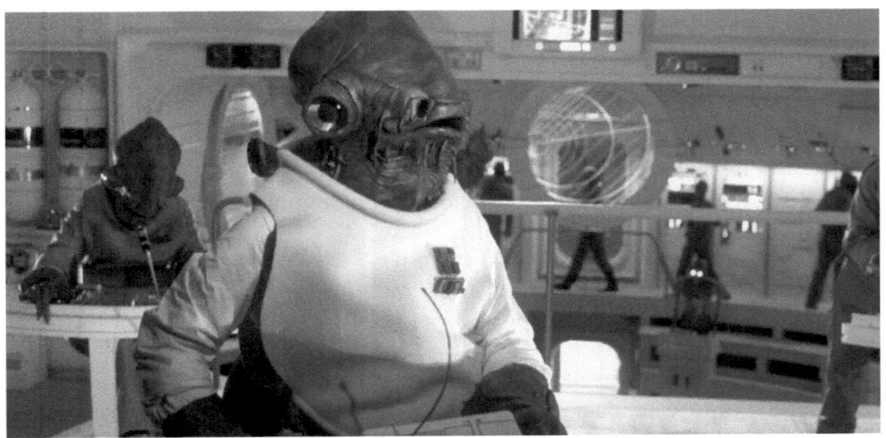

10.4 General Ackbar aus einer Filmszene zu Die Rückkehr der Jedi-Ritter.

Es hängt davon ab, an welchem Film ich gearbeitet habe. Aber für die Star Wars-Filme wurden alle animatronischen Figuren in Kisten verpackt und in einem Lagerhaus gelagert. Einige wurden wiederverwendet, aber einige sahen nie wieder das Licht der Welt. Bei einigen Animatronics, die ich in meinem Studio gebaut habe, darf ich sie tatsächlich behalten.

Ist es eigentlich ein hoher Druck, an so einem Franchise wie bei Star Wars zu arbeiten und dann auch noch mitverantwortlich zu sein?

Die Arbeit am Star Wars-Franchise brachte vor allem am Anfang eine Menge Druck mit sich. Alle Beteiligten waren so aufgeregt an etwas zu arbeiten, das uns allen so viel bedeutete, dass wir uns fast mehr ins Zeug legten, als uns möglich war. Für mich persönlich fühlte sich Das Erwachen der Macht wie eine Achterbahnfahrt an. Es war das erste Projekt, an dem ich schon früh so stark beteiligt war. Da ich direkt von Lucasfilm angesprochen wurde, fühlte ich mich dem ganzen Projekt gegenüber mehr verantwortlich. Rückblickend betrachtet habe ich mir zu viel Druck gemacht, indem ich die Animatronic-Abteilung leitete und viele Animatronics baute.

Wenn ich in der Zeit zurückgehen könnte, würde ich viele Dinge anders machen. Erstens würde ich versuchen, meine Rolle in diesem Prozess klarer zu definieren. Da ich versuchte, die Animatronics zu beaufsichtigen und zu bauen, hatte ich das Gefühl, dass mir die Zeit fehlte, um beides richtig zu tun, was mich frustriert und gestresst hat. Als die Zeit jedoch voranschritt und ich ein paar mehr Star Wars-Filme unter meinem Gürtel hatte, fühlte ich mich wohler und konnte mich mehr entspannen, was meiner Meinung nach meine Arbeit verbesserte.

Wenn ich auf die vielen Jahre zurückblicke, in denen ich an den Star Wars-Filmen gearbeitet habe, habe ich das Gefühl, dass ich viel über mein Handwerk und die soziale Dynamik bei der Arbeit mit einem großen Team gelernt habe.

Sie haben an Prometheus gearbeitet und haben den mechanischen Kopf von Michael Fassbenders Figur David gebaut. Dieser Kopf ist von unglaublicher Realistik. Wie genau sind Sie dabei vorgegangen?

Der David-Kopf für Prometheus war der erste menschliche Kopf, den ich je gebaut habe. Daher war ich sehr ängstlich, wie ich an den Bau herangehen sollte. Zuerst übernahmen die Nerven die Oberhand und ich litt unter dem, was man als Schreibblockade bezeichnen würde. Was mich irgendwie gerettet hat, war, dass der Kopf des Ingenieurs Vorrang hatte, weil er zuerst gedreht wurde, was mir erlaubte, den David-Kopf beiseitezulegen und ihn später zu überarbeiten. Als es an der Zeit war, den Davidskopf zu bauen, war nur noch sehr wenig Zeit übrig, und ich baute die Mechanismen schließlich in zweieinhalb Wochen

Der Bau des Ingenieurskopfes hat mich viel gelehrt und viele der Techniken, die ich bei diesem Kopf verwendet habe, habe ich auf den David-Kopf angewendet. Meine Herangehensweise an den Bau des David-Kopfes begann mit dem Studium der Gesichtsausdrücke. In dieser Zeit konnte ich nicht mit Menschen interagieren, ohne ihre Gesichtsbewegungen zu studieren und gleichzeitig zu überlegen, wie ich diese Bewegungen durch Mechanik und eine Silikonhaut übersetzen könnte.

Eine Technik, die ich für einige Gesichtsausdrücke anwandte, bestand darin, Stahldraht in die Silikonhaut einzubringen, was für die Augenbrauen und den Orbitalmuskel um das Auge gut funktionierte. Rückblickend auf den Bau habe ich festgestellt, dass mir die wenige Zeit, die ich für den Bau des David-Kopfes hatte, in gewisser Weise geholfen hat.

Ich finde, dass man mit einer knappen Deadline entschlossener wird, wie man einen Mechanismus baut, weil man keine Zeit hat, über Dinge nachzudenken. Meistens, nicht immer, führt das zu den besten Ergebnissen. Ich muss auch erwähnen, dass ich nur ein Glied in der Kette des Baus des Davidkopfes war. Ohne die großartigen Fähigkeiten des Bildhauers, des Formenbauers und der Lackierer und Haarveredler hätte der Kopf niemals so gut ausgesehen.

Was ist schwieriger zu entwerfen: Fantasiegeschöpfe oder real existierende Wesen?

Das Entwerfen und Bauen von existierenden Wesen ist in der Regel komplizierter. Weil die Kreatur oder der Mensch, den man nachbildet, für den Betrachter oder das Publikum da draußen ist, man hat Vergleichsmöglichkeiten. Das gilt auch für die Skulptur und die kosmetische Seite davon. Bei einer Fantasy-Kreatur hat man ein bisschen mehr kreative Freiheit.

Die Bewegungen Ihrer Kreaturen sind immer sehr organisch. Wie lange dauert eine Versuchsreihe, bis die gewünschte Bewegung fertig ist?

Aufgrund der knappen Deadlines bei den meisten Projekten, an denen ich gearbeitet habe, habe ich meist keine Zeit, einen Prototyp der Animatronic zu bauen und zu sehen, ob er die gewünschte organische Bewegung erzeugt.

Die Art und Weise, wie ich die Bewegung im Voraus plane, besteht darin, den Mechanismus zu skizzieren und dass Verhalten der Haut, der Gliedmaßen, des Halses, des Kopfes usw. zu studieren, wenn sie bewegt werden, und dann die gewünschte Bewegung mit Mechanismen nachzubilden. Die Bewegungen müssen vorherbestimmt sein und mit der Anatomie der Kreatur übereinstimmen und nicht einfach um der zufälligen Bewegungen willen angewendet werden. Es ist auch wichtig, das Verhältnis der Hebel richtig hinzubekommen und wenn möglich den vollen Hub des Servos zu nutzen. Das Ziel ist es die Bewegung organisch und nicht mechanisch zu gestalten.

Haben Sie ein Projekt, das Sie schon immer mal machen wollten, oder gibt es etwas, an dem wir uns in Zukunft erfreuen können?

Wenn ich die Wahl hätte, an meinem Traumprojekt zu arbeiten, müsste ich in die 80er Jahre zurückreisen und Teil des Teams von Stan Winston sein, dass das Terminator-Endoskelett gebaut hat, und des Teams von Rob Bottin, das den Robocop-Anzug gebaut hat.

In naher Zukunft würde ich gerne ein Team zusammenstellen, das aus meinen Kollegen besteht, mit denen ich in den letzten zehn Jahren zusammengearbeitet habe, und eine sehr realistische Humanoid Animatronic bauen. Das Fähigkeitsniveau und das Talent der Leute in der Creature FX Industrie ist meiner Meinung nach derzeit auf einem so hohen Niveau, dass diese Art von Animatronic ihr volles Potenzial entfalten könnte.

Ich habe mit der wichtigsten Frage bis zum Schluss durchgehalten: Was war der schwierigste Effekt, an dem Sie gearbeitet haben, und warum?

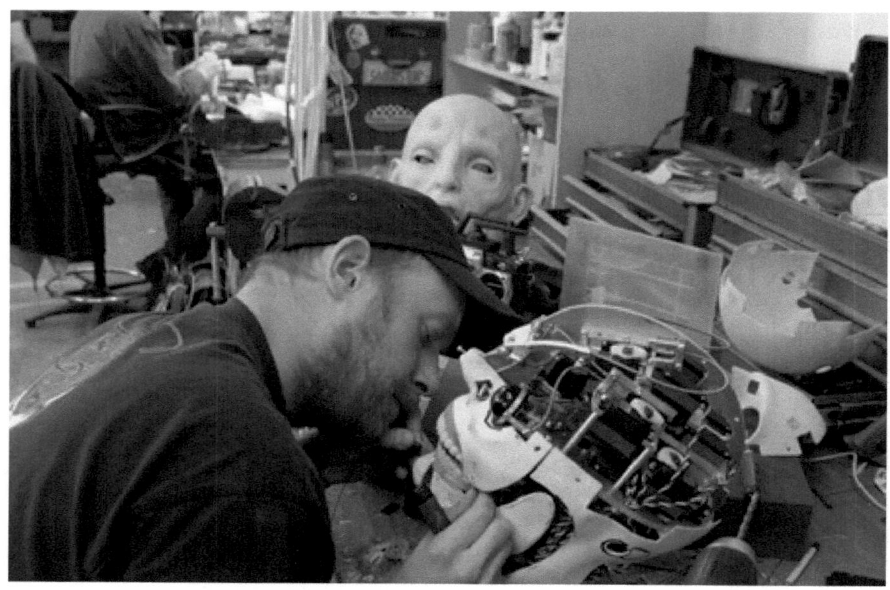

Abb. 10. 5 Gustav Hoegen beim Bau des Kopfes des Konstrukteur aus PROMETHEUS *in den Pinewood Studios.*

Es ist schwer, den einen schwierigsten Effekt zu benennen, an dem ich gearbeitet habe. Die Schwierigkeit hängt in der Regel von mehreren Faktoren ab, wie z. B. der Bauzeit, der Umgebung, in der er funktionieren muss, und wie wichtig die Animatronic für die Szene ist. Basierend darauf würde ich ein paar auswählen müssen. Der erste ist der schwimmende Oompa Loompa für CHARLIE UND DIE SCHOKOLADENFABRIK (2005). Was es für mich schwierig machte, war, dass es sowohl unter Wasser funktionieren als auch zum richtigen Zeitpunkt an der Kamera vorbeischwimmen musste. Im Großen und Ganzen war das für den ganzen Film nicht so wichtig, aber am Tag des Drehs war für mich für diese spezielle Einstellung ziemlich entscheidend.

Das zweite ist für mich der Kopf des Ingenieurs für PROMETHEUS. Wie ich bereits erwähnt habe, war es der erste humanoide Kopf, den ich vor dem David-Kopf gemacht habe. Es gab also viele Unbekannte für mich und Probleme, die ich lösen musste. Dies in Kombination mit der Tatsache, dass er eine entscheidende Rolle in der Szene hatte, machte ihn zu einem meiner schwierigeren Projekte.

Und schließlich würde ich sagen, die Projekte, die ich von meinem eigenen Studio aus gemacht habe, wo ich für den gesamten Prozess verantwortlich bin. Creature FX-Projekte von meiner eigenen Firma aus zu leiten, hat sich als viel schwieriger erwiesen, als ich dachte, denn es gehört viel mehr dazu, als nur das Animatronic Rig zu bauen.

Ich muss immer noch ähnliche Deadlines einhalten, aber es kommt noch viel mehr Arbeit hinzu, wie z.B. die Verwaltung des Budgets, das Anheuern und Überwachen einer Crew, der Umgang mit den Kunden und alltägliche Dinge, wie z.B. die Bevorratung von Materialien, die Terminplanung und das Verladen und Versenden der Animatronic, um nur einige zu nennen.

Hoffentlich wird das mit der Zeit einfacher, so wie irgendwann, nachdem ich mehr Erfahrung gesammelt hatte, das Bauen von Animatronics einfacher und weniger stressig wurde und daher mehr Spaß machte.

11. Die Miniaturen im Film

Wenn der Mensch nicht gerade eine Sehbeeinträchtigung hat, erkennen unsere Augen Dinge in ihrer Dreidimensionalität. Wir sehen etwas, und unser Gehirn verarbeitet diesen visuellen Input. Dabei kann es sein, dass uns das Gehirn manchmal einen »Wahrnehmungsstreich« spielt. Wenn wir am Meer oder am Hafen auf den Horizont blicken, erkennen wir ab und an einen Frachter oder ein anderes Boot. Es erscheint sehr klein. In Wahrheit ist es aber enorm groß. Erst wenn dieses Vehikel näherkommt, erkennen wir seinen enormen Umfang.

Andersherum geht das auch. Wir halten uns beispielsweise eine kleine Spielfigur recht nah ans Auge, und sie erscheint uns groß. Halten wir diese Figur weiter vom Auge entfernt, dann erkennen wir erst, wie klein diese ist.

Im Film werden unsere Wahrnehmung und die Verarbeitung dieser Wahrnehmungen im Gehirn genutzt, um unwirkliche Dinge in der filmischen Realität zu erzeugen. Ein ums andere Mal wird dem menschlichen Geist etwas suggeriert, was es so nicht geben kann. Einer der vielen technischen Tricks sind Miniaturen oder Modellbauten. Im Laufe der Filmgeschichte gibt es unzählige Beispiele für Miniaturbauten oder Modellen, die uns, als Zuschauer, in Erstaunen setzt. Diese können in ihrem Maßstab stets variieren. In der Realität große Dinge werden klein gebaut und filmtechnisch eingefügt. Wenn man sich, um ein populäres Beispiel heranzuziehen, sämtliche GODZILLA-Filme ansieht, bekommt man sofort einen Blick auf Häuser, Straßen, Fahrzeuge oder Landschaften, die alle kleiner gebaut wurden, um uns glaubhaft zu machen, dass die Riesenmonster in ihrer Körpergröße überdimensional sind.

Der andere Weg ist auch eine großartige Möglichkeit der menschlichen Manipulation. Als Beispiel sei hier Richard Fleischers Film DIE FANTASTISCHE REISE (1964) genannt. Die Reise durch den Menschlichen Körper zeigt u.a. menschliches Gewebe, welches größer dargestellt ist, als es in Wirklichkeit ist. Aber wir sehen es und glauben es.

Die Kunst des Miniaturbaus (egal um welche Größenrichtung es geht) ist in ihrer Vielschichtigkeit einer der großen Errungenschaften der Illusion Film. Der Modellbau erlaubt uns, in Welten einzudringen, die wir so noch nie gesehen haben. Dabei sind es auch ganze Sets, die dementsprechend in einem bestimmten Maßstab gebaut werden. Es gibt in der Filmhistorie viele große Künstler auf diesem Gebiet. Man kann hier nur einige nennen, die dieser Kunst zu wahrer Größe verholfen haben: etwa Gregory Jein (UNHEIMLICHE

Begegnung der dritten Art), Derek Meddings (Superman – Der Film 1978), Patrick McClung (Aliens), Lorne Petersen (Kampfstern Galactica, 1978) oder auch Steve Howarth (Space Truckers, 1996).

Ein Meister dieser Kunstrichtung ist Bruce MacRae. Der Modellbauer arbeitet unter anderen an Filmen mit wie Air Force One, Titanic, Starship Troopers (alle 1997) oder auch Bram Stokers Dracula (1992). Aber nicht nur im Film hat er seine Spuren hinterlassen.

Portrait Bruce MacRae

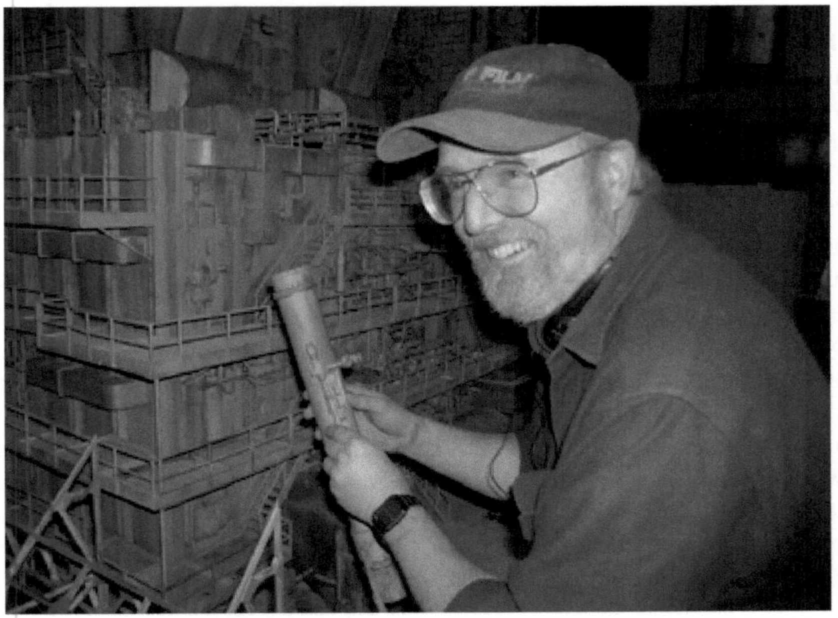

Abb 11.1 Bruce MacRae bei seiner letzten Arbeit im Film: Stirb langsam 4.0 (2007).

Bruce MacRae wurde 1953 geboren. Er fing mit sieben Jahren an, sich für Modellbausätze zu interessieren. 1968, als er 15 Jahre alt war, entdeckte er die IPMS (International Plastic Modeling Society) und war erstaunt über die Qualität des Modellbaus. Die Mitarbeiter dort verwandelten »einfache« Plastikbausätze in Modelle mit Museumsqualität. Er fand dort sehr talentierte Leute, von denen er lernen konnte, und sie beantworteten nachsichtig alle seine

Fragen. Innerhalb weniger Jahre nahm er erfolgreich an monatlichen und regionalen Wettbewerben teil, bei denen er seine Modellierfähigkeiten stets verbessern konnte.

Viele seiner siegreichen Modelle wurden in den 70er Jahren in der Zeitschrift «Scale Modeler" vorgestellt, was ihm weitere Möglichkeiten eröffnete. Er betrieb etwa ein Jahr lang einen Bastelladen in Santa Monica, Kalifornien, und seine dort ausgestellten Modelle waren sehr beliebt. MacRae verließ den Hobbyladen, als seine berufliche Laufbahn im Film begann.

MacRae wurde von einigen Modellbausatz-Firmen ausgewählt, ihre Bausätze für die »Box Art« zu bauen. Das sind die Bilder, die man auf der Vorderseite eines Bausatzes findet, wenn man ihn kauft. Das war eine einmalige Gelegenheit, denn diese Firmen hatten gerade aufgehört, gemalte Bilder für ihre Schachteln zu verwenden und wollten stattdessen Fotos von den tatsächlichen Bausätzen hinzufügen. Das bedeutete, MacRae baute Bausätze, bevor sie für die Öffentlichkeit erhältlich waren. Zu diesen Firmen gehörten Intex, Testors (die ihre Künstler auf den Schachteln verewigt haben), Bandai, AMT und Revell (bei der er zwei Jahre lang blieb). Zu dieser Zeit fertigte er circa 50 Box Arts an.

In den 1970er Jahren hatte er einige Auftragsarbeiten für Leute gemacht, die seine Arbeit im »Scale Modeler" gesehen hatten. Eines Tages im Jahr 1978 stellte er seinen selbstgebauten Star Wars-Stormtrooper auf einer Messe aus. Dort wurde er von Leuten aus der Filmindustrie angesprochen, die ihn fragten, ob er an Star Trek – Der Film mitarbeiten wolle. Er ergriff diese Chance, landete bei BPMM (Brick Price Movie Miniatures) und erstellte Requisiten für die Fernseh-Serie Projekt UFO. Bald darauf baute er Requisiten für den ersten Star Trek-Film, darunter die Tricorder, Phaser, Gürtelschnallen und dergleichen. Wegen Star Trek konnte er nun der Gewerkschaft IATSE Local 44 beitreten – und das öffnete ihm weitere Türen in der Filmindustrie. Nach den Arbeiten an Star Trek konzentrierte er sich auf Miniaturen.

Godzilla (1998)

Ein gigantischer Fuß presst sich auf die Straßen von New York. Eine riesige Echse bahnt sich seinen zerstörerischen Weg durch die Schluchten der Hochhäuser dieser Metropole. Roland Emmerichs erste Version des japanischen Kultmonsters aus amerikanischer Sicht, die auf Zelluloid gebannt wurde, überzeugt in gewisser Hinsicht durch seine Modellarbeit. Bruce MacRae arbeitete an diesen Film maßgeblich mit und baute unzählige kleine und auch große

Modelle von Gebäuden, Gegenständen, Straßenzügen oder verrotteten Autos. Der Aufwand für vereinzelte Szenen war enorm und teilweise schwierig zu realisieren, wie im folgenden Bild zu sehen ist.

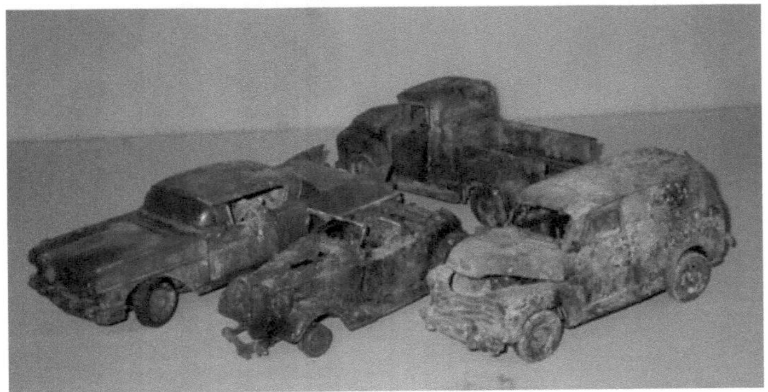

Abb. 11.2 »Das waren Spielzeugautos aus Metall, aus denen wir Wracks bauen mussten. Da sie aus Metall waren, waren sie schwer zu beschädigen.«, so Bruce MacRae.

Auch die Gebäude wurden enorm hoch gebaut. Bis zu sechs Meter erbaute man diese Hochhäuser. Sie wurden teilweise ausgeliehen von Firmen, die für die Filme BATMAN (1989) oder DAS FÜNFTE ELEMENT gearbeitet haben. Ganze neun Monate arbeitet Bruce MacRae an diesem Film, und das Ergebnis kann sich aus Modellbausicht sehen lassen.

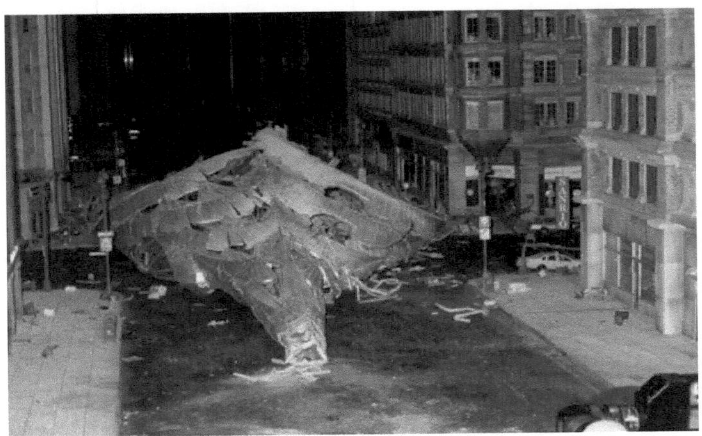

Abb. 11.3 Die Kuppel des Empire State Building liegt als Modell auf den Straßen New Yorks.

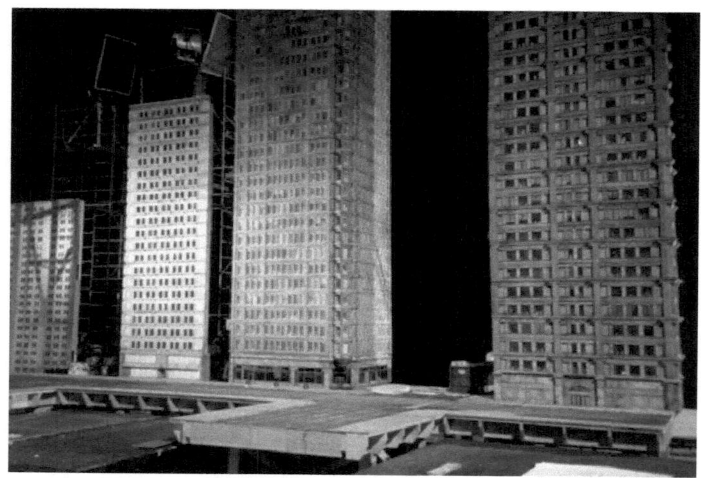

Abb. 11.4 Durch diesen Gang springt Godzilla in den Fluss von New York.

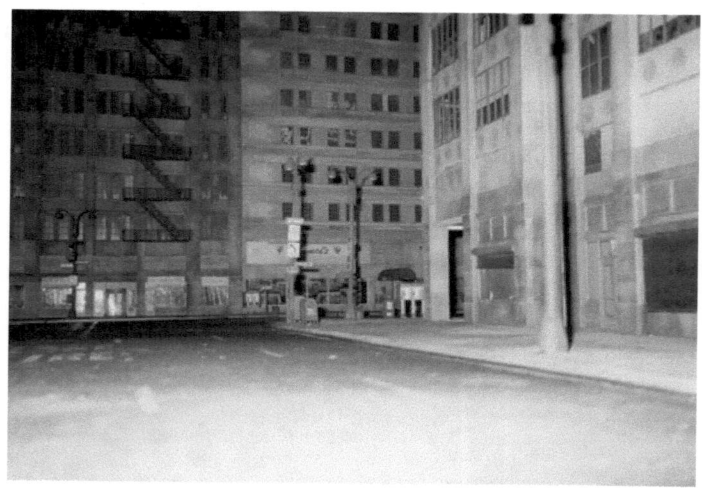

Abb. 11. 5 Detailverliebtheit beim Bau der Straßenzüge von New York.

Im Gespräch mit Bruce MacRae

»Wenn Leute fragen, wie man ein Modellbauer für Filme wird, sage ich ihnen, dass man zuerst Modelle bauen muss.«

Till Bamberg). Sie sind ein Meister der Bausätze. Soweit ich informiert bin, war Ihr erster Bausatz von Revell die «Flying Fortress" aus der B-17 F-Serie. Mit diesem Bausatz fing im Grunde alles an. Können Sie uns sagen, was das Besondere an diesem Bausatz war und wie er Ihr späteres Berufsleben beeinflusst hat?

Bruce MacRae) Ich habe nie eine Folge von 12 O'Clock High (1964 – 67) verpasst und bin ein großer Fan von Militärflugzeugen aus dem Zweiten Weltkrieg. Nachdem ich den Bausatz von Revell gebaut hatte, besuchte ich ihre Einrichtung, um einige Details des Bausatzes, wie er produziert wurde, zu besprechen, einschließlich ihrer Bemalungsanleitung. Ich wollte einige Details diskutieren, die weggelassen worden waren, die aber meiner Meinung nach hätten enthalten sein sollen.

Lloyd Jones war damals der Leiter der Forschungs- und Entwicklungsabteilung bei Revell, und er kam freundlicherweise herunter, um mit mir zu sprechen. Er hörte geduldig zu und erklärte dann, dass Revell »nicht im Geschäft ist, Modelle zu bauen, sondern Geld zu verdienen.« Ohne die Firma zu verunglimpfen, erklärte er, dass sie die fehlenden Informationen zwar hatten, aber aus Kostengründen nicht in die produzierten Modelle einbauten. Er erzählte mir auch von der Geschichte der Firma und wie der Maßstab 1/72 gewählt wurde, weil er in die vorhandenen Kartons passte. Mr. Jones gab mir eine Tour durch die gesamte Produktion, von der Konzeption über das Design bis hin zu Werkzeugbau, Guss und Verpackung. Der Essensraum war ein echter Augenöffner: Seine Wände waren mit Glasvitrinen *voll* von Modellbausätzen bedeckt. Ich hatte in meinem Leben noch nie so viele gebaute Bausätze gesehen. Alles in allem war Revell sehr freundlich zu meinen jungen Vorstellungen von der Modellproduktion. Mr. Jones machte mich mit der IPMS bekannt, die sich in diesem Lunchraum traf. Ich genoss ihre Treffen dort etwa zehn Jahre lang.

Durch diese B-17 lernte ich also die IPMS kennen, die diese Fähigkeiten förderte. Und dank der IPMS konnte ich während der Goldenen Jahre der Filmminiaturen in die Filmindustrie einsteigen.

Sie haben bis heute für vier Modellbauunternehmen gearbeitet. Was hat Sie am Modellbau fasziniert? Hatte jede dieser Firmen ein besonderes Profil, das Sie motiviert hat, dort zu arbeiten?

Ich hatte das Glück, von diesen Modellbaufirmen für etwas angeworben zu werden, was ich sehr gerne mache und sowieso gemacht hätte: Modellbausätze bauen! Ab und zu konnte ich mit einem dieser Bausätze an einem Modellbauwettbewerb teilnehmen und das hat Spaß gemacht. Die Arbeit für die Modellbaufirmen beeinträchtigte mein Hobby, Bausätze für Wettbewerbe einzureichen, nicht wirklich. Es ermöglichte mir, mein Modellbau-Hobby auf lohnende Weise zu betreiben.

Ich nahm weiterhin an Wettbewerben teil, bis etwa Ende der 1970er Jahre. Meine Arbeit in der Industrie begann, den größten Teil meiner Zeit und Energie in Anspruch zu nehmen, und als eines Tages ein Kind ein Schwert aus einem meiner Dioramen bei einem Wettbewerb stahl, beschloss ich, dass es an der Zeit war, eine Pause von Modellbauausstellungen einzulegen.

Gab oder gibt es einen Bausatz, der Sie vor große Herausforderungen gestellt hat, und wenn ja, welche waren das?

Da gab es im Laufe der Jahre viele, aber der Star Wars-Stormtrooper im Maßstab 1:9 war eine der größten Herausforderungen. Revell überprüfte ihre alten Formen und hatte drei oder vier ihrer Flash-Gordon-Figur von 1964 als Test herausgebracht. Sie gaben mir die Figuren, da sie sie nicht wirklich produzieren wollten, und ich ertappte mich dabei, wie ich mir einen Stormtrooper vorstellte. Er war etwa 20 cm groß. Ich schnitt sie auseinander, um sie neu zu positionieren, und baute dann die Stormtrooper-Rüstung mit Spachtelmasse und Styrolplatten. Die größte Herausforderung war, dass ich den Helm komplett neu bauen musste, da es zu dieser Zeit nichts Vergleichbares gab. Es gab noch keine Stormtrooper-Bausätze; es dauerte Jahre, bis Bandai ihre herausbrachte. Ich verbrachte etwa 50 Stunden allein mit dem Helm, vor allem damit ihn symmetrisch zu gestalten. Für den Rest der Figur habe ich weitere 50+ Stunden aufgewendet. Ich hatte sogar einen Modellautobauer, der mir eine Lektion in Sachen Hochglanzlackierung erteilte, um das richtige Finish zu erzielen. Dieser Stormtrooper war eine echte Herausforderung. Aber es hat sich gelohnt. Als der Vertreter von BPMM ihn gesehen hat, hat der mir einen Job angeboten.

Der Stormtrooper begleitete mich zu mehreren Vorstellungsgesprächen, unter anderem bei Heartland Universal, wo mich Pete Gerard für eine mögliche Arbeit an Airport ’79 – Die Concorde (1979) interviewte. Ich zeigte ihm den

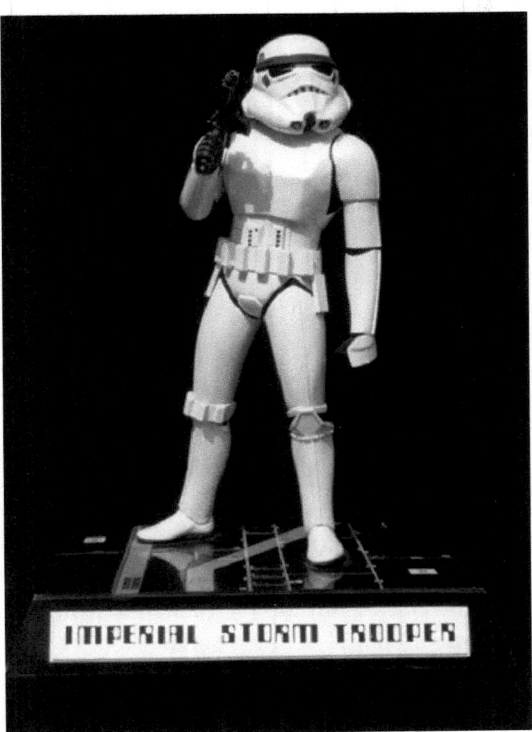

Abb. 11. 6 Bruce MacRaes Version des imperialen Stormtroopers.

Stormtrooper und er kommentierte: »Was für ein schöner Bausatz.« Als ich ihm sagte, dass es ein Scratch-Baukasten sei, glaubte er mir nicht, aber ich wies ihn darauf hin: »Wenn es ein Bausatz ist, haben Sie ihn dann im Regal gesehen? Und wie haben sie diese Hinterschneidungen mit einem Stahlwerkzeug gemacht?« Er schaute es sich noch einmal an und sagte mit Augen so groß wie Untertassen: »Wow, es *ist* selbstgebaut!« Ich habe mehrere Jahre mit ihm gearbeitet und wir lachen immer noch darüber. Pete ist ein erstaunlich talentierter Modellbauer.

Was war Ihr erster Film, an dem Sie gearbeitet haben, und wie haben Sie den Job bekommen?

Douglas Trumbull und John Dykstra arbeiteten bei Future General an Modellen für einen Themenpark. Ich war noch auf dem College und Gregory Jein, mit dem ich die nächsten 30 Jahre immer wieder zusammenarbeitete, stellte mich in Teilzeit für dieses Projekt ein, aber es war nicht wirklich ein Film.

Der erste »richtige« Film, an dem ich gearbeitet habe, war wie gesagt Star Trek – Der Film. Aber davor hatte ich kleinere Gelegenheiten, darunter Delta III – Wir wollen nicht zurück zur Erde (1979) bei BPMM und The Spacewatch Murders (1975), ein Fernsehfilm, der seitdem nie wiedergesehen wurde. Ich wurde von Bob Shepherd an sie verwiesen, der aufgrund von Drehbuchverzögerungen keinen Platz für mich bei Krieg der Sterne finden konnte.

Haben Sie persönliche Vorbilder oder Lieblingsfilme in Ihrer Branche?

Die Filmindustrie hat mich einfach aus dem Himmel geholt. Ich besuchte Wilshire Hobbies in Santa Monica, CA, während Bob Shepherd für eine damals neue Firma namens Magicam arbeitete. Bob bat den Laden um Empfehlungen für junge Modellbauer und obwohl ich zu diesem Zeitpunkt keinen Job bekam, brachte das meinen Namen »nach draußen«.

Zu den Filmen, die mich wirklich beeindruckt haben (und an denen ich nicht mitgearbeitet habe), gehörten Jason und die Argonauten, insbesondere die kämpfenden Skelette. Alarm im Weltall und Der Tag, an dem die Erde stillstand (1951) waren ebenfalls faszinierend. Und natürlich hat mich Invasion vom Mars (1953) als Kind so sehr erschreckt, dass ich lange Zeit nicht in die Nähe von Sand gegangen bin – nicht einmal in einen Sandkasten.

Einer meiner Lieblingsfilme, an dem ich mitgearbeitet habe, war Air Force One. Ich habe kürzlich gehört, dass Boeing unser Air Force One-Modell hat und es eines Tages ausstellen wird.

Titanic war auch ein guter Film. Leider habe ich an vielen Projekten gearbeitet, die Filme hervorbrachten, die, seien wir ehrlich, nicht so gut waren. Trotzdem waren einige der Projekte ein Knaller, wie zum Beispiel eine Serie von Sunkist-Werbespots, bei denen wir überall Orangen animiert haben. Es war durchaus möglich, eine wirklich gute Zeit zu haben, tolle Modelle zu machen und an einem Projekt zu arbeiten, das einfach kein Erfolg war. Wie man so sagt: »Ich spiele nur die Noten, ich habe die Musik nicht geschrieben.«

Sie haben 33 Jahre lang in der Filmbranche in verschiedenen Positionen gearbeitet. Welche haben Sie besonders genossen bzw. gab es Filme, bei denen Sie unter großem Druck standen?

Wir standen immer unter großem Druck. Einen entspannten Job gab es eigentlich kaum. Wenn es nicht gerade einen engen Abgabetermin gab, fragten wir uns immer, wann »der nächste Schuh fallen wird«.

Ich glaube, ich war am liebsten Maler, aber auch der Formenbau und das Gießen haben mir Spaß gemacht. Es war immer eine Freude, Bereiche mit Details zu versehen. Greg Jein hat mich einmal beauftragt, die Nase eines klingonischen D-7-Kreuzers zu detaillieren, und ich habe Hunderte von kleinen Plastiksplittern daraufgesetzt. Ich glaube, das war für eine Episode von Star Trek – The Next Generation (1987 – 1994).

Meine Lieblingsbemalung für einen Film war wahrscheinlich die Bemalung aller Militärflugzeuge für Air Force One: 4 KC-10s, 4 F-15s, 11 Mig-29s (10 waren Pyros) und eine C-130 Hercules. Diese habe ich alle selbst bemalt. Die «Air Force One" selbst habe ich nicht komplett bemalt, aber ich habe die Recherche-Fotos dafür gemacht, als die Air Force One Los Angeles besuchte, und habe mich sogar mit dem Weißen Haus und der Andrews Air Force Base darüber beraten. Es gibt nichts Lustigeres als zu hören: »Bruce, Sie haben einen Anruf aus dem Weißen Haus auf Leitung 2« über das Shop-PA-System. Das Pentagon hat auch angerufen.

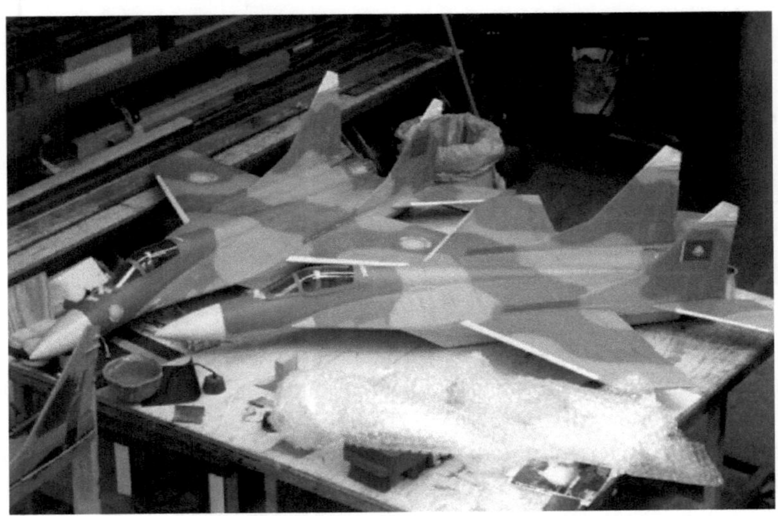

Abb. 11. 7 Zwei der Militärflugzeuge aus Air Force One.

Bei der Titanic war ich Supervisor für die Abteilungen Farbe und Formen für die zweite Einheit, was bedeutet, dass ich für die Farbe sowohl des großen Modells als auch der »Wrack«-Modelle der Titanic, der Rettungsboote und der Schlepper verantwortlich war. Ich musste dafür sorgen, dass alle Formen und Gussteile (hunderte davon) für diese Modelle hergestellt wurden. Es war nicht so sehr, dass der Job eine Herausforderung war, er war sehr einfach. Aber die meisten meiner Mitarbeiter, über die Hälfte, waren unerfahren. Insgesamt waren etwa 75 Modellbauer an dem Projekt beteiligt, aber bei einem so hohen Prozentsatz an Neulingen brauchten sie eine Menge Aufsicht. Wir nannten sie »Welpen«. Sie waren aufgeregt, glücklich und enthusiastisch, aber man musste sie ständig im Auge behalten, weil man nie wusste, was sie als nächstes tun würden. Sie hielten mich wirklich auf Trab. Aber es war auf jeden Fall ein lustiger Job, und die Herausforderung hat Spaß gemacht.

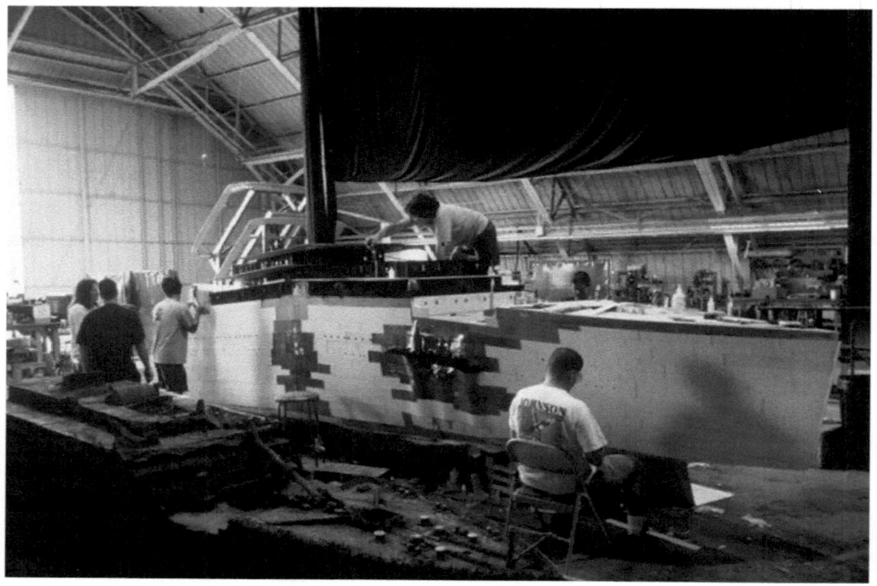

Abb. 11. 8 Die »Welpen« bei der Arbeit an der Titanic.

Details sind alles in so einem Job. Wir haben über 100.000 handgesetzte Nieten hergestellt – man bohrt ein Loch und setzt eine Niete, genau wie beim »echten« Schiff. Wir haben Hunderte von Liegestühlen hergestellt. Wir haben das Verfahren zur Herstellung der Rostzapfen für das Wrack der Titanic erfunden – aus Cheetos. Hunderte von Tüten mit Cheetos. Ich werde nie wieder Cheetos essen. Diese Details haben sich aber gelohnt. James Cameron sagte uns, dass unser Wrack »echter aussah als das echte«, und verwendete viel von unserem Modellmaterial anstelle von »echtem« Filmmaterial des Wracks, das er eigentlich verwenden wollte.

Einer der Vorteile, den ich als Supervisor hatte, war, dass ich den Namen »Titanic« auf den Bug und das Heck des großen Modells malen durfte.

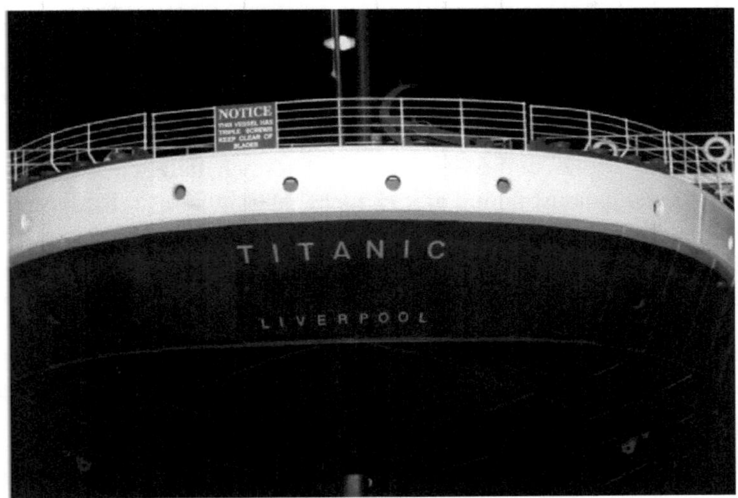

Abb. 11. 9 Ein Name für die Ewigkeit. Gemalt von Bruce MacRae.

Was ist Ihre Meinung über die Ausbildung, um Experte für Spezialeffekte/Modellbauer zu werden? Gibt es irgendwelche Voraussetzungen oder Talente, die man neben der Begeisterung mitbringen muss?

Fast alle von uns waren bereits leidenschaftliche Modellbauer, als die Industrie uns brauchte. Wenn Leute fragen, wie man ein Modellbauer für Filme wird, sage ich ihnen, dass man *zuerst* Modelle bauen muss. Ich habe nicht wirklich eine spezielle Ausbildung für diesen Job bekommen. Tatsächlich belegte ich im College einen Airbrush-Kurs, von dem ich hoffte, er würde mir helfen, aber es stellte sich heraus, dass ich mehr darüber wusste als der Lehrer. Ich belegte einen Modellbaukurs (für Requisiten), der mir ein paar Fertigkeiten vermittelte, wie z. B. die Verwendung von RTV-Gummi und das Schneiden von Holz für die Herstellung von Mustern, aber auch das hat nicht wirklich viel gebracht. Beim Modellbau geht es nur um Modellbau. Manche Leute spezialisieren sich auf Scratch Building. Manche spezialisieren sich auf Elektronik oder arbeiten in Maschinenwerkstätten, um fein gedrehte Produkte herzustellen. Manche machen Gussformen oder malen. Bildhauer sind in einem ganz eigenen Universum. All das sind spezielle Fähigkeiten. In der Filmindustrie kannte ich nie jemanden, der das alles konnte. Meine besonderen Fähigkeiten sind das Formen, Gießen, Bemalen und Detaillieren.

Wenn man mit diesen Grundfertigkeiten zur Tür hereinkommt, lernt man viel mehr als man jemals in einer Schule lernen könnte. Als ich 1986 bei Boss Films (die SFX-Firma von Richard Edlund; Masters of the Universe, 1987) anfing, war ich bereits Modellbauer und Maler. Dort war Ron Gress mein Mentor beim Malen und das Beste, was er mir beibrachte, war, wie man Farben »sieht« und wie man sie mischt. Ich habe von ihm unheimlich viel über Farben gelernt.

Kunstunterricht, Holz- und Metallwerkstatt können nützlich sein, aber eine wirkliche Modellbauausbildung gibt es nicht. Man muss es selbst von anderen Leuten lernen. Das Schöne an der Industrie war, dass wir von wirklich erstaunlichen Leuten lernen konnten, die unsere Fragen beantworteten. Wir sind stolz darauf, diese Fähigkeiten an die nächste Generation weiterzugeben.

Sie waren lange Zeit als Modellbauer für Filme tätig. Was denken Sie über Ihre Art der Arbeit im Film? Ist es nur eine technische oder ist es Kunst? Bekommt der Modellbau genug Anerkennung?

Meine Art von Arbeit beim Film wurde immer unter einer Deadline gemacht und diese Deadlines haben alles beeinflusst, was wir gemacht haben. Obwohl es also eine Kombination aus Kunst und technischem Können ist, mussten diese in die Zeitlinie eingepasst werden. Handwerkliches Können bedeutet, dass man seine Kunst oder sein Kunstwerk so gestaltet, dass es die Bedürfnisse des Kunden erfüllt. Wir waren künstlerische Handwerker.

Wir wareAn immer stolz darauf, Kunst zu machen, die nie »gesehen« wurde, weil sie einfach zu »echt« aussah.

Die Academy Awards wurden ab den 50er Jahren für Spezialeffekte (damals noch Visual Effects) vergeben. Zu den Preisträgern gehörten so bahnbrechende Arbeiten wie 20.000 Meilen unter dem Meer, Mary Poppins (1964) Krieg der Sterne. Ich glaube, das erste Mal, dass meine Arbeit nominiert wurde, war für Stirb langsam (1988). Sie müssen verstehen, dass die Arbeit einer *Menge* Leute in jedes Visual-Effects-Paket einfließt, beileibe nicht nur meine. 1997 wurden zwei Filme, an denen wir gearbeitet haben, für die Academy Awards in Visual Effects nominiert: Starship Troopers und Titanic. Natürlich hat Titanic gewonnen, und darauf waren wir alle sehr, sehr stolz.

Was denken Sie über die Arbeit mit CGI im Vergleich zum Modellbau von damals? Gibt es, Ihrer Meinung nach, eine Art Renaissance dieser Kunst?

Wir konnten mit The Last Starfighter (1984) sehen, wie CGI langsam aufflammte. Aber man erkannte, dass es «noch nicht da war". Tron (1982) hat einen viel besseren Job gemacht, weil er offen gesagt nicht wirklich versucht hat, echt auszusehen.

CGI funktioniert am besten, wenn es »echte« Dinge nachahmt, denn egal wie schön Ihr CGI-Modell des Raumschiffs USS Enterprise ist, wir wissen, dass es nicht echt ist. Also erwarten wir CGI oder zumindest eine Miniatur. Wenn wir Menschen sehen, die unmögliche Dinge tun (wie Spiderman) wissen wir, dass es CGI ist. Regisseure sind berühmt dafür, choreografierte Stunts zu entwerfen, die einfach nicht real sein können, und tief in unseren Köpfen wissen wir, dass sie nur CGI sind. Schauen Sie sich Peter Jackson an – er weiß einfach nicht, wann er aufhören muss, und seine CGI überwältigt den Zuschauer einfach.

Ich denke also, dass CGI ein Werkzeug ist, das übermäßig benutzt und missbraucht wurde und dadurch seine Wirkung verliert. Wie, wenn man zu viel Schokoladenkuchen isst, bis man die Schokolade nicht mehr schmecken kann.

Miniaturen und andere Spezialeffekte sind viel besser geeignet, um in unseren Köpfen »echt« zu wirken. Zum einen sind sie tatsächlich 3D, anstatt es zu imitieren. Licht bewegt sich realistisch über eine Miniatur. Sie sehen »echt« aus, weil sie es sind. Wenn sie mit der richtigen Beleuchtung fotografiert werden, kann man den Unterschied zwischen einer Miniatur und einem Objekt in Originalgröße nicht erkennen. Unser Verstand leistet großartige Arbeit beim Sehen und Erkennen der Realität, indem er unendlich viele Details von Licht, Schatten und Maßstab verarbeitet, ohne dass unser Bewusstsein die Details verstehen muss. Bei einer Miniatur, weil Licht, Schatten und Maßstab tatsächlich vorhanden sind, sieht unser Verstand sie als real an.

Der Raum, in dem Sie sitzen, ist voll von Milliarden von Informationsbits in Licht, Schatten und Farbe. Wir verarbeiten diese Informationen, ohne darüber nachzudenken. Wenn Sie sich auf ein Buchcover konzentrieren, sehen Sie es im Detail, aber normalerweise sehen wir nur etwa zehn Prozent davon. Ihr Verstand konzentriert sich nur auf die Informationen, die er braucht, aber die ganze Information ist immer noch da. Wenn wir etwas fotografieren, nehmen wir alle Informationen auf, um sie den Gehirnen der Betrachter zu präsentieren.

Bei CGI müssten die Computerkünstler all diese Milliarden von Details erzeugen, und das tun sie nicht. Folglich kann unser Verstand den Unterschied zwischen CGI und einer Miniatur erkennen.

Ein Vorteil von CGI ist die unendliche Schärfentiefe bei jedem Motiv, während bei einer Miniatur die Schärfentiefe umso geringer wird, je näher die Kamera kommt, und das kann den Maßstab verraten.

Das klassische Beispiel dafür ist ein alter Marinefilm aus den 40er Jahren. Da ist der U-Boot-Kapitän, der durch sein Periskop auf ein Schiff schaut. Der Ozean springt vor seine Linse, in perfekter Schärfe, doch das Heck des Schiffes in der »Ferne« erscheint unscharf.

Bei Coppolas Dracula mussten wir eine Szene filmen, in der Van Helsing die Särge Draculas verbrennt, um ihn aus Carfax Abbey zu vertreiben. Sowohl für Feuer als auch für Wasser gilt die Faustregel, dass der Miniaturmaßstab nicht kleiner als 1:4 sein darf. Daher war das Carfax Abbey Set riesig, weil wir es im Maßstab 1:4 gebaut haben, also war es über sechs Meter hoch und die Basis war etwa 12 – 18 Meter im Quadrat. Als wir unsere Miniatursärge in Brand setzten, sahen die Flammen (die nicht gezwungen werden können, ihre Größe zu ändern) maßstabsgetreu aus, weil sie im Maßstab 1:4 waren. Die Zuschauer waren leicht in der Lage zu glauben, dass sie »echte« Särge brennen sahen. Das riesige detaillierte Set wurde im Grunde nur für diese eine Einstellung gebaut.

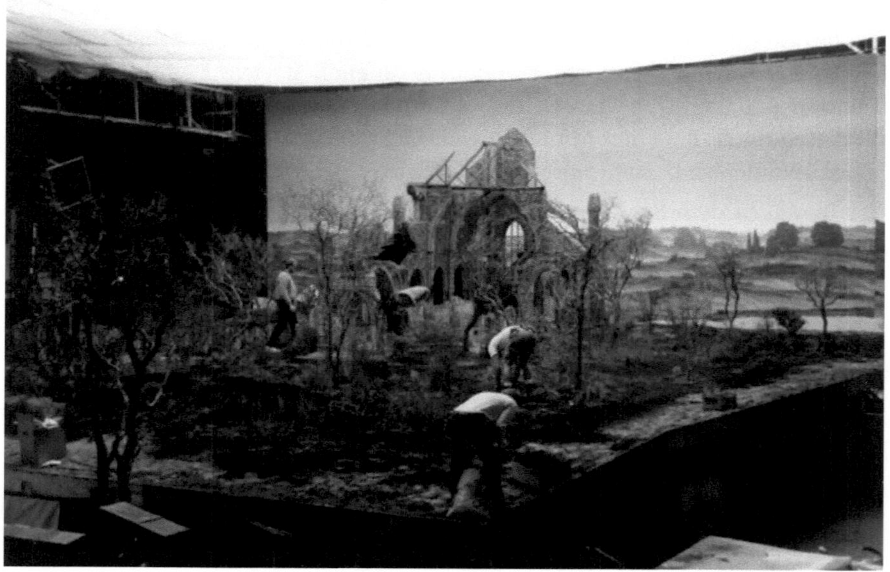

Abb. 11.10 Das Carfax Abbey-Set im Maßstab 1:4.

In einem der frühen Batman-Filme wird Batmans Flugzeug vom Joker abgeschossen und legt eine Bruchlandung auf den Stufen der Kathedrale von Gotham City hin. Die Flammen, die auf der Straße zu sehen sind, die Autos und der Absturz waren nicht maßstabsgetreu, weil die Autos nur etwa 1,80 Meter lang waren. Die Szene schrie geradezu: »Ich bin ein Fake!«, weil die Miniaturen nicht groß genug waren, um mit den Flammen übereinzustimmen. Vielleicht wäre das ein guter Ort gewesen, um CGI einzusetzen.

In Stirb langsam mussten wir einen Feuerball einen dreißigstöckigen Fahrstuhlschacht hinaufjagen. Natürlich mussten wir ein Modell verwenden, weil der Besitzer des Gebäudes nicht wollte, dass wir einen echten Feuerball in seinen echten, funktionierenden Aufzugsschacht schießen. Wir bauten im Boss Films Shop einen Aufzugsschacht, der über 6 Meter hoch war. Er hätte noch höher sein können, aber als wir ihn im Studio aufstellten, stieß er fast an die Decke. Der Aufzugsschacht nutzte die »erzwungene Perspektive«, um ihn innen größer aussehen zu lassen. Der Boden verengte sich zu einem Quadrat von etwa 2,40 Meter, und der obere Teil war ein Quadrat von 1, 20 Meter. Dies sorgte für einen natürlichen Fluchtpunkt. Wir zündeten eine pyrotechnische Ladung am unteren Ende des Schachts (wozu unser Pyroexperte auf dem Rücken liegend unter einer Plattform am Boden lag), um den Feuerball zu erzeugen, der dann den Schacht hinauf explodierte. Natürlich wurde der Kopf von Bruce Willis, der in den Schacht hinunterschaut, später per Blue-Screen eingeblendet.

Interessanterweise funktionierte die erzwungene Perspektive des Schachts so gut, dass wir bei der Arbeit daran das Gefühl hatten, Hunderte von Metern in den Schacht hinunterzuschauen, und uns schwindlig wurde. Ich musste meine Augen schließen und dann vorsichtig auf den Boden der Bühne außerhalb des Schachts schauen, damit mir nicht zu schwindlig wurde, um zu arbeiten. Es gab eine Zone in der Mitte des Schachts, die weder von oben noch von unten erreicht werden konnte, also klebte ich Lichter und Kleber auf einen langen Stock, griff in den Schacht hinunter und positionierte die Lichter an der Wand. Es war seltsam zu beobachten, wie der Arbeitsstab »länger« wurde, während wir ihn in die erzwungene Perspektive hinabließen. Ich senkte den Stock ab und versuchte, die Markierung mit dem klebrigen Licht zu treffen, während ein Freund Beschleuniger auf den Stock träufelte. Dann drehte ich den Stock, um zu sehen, ob die Lampe hängen blieb. In der Hälfte der Fälle blieben die blöden Dinger nicht kleben, sondern fielen auf den Boden des Schachts, und ich musste ihnen hinterherkriechen – und es noch einmal versuchen.

Aber für diese Aufnahme war es entscheidend, dass wir eine Miniatur anstelle von CGI hatten.

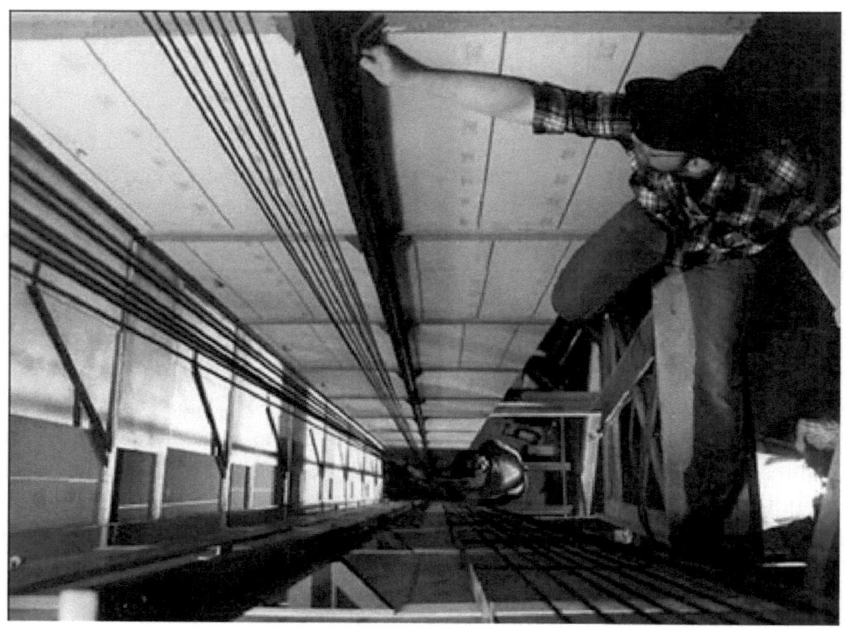

Abb 11.11 Die »erzwungene Perspektive« für den Fahrstuhlschacht in Stirb langsam. Rechts sitzend Bruce MacRae.

In Titanic hatten wir ursprünglich ein 1:8-Modell des großen Schiffes geplant, aber das wäre über 33 Meter lang lang gewesen. Das war viel zu teuer. Also haben wir im Maßstab 1:20 gebaut, was immer noch über 12 Meter lang war. Folglich befand es sich in einem komplett CGI-gefertigten Ozean, denn das war die einzige Möglichkeit, das Wasser und den Rauch (aus den Schornsteinen des Schiffes) maßstabsgetreu darzustellen. Hätten wir ein CGI-Schiff verwendet, hätte es nicht genug Details gehabt, um für die Augen der Zuschauer echt auszusehen. Und das Wasser hätte unecht ausgesehen, wenn wir echtes Wasser und eine kleine Miniatur verwendet hätten. Dies war die perfekte Verbindung von CGI und einer Miniatur.

Wenn Sie an einem Modell für einen Film gearbeitet haben, zum Beispiel Starship Troopers, wie sind Sie dabei vorgegangen? Wie genau waren die Vorlagen, oder haben Sie viel mit Kit-Bashing gearbeitet, also der kreativen Abwandlung von im Handel erhältlichen Bausätzen??

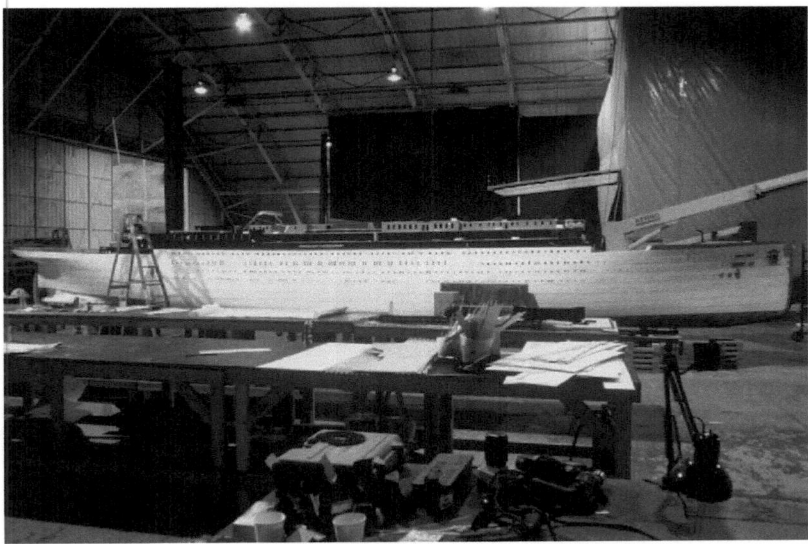

Abb. 11.12 Das Modell der Titanic im Maßstab 1:20.

Wir hatten oft eine Zeichnung, vielleicht auch Pläne, wenn wir Glück hatten, von der allgemeinen Struktur der Miniatur, die wir zu bauen versuchten. Je nachdem, um was es sich handelte, z. B. ein Raumschiff, haben wir es mit unserer Kreativität und etwas Kit-Bashing detailliert. Bei STARSHIP TROOPERS gab es eine riesige Menge an Details. Wir nannten einen Bereich des Raumschiffs Rodger Young »The Strip«, nach dem Las Vegas Strip, weil er so stark detailliert war. Es sah einfach aus wie ein Hotelstrip mit vielen rechteckigen Kästen, die in die Höhe ragten.

Der Großteil der Miniaturen für STARSHIP TROOPERS wurde von Thunderstone erstellt. Da ihnen die Zeit und das Budget für die Dreharbeiten zu den Effekten ausgingen, beauftragte Thunderstone Boss Films und ILM mit dem Bau von zwei weiteren 5,50-Meter-Modellen von der Rodger Young, die auf dem Modell von Thunderstone basierten. So waren es drei Firmen, die in kurzer Zeit die Miniaturaufnahmen machten. Dies führte zu Kostenüberschreitungen. Ich arbeitete an den Miniaturen bei Boss Films. Wir machten auch zwei Asteroiden und die Nahaufnahme der Brücke der Rodger Young, die im Film zertrümmert wird. Wir haben das ganze Schiff von Grund auf neu gebaut, basierend auf Fotos von Thunderstone.

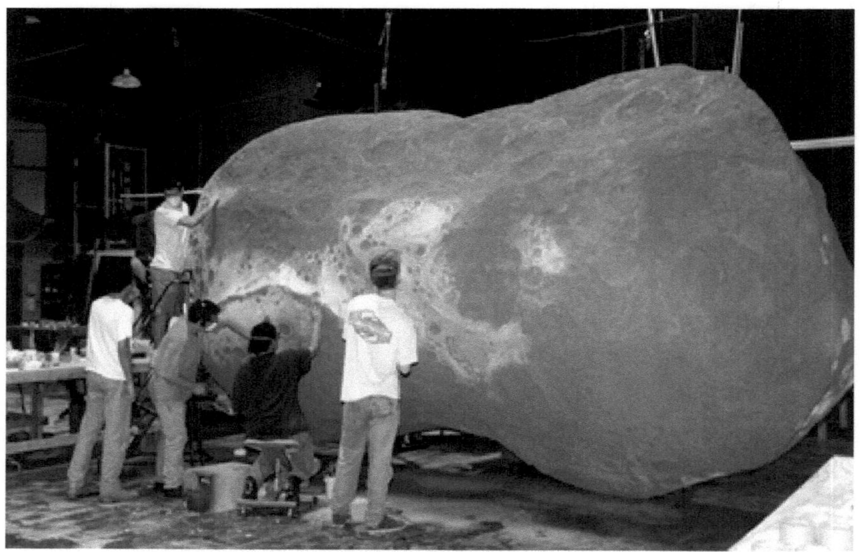

Abb. 11.13 Das Team um Bruce MacRae und der Asteroid, der die Rodger Young aus Starship Troopers zerstört, beim Bemalen der Oberfläche.

Gene Rizzardi und Jim McGeachy arbeiteten an einem Borg Cube Schiff, das komplett mit Bausatzteilen (genannt »Grebils«) bedeckt war, einschließlich ganzer Angussbäume. Mit dem Aufkommen von DVDs und DVR-Aufnahmen macht es jetzt viel Spaß, Modelle einzufrieren und zu sehen, wie sie wirklich gebaut werden! Laut Ken Swenson und Greg Jein hatte das Mutterschiff aus Unheimliche Begegnung der dritten Art so viele »Grebils«, dass es unter anderem mit Angüssen, Flugzeugen, Briefkasten, Grabsteinen und sogar, ja, R2D2 bedeckt war. Das Schiff befindet sich jetzt im Smithsonian in Dulles und das Kitbashing ist dort für alle zu sehen.

Von 1975-1977, als Krieg der Sterne und Unheimliche Begegnung gedreht wurden, kam das Kitbashing so richtig in Schwung und so ziemlich alles, was mit Science-Fiction zu tun hatte, wurde mit Kitbashing detailliert. Der Anzio Annie-Bausatz von Hasagawa war einer der beliebtesten Bausätze zum Zerhacken und für die Detaillierung, in der Tat, Teile davon erscheinen auf Darth Vaders TIE Fighter. Für die TV-Serie Kampfstern Galactica kaufte man eine Kiste Roco Mini Tanks M-114 und benutzte die oberen Rümpfe, um die obere Struktur der Galactica selbst auszukleiden.

Könnte es sein, dass Sie ein großer Fan von R2D2 sind? Denn Sie und Ihre Crew haben ihn in einigen Modellen versteckt, z.B. in Starship Troopers.

Der Grund, warum ich anfing, R2D2 auf meinen Arbeiten zu platzieren, war, weil jeder in Hollywood plötzlich Science-Fiction-Filme machen wollte, als Krieg der Sterne ein großer Hit wurde, und meine Karriere so richtig Fahrt aufnahm. Ich wollte mich also einfach bei George Lucas bedanken, dass er mir eine Karriere ermöglicht hat.

R2D2 war auf den meisten Miniaturen, an denen ich gearbeitet habe, in den meisten Filmen zu sehen, wann immer ich es einrichten konnte. Einer meiner Lieblingsplätze war auf der Oberseite des Hecks der «Air Force One". Er sieht aus wie eine kleine weiße Beule. Er war auf jeder Flugzeugminiatur in Air Force One. Ich hatte einen R2D2, der etwa 15 Zentimeter groß war, den ich gegossen hatte, und bewahrte mehrere Abgüsse in meinem Werkzeugkasten auf. Wann immer ich eine Gelegenheit sah, habe ich ihn hineingesteckt. Ich glaube der erste Platz, an dem ich ihn unterbrachte, war auf einem Projekt UFO-Modell. Er kommt wirklich herum. Er ist auf der Brücke der Titanic zusammen mit einem Miniatur-Godzilla; er ist in einigen der Gebäude und ist eine Kühlerfigur auf einem der Autowracks im Fluss von Godzilla. Er war auch auf der Spitze der Panzer in Godzilla. Er ist sogar auf dem Schiffsmodell der EARTH STAR VOYAGER.

Auf der Rodger Young waren fünf R2D2s, alle grün bemalt. Ich habe sie alle auf dem Rumpf angebracht, als mein Chef, Dave Jones, hereinkam und sie sah. Er sagte: »Das ist R2, nicht wahr?« und ich sagte: »Ja, das ist er.« Er fragte: »Gibt es noch mehr davon?« und ich sagte ihm: »Ja, es sind fünf.« Ich wartete darauf, dass er mir sagte, ich solle sie abnehmen, also sagte ich ihm: »Nun, ich werde sie nicht silber, weiß und blau anmalen! Das sind militärische R2-Einheiten, also werde ich sie grün anmalen, und wo sollten sie sonst sein als auf dem Rumpf, um das Schiff zu warten?« Wieder Totenstille. Dann sagte er nur »OK« und ging weg. Gegen Ende der Mittagspause sah ich ihn in der Lackierkabine, wo er Fotos von den R2-Einheiten machte, also wusste ich, dass alles in Ordnung war.

In dem Paramount-Pilotfilm zu Star Trek – The Next Generation baute ich ein fliegendes RC-Modell eines Raumschiffs. R2 ist der Steuerknüppel im Cockpit des RC-Modells, und die Bildschirme zeigten Bilder von Gene Rizzardi und mir.

Für den Film Godzilla von 1998 haben Sie Gebäude und Gebäudeteile aus anderen Filmen wie Das fünfte Element verwendet. Ist es nicht manchmal traurig zu sehen, dass diese großartige Arbeit, die monatelang entsteht, im fertigen Film nur für wenige Sekunden zu sehen ist? Was passiert eigentlich mit all diesen Modellen, wenn die Dreharbeiten vorbei sind?

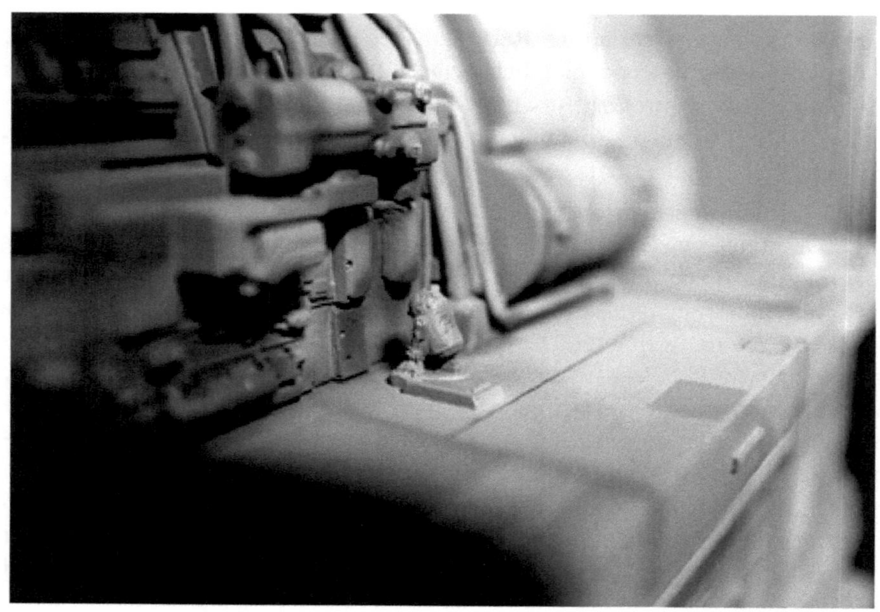

Abb. 11.14 Einer der versteckten R2-D2s auf der Rodger Young.

Wir, die diese Sachen bauen, würden gerne den ganzen Film über unsere Arbeit sehen, aber das passiert einfach nicht. Die Tatsache, dass er gemacht wird, ist sozusagen sein eigener Ruhm. Es ist traurig zu sehen, wie etwas, an dem man stundenlang gearbeitet hat, in nur einem Moment in die Luft gesprengt wird. Aber man war ein Teil davon und das war der Zweck. Und man gewöhnt sich daran, nur zu versuchen, die Aufnahmen perfekt zu machen. Es ist hart für Neulinge in der Branche, wenn ihre Arbeit in die Luft gesprengt wird, aber das ist einfach ein Teil unseres Lebens.

Ich habe das Akula-U-Boot für Crimson Tide (1995) gemalt, das implodiert ist. Das war eine einmalige Sache. Ein Modell, ein Anstrich, eine Implosion. Zwei bis drei Monate Arbeit für eine Zwei-Sekunden-Aufnahme. Es war einer der besten physikalischen Effekte und ich war froh, daran arbeiten zu können. Ich wünschte nur, wir hätten noch fünf Sekunden von der Aufnahme haben können, anstatt fünf Sekunden, in denen Denzel Washington auf eine Implosion reagiert, die er unmöglich sehen konnte.

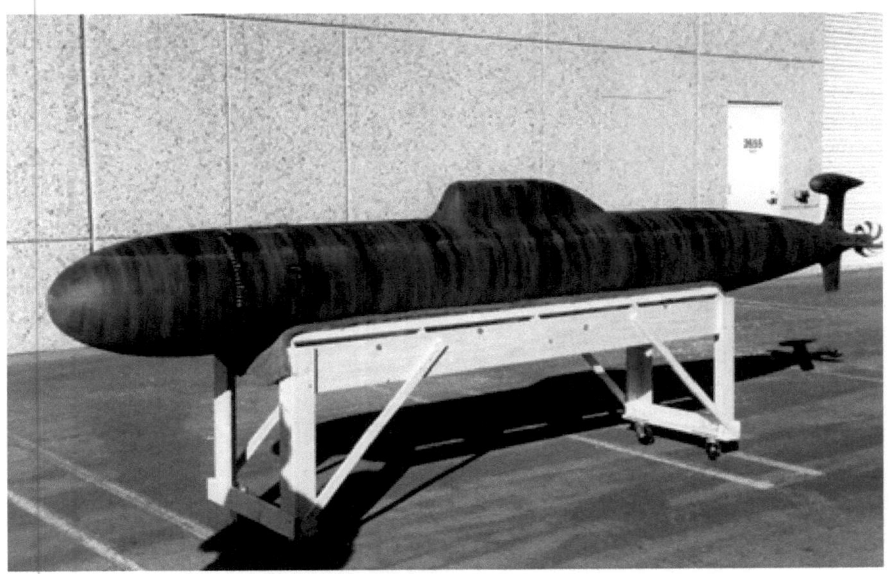

Abb. 11.15 Das Modell der Akula aus Crimson Tide.

Ich durfte die gesamte Tagesaufnahme der Implosion sehen. Es war fantastisch! Wir waren traurig, dass man das im fertigen Film nicht verwendete. Der coolste Teil der Aufnahme: Ganz am Ende fällt das U-Boot aus dem Bild und einen Sekundenbruchteil später rollt der Propeller über den Bildschirm. Das war perfekt.

Manchmal vermasseln sie unsere harte Arbeit und die Aufnahme funktioniert einfach nicht. Bei Godzilla zum Beispiel hat eine andere Firma viel Zeit damit verbracht, Madison Square Garden zu bauen, damit unser Pyrotechniker es in die Luft jagen konnte. Leider hat sich das Dach der Miniatur nicht so aufgelöst, wie es sollte, sondern ist einfach in einem großen Stück abgefallen, wie ein Frisbee. Im Film kann man sehen, wie sich das Dach zu bewegen beginnt – alles in einem Stück –, dann gibt es einen Schnitt auf später bei der Explosion.

Auch in Godzilla, als ein Hubschrauber in ein Gebäude fliegt, sollte er an einem Draht herunterlaufen, das Gebäude treffen und ein Pyro-Profi den Auslöser betätigen, um den Hubschrauber explodieren zu lassen. Leider war er zu voreilig und der Hubschrauber explodierte, bevor er das Gebäude traf. Sie brachten uns den explodierten Hubschrauber und sagten uns, wir sollten ihn »schnell wieder zusammenkleben«, damit sie es noch einmal machen könnten.

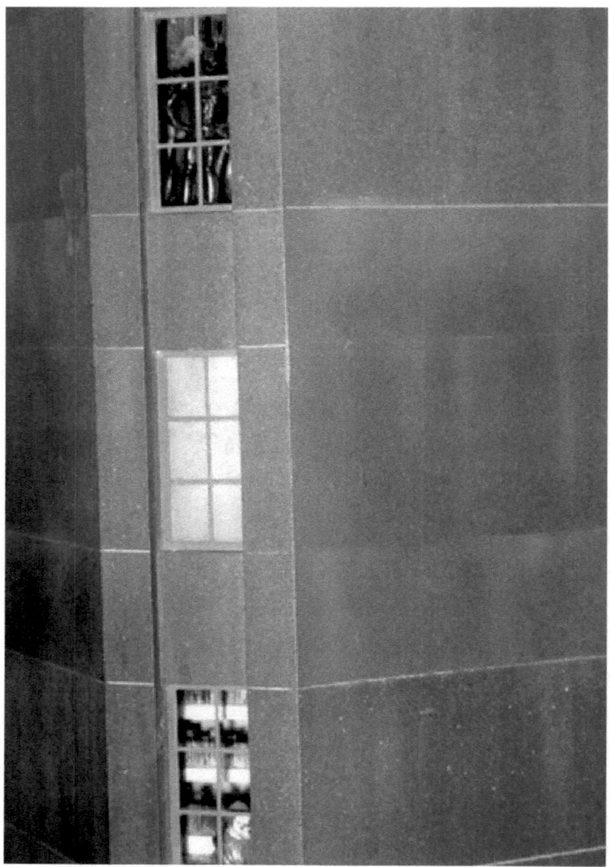

Abb. 11.16 Detailansicht von einem der Gebäude aus Godzilla.

Wir verbrachten viel Zeit damit, in Godzilla Hubschrauber in die Luft zu jagen, und sie sagten mir, wenn man den Piloten aus einem Hubschrauber herausfliegen sieht, soll sich das Modell wie eine echte Person bewegen, nicht wie ein Spielzeug. Also habe ich die Figuren an den Gelenken, der Taille, den Hüften, dem Kopf usw. zerschnitten und sie wieder zusammengedrahtet, damit sie wie eine Marionette beweglich sind. Bei unserer ersten Aufnahme sahen wir uns eine Nahaufnahme in Zeitlupe auf einem Monitor an. Es war wunderschön. Der Pilot flog aus dem Cockpit und wölbte sich perfekt realistisch zurück, Arme und Beine flogen. Und dann löste sich sein Kopf. Also mussten wir seinen Kopf wieder fest anbringen und noch einmal drehen, aber es sah nie ganz so gut aus wie die erste Aufnahme.

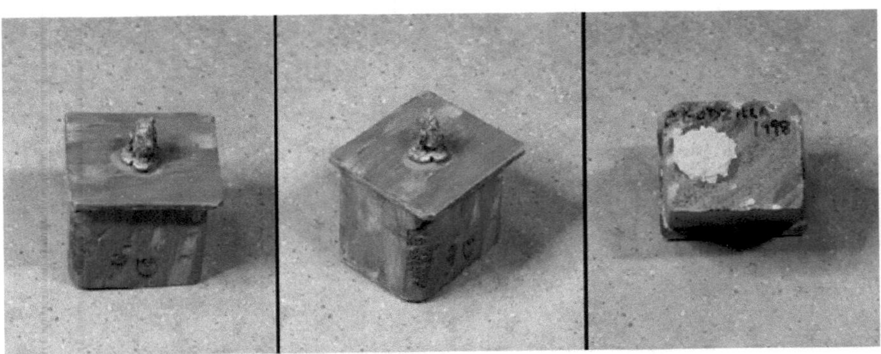

Abb. 11.17 R2-D2 ist auch in Godzilla auf einem der Panzer zu sehen.

Das Problem bei manchen Spezialeffekten ist, dass man etwas nur einmal aufbauen kann.

Nach 30 Jahren im Geschäft ist es für mich also in Ordnung, wenn meine harte Arbeit gesprengt oder versenkt oder implodiert wird.

»Was passiert mit den Modellen?« Nun, die «Titanic" ist in einem Museum, zusammen mit der «Air Force One". Einige von ihnen wurden vom Werkstattbesitzeraufbewahrt. Richard Edlund, von Boss Films, hat die Discovery von 2010: Das Jahr, in dem wir Kontakt aufnehmen (1984) erworben. Alle Miniaturen von Godzilla wurden eingepackt und in ein Lagerhaus in Valencia CA geschickt. Ich habe aber keine Ahnung wo. Sie werden vielleicht weggeworfen, wenn der Besitzer keine Lust mehr hat, die Miete zu zahlen. Modelle aus allen Star Trek-Produktionen wurden an Fans versteigert, die sie wirklich lieben und schätzen.

Andererseits ist vieles von dem Zeug so groß und auf einer Seite sehr detailliert; vielleicht ist es vom Dreh ziemlich ramponiert. Dieses Zeug landet auf der Mülldeponie. Die meisten Schiffsmodelle von Starfire (1990) wurden eingepackt und gingen mit Richard Edlund nach Hause, aber einige der größeren Stücke lagen bei Boss Films jahrelang im Freien, bis der Laden schloss und sie auf die Mülldeponie kamen. Kleinere Requisiten finden leichter ein neues Zuhause. Die wundervollen Skelette von Army of Darkness (1992) wurden in eine Kiste geworfen, um entsorgt zu werden. Also nahmen einige Leute in der Modellbauwerkstatt, zu denen auch ich gehört haben könnte, einige mit nach Hause, wo sie all die Jahre überlebt haben. Ich könnte einige Schädel aus den Gussformen in Dracula erworben haben, die jetzt Buchstützen sind.

George Lucas ist dafür bekannt, dass er seine Miniaturen in makellosem Zustand aufbewahrt. Einige davon in Tresoren. Sie können einige von ihnen in Aufnahmen von ILM sehen. Nach dem Start von Krieg der Sterne, von dem nie-

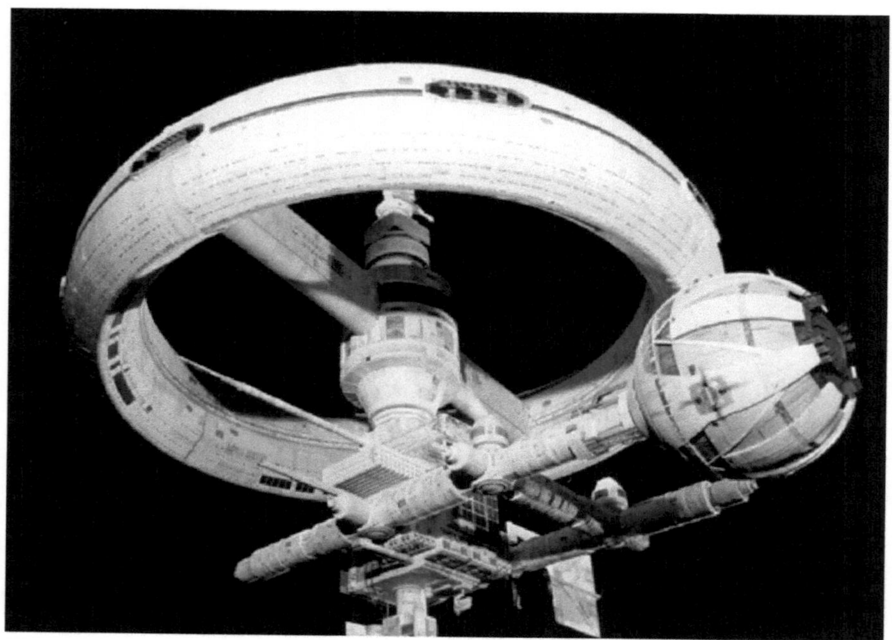

Abb. 11.18 Eins der Modelle aus STARFIRE, *an dem Bruce MacRae mitbaute.*

mand erwartete, dass er ein Hit werden würde, wurden einige der Miniaturen von der Crew eingesackt. Als es ein Hit wurde, waren sie plötzlich ein Vermögen wert. Ich besichtigte ILM kurz nach der Eröffnung von DIE RÜCKKEHR DER JEDI-RITTER und sah vielleicht 1000 Miniaturen auf einer Studiobühne sitzen, die darauf warteten, eingelagert zu werden. Es war faszinierend zu sehen, wie fantastisch detailliert sie waren – und in welch gutem Zustand sie gehalten wurden. Viele Filmcrews gehen grob mit Modellen um, aber diese Modelle wurden sehr sorgfältig behandelt. Sie werden nie eine Mülldeponie sehen.

> *Haben Sie ein Projekt, das Sie schon immer mal machen wollten, oder ist da etwas in Arbeit, an dem wir uns in Zukunft erfreuen können?*

Ich war schon immer traurig, dass ich nach dem Vorstellungsgespräch für KRIEG DER STERNE nicht dazu gekommen bin, daran zu arbeiten. Ich wünschte, ich hätte mich mehr darum bemüht, in das Projekt zu kommen. Ich war auch furchtbar traurig, dass ich nicht bei DER HERR DER RINGE: DIE GEFÄHRTEN mitarbeiten durfte, obwohl Peter Jackson unbedingt Hollywood-Miniaturbauer haben wollte. Neuseeland verlangte von Jackson, dass er für den Großteil der Arbeit neuseeländische Modellbauer einsetzt, obwohl Mark Stetson es in die Crew geschafft hat.

Niemand hat jemals »Das Silmarillion« gemacht und ich würde gerne daran arbeiten. Sie könnten es hier in Las Vegas drehen.

Haben Sie einen Lieblingsbausatz, ein Lieblingsdiorama (Schaukästen mit Szenen aus Modellfiguren/-bauten) oder ein Lieblingsmodell?

Die Lieblingsdioramen, die ich gebaut habe, waren wahrscheinlich »Heidi is Really Not Amused« oder »They Said, Home By Christmas«. Außerdem habe ich kürzlich ein U-Boot von Paukenschlag fertiggestellt, das sehr gut geworden ist.

Ungefähr 1973 baute ich ein Diorama mit dem Namen »The Winetasters«, das eines meiner absoluten Lieblingsdioramen ist. Es hat mir auch Spaß gemacht, Dragon's Den zu bauen (Meddle Not in the Affairs of Dragons, for Thou Art Crunchy and Good with Catsup). Ich versuche oft, einen Hauch von Humor in meine Dioramen zu bringen.

Einer meiner Lieblingsbausätze direkt aus der Schachtel war ein Pzkw V Wg 1/35 von Gunze-Sangyo. Er war super detailliert und der Höhepunkt der Panzermodellbausätze im Jahr 1988. Ein wunderschön konstruierter Bausatz, mit dem ich wirklich gerne gearbeitet habe, war der Y-Wing von Bandai in 1/44. Er war hervorragend entworfen und man konnte ihn einfach nicht falsch zusammenbauen. Der Bausatzbau hat seit 1970 wirklich einen langen Weg zurückgelegt.

Manche Bausätze sind aber einfach nur aus der Hölle. Ich spreche immer noch von einem Resin-Bausatz American Jeep im Maßstab 1:16 von Valinden, der alles hatte. Die Anleitung war unglaublich schlecht und ließ einen mit mehr Fragen als Antworten zurück. Die Teile passten nicht wirklich dorthin, wo sie hingehörten, so dass ich ihn immer wieder auseinandernehmen und neu versuchen musste. Die Lenksäule passte einfach nicht und die Windschutzscheibe musste ich nach dem Wiedereinbau unten lassen. Das absolut Schlimmste war, dass die Fotoätzteile keine Hinweise darauf enthielten, wie sie zu biegen waren, so dass ich mehrere Teile auf zwei Arten biegen musste. Ich habe es für meine Frau gebaut, die es absolut liebt, aber es hat mich komplett davon geheilt, ihren Panther-Panzer oder Tiger-I bauen zu wollen.

Die wichtigste Frage habe ich bis zum Schluss durchgehalten: Was war der schwierigste Effekt/das schwierigste Modell, an dem Sie im Film gearbeitet haben, und warum?

Wir haben eine perfekte 1,20 Meter lange Akula für JAGD AUF ROTER OKTOBER (1990) gebaut, eine exakte Replik eines echten russischen U-Boots. Wir haben den Master gebaut, eine gigantische Gummiform angefertigt (die viel Geld gekostet hat) und dann das Gussteil ausgelegt und zusammengebaut. Es wurde geschliffen, gespachtelt, geschichtet und grundiert, fertig zum Lackieren. Alles, was wir brauchten, war der Segen des Regisseurs. Leider warf John McTiernan einen Blick darauf und sagte: »Schneiden Sie vier Zentimeter aus der Mitte heraus, damit er kürzer ist und gemeiner aussieht« und ging dann einfach weg. Ich starrte ihn ungläubig an. Greg Jein und ich sahen uns an, und er sagte: »Das ist Show-Biz, Bruce! Er hat gerade 5.000 Dollar verpulvert« (McTiernan war berühmt dafür, seine Budgets auf diese Weise zu sprengen.)

Ich machte mich daran, einen Plan zu entwerfen, wie ich es in zwei Hälften schneiden und wieder zusammensetzen konnte. Es dauerte über eine Woche, und lassen Sie mich Ihnen sagen, zehn Zentimeter aus einem konischen Zylinder herauszuschneiden ist kein einfacher Trick. Wir haben es geschafft und wissen Sie was? Es war ein völlig nutzloses Manöver. Es ging nur darum, dass

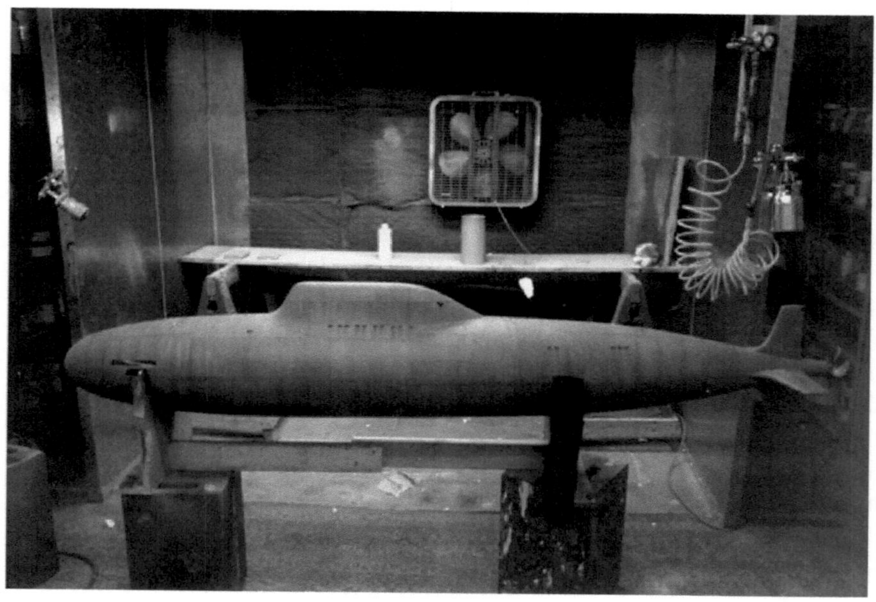

Abb. 11.19 Das Modell des russischen U-Bootes aus JAGD AUF ROTER OKTOBER.

der Regisseur das Modell als »seins« kennzeichnen wollte. Als wir den Akula bei der Vorführung sahen, rief einer unserer Modellbauer: »Wow! Das sieht wirklich gruselig aus! Wenn es ein bisschen länger wäre, wäre es nicht annähernd so gruselig!«

Da kommt die »Theorie des brennenden Clowns« auf. Da der Art Director, der Fluch aller Miniaturenbauer, unweigerlich etwas an einem Modell ändern möchte, wird er immer etwas wählen, das sehr zeitaufwendig und schwierig zu machen ist. Was Sie, der Modellbauer, also tun, ist, das Modell genau nach den Vorgaben zu bauen, außer dass Sie etwas am Modell anbringen, das völlig falsch ist, so dass er Ihnen sagen kann, Sie sollen es entfernen und alle sind zufrieden. Er hat sein Ziel erreicht und Sie müssen nicht viel zusätzliche Arbeit leisten.

Sie bauen also Ihre Miniatur von, sagen wir, dem Stirb langsam-Gebäude und hängen einen brennenden Clown daran. Nun kommt Mr. Art Director herein, sieht sich Ihr Werk an und sagt: »Wow, sieht toll aus! Nimm den brennenden Clown weg!« und geht weg. Sie zwinkern selbstgefällig Ihren Arbeitskollegen zu, entfernen den brennenden Clown und sind gut drauf. Aber wenn Sie den Clown nicht angebracht hätten, hätte er gesagt: »Er spricht nicht zu mir. Beziehen Sie ihn mit Fell, malen Sie ihn knallrot an und schleifen Sie ihn 13 Prozent kleiner. Bis morgen.«

Also hätten wir einfach einen brennenden Clown auf die Akula setzen sollen.

12. Der Formenbauer im Film

Die menschliche Haut ist das größte Organ, was wir besitzen. Wir fühlen damit. Wir spüren Wärme, Kälte, Schmerz. Wie berühren mit unseren Händen einen Gegenstand und erkennen, wie er sich anfühlt. Sei es eine raue oder glatte Oberfläche, ob dieser Gegenstand spitz ist oder ob er andere Unebenheiten hat. Der Mensch ist in der Lage, seine Sinne zu benutzen, um Dinge zu erkennen, zu hören, zu schmecken und auch zu ertasten. Diese großen menschlichen Eigenschaften sind einmalig. Formen und Zustände können wir »befühlen«. Diese Formen sind entweder naturgegeben oder vom Menschen gemacht. Formen können uns verzaubern.

Dies ist auch im Film der Fall. Man benötigt Formen, um Gegenstände oder auch ganze Miniatursets zu gestalten. Dies geschieht sowohl im Real- als auch im Animationsfilm. Diese Formen werden vom sogenannten »Mold Maker« oder auch deutsch Formenbauer erstellt. Was genau ist Formenbauen im Film?

Wenn man beispielsweise für ein Miniaturset ein Gebäude benötigt, muss dieses hergestellt werden. Dabei können unterschiedliche Materialien verwendet werden. Ein Formenbauer ist ein Mensch, der Formen zur Verwendung von zum Gießen bestimmten Produkten herstellt. Bleiben wir beim Beispiel des Gebäudes. Nehmen wir an, es wird aus einem bestimmten Kunststoff geformt. Hierzu wird ein synthetischer Stoff in eine Form gegossen. Dieser Stoff verfestigt sich, und man kann die Einzelkomponenten später montieren So können verschiedene Abschnitte des Gebäudes erstellt werden und später getrennt gelagert oder auch zusammengesetzt werden.

Diese Formen werden von einem Formenbauer hergestellt, um einen festen Guss für die Herstellung dieser Produkte zu erzeugen. Ein Formenbauer kann Formen aus einer Vielzahl von Materialien herstellen, einschließlich Kunststoff, Harz, Metall und Holz. Formenbauer benötigen nicht nur grundlegende mathematische Kenntnisse, sie müssen auch mit verschiedenen Computerprogrammen wie CAD-Programmen (Computer Aided Drafting) umgehen können. Sobald eine Form hergestellt wurde und Materialien zum Aushärten oder Abbinden in die Form eingelegt wurden, kann der Formenbauer dafür verantwortlich sein, die Materialien aus der Form zu entfernen. Der Formenbauer stellt somit Formen her, mit denen man viele Teile miteinander verbinden kann oder auch, um diese später zu vervielfältigen.

Einer dieser »Mold Maker« im Film ist der deutsche Enrico Altmann, der unter anderem für Paranorman (2012), Die Boxtrolls (2014) oder Kubo: Der tapfere Samurai (2016) in dieser Funktion tätig war. Er war aber nicht nur »Mold Maker«, sondern auch bei Filmen wie Der gute Hirte (2006), The Dark Knight, Watchmen (2009), Inception, Die Liga der außergewöhnlichen Gentleman (2003), Die Chroniken von Narnia – Der König von Narnia (2005), Stirb langsam 4.0 oder Once Upon a Time in Hollywood (2019) als Modellbauer tätig.

Portrait Enrico Altmann

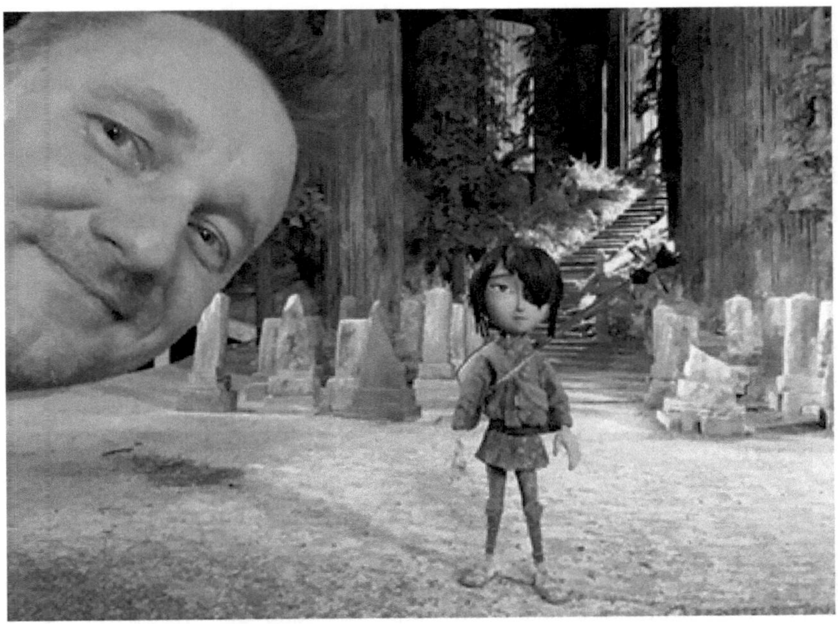

Abb. 12.1 Enrico Altmann am Set von Kubo: Der tapfere Samurai.

Enrico Altmann wurde am 8. August 1971 in Leipzig geboren. Sein Interesse an Amerika war schon früher stets groß. Das kam einerseits von seinen Verwandten im damals für ihn unerreichbaren Westdeutschland, die in den 70ern und 80ern oft Urlaub in den USA gemacht hatten. Andererseits hatten ihn von klein auf amerikanische Serien und Filme stark beeinflusst. Im Alter von neun Jahren erzählte er seinen Eltern, dass er auswandern wolle. Als Teenager brachte er sich Englisch weitgehend selbst bei und kam durch Kontakte zur amerikanischen Botschaft auf der Leipziger Buchmesse schließlich zu Brieffreundschaften, durch die sich sein Englisch weiter verbesserte. Sein erstes Schlüsselerlebnis zur Filmbranche hatte er 1977, als sein Vater ihn zu einer Matineevorstellung von Sindbads siebente Reise ins Kino nahm. Der Film wurde wieder im Kino gezeigt wegen der 1977er-Produktion Sindbad und das Auge des Tigers. Enrico war von den Effekten fasziniert. Auch war dies die Zeit von Krieg der Sterne, der zwar nie in der Deutschen Demokratischen Republik gezeigt wurde, von dem aber Bilder in jeder geschmuggelten Zeitschrift zu finden waren. Diese Fotos hatte er sich ausgeschnitten und als Vorlage genutzt, um davon Modelle aus Lego zu bauen.

Mit 13 sah er Alien im Fernsehen, danach wurde ein Making Off gezeigt. Da sah er dann zum ersten Mal, wie die Tricks gemacht wurden, und wusste von dem Moment an, was er später in den USA machen wollte. Obwohl das weit vor der Wiedervereinigung war, hielt er es nicht für unmöglich, dahin zu kommen. Auch wurde er dadurch ermutigt, da seine West-Verwandten bereits in den 1950er Jahren geflüchtet waren.

Nach der Wende flog er 1992 zum ersten Mal in die USA zu einer Camping-Rundreise durch den Südwesten. Durch seinen Reiseleiter bekam er Kontakt zu der Firma, bei dem der Leiter angestellt war und ging 1996, als er gerade das Mindestalter dafür hatte, zu ihnen in die USA. Die Firma mit Sitz in LA besorgte das Visum. Die folgenden Jahre war er unterwegs als Reiseleiter in den USA und Kanada. 1998 kam dann der Zufall zu Hilfe. Altmann hatte ein paar Abiturienten auf Tour, deren Bekannte als persönliche Assistentin von Roland Emmerich in Hollywood arbeitete, der zwei Wochen zuvor Godzilla ins Kino gebracht hatte. Wie das Schicksal es wollte, wurde seine nächste Tour umdisponiert, so dass er ein paar Tage frei hatte. Da sein Geburtstag in diese Woche fiel, lud er diese Reiseklienten zur Feier ein, und sie brachten ihre Bekannte mit. Ihr erzählte er dann, dass er eigentlich eher zufällig in den Tourismus gekommen war und eigentlich immer Modellbauer werden wollte. Sie gab ihm die Kontakte der Firma, die die Modelleffekte für Godzilla hergestellt hatte: Hunter/Gratzner Industries, wie New Deal Studios damals hießen. Dazu kam, dass Altmann im Frühjahr 1998 nach fünf Jahren die Greencard gewonnen hatte. Der Greencard Prozess zog sich aber noch bis Sommer 1999 in die Länge, sodass er zunächst weiter als Tourguide arbeitete und erst ab Herbst 1999 nach Filmjobs suchen konnte.

Inception (2010)

Christopher Nolans Filme sind immer von absoluter visueller Brillanz geprägt. Nolan setzt auf einen guten Mix aus computergenerierten Bildern und klassischen Modellbauarbeiten. Auch in Inception gibt es wunderbare Modelle und Miniaturarbeiten. In diesem Film geht es um einen Mann, Dominick Cobb (Leonardo di Caprio), der es schafft in die Träume anderer Menschen einzudringen um dort Informationen herauszufinden.

Als exemplarisches Beispiel für die Modellarbeit dient hier das Krankenhaus, ein im Film zu sehendes gigantisches Bauwerk. Der Aufbau und die Dreharbeiten fanden hinter dem Studio auf dem Parkplatz von New Deal Studios statt. Der Unterbau bestand aus mehreren Schiffscontainern, durch die Löcher geschnitten wurden, um die Konstruktion, auf der das Gebäude saß, während der Explosion einfahren zu können. Das heißt die hydraulische Konstruktion war im Inneren der Container verankert. Für den Schnee, den man für diese Szene benötigte, wurden etwa 500 kg Salz für jede der beiden Takes verwendet. Das ganze Modell wog etwa 3 Tonnen.

Der Fels hatte einen Holz- bzw. Maschendraht-Unterbau, auf den Polyurethan-Schaumstoff gespritzt wurde. Danach schnitzte man die Felsoberfläche daraus, sprühte Gips darauf und bemalte sie. Hier war Enrico Altmann ebenfalls mit involviert. Im folgenden Gespräch erzählt er noch mehr Details zu bestimmten Arbeitsweisen und den Formenbau.

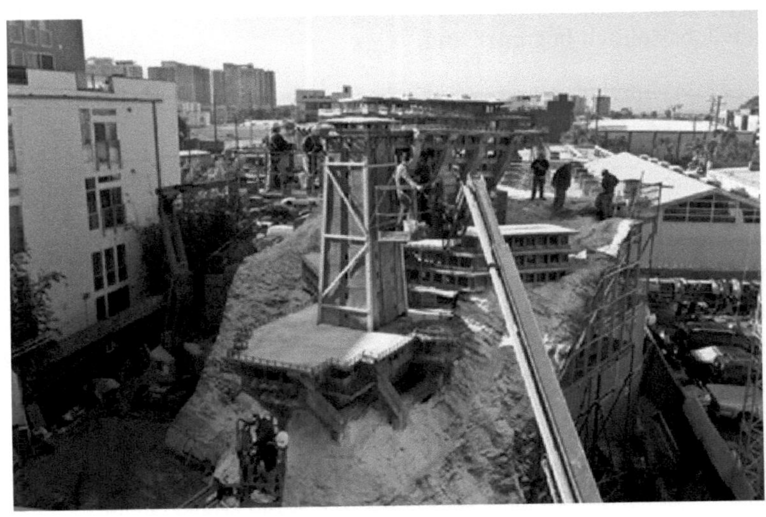

Abb. 12.2 Das Krankenhaus in Inception.

Im Gespräch mit Enrico Altmann

»Im Gegensatz zu Modellen für Live-Action-Filme, die realistische Objekte wie Brücken oder Flugzeuge kopieren, werden in Animationsfilmen oft bewusst skurrile oder groteske Gestaltungsstile gewählt.«

Till Bamberg) Wie sind Sie bei Hunter/ Gratzner Industries gelandet?

Enrico Altmann) Im Winter 1999/2000 arbeitete ich als Limousinenfahrer und hatte zwischen den Chauffeurjobs Zeit, mich bei Special Effects-Firmen zu bewerben. Darunter auch bei Hunter/Gratzner. Die zeigten trotz meines fehlenden Schul- und Erfahrungshintergrunds Interesse und wollten mich kontaktieren, sobald sie jemanden neuen brauchen würden. Es war mir allerdings trotz aller Anstrengungen in diesem Winter nicht gelungen, einen Filmjob irgendwo zu erlangen. Mir fehlten einfach die Kontakte. So fuhr ich dann ab Frühjahr 2000 wieder Touren für die Europäer von LA nach New York und zurück. Im Juni bekam ich dann endlich eine Nachricht von Hunter/Gratzner für einen Job als Produktionsassistenten. Ich beendete meine Tour und fing dann Anfang Juli 2000 bei denen an. Die folgenden Jahre arbeitete ich mich dann hoch und bekam schließlich auch anderswo Modellbau-Jobs. Zwischen den Filmjobs arbeitete ich immer noch als Reiseleiter, was sich ganz gut machte, da beide Jobs zeitlich begrenzt sind.

Gab es Filme und oder Personen, die Sie inspiriert haben, diesen Weg einzuschlagen?

Filme, die mich als Kind und Teenager inspirierten, beim Film und an Modell-effekten zu arbeiten, waren neben Alien Harryhausen's drei Sindbad-Filme und Krieg der Sterne auch Unheimliche Begegnung der dritten Art, Lawrence von Arabien (1962), Unternehmen Capricorn (1977), Kampfstern Galactica, Der weiße Hai, Star Trek – Der Film, Tron, »2001«, Indiana Jones – Jäger des verlorenen Schatzes, Krull, Planet der Affen, Zurück in die Zukunft (1985), Poltergeist, Erdbeben, Flammendes Inferno, Duell (1971) und einige andere mehr.

Wie genau sah die Planung für den Aufbau des Militärkrankenhauses in Inception aus? Welchen Maßstab haben Sie benutzt? Wie lang benötigte man für diesen Aufbau? Können Sie uns ein paar Details zu den Materialien nennen?

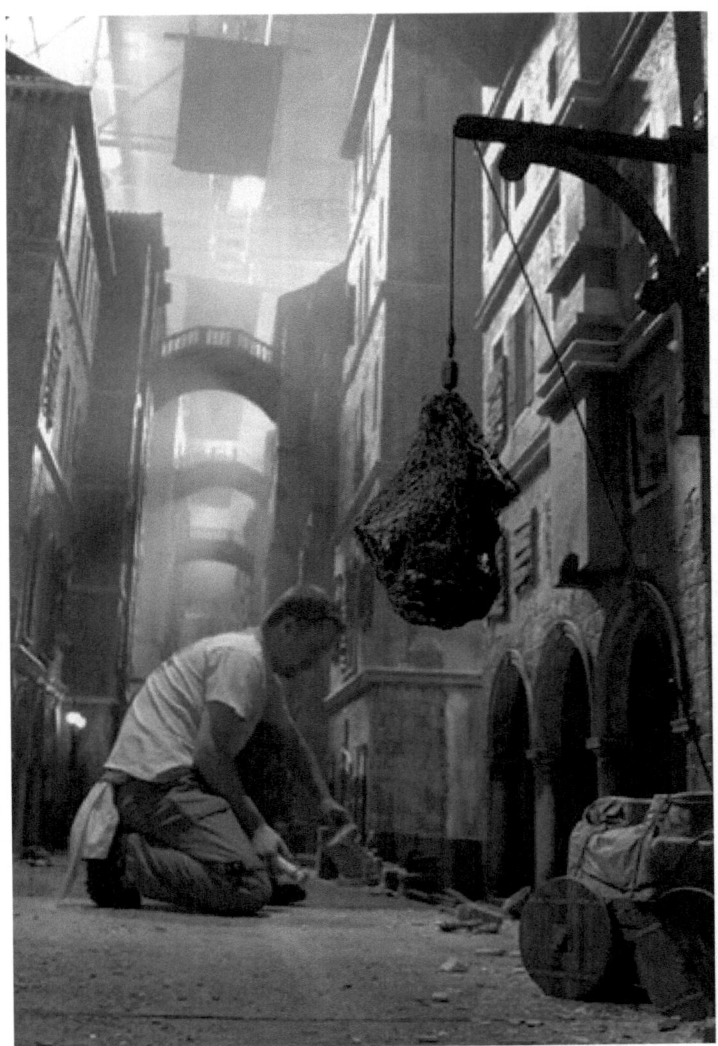

Abb. 12.3 Enrico Altmann fügt Details für ein Set zum Film Die Liga der außergewöhnlichen Gentleman hinzu.

Also, die Planung für dieses Projekt wurde von Oscar-Preisträger Ian Hunter gemacht. Die Details später von Production Designer Forest Fischer und Scott Beverly, der die mechanischen Effekte ausarbeitete. Die Pyro-Effekte kreierte John Cazin. Wir alle arbeiteten eng zusammen. Die Crew waren etwa 50 Leute und wir arbeiteten daran von etwa Anfang Oktober 2009 bis Januar 2010.

Der Fels hatte ein Holz/Maschendraht Unterbau auf den Polyurethan-Schaum gespritzt wurde. Danach schnitzten wir die Felsoberfläche daraus, sprühten Gips darauf und bemalten sie.

Die Gebäudeteile wurden einzeln gebaut, dann wurden Silikonformen davon erstellt, dann spritzten wir wieder Gips in die Silikonformen und danach Polyurethan. Dann wurden die Teile bemalt und auf der Rückseite an den vorgesehenen Bruchstellen präpariert. Anschließend wurden sie auf die Metallkonstruktion aufgehängt und die Sprengsätze gelegt.

Der Massstab war 1:6.

Das Tolle an Modellen ist ja, dass man sie nicht zwangsläufig erkennt. Sie wurden für den Film Der gute Hirte für einen VES-Award (Visual Effect Society) nominiert. Was genau haben Sie da erschaffen?

Ich leitete den Mold Shop an diesem Projekt und arbeitete an der Herstellung, dem Bau und der Set Dekoration der Nachkriegs-Berlin Szene. Dafür stellten wir ein größeres Modell vom ausgebombten Berlin her. Und dann ein paar Close-Up-Modelle im größeren Maßstab.

Ihr erster Ausflug in den Bereich der Animationsfilme war für Paranorman. Dort stellten Sie Formen her. Was genau steckt hinter der Arbeit von einem »Mold Maker«?

Das ist richtig. Ich wurde damals zusammen mit einem Dutzend anderer Kollegen von LA nach Portland geholt, um die Modelle für den Film Paranorman herzustellen. Eine Modellbau-Abteilung gab es bereits, aber den Mold Shop oderA die Formenbau-Abteilung habe ich dann erst nach meiner Ankunft aufgebaut, um effizienter zu produzieren. Denn vorher stellte jeder Modellbauer jeweils die Formen und Duplikate seiner Modelle selbst her, was zwangsläufig zu Qualitätsunterschieden und Zeitverlust seitens der Modellbauer führt.

Im Mold Shop werden die Bauteile für Modelle vervielfältigt, Skulpturen gegossen oder Requisiten mit besonderen Eigenschaften hergestellt. Zum Beispiel: Wenn der Modellbauer eine Straßenlaterne als Prototyp herstellt, von der etwa 100 für das Set geordert werden, benötigt man eine modellierte Skulptur als hohle Kopie. Oder etwa, wenn man ein maßstabsgerechter Prototyp von Eiszapfen aus einem Material gebraucht wird, dass wie Eis aussehen muss.

Ein Mold Maker stellt dazu mithilfe des Prototyps meist eine Silikonform her, in der danach das im Film verwendete Objekt gegossen wird.

Während man für Realfilme ziemlich häufig Modelle oder andere Utensilien basierend auf realen Gegenständen oder dergleichen herstellt, ist man für Stop-Motion-Filme, wie z.B. A Nightmare Before Christmas *(1993) doch eigentlich recht frei in der Gestaltung. Gab es bei Ihren Animationsfilmen, an denen Sie mitgearbeitet haben, eine relative Freiheit, was die Gestaltung der Szenerie anbelangt, oder mussten Sie sich stark an bestimmte Vorgaben halten? Hatte dies Auswirkungen auf die Maßstäbe Ihrer Bauten?*

Das stimmt. Im Gegensatz zu Modellen für Live-Action Filme, die realistische Objekte wie Brücken oder Flugzeuge kopieren, werden in Animationsfilmen oft bewusst skurrile oder groteske Gestaltungsstile gewählt. Es gibt aber auch Vorgaben. So wird im Vorfeld der Produktion vom Produktionsdesigner eine Art Stil-Bibel für die Storyboards und das Art Department erstellt, an dem sich die Modellbauer orientieren. Trotzdem gibt es einen gewissen künstlerischen Spielraum, den man als Modellbauer bei der Erschaffung der Requisiten und Modelle hat, während in Live-Action alles so real wie möglich auszusehen hat. Aber beide Produktionen haben ihren Reiz und Herausforderungen.

Die Maßstäbe sind bei Animationsfilmen immer von den kreierten Puppengrößen vorgegeben, bzw. was in den Szenen passiert. Deswegen fängt das Art Department mit der Herstellung der Modelle erst an, wenn vom Puppet Department grünes Licht gegeben wird und die Gestalt und Größe der Puppen entschieden wurde.

Auch für Die Boxtrolls *und für* Kubo: Der tapfere Samurai *waren Sie als Formenhersteller aktiv. Können Sie vielleicht anhand eines Beispiels erläutern, wie genau man Formen herstellt für diese Art von Film?*

Für Kubo wurden unterschiedliche Landschaften kreiert. Darunter auch ein Wald, für den etwa 1600 Bäume für verschiedene Sets benötigt wurden. Einige Modellbauer stellten zunächst verschiedene Baum-Prototypen aus Ton sowie unterschiedliche Äste-Varianten her. Diese Prototypen lackierten wir, um eventuelle Öffnungen in der Rinde oder Poren im Schaumstoff zu verschließen. Anschließend legten wir Cellophan über die Baumrinde und beschichteten das Modell mit einer 1,5cm dicken Tonschicht. Diese wurde mit Lackspray besprüht, so dass wir nach Trocknung mit der Formenschale beginnen konnten. Diese besteht aus mehreren Schichten Epoxidharz, in die dazwischen beim Arbeitsablauf Fiberglass-Stoff gelegt wird, um die Reißfestigkeit des Harzes zu verstärken. Nach der Härtung wird die Schale abgenommen und die darunterliegende Tonschicht und Cellophan entfernt. So entsteht ein exakt 1,5cm Hohlraum zwischen Modell und Schale, oder »Jacket«, wie wir sagen.

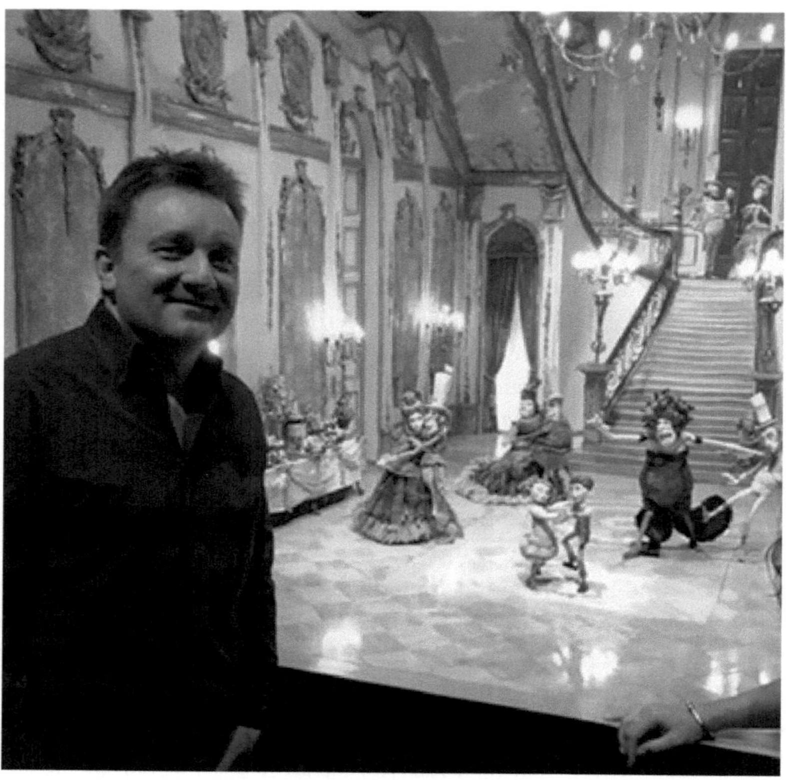

Abb. 12.4 Enrico Altmann am Set von Die Boxtrolls.

Danach füllt man den Zwischenraum mit Silikon und bekommt damit eine exakte Form des Baummodells. Danach entfernt man den Prototyp und füllt die Silikonform mit Polyurethan-Schaumstoff und bekommt nach der Aushärtung eine Kopie des Prototyp-Baumes. In diesen müssen anschließend nur noch die ebenso hergestellten Äste befestigt und bemalt werden. Mit der Silikonform kann man dann die Massenfertigung der Bäume beginnen.

Für die TV-Serie Robot Chicken haben Sie im Jahre 2019 als Set Dresser mitgewirkt. Ebenso für Alien Xmas (2019) der Chiodo-Brüder. Was beinhaltete denn diese Arbeit? Hatten Sie die Aufsicht über die ganzen Sets? Wie genau wurde geplant und gebaut?

Die Aufsicht über den Bau der Sets hat der Art Director, der auch mein Vorgesetzter ist. Die Arbeit der Modellbauer beginnt Monate vor Drehbeginn. Als Set Dresser fängt man erst nach dem Bau der Modelle an und ist verantwortlich für den Aufbau und die Dekoration der Sets im Filmstudio sowie eventuelle Änderungen und Reparaturen während der Dreharbeiten. Es ist daher wichtig, als Set Dresser gute Kenntnisse über verwendete Materialien, Bemalung und Dekorationstechniken zu haben sowie schnell Problemlösungen bei erforderlichen Änderungen zu finden. In diesem Job arbeitet man eng mit dem Regisseur, Kameramann/frau und Regieassistenten zusammen, um deren Vision umzusetzen. Dabei kann man durchaus seine eigene Kreativität einbringen, da man bei jedem Set zuerst dem Regisseur eine Dekorationsversion aufbaut, welche dann angenommen oder leicht abgeändert wird. Grundsätzlich gibt es zu jedem Set ein Storyboard, welches grob die Szene vorgibt. Wenn dann die Dekoration steht und abgesegnet ist, beginnt man alle Props und Gegenstände an ihrem Platz verschiedentlich zu arretieren, damit sie sich während der Aufnahmen nicht verschieben. Das ist bei Stop-Motion Filmen sehr wichtig und kann ansonsten die Szene ruinieren. Man arbeitet also auch mit dem Animateur zusammen und spricht sich ab.

Die Organisation und Herstellung der Sets ist die Aufgabe des Art Directors. Aber die Leitung vor Ort am Set hat der Lead Set Dresser. Er koordiniert die Arbeit der Set Dresser, hilft beim Set-Aufbau mit und überprüft kurz vor Drehbeginn der jeweiligen Szene noch einmal alles seitens des Art Departments, bevor er der Regieassistenz sein OK gibt. Diesen Job hatte ich in den letzten 12 Monaten an der neuen Marvel-Serie M.O.D.O.K. und zurzeit für die achtteilige Weihnachtsserie Santa Inc.

In Ihrer Vita fällt auf, dass Sie häufig für die Regisseure Christopher Nolan und Martin Scorcese gearbeitet haben, zwei Regisseure, die ihre Geschichten in wunderbarer Weise visuell erzählen können. Trifft man sich häufig mit diesen Regisseuren oder ist es hier das hierarchische Prinzip in der Filmwelt?

Ja, es gibt im Filmgeschäft eine klare Hierarchie. Abgesehen von Ausnahmesituationen reden meist nur die Visual Effects Supervisor oder Bosse der Filmeffekt Firmen mit Regisseuren in meinem Bereich.

Der Grund, warum ich an mehreren Filmen von Nolan und Scorsese gearbeitet habe, war, dass die Gründer von New Deal Studios Matthew Gratzner und Ian Hunter jeweils ein sogenannter Account mit denen hatten. Also Ian hat die Modell Effekte für Nolans Filme ausgearbeitet und beaufsichtigt. Und Gratzner für Scorseses Filme.

In dem Geschäft basiert vieles auf persönlichen Beziehungen. Und wenn sich ein Supervisor künstlerisch gut mit dem Regisseur versteht, dann ist es oft so, dass die Regisseure auch bei zukünftigen Filmen mit der Person zusammenar-

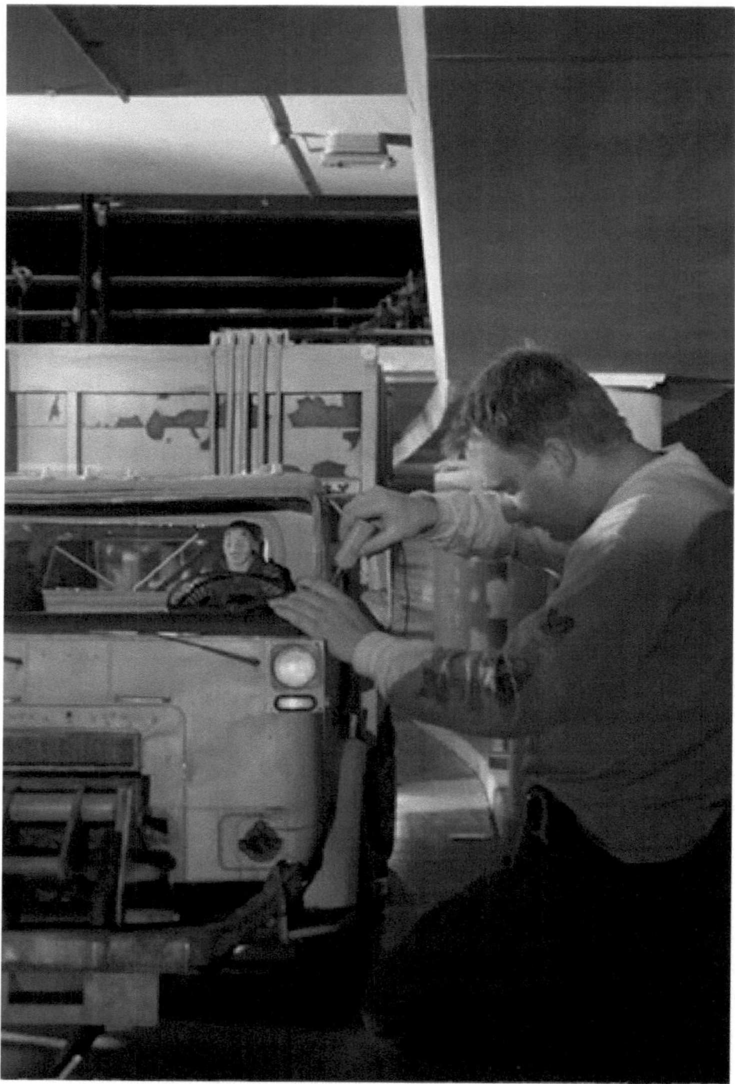

Abb. 12.5 Enrico Altmann arbeitet an einem Modell für The Dark Knight.

beiten wollen. So entsteht dann eine längerfristige Verbindung. Das ist auch oft bei der Crew so. Bei New Deal gab es auch immer eine feste Mannschaft, die immer zuerst kontaktiert wurde. Einfach weil es bei dieser Arbeit wichtig ist, dass die Teams sich gut und auch künstlerisch verstehen müssen, um effizient arbeiten zu können. Ein eingespieltes Team ist da viel Geld wert. So war auch ich überwiegend bei Hunter/Gratzner und später New Deal tätig von 2000-2010.

Es gibt immer wieder Diskussionen darüber, was Miniaturen sind und was nicht. Manche sind riesig, manche eher klein. Man könnte fast behaupten, all das, was nicht in Originalgröße gebaut wurde, sind Miniaturen. Aber was ist mit Modellen, die größer sind als das Original (z.B. bestimmte Ausstattungselemente in Gate – Die Unterirdischen *(1987) oder in* Mäusejagd. *Wie definieren Sie das?*

Beide bezeichnet man als »scale model«. Der Maßstab ist entscheidend. 1:6 *scale model* oder 6:1 *scale model.* Meistens sind sie aber kleineren Maßstabs, weswegen man oft den Begriff *miniature model* verwendet.

13. Die Musik im Film

Der menschliche Körper reagiert stets auf Eindrücke von außen. Unsere Haut fühlt Wärme und Kälte. Wir sehen, was auf uns zu kommt und was um uns herum passiert. Wir ertasten unterschiedliche Oberflächen und können diese erkennen. Unser Körper teilt uns Gefühle mit. Auch unser Ohr und das damit verbundene auditive System könne Klänge umsetzen in Emotionen. Dies gilt nicht nur für kurze, akustische Signale (wie beispielsweise einen Knall, der uns zunächst in Schrecken zurücklässt), sondern besonders auch auf musikalischer Ebene. Dies beginnt schon im frühen Kindesalter, etwa, wenn man zu Bett gebracht wird, und ein Elternteil liest uns eine Geschichte vor oder summt ein Einschlaflied. Schon damals setzen wir das Gehörte in Emotionen um. Als Kind erfährt man, wie Hörspiele funktionieren und wie wir (rein akustisch) mit den Figuren mitfiebern. In der Jugendzeit kommt dann prägende Musik hinzu. Und diese Musik ist es, die unbemerkt im Film Emotionen transportieren.

Das kann pompös sein oder leise und sensibel. Wir fiebern mit, wenn die Musik einsetzt. Auch erkennen wir bestimmte filmische Figuren oder Situationen, indem der Komponist, dieKomponistin diese mit genauen Themen untermauern. Wer erinnert sich nicht an die großartigen Themen von John Williams? Jeder erkennt seine Titelmelodien, und jeder weiß sofort, welcher Film gemeint ist. Seine Motive haben sich in das kollektive filmische Gedächtnis eingebrannt. Wenn die Fanfare einsetzt zu Krieg der Sterne weiß man,jetzt starten wir in ein Abenteuer im Weltall. Wenn die Indiana Jones-Hymne erscheint, freuen wir uns, dass wir uns wieder in einer Zeit befinden, die noch sorglos war. Man könnte noch unzählige Beispiele auflisten.

Filmmusik setzt Emotionen frei. Dies kann unterschiedlicher Natur sein. Spannung, Freude, Traurigkeit. All dies und viel mehr vermag die menschlichen Emotionen zu stimulieren. Filmmusik ist ein akustischer Stimulus. Und der Komponist John Ottman kann dies auf wunderbarer Art und Weise.

Ottmans schuf seinen ersten großen Score war für den 90er-Jahre-Thriller Die üblichen Verdächtigen. Im Laufe der letzten 26 Jahre hat er zu vielen weiteren Filmen die Musik gemacht wie zum Beispiel Lake Placid (1999), Arac Attack – Angriff der achtbeinigen Monster (2002), Gothika (2003) oder Superman Returns (2006). Das Besondere an Ottman ist, dass er bei vielen Filmen, bei denen er Komponist war, auch den Schnitt beaufsichtigte. Dies ist der Grund, warum dieses Kapitel gefolgt wird von dem zum Filmschnitt. Denn das, was

Ottman im folgenden Interview erzählt über die Filmmusik, nimmt Bezug zu seiner Arbeit mit dem Schnitt. Für den Schnitt zu Bohemian Rhapsody bekam er dann auch den Oscar.

Portrait John Ottman

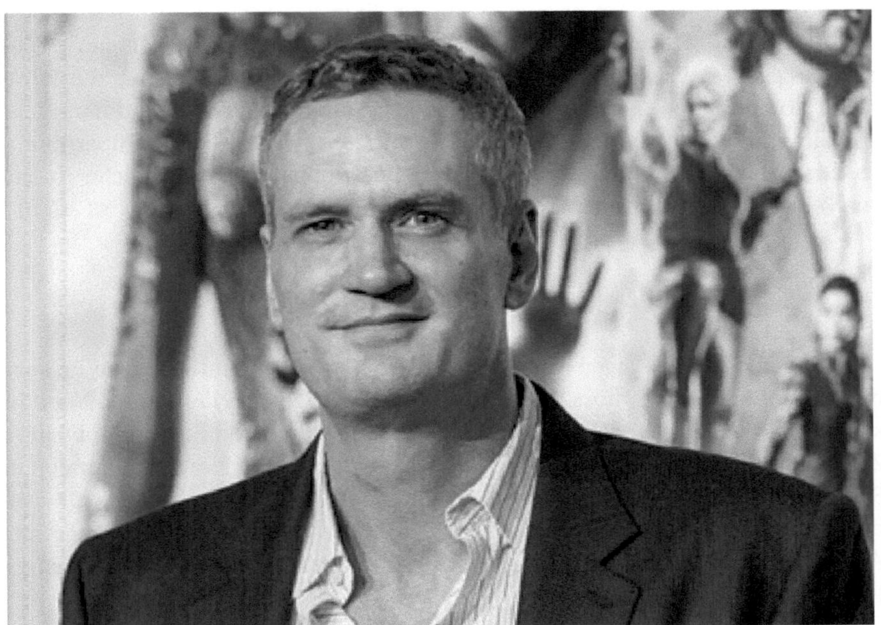

Abb. 13.1 John Ottman

John Ottman wurde am 06. Juli 1964 in San Diego, Kalifornien geboren. Als Kind hatte er immer Geschichten erfunden, angefangen mit Audioproduktionen auf Kassetten. Zusammen mit einem Freund nahm er mehrere Stimmen auf, komplett mit Soundeffekten und Soundtracks. Daraus entwickelten sich einige extravagante Science-Fiction-Super-8-Filme, die teilweise eine Stunde lang waren. Ottman baute Kulissen odergroße Raumschiffmodelle in der Garage seiner Eltern, entwarf Kostüme und rekrutierte Schauspieler aus der Nachbarschaft. Er hatte (laut eigener Aussage) schon ziemlich viel Erfahrung als angehender Filmemacher, als er die USC-Filmschule besuchte.

Nach der Filmschule landete Otttman für ein paar Jahre in einem »normalen« Job. In seiner Freizeit komponierte er weiterhin Musik und schnitt Filme. Schließlich half er Bryan Singer, indem er dessen Low-Budget-Film Public Access (1993) völlig auseinandernahm und neu schnitt – und dass alles während seiner Nebentätigkeit. Der ursprüngliche Komponist fertigte Musik an, die nicht funktionierte. Aber der Film hatte eine Deadline für das Sundance-Filmfestival. Also schrieb Ottman schließlich die Filmmusik. Das war zu dieser Zeit noch einzigartig. Am Ende gewann der Film das Festival. Auf der Grundlage dieses Erfolgs wurde ein Jahr später die Besetzung und das Team des Filmes Die üblichen Verdächtigen zusammengestellt. Ottman wollte nur die Filmmusik komponieren, aber Regisseur Singer bestand darauf, dass Ottman nicht nur die Filmmusik, sondern auch den Schnitt überwacht. Ottman übernimmt seitdem bei den von Singer gedrehten Filmen doppelte und dreifache Aufgaben (manchmal war er auch der Produzent, wie bei Jack and the Giants (2013).

Die üblichen Verdächtigen (1995)

Wir blicken in die Augen von Dave Kujan (Chazz Palmintieri), wie er kurz nach dem Ende des Verhörs von Verbal Kint (Kevin Spacey) auf seine Wand in seinem Büro sieht. Wir sehen Fahndungsfotos, Dokumente und allerlei weitere Zettel und Bilder, die dort hängen. Kujan untersucht eine Explosion auf einem Schiff, bei dem 27 Menschen ums Leben kamen. Kint ist der einzige Überlebende. Der Film erzählt in Rückblenden das Verbrechen basierend auf Kints Aussagen im Verhörzimmer. Eine zentrale Rolle nimmt hier eine unbekannte Person namens Keyser Soze ein.

Verbal Kint wird entlassen, aber nichts scheint auf einmal so, wie er es berichtet hat. Die Musik setzt ein, und der Schrecken der Erkenntnis nimmt akustische Formen an. Was dann folgt, ist einer der wahrscheinlich größten filmischen Überraschungen der letzten Jahrzehnte. Der Titel, der diese Szene untermalt, heißt passenderweise »The Greatest Trick«. Er fängt sehr langsam an. Mit Streichern, die sich immer mehr steigern.

Aber die größte Überraschung ist, dass dieser akustische Genuss nicht übertrieben wirkt. Klavier und Streicher bilden ein Gefühl der unterschwelligen Überraschung. Andere Komponisten hätten vielleicht diese Szene krawallartig inszeniert. Aber das passt nicht zum Gesamtstil des Films. Keine aufgezwungenen Szenen, die unbedingt alles zeigen wollen. John Ottman zeigt hier, was er kann. Für einen ersten Langscore ist das ganz große Kunst.

Im Gespräch mit John Ottman über Filmmusik

»Wenn die Geschichte gut ist, wird es nur hinderlich sein, das Publikum mit aufdringlicher Musik oder künstlich aufgemotztem Schnitt zu erdrücken.«

Till Bamberg) Nennen Sie doch bitte Menschen, die Sie maßgeblich in ihrem beruflichen Schaffen begleitet haben?

John Ottman) Jerry Goldsmith und Steven Spielberg sind wahrscheinlich meine größten Idole. Ich möchte klarstellen, dass John Williams natürlich ein Genie ist, und ich verehre sein tiefgründiges Werk. Ich bin ein großer Fan. Aber nachdem ich ALIEN und STAR TREK – DER FILM gesehen hatte, wurde ich zu einem Goldsmith-Fan, der es zu schätzen wusste, wie seine Partituren sich in die Psychologie der Szenen vertieften. Ich ging zurück und sammelte alle seine Partituren. Ich wuchs ähnlich auf wie Spielberg, der als Kind auch Filme drehte; und wir spielten sogar beide Klarinette. Aber ich habe mich in den Schnitt und in die Filmmusik versunken, während er direkt ins Filmemachen einsteigen konnte. Darum habe ich ihn immer beneidet. Ich träumte davon, mit ihm in irgendeiner Funktion zusammenzuarbeiten.

Ich hatte viele einflussreiche Zusammenarbeiten, aber sehr früh in meiner Karriere bekam ich die Chance für die Filmmusik zu INCOGNITO (1997) von John Badham. Es war das erste Mal, dass ich das Selbstvertrauen verspürte, meinen eigenen Stil zu übernehmen und die Musik ohne jeglichen Einfluss einer proviscrischen Partitur zu schreiben. Es gab viele lange Sequenzen, etwa fünf Minuten oder mehr, die musikalisch untermalt waren. Es ist, als ob ich den Auftrag hätte, eine Symphonie zu schreiben. Das Verheerende daran war, dass der Film nie veröffentlicht wurde. Manchmal bleibt das beste Werk im Verborgenen. Dasselbe geschah bei SCHNEEWITTCHEN (1997) mit Sigourney Weaver. Ich schrieb mir das Herz aus dem Leib, und der Film kam nicht in die Kinos. Später kam dann ASTRO BOY (1998) heraus. Ich schrieb mir wirklich von der Seele und beschritt damit neue Wege für mich selbst. Aber der Film wurde komplett bombardiert. Wieder wurden einige meiner besten Arbeiten nicht von vielen Menschen erlebt.

Wie konkret wirkt sich die Arbeit am Schnitt auf Ihre eigene Musik aus? Komponieren Sie auf der Grundlage Ihrer eigenen Bearbeitung oder schneiden Sie zu Ihrer Musik?

Die Leute sind überrascht, dass ich, wenn ich einen Film schneide, die Musik völlig losgelöst vom Film mache. Ich gebe keine provisorische Partitur ein, bis ich mit meinem Schnitt vollständig fertig bin. Ich denke wirklich nicht bewusst über die Partitur nach, sondern vielleicht unbewusst. Ich schaffe Bereiche, wo ich weiß, dass es einen tiefgründigen Moment in der Partitur geben wird; aber was diese Musik ist, weiß ich zu diesem Zeitpunkt noch nicht. Einen Film zu schneiden, ist eine überwältigende Aufgabe. Also muss ich wirklich Schritt für Schritt rangehen. Es gibt tatsächlich lange Perioden von Überschneidungen. Es sorgt auch für eine viel zusammenhängendere temporäre Partitur, wenn die Musik nach dem Schnitt hinzugefügt wird. Sonst wird sie während des Filmschnitts immer wieder zerstückelt. Und manchmal schaffe ich eine so tolle Musik, dass ich davon völlig eingeschüchtert bin! Es hilft mir dann noch mehr, beim Schreiben der eigentlichen Partitur über den Tellerrand hinauszudenken und noch objektiver zu sein.

Wenn ich nur der Komponist bin, denke ich, dass die größte Herausforderung darin besteht, zu begründen, warum die temporäre Musik nicht immer richtig ist. Solange man die Dinge aus der Sicht der Geschichte erklären kann, ist man offen für Vorschläge.

> (Anmerkung T. B.: Oftmals wird in der Postproduktion den gedrehten Szenen eine provisorische, oft aus bestehenden Stücken zusammengestellte »temporäre Musik« unterlegt, um für den Filmschnitt den richtigen Rhythmus zu finden. Häufig orientiert sich der Komponist des Filmscores an dieser *temp music*.)

Haben Sie eine Zusammenarbeit, die in Ihrer Karriere am einflussreichsten war, und warum?

Nun, es versteht sich von selbst, dass, wenn ich nicht Die üblichen Verdächtigen gemacht hätte, meine Karriere nicht so angekurbelt worden wäre, wie es dann geschah. Das muss also die einflussreichste Zusammenarbeit gewesen sein. Erstaunlicherweise hatten wir niemanden, dem wir Rechenschaft ablegen mussten. Irgendwie hatte Bryan Singer den Endschnitt. Also haben wir einfach den Film, den wir machen wollten, ohne Einmischung gemacht.

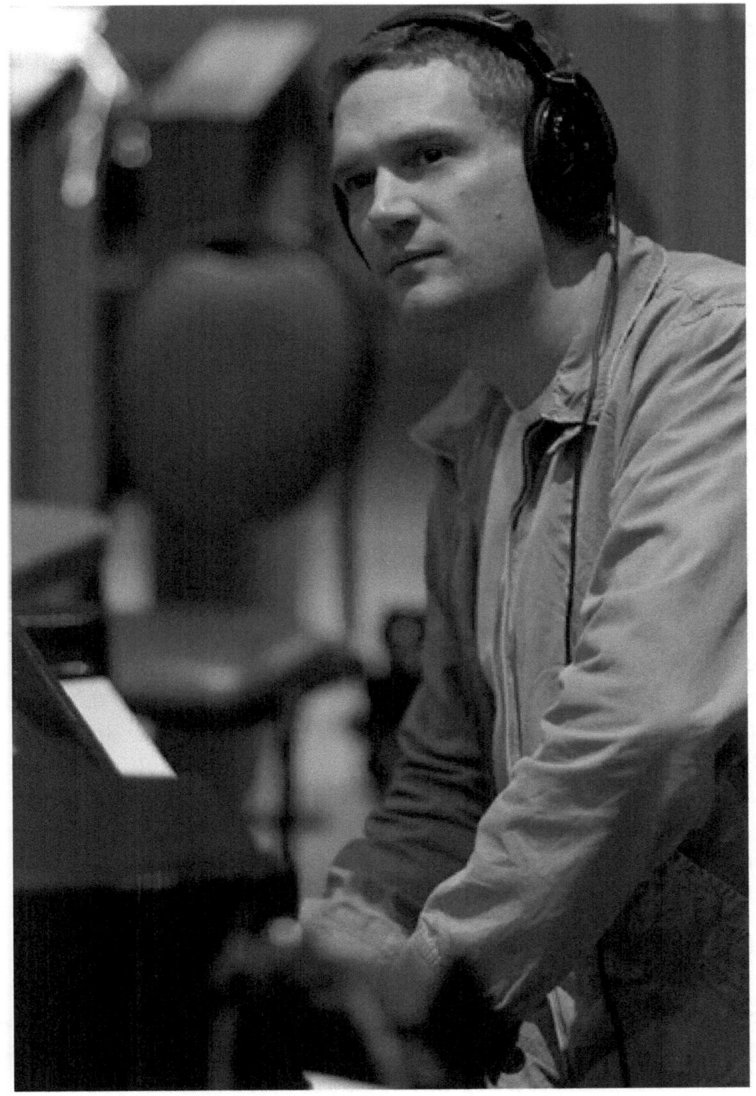

Abb. 13. 2 John Ottman während den Aufnahmen zu SUPERMAN RETURNS.

Sie haben im Vorgespräch erwähnt, dass Sie und Bryan Singer bei* DIE ÜBLICHEN VERDÄCHTIGEN *von den Thrillern der 70er Jahre inspiriert wurden. Wie muss ich mir diesen Einfluss vorstellen?

Es war nicht wirklich eine bewusste Entscheidung. Ich würde sagen es war unbewusst in dem Sinne, dass diese Filme in mir verwurzelt sind, weil ich mit ihnen aufgewachsen bin. Die Meister der Filmmusik, die in dieser Ära arbeiteten, wie Goldsmith, haben meinen Geschmack und meine Sensibilität geprägt; und sie arbeiteten bis in die 1980er und 1990er Jahre hinein mit den gleichen Filmmusik-Philosophien. Diese Sensibilitäten haben sich dann in meinem eigenen Stil der Musik und des Filmemachens niedergeschlagen.

Bei den VERDÄCHTIGEN habe ich mich allerdings sehr bemüht, nicht in das abzurutschen, was zu der Zeit in Mode war, wie etwa einen Pop- oder modernen Score zu machen. Als die Produzenten einen ersten Schnitt des Films sahen, waren sie überrascht, dass der vorläufige Score so thematisch und orchestral war. Glücklicherweise hatte ich die Unterstützung von Bryan Singer. Ich erinnere mich noch lebhaft daran, wie Bryan und ich mit einem Produzenten auf einer Parkbank vor dem Kino saßen und er uns sagte, dass er und seine Mitproduzenten dachten, die Musik würde eher in die Richtung von PULP FICTION gehen. Bryan mischte sich ein und sagte: »Nun, das ist genau das, was wir nicht tun werden.« Ich war erleichtert, dass ihnen das klargemacht wurde.

Ich hatte vom ersten Moment an das Gefühl, dass DIE ÜBLICHEN VERDÄCHTIGEN fast eine mythische Geschichte war, die es zu weben galt. Es brauchte die Eleganz eines guten Krimis und die Gravitas, die nur eine Partitur dieses Stils liefern konnte. Der Kameramann hatte die Kamera so ausgerichtet, dass er einige Lichter, die vom Wasser reflektiert wurden, aufnahm, als er den Rest einer Fimrolle aufbrauchen musste, als sie die Szene an den Schiffsdocks drehten. Das war wirklich eine zusätzliche Inspiration für meine Filmmusik. Ich nahm diesen Clip, duplizierte und loopte ihn für ein paar Minuten, damit ich eine Titelsequenz daraus machen konnte. Es gab wirklich den Ton für das Thema des Films vor, der eher klassisch und faszinierend ist.

Ich kann mich des Eindrucks nicht erwehren, dass ich beim Hören einiger Tracks von den VERDÄCHTIGEN, wie «Getting on Board", an den leider viel zu früh verstorbenen Komponisten James Horner erinnert wurde. Auch andere Tracks lassen eine gewisse Hommage an bestimmte Komponisten vermuten, wie zum Beispiel «He's here", das mich ein wenig an Jerry Goldsmith erinnerte. «The Garage" ließ mich auch an John Williams' Score zu J.F.K. – TATORT DALLAS (1990) denken. War das beabsichtigt?

Auch hier denke ich, dass ein großer Teil meines Stils von diesen Komponisten beeinflusst wurde, ohne dass ich sie speziell kopiert habe. Manchmal hat meine vorläufige Partitur einige der musikalischen Merkmale der endgültigen

Partitur beeinflusst. Ich denke, Sie meinen vielleicht die Taxi-Raub-Szene »New York's Finest«, wenn Sie sich auf J.F.K. beziehen. Ich stellte mir vor, dass ein Klangholz (Clave) einen großen Teil dieser Szene bestimmen würde; also habe ich sie mit J.F.K. tempiert und später durch meine eigene Komposition ersetzt, die denselben Holzblock-Rhythmus verwendet. Ich wollte, dass eine Clave auch in den anderen Cues auftaucht, also habe ich das in »The Garage« angedeutet. Dann fügte ich zwischen den dunklen Cello- und Bass-Passagen einen angeschlagenen Guiro-Effekt hinzu. (Ein Guiro ist ein hohles Holzinstrument mit Rillen). Dieses einsame Guiro ist eine meiner Lieblingsfarben in der Partitur. Für »Getting on Board« habe ich tatsächlich einen bombastischen Moment aus Goldsmiths Alien für einen kurzen Abschnitt der Handlung verwendet. Aber für den Rest der Szene konnte ich keine Musik finden, die so funktionierte, wie ich es wollte. Also habe ich sie mit meiner eigenen synthetischen Vorlage provisorisch vertont und später mit dem Orchester aufgenommen.

Bei einem Film wie diesem muss man sicherlich abwägen, inwieweit man bestimmte Instrumente einsetzt. Viele der Tracks in diesem Film sind wunderbar ruhig, und das macht bestimmte Szenen so spannend. Haben Sie jemals daran gedacht, spannende Szenen »pompöser« zu gestalten?

Ich denke, dieser einsame und schlaue Guiro ist ein Paradebeispiel dafür, dass die ruhigen Momente die faszinierendsten und spannendsten sein können. Ein guter Score besteht, genau wie eine gute Geschichte, aus Höhen und Tiefen. Ein großartiger Höhepunkt fühlt sich nur nach einem langen Vorspiel sozusagen befriedigend an. Wenn es nur um den Höhepunkt geht, werden wir irgendwann so abgestumpft, dass wir alles ausblenden. Das ist ein Problem in vielen modernen Filmen, in denen zu jedem gegebenen Zeitpunkt alles Mögliche reingeworfen wird. Das ist kein gutes Storytelling – es ist die Unsicherheit, dass das Publikum in dem Moment, in dem es eine Pause gibt, aus dem Kino rennen wird. Wenn die Geschichte gut ist, wird es nur hinderlich sein, das Publikum mit aufdringlicher Musik oder künstlich aufgemotztem Schnitt zu erdrücken. Da ich mir die Verdächtigen eher als Mystery- denn als Action-Film vorgestellt habe, habe ich viele der Szenen so vertont; und das ist eigentlich eine sehr heikle Aufgabe beim Komponieren. Mein Mantra ist immer, dass eine Geschichte so weit wie möglich mit dem Score erzählt werden muss. Ich denke, dieser Ansatz hat uns in die Verdächtigen hineingesogen, so wie bombastische Musik uns weggestoßen hätte.

Sind Sie ein Fan von bestimmten Leitmotiven, die Sie sofort mit Filmfiguren assoziieren können? Und wenn ja, gab es diese in Ihrer Filmmusik für die Verdächtigen?

Da gibt es zu viele Vorbilder, um sie aufzuzählen. Nehmen Sie zum Beispiel Williams. Yodas Thema ist wunderbar, es strahlt perfekt Weisheit und Güte aus. Dann gibt es das klassische, herzliche und unschuldige Thema, das John Barry Socks in Der mit dem Wolf tanzt (1990) komponierte. Zurück zu Williams. Er erfand sogar Melodien für unbelebte Objekte wie die AT-ATs in der Schneeschlacht von Das Imperium schlägt zurück und verlieh damit den Sequenzen selbst Charakter, wie dem Asteroidenfeld in Imperium oder der »Truckverfolgung« in Indiana Jones – Jäger des verlorenen Schatzes. Er erzählte Geschichten musikalisch über Melodien. Die Truck-Verfolgungsjagd selbst könnte dabei eine Filmmusik-Dissertation sein. Und das Arche-Thema ist das Paradebeispiel dafür, wie ein Motiv den Faden eines Mysteriums am Laufen hält. Wie Keyser Soze saßen wir jedes Mal, wenn die Arche erwähnt wurde in Indiana Jones, aufrecht in unseren Sitzen und hörten, wie die mysteriöse Musik den Faden der Geschichte am Leben hielt. Das ist es, was die Filmmusik zu einer Kunstform gemacht hat, im Gegensatz zu der Massenware und dem seelenlosen Antrieb, zu dem sie heute weitgehend geworden ist. Stellen Sie sich die «5:30 Sequenz" vor, die die Enterprise in Star Trek – Der Film wieder einführt, wenn sie heute vertont würde. Goldsmith entwarf akribisch eine Geschichte, die auf seinem Hauptthema basierte, und unterstützte diese Sequenz mit einem der schönsten Aplombs in der Geschichte der Filmmusik. Die Szene ist nur deshalb gelungen, weil der Komponist eine thematische Geschichte erzählte.

Bei den Verdächtigen habe ich mich sehr bemüht, thematische Fäden am Leben zu erhalten, wie z.B. mysteriöse Akkorde, wann immer Keyser Soze erwähnt wird, oder mein Hauptthema, das sich durch den gesamten Film zieht. Jeder Film ist anders. Es war schwieriger, den Rahmen der Charakterthemen in den Verdächtigen zu sprengen, im Gegensatz zu meiner Filmmusik zu Astro Boy, wo jeder Charakter ein Thema hatte. Da die Verdächtigen nicht diese Art von Film war, habe ich das Hauptthema verwendet, um alle Charaktere zu umgeben, indem ich es auf unterschiedliche Weise instrumentiert habe. Zum Beispiel habe ich das Thema in ein Sopransaxophon für Verbal eingeflochten. Und bei »New York's Finest« haben die treibenden Celli das gleiche Thema aufgegriffen. Ich denke, es ist der Einfluss von Williams, Goldsmith, Horner und anderen, der mich dazu bringt, auch den kleinsten Momenten »Charakter« zu verleihen, wie zum Beispiel der kurzen Fahrstuhlsequenz, die einen eigenen melodischen Drive hat. Heute wäre der Ansatz vielleicht, diese Szene mit einem Synthesizer/Percussion-Loop zu vertonen, der eine seelenlose Energie erzeugt, aber sonst nichts.

Wir sprachen ja bereits über Filme, die Sie inspiriert haben. Gibt es noch weitere, die Sie aufzählen können, und gibt es Filme, die Sie nicht mögen und warum?

Ich liebe klassische Science-Fiction-Filme. Ich sollte meine unbeliebtesten Filme nicht namentlich erwähnen. Aber ich ertappe mich dabei, dass ich mich über viele Filme der Gegenwart ärgere, nur, weil wir sie anscheinend wegen einer guten Geschichte zum Spektakel machen. Früher wurden mehr Zeit und Mühe in das Drehbuch gesteckt, weil es nicht so einfach war, Dinge nachträglich zu ändern, vor allem visuelle Effekte. Die Handlung hatte immer etwas mit den Charakteren der Geschichte oder ihren Zielen zu tun. Deshalb ist die LKW-Verfolgungsjagd in Indiana Jones und der letzte Kreuzzug (1989) so verdammt gut. Oder Sean Connery, der einen Drogenhändler in der Scherbenwelt jagt. Die Dinge mussten visualisiert und akribisch geplant werden. Ein Paradebeispiel dafür ist Das Imperium schlägt zurück. Es ist ein Popcorn-Film. Aber es ist auch eine Dissertation darüber, wie man einen meisterhaften Film macht. Wenn wir uns die Actionsequenzen anschauen, müssen wir uns daran erinnern, dass es damals keine Previsualisierung gab, sondern nur skizzierte Storyboards. Und es gab kein Zurück und keine substanzielle Wiederholung der Dinge. Man musste Vertrauen in die Geschichte haben, und deshalb musste dem Drehbuch viel Aufmerksamkeit gewidmet werden. Ich habe den Film 13 Mal im Kino gesehen, als ich ein Kind war. Und jetzt? Ich habe mir nicht einmal die Mühe gemacht, den neuesten Star Wars-Film zu sehen, weil ich so entmutigt war. Genauso wie das IMPERIUM uns gelehrt hat, wie man einen perfekten Film macht, so sind einige der späteren Filme der Reihe Beispiele für alles, was mit dem populären Filmemachen heute nicht stimmt: schlampiges Schreiben, Zeichentrickfiguren, verwirrte oder keine emotionale Wahrheit, Geschichten ohne klare Charakterziele und Spektakel über Substanz. Das ist sehr traurig.

Arac Attack, zu dem Sie auch die Musik beigesteuert haben, liebe ich, weil er das Genre lobt und gleichzeitig ironisch ist. Wenn Sie sich Ihre Arbeit ansehen, sieht man, dass Sie auch viele Genrefilme vertont haben. Haben Sie eine Schwäche für Genrefilme?

Ich weiß nicht. Sie können dem Komponisten, der mit der Partitur offener umgehen kann, sicherlich einen großen Ausdruck bieten. Auf diese Weise machen sie also Spaß. Für diesen Film musste ich mich mit dem Orchester aus den Angeln heben und thematisch schreiben. Aber im Endeffekt mag ich einfach eine gute Geschichte. Es ist eigentlich egal, ob es sich um einen Genrefilm handelt oder nicht. Es ist nur so, dass man als Komponist bei Genrefilmen mehr Freiheiten hat.

Glauben Sie, dass diese Genres den Menschen etwas vermitteln können? Wäre es sinnvoll, in der heutigen sozio-politisch schwierigen Zeit zu dieser Tradition zurückzukehren? Der Transport der Überwindung sozialer Probleme durch Unterhaltungsfilme?

Science-Fiction ist eines der Hauptgenres, das uns zum Nachdenken über unsere Gesellschaft anregt und uns inspiriert, besser zu sein. Eine Analogie wäre die ursprüngliche STAR TREK-Serie, in der viele der Episoden Allegorien auf Ereignisse aus dieser Zeit waren. Die Klingonen wurden eigentlich erfunden, um die Russen für eine Episode zu repräsentieren, in der die Sternenflotte und die Klingonen um die Kontrolle eines Planeten wetteiferten, der Vietnam repräsentierte. Die Show war auch inspirierend und bot einen hoffnungsvollen Blick in die Zukunft. Aktuelle Filme zeigen die Zukunft als dystopisch und deprimierend. Es ist kein Wunder, dass es einen Hoffnungsverlust gibt. Wir neigen dazu, den Dingen nachzueifern, die wir in der Unterhaltung sehen. Daher ist es wirklich bedauerlich, dass die meisten modernen Popcorn-Filme nicht danach streben, uns auf diese Weise positiv zu inspirieren oder uns zu warnen. Der originale PLANET DER AFFEN gibt in seinem Subtext einige tiefgründige soziale Kommentare ab. Sein Thema, Fakten und Wahrheit zu untergraben, ist heute noch vorausschauender als in den 60er Jahren. Aber ein weiterer Grund, warum der Film im Allgemeinen diese Botschaften nicht so uneingeschränkt vermitteln kann, liegt darin, dass die Märkte und Gewinne heute größer sind und sich auch auf China und Russland stützen; es ist also sehr schwierig, einen Mainstream-Event-Film mit einer antiautoritären oder bürgerrechtlichen Botschaft zu haben.

14. Der Schnitt im Film

Bereits als Kind spielen wir mit unserer Fantasie. Wir toben im Wald und fühlen uns wie Ritter oder Räuber. Wir verbringen, auch als Erwachsener, viel Zeit in imaginären Orten und Personen. Wir brauchen die Fantasie, um uns als kreative Wesen voranzutreiben. Mit der Fantasie sind auch unsere Gefühle gekoppelt.

Übertragen auf den Film ist das eigentlich recht simpel. Denn der Film ist ja (meist) eine ausgedachte Geschichte. Nur gibt es einen großen Unterschied zwischen unserer im Kopf stattfindenden Geschichte und der auf der Leinwand. Es ist der Schnitt. Durch diese filmische Technik können wir auf einmal in fremde Welten reisen oder befinden uns innerhalb von Sekundenbruchteilen in einer anderen Zeit. Als exemplarisches Beispiel sei hier 2001: Odyssee im Weltraum genannt. Der Urmensch wirft einen Knochen in die Luft, im Flug gibt es einen Schnitt und wir sehen ein schwebendes Raumschiff. So wird mal eben Jahrmillionen mit Hilfe des Schnitts übersprungen. Man könnte viele Beispiel eines gelungenen Schnittes aufzählen. Der Schnitt bringt nicht nur die Geschichte voran, sondern kann auch manipulativ wirken. Wenn man den Film Der Clou (1973) gesehen hat, dann erkennt man den genialen Trick, den der Schnitt ausübt. Oder auch die stakkatoartige Schnittreihenfolge in Aliens von Ray Lovejoy (der übrigens auch für »2001« verantwortlich war). Obwohl Aliens ein Actioner ist, sind die Schnitte dennoch wohl gewählt, um uns schweißtreibend zurückzulassen. Denn beim Schnitt geht es nicht nur um die Überbrückung von Zeit, sondern vor allem um Rhythmus und Tempo einer Geschichte. Wer den Schnitt beherrscht, ist ein hervorragender Geschichtenerzähler.

Im Laufe der Filmgeschichte gibt e seine Vielzahl an wunderbaren Cuttern. John Ottman ist einer dieser Cutter. Neben Die üblichen Verdächtigen schnitt er unter anderem auch Der Musterschüler (1998), X-Men 2 (2003), Jack and the Giants oder auch Bohemian Rhapsody, für den er den Oscar bekam. Aber blicken wir kurz zurück in das Jahr 1995.

Die üblichen Verdächtigen (1995)

Wie im vorangegangenen Kapitel kommt man nicht umhin, diesen Film als Paradebeispiel für einen geschickten Schnitt zu verwenden. Und auch hier muss man wieder auf der genialen Endszene zu sprechen kommen. Im Büro von Detektive Kujan überschlagen sich die Ereignisse. Es wird stets zwischen der Reaktion von Kujan und den vielen kleinen Details des vermeintlichen Verhörs hin und her geschnitten. Langsam erkennt nicht nur Kujan, sondern auch der Zuschauer, dass hier etwas nicht stimmt. Kurze Zeit später sehen wir Verbal auf der Straße. Und die Überraschung folgt auf dem Fuß.

Diese Szene ist so gekonnt geschnitten, dass sie immer wieder überrascht. Gepaart mit dem genialen musikalischen Einsatz, ist dieses Ende eines der berühmtesten der Filmgeschichte. John Ottman, der den Schnitt überwachte und ausführte, blickt im folgenden Interview auf diese Zeit zurück.

Im Gespräch mit John Ottman über Filmschnitt

«Ich glaube nicht an ‚Masturbationsmontagen' um der Effekthascherei willen."

Till Bamberg.) Wie bereiten Sie sich als Cutter für so große Projekte wie Bohemian Rhapsody *oder* Superman Returns *vor, und wie gehen Sie bei solchen Projekten mit dem Schnitt vor?*

John Ottman) Ich mache mir viele Gedanken! Jede Arbeit scheint noch überwältigender zu sein, bevor man sich darauf einlässt. Vor allem, wenn man mehrere Aufgaben hat, so wie ich es bisher tun musste. Es lag immer in meinem Eigeninteresse, dafür zu sorgen, dass mir später nicht so viele Dinge wie möglich um die Ohren fliegen. Deshalb mache ich mir schon in der Drehbuchphase viele Notizen zu Bereichen, von denen ich glaube, dass wir in Bezug auf die Geschichte Probleme haben könnten. Ich habe auch versucht, während der Dreharbeiten alle Probleme vorauszusehen, die später auftauchen würden. Niemand war bei der Lösung von Problemen im Vorfeld proaktiver als ich. Ich hatte Monate später eine enorme Partitur zu schreiben. Deshalb konnte ich es mir nicht leisten, einen Film zu haben, der Probleme in der Post-Produktion hatte. Es gibt eine Art Hellseherei, die ich mir selbst beibringen musste, um größere Nachdreharbeiten vermeiden zu müssen.

Wenn ich beide Jobs machte, konnte ich nicht einfach aufhören zu schneiden und allen sagen, dass ich die Filmmusik schreiben wollte. Die Arbeit an einem Film hört nie auf, und beide Jobs überschneiden sich bis zum Schluss. Glücklicherweise habe ich bei Bohemian Rhapsody keine Filmmusik geschrieben. Es würde sich sonst wie ein kitschiger Film der Woche anfühlen. Ich wollte wirklich, dass die Musik für Queen organisch ist. Also verwendete ich viele der einzelnen Stücke aus ihrer Musik für Partitursequenzen oder ich benutzte die Oper als Ausgangsmusik. Es gibt einen Moment, in dem sich Freddie und Mary in ihrem Wohnzimmer trennen. Anstatt die Musik zu verwenden, habe ich »Love of My Life« maßgeschneidert, das auf dem Fernseher in ihrem Wohnzimmer lief. Dadurch wurde die Szene viel verheerender, ergreifender und realer, als es extra komponierte Musik hätte tun können.

Welche Software verwenden Sie für die Bearbeitung, oder arbeiten Sie analog?

Ich benutze Avid. Aber auch nur, weil es das ist, was ich kenne. Ich hasse es, neue Dinge zu lernen! Für Die üblichen Verdächtigen und andere Filme aus dieser Zeit schnitt ich mit einer Steinbeck-Plattform auf Film. Das Schneiden auf Film schulte meinen Verstand, die Szenen vorzukonzipieren, bevor ich sie zusammenfügte. Es ist eine Art verlorene Kunst in der digitalen Welt, bei der jemand schnell zehn Versionen einer Szene zusammenschneiden kann. Aber ich finde, den Filmen fehlt jetzt oft der Standpunkt des Cutters/der Cutterin. Ich glaube, wenn man sich jedes Einzelbild des Filmmaterials genau ansieht, bevor man es schneidet, kann man die Szene vorher visualisieren, was zu einem viel besseren Film führt.

Welche Tipps haben Sie für angehende Cutter, die gerne an Spielfilmen arbeiten möchten?

Ein Tipp ist, dass Filmschnitt oft viel mehr Diplomatie und Politik ist, als man denkt. All das hängt natürlich von der Beziehung zum Regisseur ab und davon, wie viel Macht er Ihnen gibt. Manchmal sind die Regisseure völlig untätig, undmanchmal ist ein Regisseur sehr engagiert. Wie dem auch sei, die Fähigkeit, als Geschichtenerzähler sich zu verteidigen und intelligent zu erklären, warum man bestimmte Dinge glaubt, ist eine entscheidende Fähigkeit – ob man nun mit seinem Regisseur oder mit Produzenten und Produzenten spricht. Nach Testvorführungen geben die Produzenten alle ihre Notizen ab, und es wird zu einem System des Tauschhandels, der Politik und der leidenschaftlichen Verteidigung der Dinge, an die man glaubt, ohne sich zu sehr in die Defensive zu begeben. Noch einmal: Diplomatie. Ich möchte auch sagen, dass es oft auch eine unmittelbare Neigung gibt, alle Notizen der Produzenten als dumm abzutun. Der Cutter und Regisseur müssen also immer einen offenen Geist haben. Jeder hat gute Ideen unter den schlechten begraben.

Sie haben die Filmmusik für Die üblichen Verdächtigen komponiert und den Film geschnitten, der zu einer Zeit gemacht wurde, in der Filmemacher wieder wie in den 70er Jahren experimentieren konnten. Damals wurden viele Thriller gemacht, die gekonnt mit den eigentlichen Elementen des Thrillers spielten. Wie denken Sie rückblickend über diese Zeit?

Es war eine große Zeit der Unabhängigkeit, in der wir ziemlich genau das machen konnten, was wir wollten. Es ist interessant, dass Sie die 70er Jahre erwähnen, denn obwohl die Verdächtigen ein Film war, der in den 90er Jahren gedreht wurde, waren sowohl Bryan als auch ich Fans von Filmen aus den 70er Jahren und waren stark beeinflusst von dieser rohen Sensibilität, der düsteren Realität, den großartigen Dialogen und der emotionalen Wahrheit und Tiefe, die sie hatten. Glaubwürdige Charaktere und eine echte Betonung der Qualität des Drehbuchs waren damals häufiger anzutreffen. Die besten Filme von heute stützen sich auf diesen Eckpfeiler, und viel zu viele haben ihn vergessen

Ich hatte den Eindruck, dass Ihre Bearbeitung von Die üblichen Verdächtigen eine Kombination aus Politthrillern wie Die Unbestechlichen (1976) und Komödien wie Der Clou war. Wie genau haben Sie über den Schnitt dieses Films nachgedacht? Was war die Absicht dahinter?

Ich hatte keinen wirklichen stilistischen Spielplan. Im Endeffekt ging es nur darum, eine großartige Geschichte zu erzählen, die das Publikum durch die Charaktere und die Handlung in ihren Bann zog. Die Feinheiten der Geschichte machten es erforderlich, dass ich die Zeitlinien durcheinanderbringen und die Montage für Klarheit und Intrigen verwenden musste. Ich glaube nicht an »Masturbationsmontagen« um der Effekthascherei willen. Es muss sich organisch in die Geschichte einfügen, so wie eine Kamerabewegung durch Geschichte, Leistung oder Emotionen motiviert sein sollte. In dieser Hinsicht denke ich, dass mein Instinkt, wie Sie angedeutet haben, den von Ihnen erwähnten Thrillern sehr ähnlich war.

Als Sie diesen Film geschnitten haben, wie oft haben Sie die berühmte Schlussszene neu arrangiert, oder hat alles beim ersten Mal gepasst?

Das ist eine grandiose Szene, die man in einer Filmuniversität besprechen könnte. Die Sequenz bereitete mir lange Zeit die größten Kopfschmerzen. Alles lief darauf hinaus, und es war einfach überhaupt nicht befriedigend. Wir waren völlig deprimiert. Editorisch schnappte ich mir jedes Stück der Pinnwand, das ich finden konnte, und streute es mit Detektive Kujan ein, der mit großen Augen dreinschaute. Aber das war einfach nicht genug. Ich habe Verbal beim Verlassen des Polizeireviers mit Fluchtmusik unterlegt, denn das sollte das vorletzte Spannungsmoment sein – der Bösewicht entkommt! Aber es fiel völlig flach. Da war keine Ironie dabei. Nichts Besonderes. Es reichte nicht an die Cleverness der vorherigen Geschehnisse heran. Diese Cleverness in den Schatten zu stellen, war für mich eine große Herausforderung. Also überlegte ich nachts, was ich tun könnte, um ihn besonders und fesselnd zu machen.

Glücklicherweise hatte ich eine Erleuchtung: Genauso wie die Musik eine gute Geschichte erzählen kann, kann das auch der Ton im Film. Und was wäre besser geeignet, eine Geschichte zu erzählen, als all die Dinge zu verwenden, die die Charaktere im Laufe des Films gesagt hatten? Also bin ich durchgegangen und habe alle wichtigen Sätze, die die Charaktere gesagt haben, herausgeschnitten. Dann habe ich über die Bilder der Szene eine vielschichtige Audiomontage mit diesen Zeilen erstellt. (Das war eine mühsame Arbeit in den Tagen, als es noch Sprocket-Tonfilme und keinen digitalen Schnitt gab. Ich musste mir die dritte Spur tatsächlich überlappend vorstellen, da ich im Flachbettschnittgerät nur zwei zum Arbeiten hatte. Dann brachte ich diese drei Spuren in einen Maschinenraum, wo ich sie alle zusammen hören konnte, und überspielte sie dann auf eine einzige Spur). Ich wollte, dass sich die Audiogeschichte ironisch anfühlt. Also habe ich auch einige Motive eingebaut, wie z.B. Kujan, der die Zeile »Überzeug mich« immer wieder wiederholt. Das hielt die Audiomontage bis zu dem Zeitpunkt in Gang, bevor Verbal ins Auto steigt, und beendete sie mit »Meine Vermutung ist, dass Sie nie wieder etwas von ihm hören werden.«

Das veränderte die gesamte Sequenz. Aber es funktionierte immer noch nicht. Die Verfolgungsmusik war völlig falsch. Ich merkte, es musste sich seltsam euphorisch anfühlen, dass der Bösewicht entkommt. Diese Flucht musste sich so mythisch anfühlen wie die Figur selbst. Um die Idee zu verkaufen, vertonte ich den Abschnitt vor der Polizeistation mit dem klassischen Stück »Karneval der Tiere«. Das war die endgültige Umsetzung der Sequenz. Sie wurde dem Geheimnis, der Mystik und der Cleverness des restlichen Films gerecht.

Ich erzählte Bryan Singer nicht, was ich getan hatte. Bis zum heutigen Tag erinnere ich mich an uns im Vorführraum. Ich war im hinteren Teil des Raumes und kontrollierte den Ton, er saß in der ersten Reihe. Nachdem er die Sequenz gesehen hatte, sprang er von seinem Sitz auf und schrie: »Es funktioniert, es funktioniert, es funktioniert!"

Ich habe mein Hauptthema durchgehend eingeflochten und »Karneval der Tiere« vor der Polizeistation erklingen lassen. Aber das Ende brauchte immer noch einen Knopf – irgendetwas, um das Publikum in Aufregung zu versetzen, wenn der Bildschirm auf Schwarz geht. Bryan rief mich mit der Idee an, dass wir vielleicht damit enden, dass Verbal sagt: »Und einfach so war er weg.« Im gleichen Atemzug verwarf er seine eigene Idee mit den Worten: »Vergiss es, das ist wahrscheinlich dumm.« Aber ich sah es sofort in meinem Kopf und sagte: »Nein, es ist eine verdammt gute Idee.«

Das ist also die Kurzversion davon, wie diese Sequenz von etwas Gewöhnlichem und Unbefriedigendem zu etwas sehr Befriedigendem wurde. Ich sage immer, dass eine Analyse dieser Sequenz eine der besten Lektionen für einen Filmemacherkurs ist – wie eine Symphonie aus intellektuellem Schnitt, Musik und Ton eine Sequenz völlig verändern kann.

Haben Sie ein Projekt, das Sie schon immer machen wollten, oder gibt es etwas in Arbeit, an dem wir uns in Zukunft erfreuen können?

Ich befinde mich an einem Zeitpunkt in meinem Leben, an dem ich Neuland erkunden möchte und mich zudem nicht den ganzen Tag in einem Raum verkriechen möchte. Es gibt ein paar Filme, bei denen ich versuche, Regie zu führen, aber das ist immer eine Glückssache. In den letzten Monaten habe ich als beratender Produzent an der dritten Staffel von Star Trek – Discovery mitgewirkt. Das bedeutet einfach, dass ich die Regisseure beaufsichtigt habe. In Staffel 4 werde ich bei einer Episode Regie führen. Wenn es gut läuft, hoffe ich, dass ich das dazu nutzen kann, bei weiteren Episoden im Fernsehen Regie zu führen, insbesondere bei der Bewegung im Star Trek-Universum. Das würde mir Spaß machen. Und der Zeitaufwand für die Regie einer TV-Episode beträgt etwa zwei Monate. Auf diese Weise kann ich zu einer anderen übergehen oder mir eine Auszeit nehmen. Es scheint ein besserer Lebensstil zu sein, als ich ihn in den letzten 20 Jahren hatte. Natürlich bin ich immer auf der Suche nach einem neuen Auftrag, aber es muss etwas sein, das mich voll ausfüllt und begeistert. Es gibt nicht viele Filme, die sich für die Art von thematischen und psychologischen Filmmusiken eignen, die ich gerne schreibe. Aber man weiß ja nie.

Hand aufs Herz: An welchem Film hätten Sie gerne mitgewirkt?

Da fällt mir X-Men – Der letzte Widerstand (2006) ein. Für X-Men 2 hatte ich viele thematische Samen gepflanzt, die im dritten Teil wachsen sollten. Sie sollten aufblühen und sich weiterentwickeln. Und als Filmpartner in X-Men 2 glaube ich, dass meine Beteiligung an X-Men 3 einen ganz anderen Film hervorgebracht hätte. Die Sensibilität und die Emotionen, die ich zusammen mit Bryan Singer in X-Men 2 eingebracht habe, wären in den nächsten Film eingeflossen. Leider war X-Men 3, ähnlich wie X-Men: Dark Phoenix (2019), oft eine freudlose und humorlose Plackerei mit seltsamen Momenten, die sich oft wie ein Verrat an den Charakteren anfühlten und den Zuschauer kalt ließen.

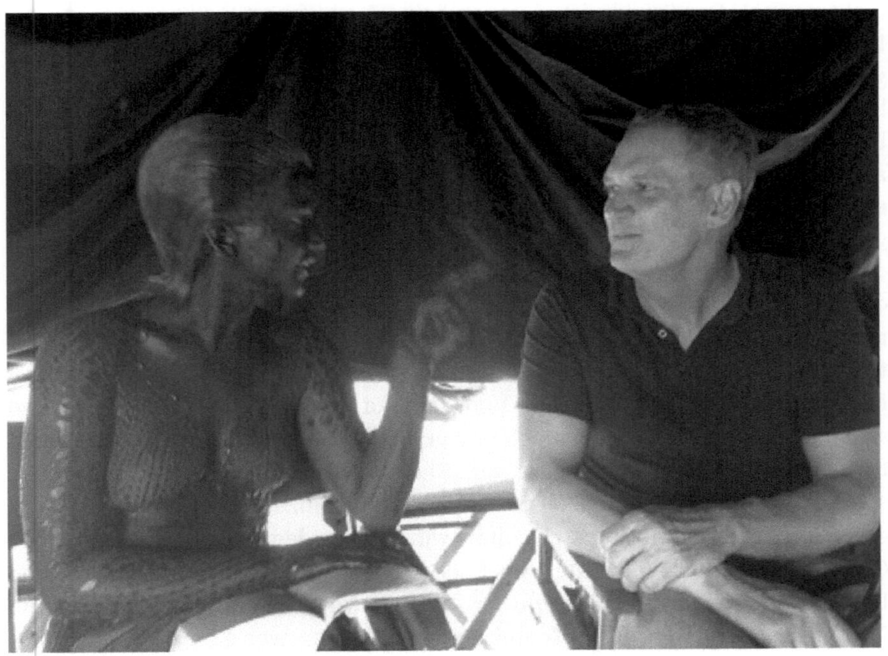

Abb. 14.1 Jennifer Lawrence und John Ottman während des Drehs zu X-Men: Zukunft ist Vergangenheit (2014).

Eine obligatorische Frage zum Schluss hätte ich noch: Was war das schwierigste Projekt, an dem Sie arbeiteten, und warum?

Diese Frage ist schwer zu beantworten, denn, wenn ich bei so vielen Singer-Filmen doppelte und dreifache Arbeiten verrichtete, verlor ich oft fast 20 Pfund allein aus purer Erschöpfung und ohne zu essen. Die Filme von Anfang bis Ende zu managen, war eine totale Lebensaufgabe; eine Art Maulwurfspiel, in dem ich versuchte, mehrere Probleme zu lösen.

Aber ich würde sagen, als Komponist war CABLE GUY – DIE NERVENSÄGE (1996) in der Tat eine große Herausforderung. Ben Stiller meinte, dass der Komponist vom ersten Drehtag an dabei sein sollte. Und obwohl das geschehen ist, ist es nicht normal. Das Schöne ist, dass ich keine Aushilfspartitur kopieren musste. Ich habe einfach Originalmusik geschrieben, während sie Szenen zusammengeschnitten haben. Der erste Schnitt des Films war 3 ½ Stunden lang, und ich hatte fast 3 Stunden Musik geschrieben. Dann änderte sich der Schnitt natürlich immer wieder, weil sie versuchten, den Film von zu dunkel bis albern neu zu definieren. Meine Partitur blieb immer in einer Art skurrilem, dunklem, emotionalem Tonfall, aber ich schrieb immer wieder neu, um dem neuen Film gerecht zu werden. Jahre zuvor hatte ich über das Alptraumszenario gelesen, das Jerry Goldsmith mit STAR TREK – DER FILM vor Augen hatte, und ich hatte das Gefühl, dass ich es bei meinem ersten großen Film, für den ich die Filmmusik schrieb, ausleben würde. Das waren die Tage vor der digitalen Bearbeitung, und ich glaubte nicht an Ghostwriter. Es war also erschütternd, wenn ich mit dem Orchester aufnahm, und dann kam der Cutter in den Raum und sagte, sie hätten die Szene einfach neu geschnitten – schon wieder! Also musste ich mit meinem Orchestrator am Klavier kraxeln gehen und versuchen, spontan Lösungen zu finden. Erschwerend kam hinzu, dass Ben Stiller so an die synthetisierten Mockups gewöhnt war, dass er den Klang des eigentlichen Orchesters zunächst ablehnte. Am Ende des Tages, als der Film gekürzt und Lieder integriert wurden, waren am Ende etwa 20 Minuten Filmmusik im Film. Nicht zur endgültigen Tonmischung zu gehen, war eine weitere Lernerfahrung. Als ich zur Premiere ging, war ich entsetzt darüber, dass die Filmmusik fast vollständig unter Soundeffekten begraben war. Harte Lektionen!

15. Die Front- und Rückprojektionen im Film

Das menschliche Auge ist ein wunderbares Sinnesorgan. Es nimmt Eindrücke auf und leitet es weiter. Wir sehen Farben, Formen oder Geschehnisse. Wir verarbeiten das, was wir sehen, und fügen dies sinnvoll wieder zusammen. Die nehmen Tiefe wahr und Nähe. Dabei kann es aber durchaus sein, dass man dem menschlichen Auge das ein oder andere Schnippchen schlagen kann. Wir können das menschliche Auge betrügen. Wir können ihm etwas vorgaukeln, und dennoch ergibt alles später Sinn. Optische Täuschungen oder beispielsweise auch die bekannte *Das magische Auge*-Buchreihe aus den 1990er Jahren zeigen, dass das, was man sieht, nicht immer das ist, als was es erscheinen soll. Wir können unser Gehirn visuell austricksen.

Im Film geschieht dies permanent, nicht nur auf der grundsätzlichen Ebene, dass uns aus Einzelbildern Bewegung suggeriert wird. Denn auch film-inhaltlich täuschen wir unserem Auge und somit auch unserem Gehirn eine andere Realität vor. Dies wird mit mannigfaltigen Tricks umgesetzt. Einer dieser Tricks sind Front- und/oder Rückprojektionen. Die Rückprojektion wurde bereits im Jahre 1918 vom deutschen Ingenieur Josef Behrens erfunden. Besonders in Fritz Langs METROPOLIS (1927) kam die Rückprojektion zum Einsatz. Als der Farbfilm aufkam, entwickelte Behrens dieses Verfahren weiter und ließ es sich 1935 patentieren.

Bei der Rückprojektion (Rear Projection) handelt es sich im Grunde um eine Projektion hinter agierenden Schauspielern. Vorher aufgenommenes Filmmaterial wird auf eine Fläche projiziert, welche sich hinter den Schauspielern befindet. Das projizierte Bild scheint durch diese Leinwand hindurch. Die Szene wird dann frontal aufgenommen, die aufnehmende Kamera hat somit die Akteure und die Projektionsfläche im Visier. Der Projektor und die Kamera, die aufnimmt, sind synchron geschaltet. Die Schauspieler, die tatsächlich im Studio stehen, können so per Filmtrick in andere Räume oder fremde Landschaften versetzt werden.

Die Frontprojektion ist, ähnlich wie die Rückprojektion oder die Blue-Screen-Technik, eine weitere Möglichkeit, künstliche Hintergründe zu erzeugen. Dabei wird das Bild von vorne statt wie bei der Rückprojektion von hinten auf eine Leinwand projiziert. Der Projektor, der das Bild auf die Leinwand wirft, wird dabei im 90 Grad-Winkel aufgestellt und projiziert sein Bild auf einen halbdurchlässigen Spiegel, der im 45 Grad-Winkel aufgebaut wurde. Das projizierte Bild und der Kamerablick liegen dadurch auf einer Linie. Vorteil bei dieser Technik ist, im Gegensatz zur Rückprojektion, dass das Licht optimal genutzt wird, da die Projektion selbst eine Lichtquelle darstellt. Der Nachteil ist, dass diese Aufnahmen wenig Spielraum für Bewegung lassen, da sonst der Lichteinsatz eingeschränkt wird.

Einer der Filme, bei dem diese Technik herausragend eingesetzt wurde, war der Stanley Kubrick-Klassiker 2001: Odyssee im Weltraum. Heutzutage werden diese Verfahren nicht mehr häufig eingesetzt. Allerdings erfahren diese Techniken in letzter Zeit eine Renaissance, wie beispielweise in der Fernsehserie The Mandalorian (seit 2019). Obgleich man sagen muss, das es sich bei diesen neuen, alten Effekten nicht direkt um Projektionen handelt, sondern um Aufnahmen, die auf einer großen LED-Leinwand im Hintergrund abgespielt werden. Grundsätzlich ist aber dieselbe technische Grundlage).

2001: Odyssee im Weltraum (1969)

In allen anderen Kapiteln beschreibe ich eine Szene aus einen meiner Lieblingsfilme, bei denen der Interviewte mitgewirkt hat. Dies ist hier anders. Es soll nicht respektlos sein, aber es gibt diese absolut fantastische Szene, bei der man die Technik der Frontprojektion nicht bemerkt, gerade deswegen ist sie so genial. Zudem entstand diese Szene zu einer Zeit, bei der man diese Technik häufig anwendete, aber nie zuvor so perfekt. Es geht um die Anfangsszene aus 2001: Odyssee im Weltraum: »Dawn of Man«. Eine Gruppe Primaten wird gezeigt. Wie sie leben, wie sie sich bekämpfen und wie auf einmal der außerweltliche Monolith dort steht. Eine, wenn nicht sogar die berühmteste Szene ist die, als einer der Primaten einen Knochen als Schlagstock benutzt. Er haut auf ein Skelett und erkennt die Nutzbarkeit eines Gegenstandes. Man sieht den Primaten im Vordergrund. Der Hintergrund (leicht unscharf gehalten) zeigt eine karge, felsige Landschaft und einen prähistorischen Himmel. Dieser Hintergrund ist per Frontprojektion erstellt worden, und zwar mit solch einer Präzision, dass man nicht erkennt, dass es sich um eine Studioaufnahme handelt. Kubrick hatte in Afrika einen perfekten Drehort (rein geologisch betrachtet) für diese Anfangsszene gefunden. Aber die Kosten für einen Dreh vor Ort waren zu hoch und ein mögliches riesiges gemaltes Hintergrundbild (engl. Backdrop) war zu aufwendig. So entschied er sich für die Frontprojektion, in einem bis dahin noch nie gemachten Ausmaß. Doch wie funktionieren diese Techniken?

Einer der Künstler, der diese beiden Techniken angewendet hat, ist der deutsche VFX-Supervisor Frank Schlegel.

Portrait Frank Schlegel

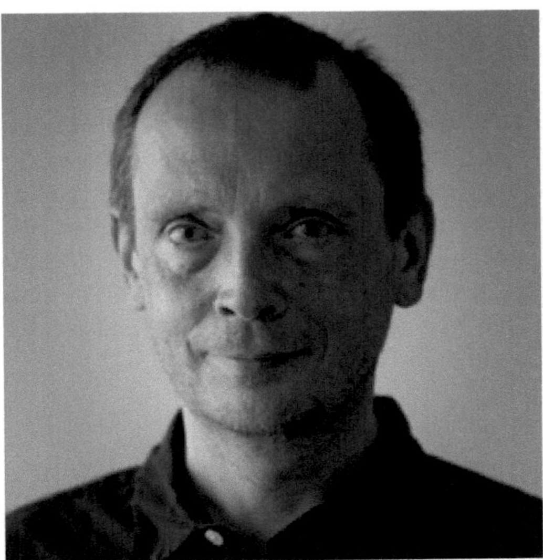

Abb. 15.1 Frank Schlegel

Frank Schlegel wurde 1962 in einer Kleinstadt im Ruhrgebiet geboren. Damals gab es dort drei Kinos, die sonntagvormittags Jugendvorstellungen Fantasy-, Sci-Fi- und Monsterfilme zeigten. Sein großer Bruder Klaus hat Frank Schlegel in diese Filme mitgenommen, für die er eigentlich noch zu jung war. Die Bilder der Filme haben einen sehr großen Eindruck auf ihn hinterlassen, und besonders die Filme von Ray Harryhausen hatten es ihm angetan. Seit dem Film Gwangis Rache, in dem Dinosaurier und Cowboys zusammen vorkommen, wusste er, dass er ebenfalls in den bereich der Spezialeffekte arbeiten möchte. Eine ziemlich absurde Idee zu der Zeit und an dem Ort. Damals existierte noch keine Ausbildung im Bereich der visuellen Effekte in Deutschland. Es war bei ihm im Wesentlichen 'learning by doing'. Deutschland war damals eine VFX-technische Wüste. Es gab Menschen wie der SFX-Künstler und Kameramann Theo Nischwitz (Der amerikanische Freund, 1977, Das Boot, 1981), der viel gemacht hat, aber im Großen und Ganzen konnte man in Deutschland noch nicht die große umfangreiche Ausbildung anfangen. Und so brachte sich Schlegel viel selbst bei.

Im Filmbereich ist er seit 1982 tätig. Zunächst als Stop Motion Animator und Modellbauer, gefolgt von Arbeiten im Bereich der filmtechnischen Visuellen Effekte, Mattepaintings, Optischer Printer oder Motion Control. Er arbeitet sowohl an internationalen Produktionen mit: etwa als Requisitenbauer bei Der Bär (1988) oder für Grand Budapest Hotel wie auch bei nationalen Filme wie Joey 1985), Stauffenberg (2004) oder Rennschwein Rudi Rüssel 2 – Rudi rennt wieder (2007). Auch für die optischen Effekte in Wim Wenders' In weiter Ferne, so nah! (1993) war er verantwortlich. Als VFX- Supervisor für digitale Effekte oder als Kameramann der zweiten Einheit für 16mm, 35mm, Vistavision und Digital Cinema verfeinert er die VFX-Arbeit an Filmen wie Robbi, Tobbi und das Fliewatüt (2016) und jüngst Blood & Gold (2023). Im folgenden Interview erläutert Herr Schlegel seinen Werdegang und stellt die Technik der Front- und Rückprojektion genau vor. Auch gibt er einen wunderbaren Überblick über die Welt der Spezialeffekte in Deutschland.

Im Gespräch mit Frank Schlegel

»Im Idealfall ist es immer noch so, dass alle in einem Film eingesetzten Mittel der Geschichte dienen sollten und sich ihr entsprechend unterordnen.«

Till Bamberg) Sehr geehrter Herr Schlegel, Sie haben in den frühen 1980er Jahren beim Film angefangen als Stop-Motion-Animator und sind seit gut 40 Jahren im Geschäft. Was hat Sie an dieser Technik fasziniert und bei welchen Projekten haben Sie diese Technik eingesetzt?

Frank Schlegel) Nicht vergessen, das war alles lange vor dem digitalen Zeitalter. Da gab es nicht viele Möglichkeiten, Dinosaurier und andere Monster zum Leben zu erwecken. Godzilla als 'man-in-suit' war zwar auch klasse, aber diese Technik war natürlich immer irgendwie an eine menschliche Anatomie gebunden. Mechanisch bewegte Kreaturen waren auf Grund ihrer Maschinerie nicht sonderlich agil auf der Leinwand. Stop Motion war da für mich ganz klar die bessere Wahl. So konnte man Dinos bewegen. Und so ziemlich jede Super-8-

Kamera hatte eine Einzelbildschaltung. Der filmtechnische Aufwand hielt sich also in Grenzen. Nachdem ich irgendwie einen einigermaßen animierbaren Dinosaurier zusammengebaut hatte, ging es los. Ein wenig krude alles, aber es hat sich bewegt. Ich habe dann schon vor dem Abitur in den Schulferien in Hamburg bei der Firma Anima an deren Knetmännchen-Filmen für die SESAMSTRASSE gearbeitet, und nach dem Abitur bin ich nach Berlin gezogen und habe dort bei einer kleinen Firma gearbeitet, die für das Kinderfernsehen Puppentickfilme produzierte. Das waren zwar alles keine Saurier und Monster, sondern eher klassischer Puppentrickfilm, aber wir haben auf 35 mm Film gedreht und selber geschnitten und ich habe die ganzen Kopierwerksprozesse mitbekommen. Es war wie eine 'richtige' Filmproduktion *en miniature*.

Erläutern Sie doch bitte kurz, was die Technik der Stop Motion als einer der Pfeiler der visuellen Effekte bedeutet.

Stop Motion an sich ist ja auch ein visueller Effekt. Überhaupt kann man Film als visuellen Effekt ansehen. Es ist die Illusion von Bewegung mittels der Aneinanderreihung von Einzelbildern. Aber das Interesse an dem, was man als VFX bezeichnet, ging bei mir schon immer mit Stop-Motion-Filmen einher. Das Tolle war ja die Kombination von 'real' gedrehtem Material mit den Dinomodellen. Seit KING KONG und auch vorher war das ja ein entscheidender Teil der Geschichten, die erzählt werden wollten. Ray Harryhausen hat das dann für seine Zeit perfektioniert, und er war wie für viele Kollegen auch mein großes Vorbild.

Die Technik der Wahl für die Kombination der Stop-Motion-Modelle mit vorabgedrehtem Material war zu der Zeit Rückprojektion. Aus vielen älteren Filmen kennt man das ja eher schlecht als recht, besonders für Autofahrten. Die Schauspieler sitzen im Auto vor einer transparenten Leinwand, auf die von hinten vorproduziertes Material projiziert wurde.

Allerdings brauchte man sehr, sehr lichtstarke Projektoren und jede Menge Platz. Um den sogenannten Hot-Spot, also einen deutlichen Abfall der Helligkeit von der Mitte aus zum Rand zu vermeiden, musste der Projektor einen großen Abstand zur Leinwand haben, und selbst dann musste man noch dagegen steuern.

Bei den Stop-Motion-Filmen ging es natürlich ‚nur' um eine relativ kleine Leinwand, aber Platz und 'Feuerpower' brauchte es trotzdem. Ich habe mich dann eher in die Frontpro eingearbeitet. Die ließ sich auch mit bescheideneren Mitteln realisieren. Die Auseinandersetzung mit diesen Techniken war sozusagen mein Einstieg in die klassische, oder wie man heute sagt »fotochemische« Tricktechnik. Optische Printer, die Oxberry (eine spezielle Kamera für Animationen), die ganzen, nötigen Kopierwerksprozesse und all das. Als dann relativ bald in Deutschland kein Bedarf mehr für Puppentrickfilme im großen Ausmaß gab, habe ich mich weiter in diese Welt begeben. Eine meiner letzten Stop-Motion-Arbeiten ist, glaube ich, eine kleine Szene in Roland Emmerichs JOEY.

Könnten Sie bitte erklären, wie genau die Technik der Frontprojektion aussieht und wie sie realisiert wird?

Wie der Name schon nahelegt, kommt bei der Frontprojektion das projizierte Bild von vorne und nicht wie bei der Rückpro von weit hinten. Das ist schon mal sehr platzsparend. Aber es braucht eine ganze Menge mehr Präzision. Zunächst wurde als Leinwand eine stark reflektierende Folie verwendet, wie man sie auch von Verkehrsschildern kennt, nur feinkörniger. Diese Folie bündelt das einfallende Licht zudem. Das hatte den Vorteil, dass die Projektoren bei Weitem nicht so lichtstark sein mussten wie bei der Rückprojektion.

Damit aber nun das Objekt vor der Leinwand seinen eigenen Schatten verdeckt, müssen sich die optischen Achsen des Projektors und der Kamera exakt decken. Da ja aber die zwei Objektive nicht physisch an der gleichen Stelle sein können, geht das nur über einen teildurchlässigen Spiegel, ein präzises und auf einer Seite teilversilbertes, teures Stück Glas. Damit können Kamera und Projektor im 45 Grad-Winkel zueinanderstehen. Das projizierte Bild wird dann über die verspiegelte Seite auf die Leinwand geworfen und die Kamera 'guckt' gerade durch. Das musste wirklich äußerst präzise zueinander justiert sein, wenn nicht doch auf der ein oder anderen Seite ein Schatten sichtbar werden sollte. Ein anderes Problem war das sogenannte »fringing«, ein diffuser, unscharfer Saum um das Objekt vor der Leinwand auf Grund eines unscharfen und dadurch vergrößerten Schattens. Um das zu eliminieren, musste die Projektionsoptik auch abgeblendet werden, wie bei der Kamera. Die Gesetze der Tiefenschärfe gelten auch bei der Projektion. Bei weiter geschlossener Blende wird auch der Schatten scharf.

Könnten Sie bitte versuchen herauszufiltern, welche Vor- bzw. Nachteile es bei diesen Techniken gibt, also welche besonderen technischen Schwierigkeiten zu überwinden sind.

Ein großer Vorteil der Front- wie der Rückprojektion ist, dass In-Camera-Effekte sind. Wenn es gut ausgeführt ist, braucht es keine weitere Bearbeitung, und die Sachen ist mit den Mustern am nächsten Tag erledigt.

Der wohl bekannteste Einsatz von Frontprojektion ist die Anfangssequenz von Kubricks 2001: Odyssee im Weltraum. Die Affenmenschen sind im Studio aufgenommen mit gebauten Felsen, und die Hintergründe sind dann frontprojizierte Dias. Große Dias. Und in den alten Superman-Filmen mit Christopher Reeve sind die Flugsequenzen mit einem nochmal raffinierteren Frontpro-Set-Up gelöst.

Eine Problematik beider Techniken ist, dass sich das Korn des Filmmaterials im Hintergrund zu dem Korn des erneuten Aufnahmenegativs addiert. Das führt zu einem optischen Qualitätsabfall, den man in einigen Filmen deutlich sieht. Das gilt, wenn auch viel weniger, auch für an der Oxberry kombiniertem Filmmaterial. Um das zu umgehen, hat man wenn möglich die sogenannten »Plates«, also das Material, das dann optisch kombiniert, das heißt erneut abgefilmt wird, auf einem größeren Format gedreht. 70mm oder Vistavision, wenn man es wieder auf 35mm abgefilmt hat.

In richtig großem Stile habe ich die Frontprojektion allerdings kaum eingesetzt. Sehr viel dagegen wiederum im kleineren Bereich bei der Kombination von klassischen Mattepaintings mit den vorabgedrehten Plates. Wenn immer es finanziell ging, wurde hierbei auch Vistavision für die Plates verwendet. Ich habe bei dem Fernsehfilm Tsunami (2005) sehr erfolgreich Szenen in einem Hubschrauber mit Rückpro gedreht. Die Projektion war hier allerdings schon digital. Vor der Leinwand haben wir dann mit 16mm gedreht. Das hat sehr gut funktioniert.

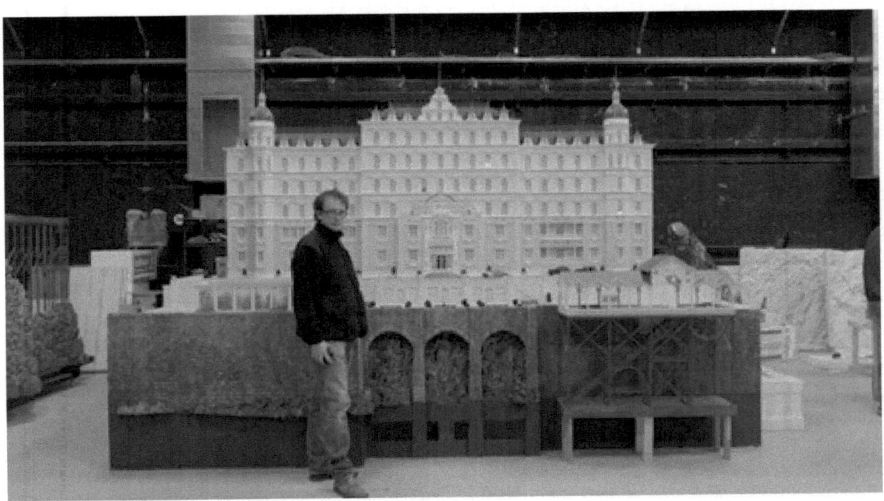

Abb. 15.2 Frank Schlegel vor dem Grand Budapest Hotel.

Witzigerweise habe ich vor wenigen Jahren noch mal einen Dreh mit Frontprojektion betreut. Wes Anderson wollte die zu dem Zeitpunkt ja schon hoffnungslos veraltete Technik noch mal beim Grand Budapest Hotel einsetzen. Das größte Problem dabei war, die benötigte Technik und vor allem die nötige Leinwand aufzutreiben. In irgendeinem Keller haben wir das dann gefunden und reanimiert.

Können Sie anhand eines Beispiels aus ihrem Schaffen erläutern, wie genau verschiedene Tricktechniken (wie z.B. Front- und Rückpro oder Matte Painting) aufeinander abgestimmt werden müssen, um die Illusion perfekt zu machen?

In den 90er Jahren habe ich viel für Wim Wenders gearbeitet. Besonders Mattepaintings waren das, und anhand eines Shots den wir für In weiter Ferne, so nah! lässt sich ganz gut zeigen, was es alles zu beachten gab. Inhaltlich ging es um einen Dreh auf dem Flughafen Tempelhof in den letzten Tagen des zweiten Weltkriegs. Wir haben das Plate, also die real gefilmte Szene, mit einer echten JU-52 auf dem Rollfeld des Flughafens Tempelhof gedreht, und zwar aus den schon oben angeführten Gründen auf VistaVision, also 35mm Film, der aber wie bei einer Kleinbildkamera horizontal durch die Kamera gelaufen ist und damit ein doppelt so großes Negativ hatte. Das war also ganz normales 35mm-Negativ-Material, welches man auch im Kopierwerk vor Ort entwickeln konnte. Aber dann ging es los. Für die Projektion auf dem Mattestand, ein Frontpro Setup mit einer relativ kleinen Leinwand und einer Glasscheibe für das Mattepainting davor brauchte es eine positive Kopie des Vistavision-Materials, und es war so, dass die Perforation des Positiv-Print-Materials etwas mehr Toleranz hatte als die des Negativmaterials. Da geht es um den Bildstand. Wenn die miteinander zu kombinierenden Bildelemente gegeneinander arbeiten, also wackeln, ist die schönste Illusion ganz schnell im Eimer. Heute alles kein Thema mehr, aber damals ein ganz großes. Die Plate-Kamera brauchte schon eine perfekte Greifermechanik mit Transport und Sperrgreifer, um einen guten Bildstand zu gewährleisten, und für die Projektoren, egal ob Front- oder Rückpro, galt das auch. Also brauchte man Positivmaterial mit Negativperforation. Das war dann schon mal eine Sonderbestellung bei Kodak, und das Kopieren vom Negativ auf das Positiv musste auf der Oxberry, also einzelbildweise geschehen. Vistavision-Oxberrys gab es in Deutschland nicht, also haben wir unsere Vistavision-Prints in England herstellen lassen.

Dieses Material haben wir dann projiziert und dann Teile des Flughafengebäudes, des zerbombten Rollfeldes und der rauchenden Stadt im Hintergrund als Mattepainting angefertigt. Ein weiteres Flugzeug in der Luft haben wir als Modell gedreht und dann, um weitere Generationen im Negativ zu vermeiden, auch mit Hilfe des Mattestands und dem Bi-Pack-Verfahren in den Shot einkopiert. Bipack hieß, dass in der Kamera nicht nur das zu belichtende Negativ lief, sondern auch in mehreren Kopierschritten Positive mit einer Maske und dann mit dem einzukopierenden Effekt. In diesem Fall das Flugzeug. Auch den schwarzen Rauch, der im Hintergrund aufgestiegen ist, haben wir als Element separat gedreht mit weißer Farbe in einem Wassertank. Verwendet haben wir das Bild dann als Schwarzweiß-Negativ und auf den Kopf gestellt. So wurde aus der weißen Farbe, die nach unten in den Wassertank reingelaufen ist, schwarzer, aufsteigender Rauch.

Und das ist nur eine grobe und nicht bis ins Kleinste gegebene Beschreibung der »Reifen«, durch die man so springen musste, um einen komplexen VFX-Shot zu erstellen. Bei dem speziellen Shot war der einzige Reifen, durch den wir nicht springen mussten, der der Farbabstimmung. Der Shot war Teil einer schwarzweißen Sequenz in dem Film. Manchen Dingen weine ich ehrlich gesagt keine Träne hinterher.

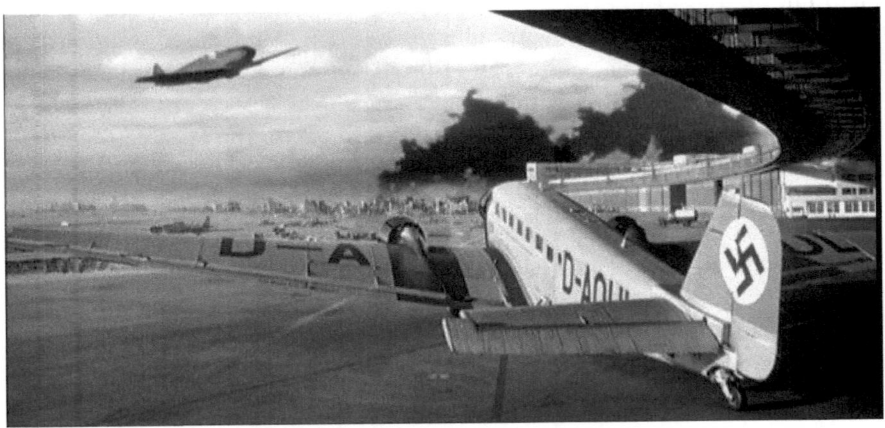

15.3 Oben genannte Szene aus In weiter Ferne, so nah!

Kommen wir kurz zu Vorsatzmodellen, auch Foreground Miniatures genannt. Dies sind Miniaturmodelle, die perspektivisch so vor die Kamera positioniert werden, dass der Eindruck entsteht, die real gefilmte Szene geht nahtlos in das Modell ein. Es kombiniert Live-Action und Modellszene. Wichtig sind hier der Maßstab und die Kameraposition, um die Szene möglichst realistisch wirken zu lassen. Haben Sie die Technik in irgendeinem Projekt mit Front- und Rückprojektion verbunden?

Vorsatzmodelle sind eigentlich auch ein wirklich guter In-Camera-Effekt. Wenn die Modelle gut gebaut sind, ist der Effekt sehr überzeugend und als solcher nicht zu erkennen. Ich habe das einmal im Zusammenhang mit Frontpro eingesetzt. Quasi als Mattepainting-Ersatz bei dem Fernsehfilm Die Bertinis (1988) von Egon Monk.

Auch in heutigen Produktionen wie der Fernsehserie The Mandalorian wurde die Technik der Front- und Rückprojektion quasi »wiederbelebt«, wenn auch abgewandelt mit riesigen LED-Leinwänden. Sehen Sie daran einen Vorteil oder eher das Gegenteil?

Das ist wirklich faszinierend. Wie schon vorab erwähnt ist ja der Vorteil von Front- oder Rückpro der In-Camera-Aspekt. ‚What you see is what you get', und es ist fertig, wenn der entsprechende Shot abgedreht ist. Die Stagecraft-Technik ist wirklich eine Art der Widerbelebung und digitale Weiterentwicklung dieses alten Effekts. Der technische Aufwand ist enorm. Es braucht ja nicht nur die riesigen LED-Wände, sondern die Hintergründe müssen (wie bei Front- oder Rückpro auch) vorproduziert werden. Sind diese Hintergründe computergeneriert, verlagert sich also die VFX-Produktion von der Post- in die Pre-Production. Alles muss vorab designet und erstellt werden. Und dann ist es beim Dreh nicht mit einem einfachen 2D-Bild getan. Die Hintergründe werden ja in Realtime vom Rechner nicht nur eingespielt, sondern bei Kamerabewegungen auch in Realtime entsprechend der Kamerabewegung mit den nötigen Verschiebungen der Paralaxe gerendert. Das geht natürlich nur, wenn die Hintergründe zum größten Teil dreidimensional erstellt sind. Dieser enorme Aufwand macht meiner Meinung nach nur dann Sinn, wenn man es in letzter Konsequenz betreibt. Wenn man das nur als quasi Realtime-Greenscreen verwendet, ist es vertan, weil zu teuer. Guckt man sich die wirklich hervorragenden Ergebnisse bei The Mandalorian an, dann ist das deswegen so gut, weil der Vordergrund auch von den LED-Wänden und den Bildern darauf beleuchtet wird. Da ist kaum zusätzliches Licht gesetzt. Zum Teil gar keins. Dazu braucht man natürlich nicht nur mindestens 280 Grad--LED-Wände um das Motiv herum, sondern auch welche an der Decke, auf denen dann auch entsprechende Bildern sind. Auch wenn nie alles im Bild der Kamera ist, einiges wie die Decke vielleicht gar nicht, aber es beleuchtet die Sets und die Schauspieler vor den Wänden, so wie es auch bei echten Außenmotiven ist. Das ist der eigentliche Trick.

Wenn einem in einem Film ein schlechter Composite auffällt, dann liegt das bei der heutigen digitalen Technik kaum noch daran, dass das Greescreen-Composite als solches schlecht ausgeführt ist, sondern fast immer daran, dass das Licht von Vorder- und Hintergrund nicht zueinander passen. Das in 'freier Natur' von beleuchteten Objekten reflektierte Licht wölbt sich ja, wenn man es so nennen mag, auch um einen davorstehenden Schauspieler herum. Das ist zwar minimal, aber das macht viel aus. Und auch wenn man es nicht zu benennen mag, so meldet einem das Gehirn beim Betrachten doch einen Fehler, wenn es nicht da ist.

Das mit den LED-Wänden ist also mit immer neuen Panels, die auch immer heller werden, durchaus die Zukunft. Billiger wird VFX deswegen nicht unbedingt, aber besser. Irgendwann wird es bestimmt auch billiger.

Wie hat sich die Ausrichtung in Deutschland bezüglich der Erstellung von VFX verändert?

Wie überall sind die VFX natürlich heute digital und die Zeiten, in denen Deutschland eine VFX-Wüste war, sind lange vorbei. Die Qualität ist sehr hoch, und die führenden deutschen VFX-Firmen arbeiten auch für die großen internationalen Filme. Das hierbei erworbene Know-How ist uns ja bei den beiden Jim Knopf-Filmen (2018/20) sehr zugute gekommen.

Nur hat nach wie vor Qualität einfach auch ihren Preis, und was beim Autokauf für jeden einsichtig ist, ist es leider bei VFX nicht immer. Das war schon immer so und wird wohl auch zumindest teilweise so bleiben. Aber auch da hat sich einiges getan.

Was benötigt man Ihrer Meinung nach denn für Eigenschaften und Fertigkeiten, abgesehen von Enthusiasmus und Liebe zum Job, um Ihren Beruf auszuführen? Welche besondere Ausbildung o.ä. sollte man besitzen, um im visuellen Bereich Bestand zu haben?

Leidensfähigkeit und hohe Frustrationstoleranz! Ansonsten ist das wichtigste Instrument beim Filmedrehen immer noch die Kamera. Auch wenn diese inzwischen ja auch eher ein Computer mit Linse dran ist. Aber wenn man einen echten Dinosaurier zur Verfügung hätte, würde man ihn ja einfach drehen. Was ich damit sagen will, ist, dass ein wie auch immer erzeugter visueller Effekt dann am besten aussieht und sich in die Handlung einfügt, wenn er so aussieht, als hätte man ihn mehr oder weniger einfach mit einer Kamera gedreht. Das Wissen darum halte ich also für sehr wichtig.

Wenn Sie Ihre Effekte vorbereiten, welches Prävisualisierungskonzept bevorzugen Sie: Storyboards oder Animatics? Oder vielleicht sogar beides? Schließen Sich denn beide aus?

Storyboards sind immer das mindeste, finde ich. Am Ende geht es halt um ein visuelles Produkt, und ein paar gezeichnete Bilder sagen oft sehr viel mehr als tausend Worte. Und für vieles reicht das auch. Aber zeichnen lässt sich viel. Da kann man auch 'betrügen', wenn man so will. Sobald es um komplexere VFX geht, sollte dann nach den Storyboards eine Prävisualisierung kommen. Da arbeitet man ja schon mit Brennweiten und auch räumlichen Begebenheiten. Bei der Mandala- bzw. Ping-Sequenz vom ersten JIM KNOPF (2018) haben wir in der größten Halle im Studio Babelsberg gedreht, aber auch die hat ja irgendwo Wände. Wenn wir also die Dimensionen des Studios bei der Prävisualisierung nicht mitberücksichtigt hätten, hätten wir wohl mehr als einmal in oder der hinter der Studiowand gestanden. Die Animatics der Prävisualisierung sind also eine bei aufwändigeren Shots die konsequente Fortsetzung und Ergänzung der Storyboards.

Früher (und ich benutze bewusst das Wort «früher") hatte man das Gefühl, dass gut gemachte Effekte den Film aufwerten, da sie der Geschichte dienen und manchmal eher unscheinbar sind. Ich habe das Gefühl, dass Filme aus der heutigen Zeit komplett überfrachtet sind mit Effekten und diese der eigentlichen Geschichte weniger dienen. Wenn ich mir diese ganzen Filme aus der Asylum-Schmiede betrachte, habe ich den Eindruck, da sitzt ein Praktikant und fummelt an einem Grafikprogramm herum. Wie sehen Sie das? Zerstören solche Filme nicht den guten Ruf der Branche?

Im Vergleich zu früher erlaubt die digitale Technik halt einen im gewissen Sinne einfacheren Einsatz von VFX. Aber schlechte Filme hat es schon immer gegeben und schlechte VFX auch. Ich finde nur, dass ein schlechter Modelleffekt wie zum Beispiel ein viel zu kleines Modellschiff in echtem Wasser, was man immer sofort erkennt, immer noch charmant sein kann. Das ist ja auch, womit Wes Anderson so gerne arbeitet. Nicht mit schlechten Modellen, aber mit solchen die man durchaus als 'nicht echt' erkennen kann. Das ist ein Stilmittel.

Schlechte digitale Effekte haben hingegen so gar nichts Charmantes. Die sind einfach nur scheiße. Ich habe auch nichts gegen Filme, die es ordentlich krachen lassen bei den VFX und damit die Handlung entsprechend prägen. Ist halt Popcorn-Kino und auch OK. Aber im Idealfall ist es immer noch so, dass alle in einem Film eingesetzten Mittel der Geschichte dienen sollten und sich ihr entsprechend unterordnen. Ein wirklich gelungenes Beispiel dafür, dass ich immer gerne erwähne, ist der Film MASTER & COMMANDER – BIS ANS ENDE DER WELT

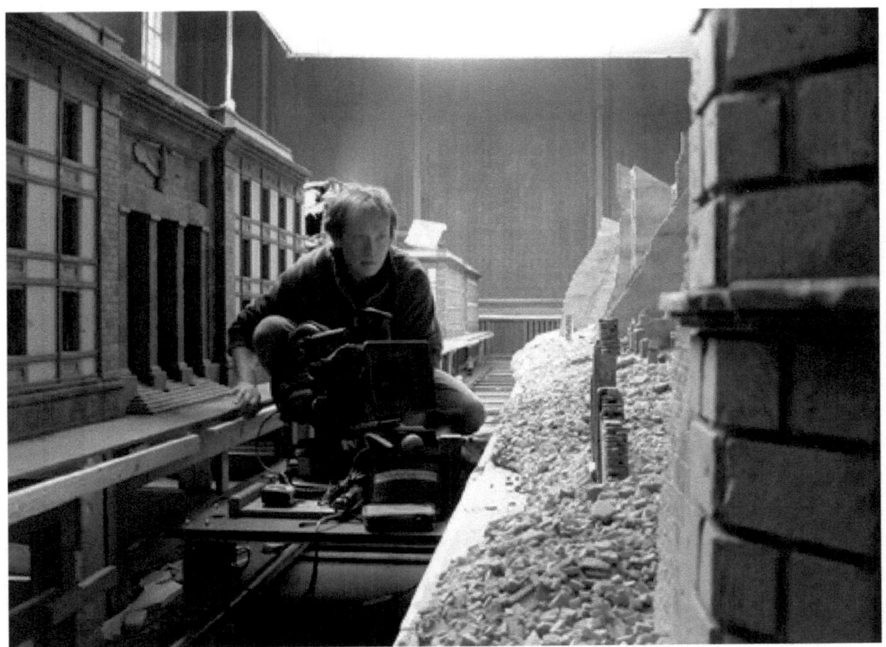

Abb. 15.4 Frank Schlegel dreht eine Szene für Mein Führer.

(2003) von Peter Weir. Der ist voll von VFX, aber sie drängen sich nicht in den Vordergrund. Bei Jim Knopf haben wir das auch versucht, und ich hoffe, es ist uns auch gelungen.

Sie haben sowohl für nationale als auch für internationale Projekte gearbeitet. Gibt es bei der Arbeitsmoral bzw. generell zur Arbeitsweise der Teams dieser beiden Kontinente Unterschiede? Wenn ja, welche?

Große internationale Projekte sind auf Grund ihrer Größe, auch der der Teams, sehr viel hierarchischer. Das ist nicht immer von Vorteil, finde ich. Was die Professionalität und die Qualität der Teams angeht, stehen wir hier nichts mehr nach.

Denken Sie, dass Ihre Art des Filmschaffens genug gewürdigt wird? Ist das, was Sie machen, Kunst oder »nur« ein weiterer technischer Aspekt von Filmen?

Inzwischen wird es durchaus gewürdigt. Und ich empfinde es immer als Kunsthandwerk. Kunst ist schon noch was Anderes, wenn man es damit ernst meint.

Eine Frage stelle ich stets am Ende: Welches war denn der mit Abstand schwerste Effekt, an dem Sie gearbeitet haben, und warum war das so?

Schwer zu sagen, aber schwer wird es immer dann, wenn es inhaltlich absurd wird. Und damit meine ich nicht albern, sondern wenn etwas so ziemlich gegen alle Sehgewohnheiten und inhaltliche Logik geht. Raumschiffe, Saurier und andere Monster sind ja durchaus akzeptiert, weil eben dann doch Flugobjekte oder große Tiere. Bei JIM KNOPF hatten wir zum Beispiel das Problem mit Herrn Tur Tur, dem Scheinriesen. Michael Ende hatte es da leicht, denn er musste es nur schreiben. Will man aber das Konzept eines Menschen, der in der Ferne optisch größer wird und kleiner, wenn er näherkommt, visuell umsetzen, geht das gegen ganz fundamentale Sehgewohnheiten. Da hilft es dann immer, wenn man sich klare Regeln aufstellt wie zum Beispiel, ihn immer in der optischen Achse von Jim und Lukas im Vordergrund zu zeigen. Also immer subjektiv, nie objektiv. Verlässt man dann diesen gesetzten Pfad, kann einem die Sache ganz schnell um die Ohren fliegen. Technisch ist ja fast alles möglich, aber es muss in sich immer einen Sinn ergeben. Sonst kann man es noch so gut umsetzen, man wird doch immer merken, dass es irgendwie nicht stimmt.

16. Die visuellen Effekte im Film

Haben wir uns nicht als Kinder gefreut, wenn wir eine Zaubershow gesehen haben? Haben wir uns nicht immer gefragt, wie diese Tricks funktionieren? Obwohl wir diese Tricks gesehen haben mit unseren Augen, haben wir nicht verstanden, wie sie funktionieren. Manche Tricks waren sehr simpel, manche bedurften einer gewissen Vorbereitung. Aber das Ergebnis war stets dieselbe: Voller Bewunderung erfreuten sich unsere Sinne an der Magie des Visuellen. Viele Tricks funktionierten mit Ablenkung. Andere mit einfachen Zusatzutensilien. Aber immer war die Faszination groß. Im Film ist dies nicht anders.

Visuelle Effekte im Film (hier abgekürzt VFX – »visual effects«) werden häufig eingesetzt, um Filmmaterial aufzubessern oder um bestimmte Effekte zu erzielen, die mit einer unbearbeiteten Filmaufnahme nicht oder nur sehr umständlich zu erreichen wären. Grundlegend müssen diese Effekte real wirken, sonst verlieren sie an Magie. Im Gegensatz zu den Spezialeffekten, die vor der Kamera stattfinden, werden VFX meist in der Nachproduktion aufgenommen oder es werden »In-Camera«-Effekte aufgebessert und nachbereitet. Hier dienen zum Beispiel das sogenannte Compositing, also das Zusammensetzen einzelner Effekte (meist durch einen optischen Printer oder heutzutage digital) oder auch das Rotoskoping, bei dem mehrere Bilder (animiert oder real) hintereinander kombiniert werden Manchmal ist es offensichtlich, manchmal auch nur versteckt, wenn man z.B. Drähte »verschwinden« lassen muss. Im vordigitalen Zeitalter musste man sehr kreativ sein, um diese Effekte real und visionär einzusetzen. Heutzutage entstehen visuelle Effekte fast ausnahmslos im Computer. Gewaltige Schlachten mit Superhelden, gigantische Aufmärsche von Soldaten in kriegs- oder Historienfilmen oder auch ganze Landschaften entstehen im Rechner. Als es diese Möglichkeiten noch nicht gab, waren es viele kreative Köpfe, die die VFX gestalteten.

Hier kommt ein VFX-Experte zu Wort kommen, der einiges in der (Trick-)Filmwelt geschaffen hat. Dennis Skotak begann seine Karriere als Tontechniker, bis er sich auf die Gestaltung der VFX konzentrierte. Angefangen hat er u.a. mit Filmen wie Die Klapperschlange (1981) oder Planet des Schreckens. Den Durchbruch schaffte er 1986 mit Aliens. Für The Abyss bekam er 1990 den Oscar für die besten VFX. Für Batmans Rückkehr (1992) wurde er für diesen Preis nominiert. Auch für Titanic oder X-Men 2 war er tätig. Skotak arbeitet stets mit seinem Bruder Robert zusammen, der ebenfalls bereits zweimal den

Oscar gewonnen hat für ALIENS und TERMINATOR 2. Die beiden Skotak-Brüder gründeten »4-Ward Productions«. Obwohl sie stets zusammengearbeitet haben, hatte jeder von ihnen dennoch Soloprojekte.

Portrait Dennis Skotak

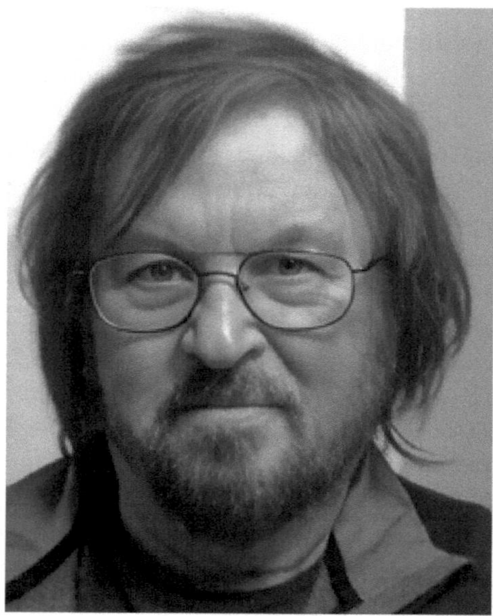

Abb. 16.1 Dennis Skotak

Dennis Skotak wurde am 14. Februar 1943 in Detroit, USA geboren. Bevor er anfing, beim Film zu arbeiten, verdiente er sein Geld in einem Fotolabor. Dann, in seinem ersten Job nach Schulabschluss mit 19 Jahren, fotografierte Skotak für American Motors Autos. Dabei lernte er das erste Mal, mit dem Medium Film umzugehen. Dort drehte er mit 35 mm-Kameras, auch Belichtung sowie dass Laden der Kamera waren seine Aufgabengebiete. Später wurde er Kameraassistent. Nach dieser Arbeit ging Skotak zurück in die Dunkelkammer. Es war zwar nicht das, was er wollte, aber es wurde gut bezahlt. Schon vor seiner Arbeit für American Motors hatte er 8 mm-Filme gedreht. Es waren Komödien, die fein ausgearbeitet waren und Ton hatten. Damals war das nicht so einfach, da das Equipment sehr teuer, ziemlich unhandlich oder einfach für 8 mm-Filme unpraktisch war. Aber es machte ihm Spaß und war lehrreich.

Sein Interesse galt immer der Fotografie in all ihren Facetten, aber der Film wurde dominanter. Während Skotak tagsüber seiner Arbeit nachging, verbrachte er seine freie Zeit mit seinem Bruder Robert und einigen Freunden, um Filme zu drehen.

Eines der ambitioniertesten Projekte war ihre Version von H.G. Wells' *Die Zeitmaschine*. Skotak beschloss, alles in 8 mm und in anamorphischem Widescreen zu drehen, mit Ton und den besten Amateurschauspielern, die man zu dieser Zeit und an diesen Ort dort bekommen konnte. Aber was ihm fehlte, waren die Spezialeffekte. Das war der Beginn der Arbeit in diesem Bereich.

Die Brüder konnten einige einfache, aber effektive Effekte produzieren, wie z. B. Glass Paintings. Für einige Szenen benötigte man große Sets, aber man konnte sie nicht bauen. Also malte Robert Skotak das fehlende Objekt einfach auf eine Posterwand. Robert zeichnete auch ein Gebäude für die Eloi (eine der beiden Rassen in Wells *Die Zeitmaschine)* und montierte das Bild auf einen Brotkasten. Sie gingen in einen nahgelegenen Park und drehten die Szenen, indem sie die Perspektive des gestalteten Gebäudes veränderten. Und so konnte man mit einfachen Effekten einen Film drehen, der fast nichts kostete.

Die Spezialeffekte öffnete ihnen eine Tür der Möglichkeiten. Sie begannen alles zu lesen, was ihnen in die Finger kam in Bezug auf Spezialeffekte ihrer Lieblingsfilme; diese gaben ihnen eine Vielzahl von Ideen für deren eigenen Projekte.

1976 bekam Skotak seine erste Anstellung für The Demon Lover. Danach folgte Sador – Herrscher im Weltraum (1980) und Die Klapperschlange. In den 1980er und 90er Jahren wirkte er an vielen Genrefilmen bis zu seiner letzten großen Arbeit Harbinger Down (2015).

Aliens (1986)

In James Camerons Aliens kehrt Ripley auf den Planetoiden LV-426 aus dem ersten Teil der Filmreihe zurück. Dort versuchen Siedler der Firma Weyland-Yutani, den Planetoiden per Atmosphärenumwandler bewohnbar zu machen. Als die Kolonie sich nicht mehr meldet, werden Ripley (Sigourney Weaver) und ein Trupp von US Marines hingeschickt.

Eine der beeindrucktesten Szenen in Aliens ist wahrscheinlich die, in der Ripley und die Marines mit dem APC (Amored Personal Carrier – ein gepanzertes Fahrzeug der Marines) aus dem Atmosphärenumwandler (bei dem sie den tödlichen Kontakt mit den Xenomorphen haben) fliehen. Diese Szenen entstanden mit Hilfe vieler kleinerer und größerer Tricks, die sowohl Spezialeffekte wie auch visuelle Effekte miteinander kombinieren. Miniaturmodelle des APCs und des Dropships wurden gebaut (in unterschiedlichen Maßstäben) und diese zum Fahren/Fliegen präpariert. Die Flucht aus dem Atmosphärenumwandler wurde live gefilmt. Auch hier kamen verschiedene Maßstabsvehikel zum Einsatz. Später wurden diese Einzelszenen mit hinzugefügten visuellen Szenen (wie der Explosion des APCs) zusammengefügt. Live-Action-Aufnahmen der Darsteller konnte man exzellent per Schnitt in das Gesamtbild einfügen. Dennis Skotak schaffte hier eine wahre Trickbilderflut, die er im Interview erklärt.

Im Gespräch mit Dennis Skotak

»In der vordigitalen Ära mussten wir etwas ›seltsame‹ Materialien erfinden oder finden, um bestimmte vollkommen natürliche Dinge physikalisch zu duplizieren.«

Till Bamberg) Sehr geehrter Herr Skotak, es ist mir eine Ehre mit Ihnen zu sprechen. Ihre Arbeit ist aus der Welt des fantastischen Films nicht mehr wegzudenken, sei es The Abyss, Batmans Rückkehr *oder natürlich* Aliens.

Dennis Skotak) Vielen Dank, dass Sie sich für meine Arbeit interessieren.

Was war Ihr erster Job im Film und wie bekamen Sie ihn?

Der Film hieß The Demon Lover. Wir bekamen den Job, da wir den Regisseur, Donald Jackson, kannten und er ein Freund und begeisterter Amateurfilmer war. Er wollte einen Film drehen, während wir noch in Michigan wohnten. Er fand für seinen Low-Budget-Film genug Geldgeber. Ich war nicht besonders stolz auf diesen ehrlich gesagt schrecklichen Film. Robert war involviert in allen Aspekten der Produktion. So auch in der Gestaltung einer interessanten und gut gemachten Kreatur, dem Dämon. Der Film war kein großer Erfolg, aber es war eine großartige Möglichkeit, das Handwerk zu erlernen. Und zwar dieses Mal in einem Film, der in 16 mm gedreht, aber später auf 35 mm konvertiert wurde. Ein richtig »professioneller Film«. Zumindest dachten wir das.

Wir bauten die Sets, führten die Kamera, nahmen den Ton auf und waren verantwortlich für den Schnitt. Es war kein guter Film, aber wir lernten viel über den Prozess des Filmemachens.

Sie haben so viele tolle Filme mitgestaltet und waren verantwortlich für eine Reihe von wunderbaren Effekten. Gab es eigentlich einen besonderen Film, ein Ereignis oder eine Person, die Sie inspirierte, den Weg einzuschlagen, den Sie gegangen sind?

Mein fünf Jahre jüngerer Bruder und Ich hatten einen Onkel, der großer Fan von Science Fiction war. Er führte uns in diese Welt ein. Nicht nur Filme, sondern auch Bücher und vor allem die Wissenschaft, die dahintersteckte, interessierte ihn. So sahen wir uns Endstation Mond (1950) an. Da war Robert zwei und ich sieben Jahre alt. H.G. Wells' Kampf der Welten (1953) ist bis heute einer unserer Favoriten. Wir beide lieben alle Filme von George Pal, die nur so mit Spezialeffekten vollgestopft sind. Ich muss aber dazu sagen, dass wir diese Spezialeffekte stets kritisch gesehen haben und immer sagten: »Das können wir besser.« Es ist ja immer gut, wenn man hohe Ziele hat. Aber später stellten wir fest, dass es einfacher ist, kritisch zu sein, als selbst Effekte zu machen. Wenn wir uns diese alten Klassiker ansehen, stellen wir immer wieder fest, dass diese Filme uns viele Möglichkeiten boten. Nicht nur von den Spezialeffekten her, sondern vom Filmen im Allgemeinen. Diese Filme wollten Geschichten erzählen und benutzen die Spezialeffekte für die Geschichte und nicht nur um zu zeigen, was man machen kann, wie das heute immer mehr der Fall ist.

Unheimliche Begegnung der dritten Art von Steven Spielberg ist ein weiteres Beispiel, wie Spezialeffekte die Geschichte unterstützen können. Außerdem mag ich die Gestaltung der außerirdischen Besucher und hoffe, wir sehen bald echte Außerirdische.

Alien ist unser Top-Film, ob Science-Fiction oder nicht. Wir sind die größten Fans. Wir unterbrachen sogar unsere Arbeit beim Modellbauen für den Film Sador, um das erste Screening in Los Angeles anzusehen. Der Film inspirierte uns total. Zudem ist er ein sehr gut konstruierter Film, vom Standpunkt der Geschichte und der Charaktere aus gesehen. Am gleichen Tag haben wir ihn uns nochmals angesehen in der Mitternachtsshow. Als wir dann Aliens machen durften, war das pure Freude.

Das Ding aus einer anderen Welt von Carpenter war der Lieblingsfilm von meinem Bruder und mir über viele Jahre hinweg. Wir zitierten stets aus dem Film, während wir an anderen Filmen arbeiteten. Und zwar so oft, das wir schon daran dachten, eine Theateraufführung daraus zu machen. Ehrlich!

Warum eigentlich nicht? Wäre doch mal eine schöne Idee. Und dann spritzt das Blut aufs Publikum und los geht die Panik. Apropos Sador, den Sie gerade erwähnten. Das war ihre erste Kollaboration mit den späteren Regisseur James Cameron (der bei diesem Film mit zur Ausstattungsabteilung gehörte), mit dem Sie dann an Aliens, The Abyss und Terminator 2 arbeiteten. Vier verschiedene Filme, vier verschiedene Budgets. Was bevorzugen Sie denn im Hinblick auf das kreative Arbeiten: viel Budget oder wenig?

Als wir den Job bei Aliens bekamen, wurde ein Traum wahr. Wahrscheinlich weil wir eine enge Verbindung zu Jim Cameron haben. Bei Sador teilten wir uns ein sehr kleines Budget. Sowohl Robert als auch Jim sind Künstler, und beide führten einen regelrechten Kampf aus bezüglich des Geldes. Wir dachten, der (nicht genannte) Regisseur und Produzent des Films Roger Corman wäre unser gemeinsamer »Feind«. Unser Ebenezer Scrooge. Es stellte sicher aber heraus, dass das Geld unser Feind war oder eher das Fehlen von selbigem. Davon abgesehen kam auch ein wenig Spannung auf, denn Roger wollte Qualität, aber ohne das nötige Geld zu geben. Letzen Endes ließ er uns machen. Er wusste, dass er eine gute Crew hatte und dass wir das Beste aus dem wenigen Geld machen würden. Solange alles im Zeitplan blieb und im finanziellen Rahmen (aber natürlich kann es laut Roger auch gerne alles schneller und günstiger gehen!) So viel Freiheit hat man bei einem großbudgetierten Film nicht.

Im Fall der Filme mit Cameron muss man sagen, dass Robert und Jim eine Beziehung aufgebaut haben basierend auf gegenseitigem künstlerischem Respekt. Zusätzlich wusste Jim auch, dass, wenn er etwas von uns gemacht haben wollte, wir ihm dies ablieferten in bestmöglicher Qualität. Und wir blieben im Budget. Manchmal auch darunter.

Der Film von den oben genannten, der am wenigsten Budget hatte, war ALIENS. Um eine komplette ALIEN-Welt zu erschaffen hatten wir extrem wenig Geld. Und wir konnten nicht alles immer vorzeichnen (übrigens ist das häufig in Science-Fiction-Filmen der Fall). Jeder Wendepunkt war eine Herausforderung. Glücklicherweise hatten wir eine großartige Freundschaft zu der Crew der Pinewood Studios aufgebaut. Das war auch nötig, denn in den Staaten wussten wir, wo wir was herbekommen, aber in England halt nicht. Wer hat den besten Preis für Cellophan zum Beispiel. Die Jungs wussten das.

Große Filme haben ihre eigenen Probleme. Manchmal hat es den Anschein, dass jede Abteilung, die an einen Film arbeitet, sich so wichtig nimmt, nur um ihre Existenz zu rechtfertigen. Und je größer die Abteilungen sind, desto mehr verlieren sie die direkte Kommunikation zu anderen Crews. Mal ein Beispiel. Wir arbeiteten an einen Film (keiner von Cameron), in dem man ein großes Miniaturhaus benötigte, welches im Regen stehen sollte. Wir bekamen die Baupläne direkt von der Abteilung der Ausstattung. Wir filmten alles und es sah gut aus. Die Test-Screenings fielen enorm gut aus. Wochen später dann, das Miniaturset für diese Szene existierte nicht mehr, drehten wir eine neue Szene und man sagte uns, dass die alte Szene neu gemacht werden sollte. Es stellte sich heraus, dass die Verantwortlichen der Ausstattung falsche Informationen an uns weitergegeben haben, anstatt uns einfach anzurufen und zu fragen, was wir benötigten. Denn wir fragten häufiger nach und keiner meldete sich. Wir mussten also alles neu bauen und drehen. Das wurde teuer. Dabei kam keiner gut weg. Zwar kommt so was nicht häufig vor, aber es macht einen nervös, wenn man weiß, das könnte passieren.

Abgesehen von diesen Vorfällen waren unsere Arbeiten bei den Filmen von Jim recht ereignislos. Robert und ich haben aber eine Vorliebe für gering budgetierte Filme. Zum einen ist die Herausforderung größer, und zum anderen fühlen sich diese Filme sehr ehrlich an, denke ich.

Sie hatten einmal erwähnt, dass die schwierigste Szene in Aliens diejenige war, in der sich die Alien-Königin von ihrem Eiersack trennt. Warum war das so schwierig?

Das Trennen der Königin vom Eiersack war ein verrückter, irritierender Prozess, der viel Zeit und Mühe kostete, und das alles für eine mehr oder weniger kurze Aufnahme, die zwar wichtig war und gebraucht wurde, aber nicht von Natur aus spektakulär oder ähnliches. Es war deshalb schwierig, da es sich um eine Reihe von verschiedenen flüssigen Materialien handelte, die sich offen gesagt nicht besonders mochten und die in Nahaufnahme auf sehr intime Weise miteinander interagieren mussten. Es gab keine Möglichkeit das Problem zu umgehen. Es brauchte eine Aufnahme nach der anderen, eine Feinabstimmung nach der anderen.

Um was ging es genau? Um Superkleber und Heißkleber, die versuchten, eine mit Methocell überzogene Alienqueen aus Harz zusammenzuhalten, die an Glasfaser- und Gummilatexmembranen befestigt war, an denen Wasser herunterlief, während man gleichzeitig damit kämpfte, einen unregelmäßig kantigen Abschnitt eines durchsichtigen Urethan-Eiersacks zu verbinden, da dieser durchhing. Und dass alles inmitten von brennenden Feuerstäben, von Dampf, der von unten aufstieg, und von Nebelböen und Explosionen von Freongas. Die Grundidee war, dass es so aussehen sollte, als wäre die Membran des Eiersacks mit der Leistengegend der Alien-Königin verschmolzen. Als sie sich bei der Verfolgung von Ripley erhebt, dehnt sie ihre elastische Membran in klebrige Stränge, die schließlich abreißen.

Die Königin und der Beutel mussten fest miteinander verbunden sein, damit die Dehnung stattfinden konnte. Aus Gründen der visuellen Darstellung wollten wir, dass sich die langen Stränge ein wenig dehnen und dann schließlich brechen, aber nicht alles auf einmal. Ich wollte, dass es auf eine fadenartige Art und Weise auseinandergezogen wird. Meine mentale Vorstellung davon ist ziemlich obskur: Ich dachte an diese speichelhaltigen, klaffenden Münder, die sich aus den alten EC-Comics *Geschichten aus der Gruft* herausstrecken. Um

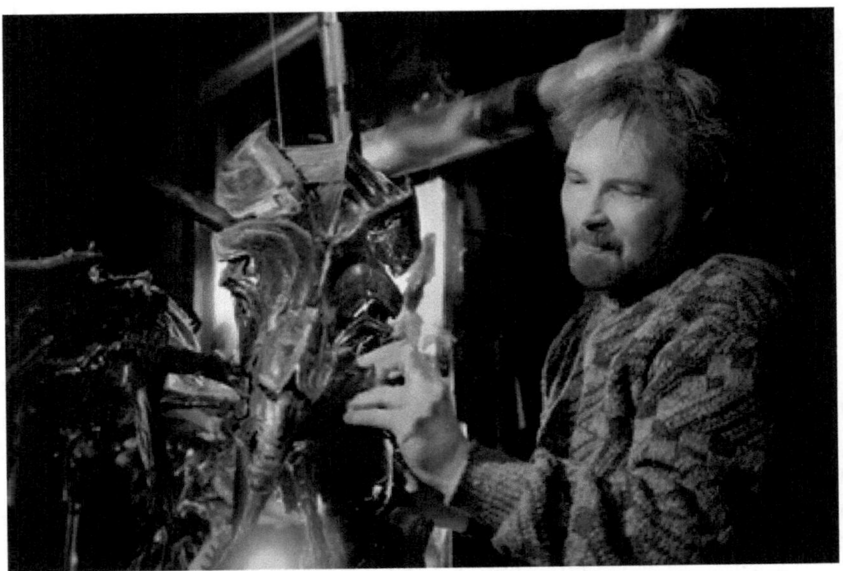

Abb. 16.2 Robert Skotak und die Alienqueen

sich vorzustellen, was ich wirklich im Sinn hatte, denken Sie einfach an den klebrigen Schleim, der entsteht, wenn man einen Schuh aus einem Kaugummi hochzieht, der auf einem glühend heißen Bürgersteig klebt. Wie auch immer: Das Dehnen musste wohlüberlegt sein. Nicht zu schnell. Wir wollten keinen Gummiband-Reißer-Look. Es musste ein gewisses Maß an »Dehnung« haben. Es musste organisch aussehen. Aber das eigentliche Problem war eines der alten Sorte: »Fett und Wasser vertragen sich nicht.« Und es bedurfte einer Menge Versuch und Irrtum (ich bekomme immer noch Frustrationsschübe davon in meinen Träumen!)

Am Anfang war es ein Problem, den Sekundenkleber überhaupt an den schleimigen Körper zu bekommen – der nicht gerade eine schöne, regelmäßige Oberfläche zum Anhaften bot. Also versucht man vielleicht, mehr als die übliche Menge an Kleber zu verwenden oder man wechselt zu Heißkleber. Dann zu einer Mischung aus beidem, aber dann lassen sich die beiden Dinge – Königin und Sack – überhaupt nicht mehr trennen. Also versucht man es mit ein bisschen weniger, und jetzt fällt es einfach auseinander. Uninteressant. Oder man findet die Balance zwischen Festhalten und Loslassen. Aber die Puppenaktion ist schlecht, oder das Feuer ist es, oder die umgebenden Effekte – der Nebel, der Dampf oder das Freon – funktionieren nicht. Und wenn diese Dinge dann wieder fixiert werden, gibt es gar keine Stränge mehr. Dann sind es zu viele und es dauert zu lange, sie auseinanderzuziehen. Dann fängt der Kleber an sich zu zeigen. Also muss man ihn abwischen, die Königin neu anfassen und wieder von vorne anfangen.

Wie viele Versuche gab es? Zu viele. Vielleicht 25-30 handverbrennende, blasenbildende, klebrige und handgeschnittene Takes!

Wie haben Sie die Wolkeneffekte in den Szenen erzeugt, in denen das Dropship (Kampffluggerät der Marines aus ALIENS) von der Sulaco (dem Truppentransportraumschiff der Marines) in die Atmosphäre eintritt, und später, als sie kurz vor der Nuklearexplosion wegfliegen? Haben Sie eine Periskop-Kamera verwendet?

In der vordigitalen Ära mussten wir etwas »seltsame« Materialien erfinden oder finden, um bestimmte vollkommen natürliche Dinge physikalisch zu duplizieren. Zum Beispiel: Wolken. Für eine Reihe von Aufnahmen in ALIENS mussten Wolkenlandschaften geschaffen werden, z. B. für den Eintritt des Raumschiffs in die Planetenatmosphäre und für die große Atomexplosion im letzten Akt. Einige Jahre zuvor waren wir auf ein flauschiges Material gestoßen, das allgemein als »Fiber-Fill« bezeichnet wird. Ein Material, das häufig zum Füllen von Kissen sowie als Filtermaterial für Aquarien usw. verwendet wird. Es ist baumwollähnlich, aber weniger anfällig für Verklumpungen und/oder »Pills«, diese kleinen, engen »Punkte«, die in Baumwolle und Baumwollstoff auftreten. Und im Gegensatz zu Baumwolle können die Ränder der Faserfüllung besser abgeschwächt, d.h. ausgedünnt werden, so dass sie immer schwächer sichtbar werden, um den weichen Rändern echter Wolken zu ähneln. Wir haben dann diese weißen, wogenden Fasermassen aufgetürmt, arrangiert, aufgeplustert und zu Wolkenlandschaften geformt. Das alles basierte auf dem Studium vieler Bilder von allen Arten von Wolken und Wolkenformationen. Es half, dass wir von Anfang an Wetter-»Fans« waren. In einigen Fällen mussten wir versteckte innere Stützen für bestimmte Wolkenformationen anfertigen, zum Beispiel., wenn wir getrennte, übereinanderliegende Wolkenschichten oder hoch aufgetürmte Wolken haben wollten. Ohne strukturelle Stützen würden sie in sich zusammenfallen. Die Stützen konnten aus klarem Plexiglas hergestellt werden, das in wackelige Formen geschnitten wurde. Manchmal fertigten wir dünne Drahtrahmenstützen an, die im Fasermaterial versteckt werden konnten. Und manchmal gelang es uns sogar, einige der Wolkenschichten mit ultradünnem Wolframdraht zu stützen. (Wir waren ziemlich gut in diesem Wolken-Zeug, nachdem wir unter anderem an einem TV-Film namens MIT CHALLENGER ONE IM ALL (1984) gearbeitet hatten, der eine Art weibliche Version von DER STOFF, AUS DEM DIE HELDEN SIND (1983) war: Er handelte von der Ausbildung von Astronautinnen und enthielt viele Aufnahmen der T-38 (einem Kampfflugzeug), die zwischen den Wolken flog. Diese wurden mit »praktischen« Himmelslandschaften gemacht, die aus Faserfüllwolken und gemalten Himmelshintergründen bestanden.)

Ein großer Teil des Geheimnisses, um die Illusion zu vervollständigen, war eine sorgfältige Beleuchtung, eine Kombination aus Gegenlicht, weichem, gerichteten Licht und einem gewissen Grad an Diffusion an den Scheinwerfern oder Linsen. Die Beleuchtung musste auch sorgfältig angepasst werden, um zu vermeiden, dass irgendwelche Stützen im Inneren der Wolken, externe Drähte usw. sichtbar werden.

Für ALIENS wurden mehrere Maßstäbe von Wolken benötigt. Wir heuerten eine Firma namens Peerless in London an, die einige der Wolkenlandschaften für einige Aufnahmen drehte. Nämlich für das Raumschiff, das durch die stürmische Atmosphäre fliegt. Die Wolken für die meisten dieser Aufnahmen wurden in einem sehr kleinen Maßstab gemacht, vielleicht nur ein paar Meter breit. Andere haben wir in Pinewood in einem viel größeren Maßstab hergestellt, mit mehr Tiefenebenen. Diese Setups – zu denen auch die große Atombombe am Ende gehörte – waren eher 7-8 Meter breit. Der Atompilz war wiederum eine Faserfüllung, die in der ikonischen Form der Atomexplosion hergestellt wurde – nur ein oder zwei Meter in voller Höhe – und auf eine Art handbetriebenen vertikalen Kolben gesetzt wurde, der für mehrere Takes angehoben und abgesenkt werden konnte. In seinem Inneren befand sich ein helles Halogenlicht, dass durch einen Rheostat (Regelwiederstandmessgerät) aktiviert wurde, so dass die Intensität beim Anheben erhöht und beim Abklingen der Explosion gedimmt werden konnte. Rein zufällig verbrannte die Hitze des Halogens die Oberseite des Pilzes leicht, was ihm eine Art bräunliche Kruste verlieh, die schließlich zu einem schönen Feuerball-Look führte, der sichtbar wurde, als die Helligkeit heruntergedimmt wurde. Dieser »Unfall« sah nach jeder wiederholten Aufnahme besser aus, als sich der versengte Bereich entwickelte. Manchmal lächelt der Herr der Unfälle auf uns herab, und das war eines der viel zu wenigen Male, in denen wir so gesegnet waren!

Die winzigsten Wolkenlandschaften wurden für ein oder zwei Aufnahmen der Sulaco im Orbit gemacht, mit der Planetenoberfläche weit unten. Dafür wurde ein feines, weißes, talkumähnliches Pulver auf Glas gestreut, wie bei einem Strukturgemälde. Ein wenig sorgfältige Anordnung der gestreuten Klumpen ergab eine ziemlich gute Imitation einer wolkigen Atmosphäre, wie man sie aus der Planetenumlaufbahn sieht.

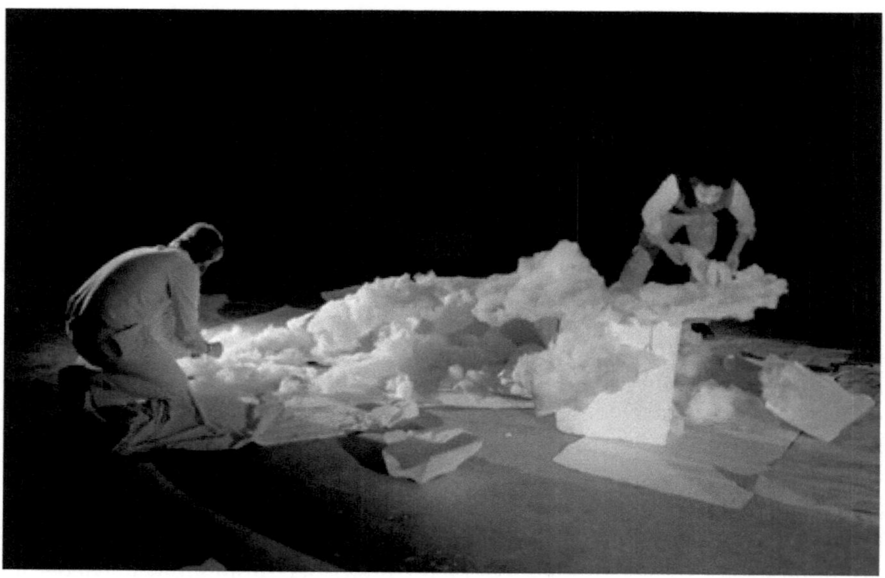

Abb. 16.3 James Cameron und Robert Skotak mit der »Wolkenlandschaft« aus ALIENS.

Wie haben Sie die Umgebung gestaltet, als das Dropship abstürzte, so dass man die Drähte nicht sieht? Ist dies ein Werk, das auf Ihrer Roger Corman-Ära basiert?

Jede Aufnahme des Dropships auf Drähten (im Gegensatz zu denen, die im Bluescreen gedreht und zusammengesetzt wurden) brachte einzigartige Herausforderungen mit sich, die in der Regel pro Aufnahme gelöst wurden. Die Vielfalt der Aufnahmetypen und Hintergründe bedeutete, dass nicht eine einzige Technik zuverlässig eingesetzt werden konnte. Die Umgebungen waren vorgegeben, basierend auf den Erfordernissen der Geschichte, und wurden nicht danach ausgewählt, wie sie das Verstecken der Drähte erleichtern könnten. Manchmal wurden die Drähte durch den Bildausschnitt und die Kamerabewegung außerhalb des Bildes gehalten (tatsächlich wurden einige Male überhaupt keine Drähte verwendet, sondern auskragende Pylonen, die von der Kamera versteckt wurden). Ein paar Mal ließen wir die Drähte passend zur Kulisse lackieren: Unser Beleuchtungskameramann Harry Oakes war aufgrund seiner jahrelangen Erfahrung bei der Arbeit an Gerry Andersons verschiedenen »Supermarionation«-Fernsehserien besonders versiert darin. (Diese Technik setzt sich zusammen aus den Wörtern »Super«, »Marionette« und »Animation« – im Grunde große bewegbare Marionetten.)

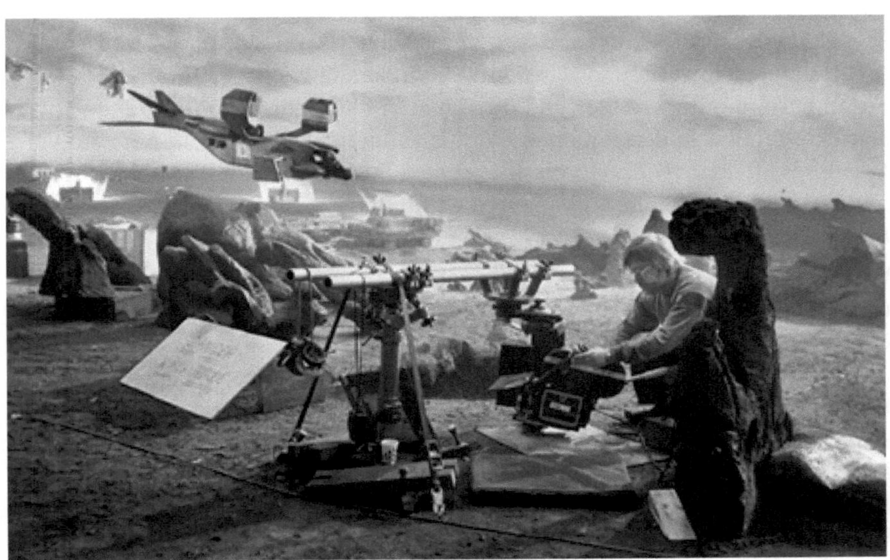

Abb. 16.4 Dennis Skotak bereitet den Absturz des Dropships aus Aliens *vor. Auf dem Schild steht: »Danger – Wires Above« (»Gefahr – Drähte Oben«)*

Eine andere Technik war, die Lichter einfach von den Drähten fernzuhalten, wenn die Hintergründe dunkel waren. Das Kreiden der Drähte und/oder das Besprühen mit »Lampenschwarz« wurde häufig verwendet, um Reflektionen zu vermeiden. Ein gewisses Maß an Gegenlicht wurde bei Regen im Vordergrund eingesetzt, um die Drähte hinter den Regentropfen zu »begraben« (wir wurden zu Fans von strömendem Regen! Er kann sehr hilfreich sein. Ebenso wie Nebel im Vordergrund). Ein paar Mal haben wir einen Klecks Vaseline auf ein Glas vor dem Objektiv gegeben, der die Drähte aus der Sicht verschwinden ließ. Eine andere Technik bestand darin, einen kleinen vibrierenden Motor an einem besonders auffälligen Draht anzubringen, der den Effekt hatte, den Draht – wie eine vibrierende Harfensaite – unsichtbar zu machen. Diese Techniken funktionierten bei fast allen Aufnahmen. Obwohl, manchmal sah man es. Das hatte aber eher etwas mit der Wahl des falschen Takes als mit einem Versagen der Technik zu tun.

Bei der Absturzsequenz des Dropships waren Drähte im Spiel, die allerdings weniger als solche zu erkennen waren, da sie in klassischer »Lydecker«-Manier »durch« das Modell selbst verliefen: Die Drähte bildeten im Wesentlichen eine schräge »Schiene«, an der das Modell heruntergezogen werden konnte, und diese wurde zur Flugbahn des Fallschirms.

Dieses «Lydecker-Rig", auf das wir uns beziehen, war die Innovation der Effekt-Pioniere Howard und Theodore Lydecker, zwei legendären Künstlern/Technikern, die in den 30er und 40er Jahren eine sehr beeindruckende Spezialeffekte-Einheit in den Republic Studios aufbauten. Ihre Arbeit umfasste viele tadellose Effektsequenzen von fliegenden Superhelden, Flugzeugen, Raumschiffen und Hunderten von anderen erstaunlichen Bildern mit sehr geringen Budgets für unzählige Filme und Serien jener Ära.

Wir selbst hatten den Lydecker-Typ schon vor Aliens in der alten Roger-Corman-Effektschmiede eingesetzt, bei Filmen wie Die Klapperschlange, in dem wir einen Miniaturgleiter auf einer maßstabsgetreuen Nachbildung der Spitze eines der Türme des World Trade Centers landen mussten. Nebenbei bemerkt, ist es vielleicht überraschend, dass solche Drahtarbeiten bei Corman für Flugsequenzen nicht allzu häufig vorkamen: Die meisten dieser Aufnahmen für Filme wie Sador und Planet des Schreckens wurden mit Motion-Control-Systemen fotografiert. Wobei die Modelle entweder vor weißen Wänden für das Bi-Packing in der Kamera oder vor Bluescreens für das optische Compositing aufgestellt wurden. (Andere Techniken reichten von Split-Screens über Aufprojektion, Beam-Splitter-Aufnahmen, Matte-Paintings, auf Glas montierte Modelle usw.)

Warum brauchten Sie ein Studienmodell, um bestimmte Szenen zu planen, z. B. die Alien-Königin gegen den Powerloader (eine Art überdimensionale Arbeitshilfe: Hier steht eine Person in einem gigantischen Exoskelett und bewegt schwere Teile), und welche Materialien und welchen Maßstab verwendet man am besten, um sie zu bauen?

Die Szenen mit der Alien-Königin und dem Powerloader wurden nicht mit Studienmodellen nachgebaut und fotografiert: Die tatsächlichen Aufnahmen, die benötigt wurden, basierten größtenteils auf dem, was mit der Königin und dem Lader in Originalgröße nicht gemacht werden konnte, und das belief sich auf etwa 45 Aufnahmen für die Schlacht am Ende und die Vorbereitungen dazu. Sie müssen ziemlich gut funktioniert haben, da sogar Stan Winston selbst – der nicht an den Miniaturaspekten des Drehs beteiligt war – nicht wusste, wie viele »Puppet-Shots« tatsächlich verwendet wurden, um die Sequenz abzuschließen. Er behauptete einmal, dass die Schlacht fast vollständig live gedreht wurde, was beweist, dass selbst er, der beim Live-Action-Teil des Drehs dabei war, getäuscht wurde.

Viele andere Dinge wurden als kleine Studienmodelle angefertigt, die für die Aufnahme von Storyboards-in-Motion, auch bekannt als Video-Boards (heute: Animatics), verwendet wurden. Darunter das Dropship, der APC, die Landeplattform und die Bereiche um den Koloniekomplex, ein Rampen-Korridor-Abschnitt im Atmosphärenprozessor, die Sulaco, einige Wolkenlandschaften, das Bergungsschiff und ein paar andere. Sie wurden alle auf eine vernünftige Größe gebracht, die eine einfache Bedienung, praktisches Puppenspiel (oft von mir und/oder Elaine Edford oder James Cameron selbst) und das Filmen mit einem kleinen Videorekorder erlaubte (das alles war natürlich Jahre bevor es digitale Technologie gab – Handykameras und ähnliches –, aber kompakte VHS-Camcorder waren damals der Stand der Technik für diese Art von Aufgabe).

Beim Video-Boarding mussten wir Dinge berücksichtigen wie zum Beispiel, wie weit man ein Modell tragen oder mit ihm laufen musste, um eine dramatische Bewegung einzufangen, was ein weiterer Grund war, warum diese Dinge in so kleinem Maßstab hergestellt wurden. Wir wollten uns nicht verausgaben, indem wir von einem Ende des Raums zum anderen rannten, um eine große Flugaktion einzufangen! Es brauchte eine gehörige Portion Disziplin und Geduld, um viele der Szenen aufzunehmen, aber sie waren ein wichtiges Hilfsmittel bei einem Film, der ein früher Vorläufer der großen Action-SF-Erzählung war. Es war einfach zu schwierig, viele der Aufnahmen als Zeichnungen auf Papier zu entwerfen, da so viele dynamische Bewegungen (für die damalige Zeit) schwer auf die alte Art und Weise genau darzustellen waren. Mit Videos konnte unsere Crew besser verstehen, was wir uns vorstellten und was Jim Cameron wollte, und das ermöglichte bessere, klarere Vorbereitungen und Proben auf unseren Bühnen.

Zu den Sequenzen, die mit Videoboards aufgenommen wurden, gehörten der Flug des Absetzschiffs und die Annäherung an den Koloniekomplex einschließlich eines sehr komplexen »Umkreisens« der verlassenen Einrichtungen, die Landung des Absetzschiffs, das Einziehen der Narcissus in das Bergungsschiff, das Ausfahren des APC und die rasante Fahrt zu den Toren/der Explosionswand des Atmosphärenumwandlers und der Absturz des APC über den Atmosphärenumwandler.

Zusätzlich zu den Videoboards arbeiteten wir mit dem Storyboard-Künstler Roger Deer zusammen, um verschiedene spezifische Momente dieser Motion-Boards auszuwählen und als sorgfältig gezeichnete statische Bilder zu rendern, die den fotografischen Stil der Aufnahmen wiedergeben konnten – die Beleuchtung und die verschiedenen Details, die die groben Videos nicht klar darstellen konnten. Diese gezeichneten Szenen waren auch eine ständige Referenz, auf der zusätzliche Notizen schnell notiert werden konnten, sowie eine einfache ständige Referenz für die Mitglieder der Bühnencrew, die mit den Details der Geschichte weniger vertraut waren.

Ist der «Hive" aus Aliens eine Kombination aus Matte Painting und realem Set oder ist alles mit einer Vordergrundminiatur als erzwungene Perspektive kombiniert?

Vordergrundminiaturen – oder »perspektivische Miniaturen« oder auch »hängende Miniaturen« – ist ein Begriff, der einfach ein Modell beschreibt, das zwischen der Kamera und einem weiter entfernten Motiv platziert wird – in der Regel eine Teilkulisse oder ein unvollständiger Ort – und das, wenn es durch die Kamera betrachtet wird, Teil des weiter entfernten Motivs zu sein scheint und/oder dieses vervollständigt. Dies wird oft verwendet, um den Eindruck zu erwecken, dass zum Beispiel eine Decke oder ein anderes architektonisches Merkmal zu teuer gewesen wäre, um es komplett zu bauen.

Diese Idee – eine sehr alte in der Trickkiste des Kinos – wurde ein paar Mal bei der Erstellung von Effekten für Aliens verwendet. Vor allem, um den oberen Teil des Sets an einem Ort namens Acton Power Station zu erweitern, der von der Produktion teilweise umgestaltet worden war, um für einen inneren Teil der Atmosphärenverarbeitungsstation zu stehen. Die Live-Action hatte den Schauplatz mit neuen futuristischen Details erweitert und einen seltsamen »organischen Harzkokon« geschaffen, der angeblich das Werk der Alien-Königin und ihrer Schergen war und die dort vorhandenen großen Maschinen umhüllte. Die Herstellung des riesigen Netzwerks von Kokons, das viel höher an den Wänden und der Decke existieren sollte, war unerschwinglich, also entschieden wir uns, den fehlenden Teil in Miniatur zu bauen. Vieles davon eine Mischung aus Rohrleitungen und »Gigeresquen« Skulpturen.

Der eigentliche Trick bei dieser Art von Effekt besteht darin, dass die Vorderkanten der Miniatur – also dort, wo sie visuell auf das entfernte Set in Originalgröße trifft – in jeder Hinsicht exakt übereinstimmen und zusammenpassen. Die perspektivischen Linien, die Details, Farben, Formen usw., um die Illusion eines vollständig gebauten, zusammenhängenden Ganzen zu erzeugen. Dieses Modell wurde im Vorfeld erstellt und dann am Standort in Acton in die Tat umgesetzt. Es sollte die allererste vollständige Live-Action-Szene sein, die von der Produktion gedreht wurde, was natürlich enge Fristen und strenge Drehbedingungen bedeutete. Zu den kniffligsten Aspekten gehörte die Abstimmung der Beleuchtung, die durch die Tatsache erschwert wurde, dass Rauch in der Luft liegen sollte. Dies erforderte eine enge Zusammenarbeit mit dem

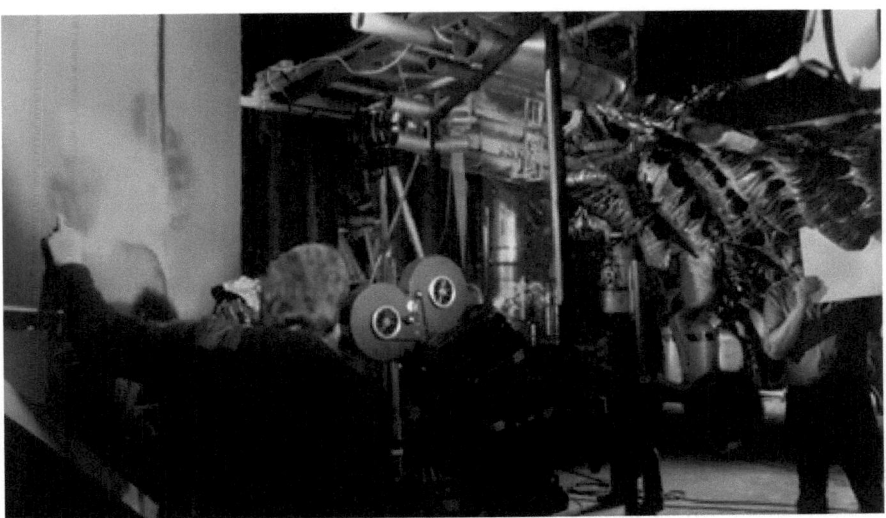

Abb. 16.5 Der »Hive« aus Aliens *als perspektivische Miniatur.*

Beleuchtungskameramann (damals Dick Bush, der den Film, wie sich herausstellte, nicht beenden sollte und bald darauf durch Adrian Biddle ersetzt wurde).

Durch vorsichtiges Abwedeln des Lichts von Teilen des Live-Action-Sets und/oder durch leichtes Gegenlicht für die kleine Menge an Luftdunst im Vordergrund war es möglich, den heiklen Kontrast und die Lichtbalance zwischen dem maßstabsgetreuen Modell im Vordergrund und dem Hintergrund in Originalgröße zusammenzubringen. Das war nicht einfach.

Wie die Beleuchtung für solche Setups im Allgemeinen ausgearbeitet wird, ist von Film zu Film sehr unterschiedlich. Oftmals hat der Kameramann ein Basis-Setup und der Director of Effects oder Director of Photography arbeitet mit ihm zusammen, um sein Lichtkonzept anzupassen. Manchmal ist das Gegenteil der Fall, und die Effektleute geben einen Großteil der Beleuchtung vor. Bei Aliens war es eine Kombination.

Eine zusätzliche Herausforderung bei diesem speziellen perspektivischen Setup war die Tatsache, dass einer der Hauptdarsteller in der Rolle eines der Militärangehörigen zu Beginn so nah an der Kamera stand, dass er sich direkt unter und halb im Inneren der grob haubenförmigen Vordergrundminiatur befand. Die einzige Möglichkeit für ihn, sich von seiner extrem kameranahen Position unter der Kapuze in den entfernten Hintergrund zu bewegen, bestand darin, seinen Körper leicht zu neigen, so dass sein Kopf, auf dem ein Helm saß, gerade noch unter der tiefhängenden Lippe der Miniatur durchschlüpfen konnte, was es ihm ermöglichte, sich zu seinen etwa acht bis neun Meter entfernten Kameraden zu gesellen! Dies wurde im Übrigen zusätzlich durch die Tatsache erschwert, dass er auch Lichter auf seiner Rüstung hatte, die sorgfältig überwacht und ausgerichtet werden mussten, um zu verhindern, dass sie von vorne auf die Kanten des Modells und dann von ihnen weg leuchteten, was den zart verschmolzenen Trennungspunkt zwischen Vorder- und Hintergrund enthüllt hätte.

Könnten Sie bitte die genaue Funktion des Beamsplitters (Strahlenteilers) anhand der Szene in der Außenaufnahme des Wracks und des Traktors der Familie Jorden bzw. der Gateway-Station in Aliens erklären? Wie genau funktioniert er?

Aliens war von Anfang bis Ende eines jener Projekte, die oft einige wirklich unorthodoxe Ansätze erforderten. Das lag ebenso oft an der Komplexität der Handlung wie an der ständigen Notwendigkeit, dem geringen Budget ein Schnippchen zu schlagen. Was Letzteres betrifft: Der Film wäre wahrscheinlich nie gedreht worden – zumindest mit Jim Cameron am Ruder –, wenn das Budget viel höher gewesen wäre. Das Alien-Franchise war noch nicht vollständig erprobt, um ein Kassenschlager zu werden. Und obwohl Cameron als enorm talentierter Newcomer anerkannt war, war er aus Sicht des Studios noch kein bewährtes Talent mit »großen« Filmen. Daher das vorsichtige – und sehr nervöse – Mittelbudget.

Eine weitere Aufnahme, die eine besonders unorthodoxe Herangehensweise erforderte, war eine kurze Einstellung, die benötigt wurde, um den Traktor der Familie Jordan bei Nacht zu zeigen, der vor dem aufgeschnittenen Teil des außerirdischen Wrackschiffs geparkt war.

Alle Modelle, etwa von von Schiffen, Fahrzeugen, Gebäudestrukturen usw., wurden in den Maßstäben angefertigt, die es ermöglichen, die meisten Aufnahmen in dem jeweiligen Maßstab zu fotografieren. Der APC und der Koloniekomplex, die Explosionswand und der Jorden-Traktor (alle im gleichen Verhältnis 1:6) ermöglichten es, viele Aufnahmen als mehr oder weniger direkte In-Kamera-Aufnahmen zu machen. Es gab keine Konflikte zwischen den Größen – was nicht heißen soll, dass es nicht einige spezielle Aufnahmen gab, bei denen die Maßstäbe vermischt werden konnten, aber das ist eine andere Geschichte. Während das komplette Derelict (Raumschiff aus Alien, in dem man die Eier fand) in den USA für spätere Prozessaufnahmen vor unserer Abreise nach England fotografiert worden war, wurde für ein paar hängende Miniaturaufnahmen und eine weitere nähere Prozessaufnahme ein vergrößerter Ausschnitt davon auf unserer Bühne in Pinewood aufgebaut, die Arbeit von

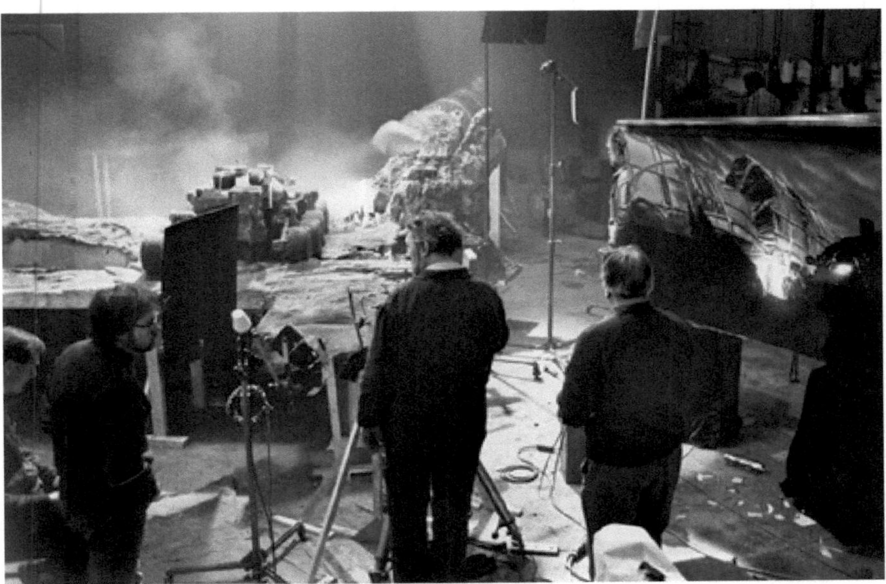

Abb. 16.6 Der Traktor der Jordens und die »Derelict« (rechts) im Zusammenspiel per Beamsplitter.

Mick Milford. Aber obwohl die Derelict größer war, war er nicht groß genug, um zusammen mit dem Jordan-Traktor fotografiert zu werden. Das letztere Modell war zu groß oder man könnte sagen, die Derelict-Miniatur war zu klein. Und selbst, wenn wir versucht hätten, sie irgendwie direkt zu kombinieren, war das Derelict-Modell mit anderen Aufnahmen an einem anderen Teil der Bühne gebunden.

Wir beschlossen, dass unter den gegebenen Bedingungen der beste Weg, diese beiden Modelle in der Kamera zusammenzubringen, der Einsatz eines Beam-Splitters war, eine Technik, die wir zu dieser Zeit schon seit vielen Jahren erforscht und genutzt hatten. »Beam-Splitter« ist nur ein halbwegs schicker Name für einen teilweise versilberten Spiegel: Er ermöglicht eine starke Reflexion auf der einen Seite, ist aber auch durchsichtig wie Glas. Wobei allerdings das Bild auf der anderen Seite des Glases durch die Teilversilberung etwas dunkler ist als eine klare Glasscheibe und daher eine hellere Beleuchtung des Motivs erfordert. Wir fotografierten das Derelict und ließen eine Vergrößerung davon anfertigen, circa zweieinhalb Meter breit, und auf starres Mauerwerk montieren. Wir stellten unseren Strahlenteiler in einem 45-Grad-Winkel vor der Kamera auf, so dass wir sowohl durch ihn hindurch fotografieren als auch die Reflexion eines seitlich von der Kamera platzierten Bildes aufnehmen konnten. Unsere Idee war es, das Bild des Fotos des Derelict im Strahlenteiler

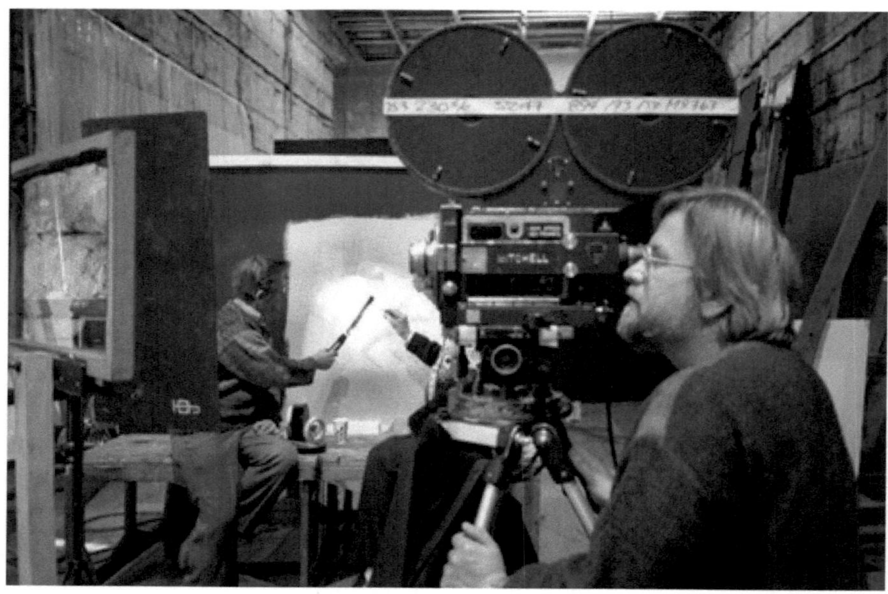

16.7 Auch Szenen mit dem Atmosphärenumwandler in Aliens *wurden per Beamsplitter gedreht. Dennis Skotak überprüft hier eine Kameraeinstellung.*

zu spiegeln. Wir ließen das Foto von rechts nach links umgedreht drucken, da es sonst in der Spiegelung falsch gelesen worden wäre, und konnten so gleichzeitig den Jordan-Traktor sehen und filmen, der sich direkt vor der Kamera befand.

Wir behoben den Größenunterschied, indem wir den Traktor weit genug von der Kamera entfernt aufstellten, so dass er mit dem gespiegelten Bild des Derelict in den richtigen Maßstab kam. So standen die beiden nun in einem richtigen Größenverhältnis. Die Lichter wurden so angeordnet, dass die Beleuchtungsrichtungen übereinstimmten, natürlich in Anlehnung an das Foto, da die Beleuchtung als solche eingebaut und nicht einstellbar war. Die Lichter des Traktors waren eingeschaltet und auf den Derelict gerichtet. Wir erzeugten die nötige reaktive Beleuchtung, indem wir einen Hot-Spot auf das Foto in den entsprechenden Bereich leuchteten, der mit dem Ziel der Scheinwerfer des Traktors übereinstimmte.

Ein Matte-Artist namens Peter Melrose hat das Foto vorbereitend gesäubert und retuschiert, und dann habe ich einige zusätzliche Retuschen vorgenommen, um die Details des Modells abzustimmen und zu verbessern. Zusätzlich malte ich stürmisch aussehende Wolken über dem Modell ein. Nach der Anpassung der Belichtung zwischen dem reflektierten Bild und dem Traktor (einschließlich des Abschnitts der felsigen Landschaft, auf dem er ruhte) wurde das Composite in der Kamera gefilmt.

Ein letzter Schritt musste noch gemacht werden: Während der Szene sollten Blitze zu sehen sein, was auf dem Traktor leicht zu bewerkstelligen war, aber das Foto war natürlich nur eine ebene Fläche. Wir lösten dieses Problem, indem wir eine durchsichtige Plastikfolie für das Foto anfertigten, die das gesamte Bild abdeckte, aber einige Bereiche frei ließ. Bereiche, die Kanten und Formen darstellten, die der Blitz, wenn es sich um ein vollständig dreidimensionales Objekt handeln würde, beeinflussen würde. Diese durchsichtigen Bereiche würden dann bei einem zweiten Durchgang eine zusätzliche Belichtung erhalten, wodurch helle Highlights entstehen würden. Die Wolken am Himmel wurden ebenfalls frei gelassen.

Wir spulten den Film für den zweiten Durchgang zurück. Wir belichteten den Traktor, der sich nach wie vor vor der Kamera befand, und einen Teil der Landschaft selektiv mit Oberlicht. Gleichzeitig richteten wir ein helles Licht auf das Foto des Derelict. Alle Lichter, die die Szene beleuchtet hatten, wurden ausgeschaltet. Alle Lichter der reaktiven Beleuchtung wurden dann mit einem Stecker verbunden, so dass sie alle zusammen synchron ein- und ausblinken würden. Während die Kamera für den zweiten Durchgang wieder lief, steckten wir den Stecker intermittierend in die Steckdose und imitierten so gut es ging normale Wärmeblitzmuster, so dass diese Blitze nun über die gesamte Szene hinweg belichtet wurden. So entstand ein Bild, das den Traktor und das Derelict maßstabsgetreu zusammen unter einem bedrohlich blitzenden, stürmischen Himmel vereint. Leider ist davon im Film nur sehr wenig zu sehen, da aus irgendeinem uns unbekannten Grund einer der am wenigsten dynamischen Momente aus einer langen Aufnahme für die Verwendung im Film ausgewählt wurde. Aber wenigstens haben wir noch die Outtakes!

Können Sie uns ein wenig über den Bau und die Arbeit am Set des Batski-Boots in Batmans Rückkehr erzählen? Wie hoch waren die Anforderungen an diese Miniaturmodelle? Wie lange haben die Vorbereitungen gedauert? Welche Materialien haben Sie verwendet und wie waren die Maßstäbe?

Batmans Rückkehr erforderte die Erstellung einiger der ehrgeizigsten Modelle und Miniatursets, die wir bei unserer eigenen 4-Ward Productions bisher gemacht hatten. Einer der Vorteile, den wir gegenüber unserer Arbeit an Aliens hatten, war natürlich, dass wir wieder in unserer Heimat in Kalifornien waren, wieder mit unserem regulären, stets einsatzbereiten Team von Künstlern und

Technikern arbeiteten und in der Lage waren, unsere gegenseitig »verschwommenen« kreativen Rollen mit diesem Team einzusetzen. Wir hatten eine Hierarchie, wie sie jede Gruppe braucht. Aber die Leute durften zwischen Modellarbeit, Malerei, Kameraassistenz, Beleuchtung und all den Schritten dazwischen wechseln. Das war ganz anders als die strengen gewerkschaftlichen Strukturen und berufsspezifischen Regeln bei Pinewood, mit all dem Overhead an verschiedenen Abteilungen, Einschränkungen und Regeln, die im Studio zum Standard gehörten. Bei all den Talenten waren wir alle sicherlich mehr eingekastelt als in unserer eigenen Firma: Das hat oft gutgetan und über die Jahrzehnte zweifellos zu einer Menge großartiger Arbeit geführt, aber es war nicht gerade unsere Stärke, war nicht unser Ding.

Zu den vielen Aufgaben, die wir für den Tim-Burton-Film hatten, gehörte es, mehrere ehrgeizige Fahrzeuge von Grund auf neu zu entwerfen. Verkleinerte Versionen der Originalfahrzeuge aus dem Realfilm, darunter das Batskiboat und die Batmobile-Batmissile. Diese mussten mechanisch funktionieren und bis ins kleinste Detail, in der Verarbeitung und in der Bewegung ihren größeren Vettern entsprechen. Beide Modelle wurden nur ein Viertel so groß gebaut wie die großen Vorbilder. Das Batmobile musste einen »Strip-Down« machen, um zum Batmissile zu werden: Die Kotflügel und andere Teile mussten entfernt werden, und die Vorderräder mussten von einer Standard-Autokonfiguration in eine »Blade«-Anordnung umgewandelt werden – eine besonders schwierige Aufgabe, die in einer unnachgiebigen Großaufnahme vor der Kamera standhalten musste. Wie bei vielen anderen Effekten, die 4-Ward in der Kamera erstellen musste, waren viele Aufnahmen und ein gewisses Maß an einfachem »Versuch und Irrtum« erforderlich.

Für die Batskiboat-Sequenz (oder einfach Batboat, wie wir es nannten) mussten wir einen gespenstischen, kerkerartigen Abwassertunnel als große Miniatur konstruieren. Das Batboat sollte aus der Ferne auf die Kamera zukommen und nur wenige Zentimeter an ihr vorbeifahren. Dies erforderte die Konstruktion eines Tunnels in einem Viertelmaßstab, der sich bis zu einer Länge von 36 Meter hinaufzog – konstruiert aus einem Holz- und Metallbalkengerüst, das mit Biegebrettern verkleidet und mit vakuumgeformten gealterten ziegelsteinähnlichen Mustern, Rohren, schleimbedeckten Gittern und Miniaturleitern und -treppen versehen wurde. Außerdem musste er über seine gesamte Länge mit Wasser gefüllt werden, weshalb eine feste Abdichtung zum Boden zwingend erforderlich war. Wer mit Wasser arbeitet, kann das bestätigen. Es war fast unmöglich, Lecks vollständig zu vermeiden, so dass das lange Set eine ständige Überwachung und den großzügigen Einsatz von Sprüh-Urethan zum Flicken erforderte.

Unter dem Wasser wurde ein Schienen- und Flaschenzugsystem installiert, das das Batboat mit einer sehr hohen Geschwindigkeit durch den Tunnel zog, da die Kamera auf 60-plus Bilder pro Sekunde überdreht werden musste, um den richtigen Maßstab zu erhalten. Diese Hochgeschwindigkeitssituation machte die Kameraarbeit – die dem Geschehen folgen musste, d.h. die Kamera wurde bedient – nervenaufreibend und riskant. Der Kameramann musste sich tatsächlich zu Beginn der Aufnahme im direkten Weg des rasenden Bootes befinden, als es direkt auf ihn zukam, und dann in der letztmöglichen Sekunde weggezogen werden und schwenken, bevor er getroffen wurde. Je näher das Boot an die Kamera herankam, desto aufregender war die Aufnahme und desto mehr Nerven kostete es, sie zu drehen!

Das Wasser im Tunnel sollte absolut ruhig und unbewegt sein, bis das Boot vorbeirauschte. Um der Wasseroberfläche ein gewisses Maß an Detailreichtum zu verleihen, kamen wir auf die Idee, eine dünne Schicht hellgrauer Lackfarbe in Flecken darauf zu sprühen, was dem vermeintlichen Kanalwasser ein richtig »schäbiges« Aussehen verlieh. Einen Schreckmoment gab es dann, als sich die Farbe einmal entzündete, als der flammende Motor des Batboats durch den Tunnel raste, bevor sich die Farbdämpfe vollständig gesetzt hatten. Zum Glück waren wir auf diese Möglichkeit vorbereitet und haben die Flammen schnell gelöscht.

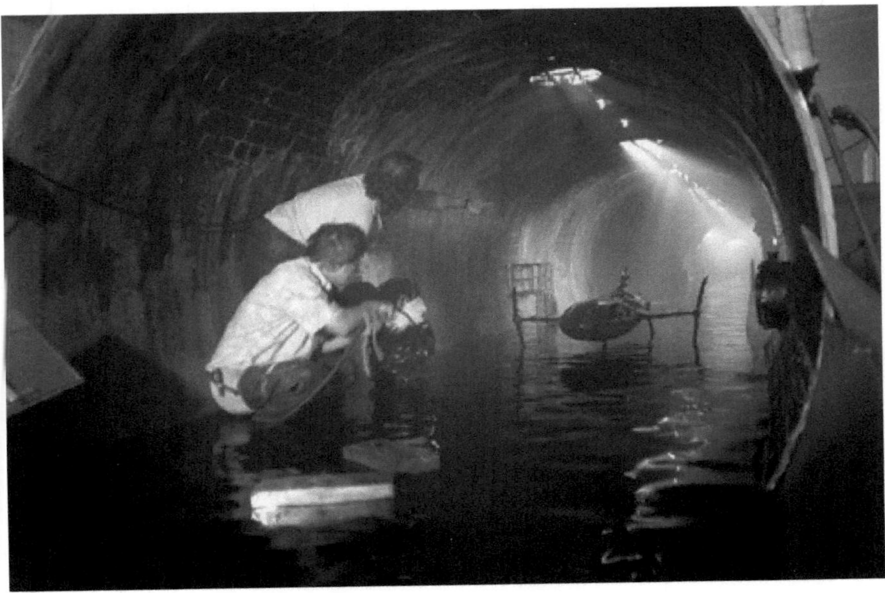

Abb. 16. 8 Das »Batboat« wird gefilmt.

Wir wurden auch beauftragt, die Eröffnungs-Titelsequenz zu kreieren, die den Kinderwagen des Pinguins zeigt, der in und durch die Kanalisation treibt. Wir schlugen dem Designer der Titelsequenz eine Reihe von Blickwinkeln und Situationen vor, die er dann formell ausarbeitete, nachdem er die seiner Meinung nach besten Ideen, die wir ihm aufgezeigt hatten, ausgewählt hatte.

An einer Stelle wurde von Matte Artist Rick Rische ein sehr großes Bild einer riesigen, gerippten, höhlenartigen Kammer gemalt und mit einem Vordergrundmodell aus Wasser und leicht abgewinkelten Seiten des Kanalbodens überblendet, durch das ein kleines, maßstabsgetreues Modell des Kinderwagens des Pinguins gezogen wurde. In einer anderen Aufnahme wurde der Pinguin-Kinderwagen in Originalgröße verwendet, wofür wir denselben Tunnel mit größer dimensionierten Gittern und Wandmustern neu gestalteten. Wir ließen Wasser von oben auf den Kinderwagen herabregnen. Das war eine hinterhältige Art und Weise, eine Taufe des zukünftigen Bösewichts durch »unheilige Wasser« zu suggerieren – ob es jemand so verstanden hat, sei dahingestellt.

Die vielleicht interessanteste Aufnahme in der Kachelsequenz zeigte den Schatten des Wagens, der sich über die gealterte Oberfläche der Tunnelwände bewegte. Dies bot eine interessante Gelegenheit für einen »Morph« in einer einzigen Aufnahme, bei dem sich der Schatten auf magische Weise kurzzeitig in die Form des erwachsenen Pinguins selbst und dann wieder in die Form der Kinderwagenzurückverwandelte, während dieser über einen besonders unregelmäßigen Abschnitt der Tunnelwand fuhr. Dies wurde erreicht, indem wir eine Skulptur anfertigten, die von einem Winkel aus gesehen zum Teil die Kutsche und zum Teil den Pinguin darstellte – dies wurde zuerst skizziert und die eigentliche Arbeit an der Skulptur wurde von einem unserer talentiertesten Künstler, Jim Towler, ausgeführt. Beim Fotografieren des sich bewegenden Schattens nutzten wir den welligen Bereich der Tunnelwand, um die seltsame, wenn auch nur kurz zu sehende Echtzeit-Morphose zu verzerren und mysteriöser zu machen. Zuerst wurde die Kutschenseite der Skulptur in der Silhouette bevorzugt, dann leicht gedreht, bis sie die Pinguinform bevorzugte, und schließlich zurück zur Kutschenform gedreht. Es schien eine nette Art zu sein, mit der Wahrnehmung zu spielen, wenn auch vielleicht ein bisschen zu unterschwellig für das allgemeine Publikum. Dennoch war es eine interessante Herausforderung und, wie sich herausstellte, relativ einfach zu bewerkstelligen – zumindest, wenn die knifflige Skulptur einmal gebaut war. Mir ist nicht bekannt, dass diese Illusion jemals zuvor versucht wurde, aber vielleicht ist es ja so.

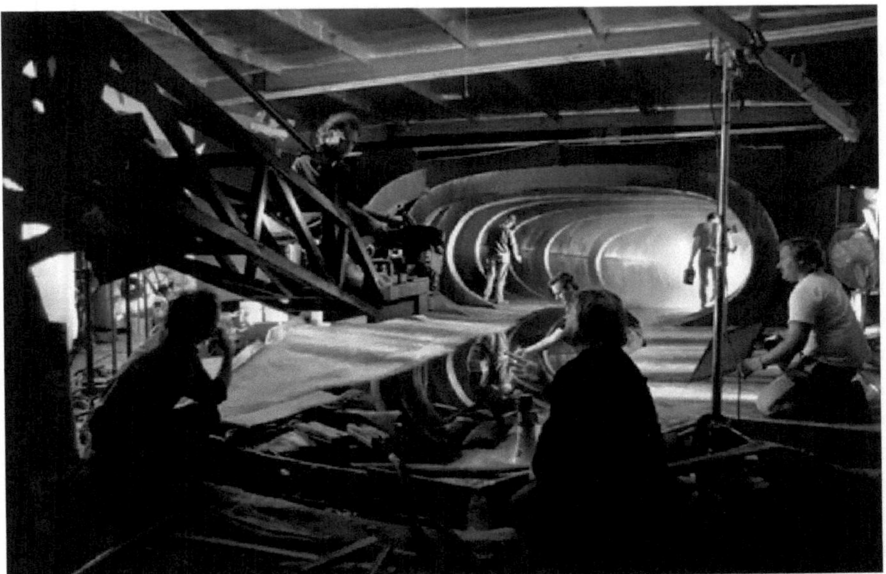

Abb. 16.9 Die Titelsequenz aus Batmans Rückkehr *wird gedreht. Dennis Skotak ist hier in der Mitte (hockend im rechten Vordergrund).*

Zu den anderen Effekten und Aufnahmen, die wir für Batmans Rückkehr gemacht haben, gehören: Bewaffnete Pinguine, die Raketen auf das Batboat abfeuern,was wiederum mit der Kamera gemacht wurde, wobei die Raketen abgeschossen wurden und das Batboat um Zentimeter verfehlten; dann das Batboat, das in den Eisberg der arktischen Welt kracht; der Matte-Painting-Rückzieher der Batmissile, die über eine Brücke in Gotham City rast; das Batboot, das die Wände des Abwasserkanaltunnels hinauf- und wieder hinunterfährt, um raketenbewaffneten Pinguinen auszuweichen; und eine große Gotham City-Straßenkreuzungsminiatur, durch die die Batmissile rast, um der Verfolgung zu entgehen. Ein Teil der letztgenannten Sequenz beinhaltete eine direkte Draufsicht, in der das Batmobil seine Kotflügel abwirft, um zur Batmissile zu werden.

Dazu wurde das Modell vertikal über einer Frontprojektionsfläche aufgehängt, die ebenfalls vertikal und senkrecht zur Kamera aufgestellt war, auf die eine sich bewegende Straße projiziert wurde, während Drähte die Kotflügel und andere Teile vom Modell abrissen. Da das Modell hing, fielen die Teile – mit Hilfe der Schwerkraft – einfach weg und schienen »im Staub« zurückzubleiben, während das Fahrzeug vorwärts raste.

4-Ward fertigte auch ein Paar eigene, Raketen tragende Pinguinpuppen an – modelliert und aufgerichtet von Jim Towler – für mehrere Aufnahmen, für die die von Stan Winston hergestellten nicht geeignet waren. Wir nspendete diese Puppen später für einen wohltätigen Zweck.

Was sollte man mitbringen, um den gleichen wie Sie beruflichen Weg, den Sie einzugeschlagen?

Die beste Ausbildung in diesen Bereich ist tatsächlich, wenn man es von Anfang an lernt. Aber zwei wichtige Eckpfeiler sind die Kunst und die Wissenschaft. Es erfordert eine Menge Erfindungsreichtum, um diesen Beruf ausführen zu können. Und man sollte wissen, wie Dinge funktionieren und die Prinzipien dahinter. Viele Male wurden Effekte noch nie vorher gemacht und manchmal muss man was ganz Neues erfinden. Man muss über den Tellerrand schauen, um Probleme zu lösen. Als wenn man einen Zaubertrick erschafft vor der Kamera. Die Kunst ist ebenfalls ein wichtiger Faktor. Ein Effekt muss nahtlos in eine Szene verschmelzen. Es nützt nichts, einfach nur einen Effekt zu zeigen. Er sollte der Geschichte dienen.

Eine weitere wichtige Fähigkeit ist es, Storyboards zu zeichnen. Diese Zeichnungen demonstrieren die visuelle Komposition und Aktion, die in einer Szene vorkommt. Es hilft den Ansatz einer Szene zu illustrieren. Manchmal genügt auch eine einfache Skizze. Keine hohe Konzeptkunst, sondern vernünftige Kompetenz und Denkweise sind hier gefragt.

Tatsächlich ist die beste Methode zu erlernen, wie ein Effekt funktioniert, wenn man selbst einen Film dreht. Wir haben unsere eigenen Filme als junge Menschen gedreht, und es ist verblüffend, wie hilfreich das für unsere späteren Karrieren war.

Heutige visuelle Effekte gibt es mittlerweile preiswert frei Haus. Sei es als Demo- oder als Testsoftware. Eine gute Möglichkeit zum Üben ist es, mit einer Software seine Lieblingsszene eines Films versuchen nachzustellen. Wir haben das mit Die Zeitmaschine getan. Obwohl wir das ja eher praktisch getan haben (mit Paintings und Miniaturen), so funktioniert das auch digital.

Und ganz wichtig: üben, üben, üben und ausprobieren. Immer wieder. Auch wenn es mal frustrierend ist, eine gute Arbeitsmoral ist absolut notwendig. Ernsthaft; wir engagieren nur Leute mit einer guten Einstellung und achten weniger auf Talent.

Das haben Sie was Wahres gesagt. Und es zahlt sich ja aus. Ich glaube zwar nicht, dass Filme gemacht werden, um Preise zu gewinnen, sie werden schließlich dazu gemacht, das Publikum zu erreichen. Dennoch ist Anerkennung ganz wichtig. Was denken Sie über Ihre Arbeit im Film? Ist die rein technisch zu betrachten oder schon Kunst? Bekommt SFX genug Aufmerksamkeit?

Nun, es ist schon schön, einen Preis zu gewinnen ohne Zweifel. Es bestätigt ja die gute Arbeit. Es ist auch wichtig, hohe Standards zu setzen. Aber letzten Endes ist es das Publikum im Kino, das für unsere Arbeit bezahl. Also müssen wir ihnen das Beste geben, was wir können. Und dafür stehen wir ja mit unseren Namen. Die Kunst stand schon immer an erster Stelle statt Technik. Der Wert eines Bildes ist genauso wichtig wie die Technik, es zu zeichnen. Das war auch immer unsere Philosophie. Robert und ich sind vom Herzen her gerne Filmemacher. Filme zu drehen ist so ein kollaboratives Unterfangen mit vielen Kompromissen, die man schließen muss im Sinne der Spezialeffekte. Sie sollen der Geschichte dienen und nicht der Star des Films sein.

Viele populäre Filme heutzutage wie die ganzen Superhelden-Filme sind ein gutes Beispiel dafür, dass die Spezialeffekte der Star des Films sind. Wir werden überschüttet mit jedem Trick, jeder Aktion oder Explosion, die spektakulärer sein will als irgendetwas davor. Das wird von dem Publikum anerkannt. Aber am Ende eines Filmes wissen die meisten Zuschauer nicht – oder es ist Ihnen egal –, wie viel hundert Künstler und Techniker dazu nötig waren, diese Extravaganz zu zeigen.

Wo Sie gerade von aktuellen Filmen sprechen. Wie denken Sie über CGI, auch im Vergleich zu den Effekten der vergangenen Tage?

Wie ich bereits sagte, haben visuelle Effekte in heutigen Blockbustern einen enorm hohen prozentualen Anteil. Die Mehrheit davon ist CGI. Und generell kann man sagen, dass das Publikum diese Effekte eher unterteilt in »diese CGI-Effekte sind eindrucksvoll« und »das ist ziemlich schlecht gemacht«. Die Erwartungen des Publikums werden immer größer, weil sie immer mehr gefüttert werden. Die Möglichkeit die CGI bietet ist es ja, dass nun alles möglich ist zu zeigen, was man sich vorstellen kann. Und das wird bis zum Exzess geführt.

Vor nicht allzu langer Zeit, bevor der Computer allgegenwärtig war, waren die praktischen Effekte atemberaubend. Wenn jemand zum Beispiel im Film James Bond 007 – Der Spion, der mich liebte (1977) von einem Kliff springt und den Fallschirm öffnet, war das fantastisch. Und jetzt hängt angeblich Tom Cruise an einen Helikopter oder macht Freeclimbing. Das ist aber nichts Aufregendes, wenn man bedenkt, das sind CG-Stuntmänner. Es geht alles in die Richtung. Ich glaube es benötigt eine gewisse Balance, denn Action alleine bringt nichts.

Man kann durchaus Geschichten mit Herz und Seele und traditionelle und Computereffekte verbinden. Ein sehr gutes Beispiel ist Titanic. Obwohl Cameron viel CGI einsetzte, wenn es gebraucht wurde, da man viele Dinge mit den traditionellen Effekten nicht hinbekam, waren viele Effekte dennoch physisch. Das Wort benutzte ich lieber als »old school«. Das klingt eher abwertend. Wenn man beispielsweise eine Szene dreht, in der ein Stuntman von einem Auto getroffen wird, oder ein richtiges Gebäude in die Luft fliegt, ist das schon »old School«? Ich denke nicht. Grundsätzlich gilt: Benutze das beste Werkzeug für den Job. Man zerschlägt ja auch kein Stück Holz mit einem Hammer.

Wenn man mal zurückblickt auf Ihre bisherige Karriere, stellt man fest, dass Sie viel Genrefilme gemacht haben. Glauben Sie, dass solche Filme etwas dem Publikum vermitteln können, was andere Genres nicht können?

Welcher Film mir jetzt auf Anhieb einfällt, in dem wir involviert waren und der so etwas transportierte, ist Terminator 2. Wir haben hier anschaulich illustriert, was passieren kann, wenn nukleare Waffen Los Angeles zerstören. Obwohl hier das fiktionale Skynet der Antreiber war, hatte es doch den generellen Zweck des Zeigens dieses Horrors in einem länderübergreifenden Konflikt. Ein weiterer zentraler Baustein der Geschichte ist die Entwicklung von künstlicher Intelligenz. So weit weg von dieser Entwicklung sind wir nicht. Es ist durchaus möglich, dass die Menschheit die Kontrolle über sich selbst verliert. Die Entscheidung, diesen Weg zu gehen, scheint vorherbestimmt. Es gibt keinen Beweis, dass dem nicht so ist.

Ein weiteres Beispiel ist Die Klapperschlange. Der Film steht für das Verbrechen in einer großen Stadt. New York war zu dieser Zeit ein sehr grobes Pflaster. Wenn man ein paar alberne Aspekte weglassen würde, dann kann man schon ein wenig Einfluss solcher Tatsachen erkennen. Im Nachhinein ist es doch ein bisschen beunruhigend, wenn man bedenkt, wir zeigten den Absturz der Präsidentenmaschine in ein Gebäude. Eine Vorhersehung von 9/11? Es war nicht das World Trade Center, obwohl Snake Plisken darauf landete.

Vor einiger Zeit stellte Robert eine Präsentation russischer Science-Fiction-Filme zusammen namens *Red Star Rising*. Der Zweck war, die große Anzahl von Filmen aus der Sowjet-Ära zu zeigen, die die westliche Welt nicht kennt. Es half, alte Filmnegative für die Nachwelt zu erhalten. Man konnte einen großartigen Einblick hinter den Kulissen erlangen. Wie die Spezialeffekte erschaffen wurden und wie gut diese bis heute aussehen. Aber der wahre Grund, warum diese Zusammenstellung so interessant ist, ist, dass diese Filme versteckte politische Kommentare zeigen während der kommunistischen Diktatur. Versteckte Nachrichten der Härte und Repression von fiktionalen Charakteren auf anderen Planeten.

Das führt mich zu Star Trek. Obwohl wir nie an diesen Filmen und Serien gearbeitet haben, bin ich dennoch damit verbunden. Meine Frau Dorothy Fontana war die Drehbuchautorin von Star Trek. Wie die Tumulte der 1960er Jahre in Amerika in der Serie verarbeitet wurden, ist großartig. In einer Zeit voller Rassenkonflikte küsst ein weißer Mann eine schwarze Frau im Fernsehen! Und auch Dr. McCoy sagte: »Es gibt gewisse Absolutheiten, Mr. Spock, und einer von ihnen ist das Recht der Humanoiden auf eine freie Umgebung, das Recht, Bedingungen zu haben, die Wachstum erlauben«. Wo wir wieder bei den Russen sind.

Ich weiß nicht, ob so etwas überhaupt einen Effekt auf Menschen hat. Ist die Welt besser geworden, weil wir dies gesehen haben? Vielleicht, es ist ein stetiger Prozess.

Wie wahr. Sagen Sie, gibt es etwas, was wir in näherer Zukunft wieder von Ihnen sehen können, oder gibt es etwas, was Sie schon immer machen wollten?

Nun, wir sind gerade dabei, für James Cameron etwas zu restaurieren für ein Privatmuseum. Viele Miniaturen aus seinen Filmen lagern irgendwo in Hollywood. Zum Beispiel das wundervolle 13 Meter lange Modell der Titanic, das für den Film benutzt wurde, genauso wie die versunkene Version, der Maschinenraum sowie einige kleinere Sets und das Auto im Laderaum. Also das Auto, in dem Rose und Jack sich lieben. Auch werden Modelle aus The Abyss, der Harrier Jet aus True Lies, die Alien Queen und der Power Loader von Aliens restauriert. Was für eine Sammlung. Die Jahre, die diese Modelle in den Lageräumen verschwunden sind, haben ihnen nicht gutgetan. Wir müssen viel ersetzen.

Robert und ich planen gerade selbst einen Film. Robert schreibt das Drehbuch. Es ist so etwas wie Erweiterung und Fortführung eines Films, den wir schon drehten, als wir jung waren und den wir »Weltraum Film« nannten. Aber wir konnten ihn nicht zu Ende führen. Da wir mit allen Formen der Science-Fiction aufgewachsen sind, war das nur ein natürliches Verlangen, etwas in diese Richtung wieder zu machen. Aber damals hatten wir nicht das Geld, um etwas Tolles zu drehen. Wir hatten alle Formen der Unterstützung von unseren Eltern, aber wir waren nicht wohlhabend. Heute können wir das realisieren. Robert und ein paar Freunde gestalten und bauen grade die Sets aus preisgünstigem Material. Einiges sind Ideen, die wir für frühere Filme mal verworfen haben. Da sind einige Schätze dabei. Wir arbeiten dran. Ohne Deadline, aber mit einem persönlichen zeitlichen Limit. Wartet´s nur ab!

Ein weiteres Projekt ist ein Magazin, welches wir rausbringen wollen. Es ist eine Art retrospektivisches Magazin. Wir präsentieren dort Filme, mit denen wir aufgewachsen sind, die aber keine große Beachtung gefunden haben, als sie erschienen. Fast im Sinne des alten Fanzines *Fantascene* aus den 70ern, welches wir herausgebracht haben. Aber das neue Magazin geht tiefer in Filme wie Invasion vom Mars, WELTRAUMSCHIFF MR-1 GIBT KEINE ANTWORT (1959) oder natürlich KAMPF DER WELTEN. Es gibt so viele tolle Filme aus den 1950er und 60er Jahren, die eher als unwichtig und blöd behandelt worden sind von der breiten Öffentlichkeit. Aber nicht bei uns!

Da freue ich mich schon drauf. Sie haben also eine Menge zu tun. Aber lassen Sie mich noch eine letzte Frage stellen. Was war, neben der »Alienqueen« aus ALIENS, der schwierigste Effekt, an dem Sie jemals gearbeitet haben?

Wenn ich nun einen wirklich schwierigen Effekt raussuchen müsste, dann wäre das die komplette Sequenz in TERMINATOR 2, die wir »Sarah Connor´s Nightmare« nannten. Die Szene zeigt einen Traum von Sarah, bei dem Los Angeles von nuklearen Waffen getroffen und alles vernichtet wird. Eine sehr kraftvolle Szene. Robert war dafür hauptverantwortlich. Sie basierte vornehmlich auf Material echter Atomtest in den USA in den 1950er Jahren. Unser Versuch, die katastrophale Destruktion auf realistische Art und Weise darzustellen, mit so gut wie keinen CGI, war eine Herausforderung. Zu dieser Zeit gab es keine Computersimulation, die das, was wir zeigen wollten, möglich machte. Es wurde extra für diesen Film eine Software entwickelt von einigen Freunden von uns: Electric Image. Es gab in der Tat nur eine einzige Sache in dieser Szene, die aus CGI besteht. Es waren »Schattenelemente« der Gebäude, die in den Großaufnahmen der Stadt zu sehen sind. Diese wurden kombiniert mit handgemachten Effekten wie Matte Paintings, Projektionen, doppelte Belichtungen und explodierende Miniaturen. Es ist fast unmöglich, das alles hier zu beschreiben. Robert hat das mal gemacht. Ihr könnt ja mal googlen, um Details zu erfahren.

Die Zerstörung der Miniaturgebäude, der Autos, Busse, Palmen und andere Teile der Stadt war langwierig. Aus irgendeinem Grund brauchten wir immer acht Takes für eine Szene der Sequenz. Irgendwas funktionierte immer nicht. Und es waren immer acht Takes, bis alles im Kasten war. Der Wiederaufbau der Gebäude und Fahrzeuge, und das immer und immer wieder, war quälend. Und das alles ohne digitale Nachbearbeitung, um die Probleme zu lösen. Alles wurde exakt so vor der Kamera gemacht. Und Robert bekam einen Oscar für die besten Spezialeffekte dafür.

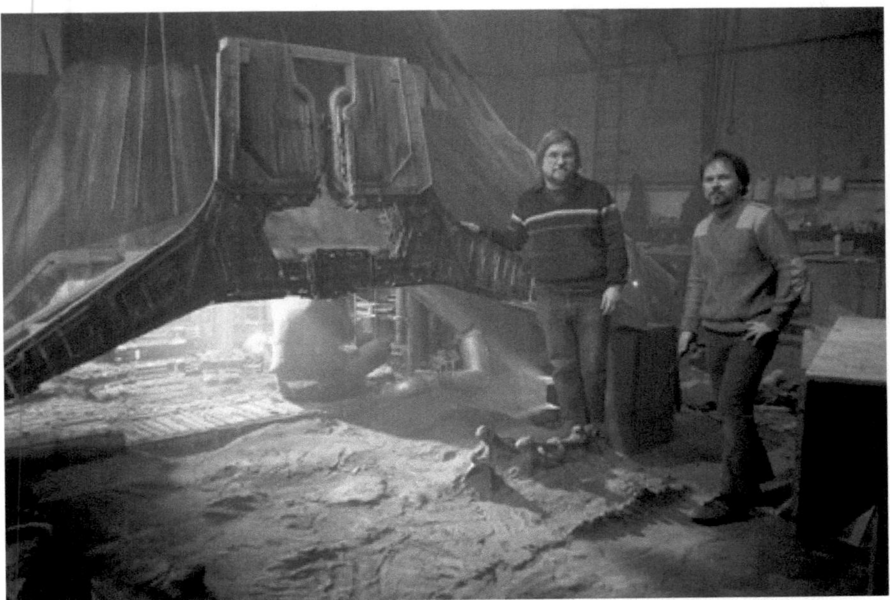

Abb. 16.10 Dennis und Robert Skotak mit dem Atmosphärenumwandler aus ALIENS.

17. Epilog: Ein Gespräch über den Film mit Dr. Rolf Giesen

Die Aufschlüsselung des Bildes

Dr. phil. Rolf Giesen, geboren am 4. Juli 1953, arbeitet sowohl in Deutschland als auch in China als Dozent, Gastprofessor, Autor, Drehbuchautor und Rezensent mit dem Schwerpunkt VFX und Animation. Er organisierte Ausstellungen und erhielt den Animafest Zagreb 2022 Award for Outstanding Contributions to Animation Studies. Ich sprach mit ihm über die Vergangenheit, Gegenwart und Zukunft des modernen Kinos.

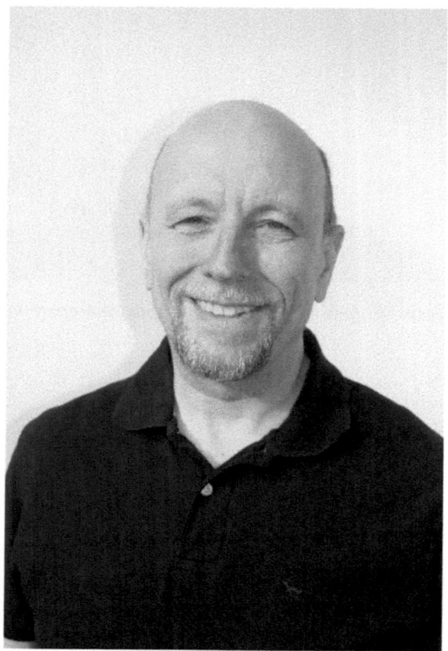

Abb. 17.1 Rolf Giesen

Till Bamberg) Sie haben mir einmal gesagt, dass visuelle Effekte mehr mit Krieg als mit Frieden zu tun zu haben scheinen. Was meinen Sie damit?

Rolf Giesen) Nie wieder Krieg! Dachten unsere Väter, die die Hölle des Zweiten Weltkriegs überlebt hatten. Nie wieder Krieg! Dachten wir nach Vietnam. KRIEG DER STERNE hat dazu beigetragen, dass dieser Traum nicht wahr wurde. In Berlin boten zwei Kirchen spezielle KRIEG DER STERNE-Gottesdienste an. Klimawandel, Überbevölkerung, die COVID-19-Pandemie, Inflation, Hungersnot, Migration, und zu allem Überfluss treten wir in eine neue Ära des Krieges ein, lokal und global. In eine Epochenwende, die auf das Zeitalter der Virtualisierung zusteuert. Dank der Massenmedien wurden wir schon vor langer Zeit für den kommenden Krieg fit gemacht. Für Krieg und Selbstzerstörung. Kino und Fernsehen haben in diesem Szenario – und in meinem Leben – eine wichtige Rolle gespielt.

So wie es sich anhört, gehören Sie nicht zur Generation KRIEG DER STERNE, oder?

Nein, ich und meine Kumpels waren Kinder der Zähne der Hydra – um Jason und die Argonauten zu zitieren. Ich bin in den 1950er Jahren in schwierigen Familienverhältnissen aufgewachsen. Ich hatte sogar Angst, ins Kino zu gehen, als ich fünf Jahre alt war. Ich überwand meine Angst und sah schließlich Anfang 1959 SINDBADS SIEBENTE REISE. Ray Harryhausen, dessen Freund ich 25 Jahre später wurde, sagte, dass es die Grausamkeit war, die Kinder zu diesem Film hinzog. Für ein Kind war es also der richtige Einstieg, für mich und auch für einige der besten STAR WARS-Effektdesigner wie Dennis Muren. In jenen Tagen gab es, zumindest in Deutschland, nicht viele Informationen darüber, wie diese Filme gemacht wurden. Mein Vater erzählte mir, dass es mit Hilfe von Puppenanimation gemacht wurde, wie bei KING KONG. Er hatte ihn gesehen und viel darüber gesprochen, wie übrigens Hitler auch. Beide endeten im Zweiten Weltkrieg: Hitler als Massenmörder, mein Vater als einer, der nicht versuchte, jemanden zu erschießen. Was als Soldat in einem Krieg schwierig war. Einmal gab es auf einem Bahnhof, auf dem sie auf dem Weg zur russischen Front übernachteten, einen Aufstand wegen eines Deportierten aus einem anderen Zug von Todgeweihten. Dieser Mann hatte drei Zigarren »gestohlen«. Ein Offizier sagte zu meinem Vater: »Erschießt ihn!« Mein Vater behauptete, dass er diesen Befehl verweigert habe. Daraufhin nahm der Offizier das Gewehr meines Vaters und erschoss den Unglücklichen. Trotzdem stritten sich mein Vater und mein Großvater später darüber, welcher Weltkrieg der härtere war, und mein Großvater sagte immer: »Im ersten haben wir auch nicht auf Erbsen geschossen.« Beide liebten es, Kriegsfilme zu sehen, die sich in der Zeit des Kalten Krieges verbreiteten. Reich an Effekten, wie Die Kanonen von Navarone (1961), bis hin zum deutschen Soldatensender Calais (1960). Leider basierte auch der »Eskapismus« der Science-Fiction-Filme, die ich mochte, auf Krieg: Metaluna IV antwortet nicht (1955), Weltraumbestien (1957), Krieg im Weltenraum (1959). Und die riesigen Monster, die die Bildschirme bevölkerten, waren oft das Produkt der Atombombe. Während der Kuba-Krise wurden Broschüren verteilt, in denen stand, wie man sich am besten im Kohlenkeller versteckt. Das sind Eindrücke aus der Nachkriegszeit.

Aber was hat Ihr Interesse an SFX und Animation geweckt?

Ich wollte schon sehr früh herausfinden, wie diese Dinge gemacht werden. Ich bin meinem Vater auf die Nerven gegangen und habe zwei Bücher bekommen, die für mich wichtig wurden: *Walt Disney: The Art of Animation* von Bob Thomas und *The New Trickfilm School* von H. C. Opfermann, einem Farbexperten und Autor von Schachbüchern, und Georg Kramer, einem Münchner Fernsehkameramann. Für mich waren VFX und Animation, dank Harryhausen, ein und dasselbe Spielfeld. Einige Biographien wurden durch einen Hintergrund in beiden Arbeitsbereichen geprägt: Ub Iwerks in Amerika, Gerhard Huttula und Werner Hierl in Deutschland. Der Rest war das Studium von 8-mm-Disneyfilmen, Bild für Bild. Mit sechs Jahren habe ich mich sogar an 2D-Animationen versucht und eine Nashornfigur erstellt. Das war natürlich, bevor ich die Bücher gelesen hatte. Ich hatte ein gewisses Zeichentalent, aber keine Geduld: Nach drei Zeichnungen, die auch den Hintergrund einschlossen, wie in der Urzeit der Animationsfilme, warf ich den Stift weg. Mein Beruf sollte es sein, darüber zu schreiben, nicht, es zu machen. Als ich vor fünfzig Jahren nach Berlin kam, sah ich zum Glück all diese amerikanischen Fachzeitschriften. Ich liebte diese unschuldigen B-Movies, über die sie schrieben, und spürte die absolute Hingabe von Meistern wie Harryhausen oder Jim Danforth. Es gab sogar einige Retrospektiven von Fantasy-Filmen in Berlin, und ich hatte die Gelegenheit, alles, was wichtig war, auf einer Kinoleinwand zu sehen, manchmal spät in der Nacht. Dann kam Krieg der Sterne und alles war vorbei, zumindest für mich. Ich nannte es den Anfang vom Ende.

Wieso dieses?

Die Unschuld war verschwunden. Die Handlung war Flickwerk, die Geschichte hätte direkt aus den alten Serien kopiert werden können – und das war sie ja auch –, aber die visuelle Form war größer als alles, was wir zu dieser Zeit kannten. »2001« ausgenommen. Und es war mehr als nur ein Film. Es war eine Weltanschauung. Eine ganze Generation von Kindern wurde damals von der Idee zukünftiger Kriege und von futuristischem Kriegsspielzeug angesteckt. Im Laufe der Jahre habe ich in Bereichen gearbeitet, die für die mit diesem Thema verbundenen Fragen relevant sind: Animation, VFX und die Geschichte der Propagandafilme aus der Zeit des so genannten Dritten Reichs. Und ich wusste, dass es nichts mit der Zukunft zu tun hatte, wie sie zum Beispiel in Jahr 2022 … die überleben wollen (1973) beschrieben wurde, das uns so sehr beeindruckte. Es war die Vergangenheit, die sich als Zukunft verkleidete. Denn was war Krieg der Sterne in seiner ursprünglichen Verpackung anderes als der Zweite Weltkrieg im Weltraum? Ich konnte mich der Tragödie, die der Krieg über die Welt gebracht hat, nicht entziehen.

Können Sie die Parallelen beschreiben, die Sie gesehen haben?

Viele der X-Flügel-VFX-Elemente in Krieg der Sterne wurden sozusagen Bild für Bild aus Aufnahmen von Luftkämpfen aus Wochenschauen, darunter auch Trickaufnahmen der Nazis, modelliert – und aus Mai 1943 – Die Zerstörung der Talsperren, einem britischen Kriegsfilm von 1955, der einen Luftangriff von Avro-Lancaster-Bombern auf einen Staudamm am Möhnesee am 16. und 17. Mai 1943 beschreibt.

Eine der wichtigsten Visionen, die George Lucas laut eigener Aussage zu Anfang von dem Film hatte, war ein Luftkampf im Weltraum mit Raumschiffen. Zwei Schiffe, die durch den Raum fliegen und aufeinander schießen. Das war die ursprüngliche Idee. Tatsächlich studierte Lucas stundenlang Luftaufnahmen aus dem Zweiten Weltkrieg und verwendete sogar Clips als Platzhalter, bevor die Spezialeffekte eingefügt wurden! Das Gewächshaus-Cockpit und die Geschütztürme an Bord des Millennium Falcon könnten von der Boeing B-29 Superfortress stammen, die die Atombomben auf Hiroshima und Nagasaki abwarf.

Aber kurz bevor der erste Krieg der Sterne in Produktion ging, hatte Richard Nixon das Weiße Haus verlassen und Vietnam war vorbei.

Ja, die Dreharbeiten für den allerersten Krieg der Sterne, heute Episode IV einer Geldmachersaga, einer neuen Art von Nibelungenlied, fanden 1975 statt. Im Jahr des Falls von Saigon, der das Ende des Vietnamkriegs bedeutete. Am 9. August 1974 trat Richard Nixon zurück und wurde unsterblich als Vorbild für den Imperator, der die Familienbande spaltete. Das ist wahr. Zu dieser Zeit hielt sich die Kriegsbegeisterung der amerikanischen Nation in Grenzen, auch die Begeisterung für die vom Militär kontrollierte Raumfahrt. Die Idee der Weltraumforschung hatte nach der Mondlandung 1969 einen Rückschlag erlitten. Aber Lucas war derjenige, der sie wiederbeleben sollte. Das war sein klares Ziel. Lucas war die Wiedergeburt von Walt Disney. Und die heutige Idealbesetzung des Imperators wäre Putin. Sie sehen, wie austauschbar die ideologischen Stereotypen sind: zeitlose Propaganda. Was hätte Goebbels wohl getan, wenn er solche Täuschungsmittel zur Verfügung gehabt hätte?

Disney unterstützte auch die Erforschung des Weltraums?

Im März 1955 sahen schätzungsweise zweiundvierzig Millionen Zuschauer die erste Sendung der von Walt Disney und Wernher von Braun, dem Organisator der V2-Raketenexperimente in Nazideutschland, entwickelten Serie Man in Space. Die Animation ermöglichte es, die Vision des Ex-Nazis von der Eroberung des Weltraums zu vermitteln. Angeblich bat Präsident Eisenhower Disney um eine Kopie, um sie seinen Generälen zu zeigen. Unter den Millionen von Amerikanern vor den Fernsehgeräten befand sich sicherlich auch ein junger George Lucas. Und ich, einer von Millionen junger Fernsehzuschauer, als 1966 eine deutsche Raumpatrouille ins Weltall startete, wusste nicht, dass Wernher von Braun hinter dem Bildschirm seine helfende Hand gereicht hatte. Der Krieg im Weltraum war längst vorbereitet worden.

Sie sagen, dass die Medien nach dem Zweiten Weltkrieg und Vietnam ein kriegsmüdes Amerika aufgewiegelt haben?

Ironischerweise beschäftigte Lucas hinter den Bildschirmen, in seinen Industrial Light & Magic-Einrichtungen, Vietnam-Veteranen, die noch nie zuvor in Hollywood gearbeitet hatten. Nicht gewerkschaftlich organisierte VFX-Arbeiter, die ein festes wöchentliches »Gehalt« erhielten. Das nur einen Bruchteil des 40-Stunden-Grundlohns ihrer gewerkschaftlich organisierten Kollegen betrug. Das Krieg der Sterne-VFX-Arbeitsmenü bestand für viele aus einer Sechs-Tage-, 60- bis 80-Stunden-Woche, ohne Überstunden, ohne Gewerkschaftsrente, Sozialleistungen und Urlaubsgeld. Der Grund: Die VFX-Arbeiten sollten 300 % weniger kosten, als wenn die schrecklichen VFX-Arbeiter der Gewerkschaft den Film gemacht hätten.

Diese Leute waren keine Kriegstreiber. Im Februar 1985, als ich meine erste große Special-Effects-Ausstellung in Berlin organisierte, wurden drei Kollegen von ILM zu einer Fernsehsendung eingeladen und gefragt, was sie von Ronald Reagans Strategic Defense Initiative hielten. Sie waren beunruhigt. Sie waren sicherlich keine Befürworter von Reagans SDI-Politik. Aber zur gleichen Zeit brachte *Der Spiegel* ein Titelbild von Reagan, der als Lord Darth Vader verkleidet war. Zwei weitere Interviewpartner in dieser Sendung repräsentierten übrigens die deutschen Extreme.

Wim Wenders, auf seinem langen Marsch in den Pantheon der Langeweile, erklärte kategorisch, dass für ihn Spezialeffekte besondere Fehler sind. Roland Emmerich, der zu diesem Zeitpunkt seinen zweiten Spielfilm fertigstellte, sollte bald begreifen, dass er in Deutschland keine Topfpflanze gewinnen konnte. Nachdem böse Stimmen seinen MOON 44 (1989) zerrissen hatten, verschwand er Richtung Hollywood – Geld hatte sein Vater genug – und kehrte triumphierend nach Deutschland zurück: Für INDEPENDENCE DAY (1996), die Blockbuster-Version von Harryhausens Low-Budget-Film FLIEGENDE UNTERTASSEN GREIFEN AN (1956), hätte er zwar keinen Oscar verdient, aber das Eiserne Kreuz, die berüchtigte militärische Auszeichnung des Deutschen Reiches.

George Lucas, der diesen Trend ins Leben rief, verdiente allein mit dem Merchandising Millionen, verkaufte aber 2012 für vier Milliarden Dollar an keinen Geringeren als Disney, die Firma des verstorbenen Patriarchen. Eigentlich war es schon seit einigen Jahren in aller Munde, dass Lucas verkaufen wollte.

Wann haben Sie die ersten Gerüchte des Verkaufs gehört?

Das war 2010, als Dennis Muren und seine Frau mich in Berlin besuchten. Wir waren auf dem Weg zu den Studios in Babelsberg und Dennis beklagte sich, dass es vorbei sei, dass alles weg sei. »Warum?« fragte ich ihn, »warum ist es vorbei?« – Er sagte: »Wenn wir bei ILM ein digitales Matte Painting machen, verlangen wir – sagen wir: 10.000 Dollar. In Indien machen sie das Gleiche für 500 Dollar, inklusive Korrekturen.« Dieser Trend hält bis zum heutigen Tag an. Oscars helfen amerikanischen Experten im Wettbewerb mit Firmen aus China oder Indien kaum. Die so genannte digitale Revolution verschlingt ihre Schöpfer. Während wir unser Medium immer noch Film nennen, nannten es die Chinesen schon immer diànying – elektrische Schatten, elektrisches Schattenspiel.

Vergangenheit und Zukunft sind integrale Bestandteile der chinesischen Denkweise. Deshalb werden sie uns auf Gedeih und Verderb voraus sein. Disney hat einfach die Reste eingesammelt. Wie ein gigantischer Staubsauger hat das Walt-Disney-Imperium alle Franchises aufgesaugt, die man sich nur wünschen kann: Neben den eigenen mausohrigen Marken, neben Themenparks in den Vereinigten Staaten, Frankreich, Japan und China und neben KRIEG DER STERNE gehören Disney auch 20th Century Fox und das Marvel Cinematic Universe. Sie alle haben ihre Bilder an eine Maus verkauft, die in den späten 1920er Jahren in ein paar billigen Zeichentrickfilmen zu brüllen begann.

Nachdem das Geschäft abgeschlossen war, schien Lucas Gewissensbisse zu haben. In einem Interview mit Charlie Rose bedauerte er zwar seine Entscheidung: »Ich habe sie an die weißen Sklavenhändler verkauft, die diese Dinge nehmen, und...« Später entschuldigte er sich für diese Bemerkung, aber er blieb unglücklich. Vor allem als Disney seine Ratschläge bezüglich des Endes der Trilogie zunichtemachte: »Sie waren sowieso nicht sehr erpicht darauf, mich mit einzubeziehen – aber wenn ich da reinkomme, werde ich nur Ärger machen, weil sie nicht das tun werden, was ich von ihnen will. Und dazu habe ich keine Kontrolle mehr, und ich würde nur noch alles vermasseln. Also habe ich gesagt: 'OK, ich gehe meinen Weg und lasse sie ihren Weg gehen'«. Blockbuster-Unterhaltung, die sich für eine Milliarde Dollar verkauft, ist disneyfiziert worden.

George Lucas forderte einst, die Mittel zur Herstellung semiprofessioneller Bilder zu »demokratisieren«. Das Ergebnis ist jeden Tag auf YouTube oder Youku in China zu sehen, einem noch recht jungen Medium, das in seiner kurzen Geschichte bereits Milliarden von bewegten Bildern enthält. Der Bevölkerungsboom führte zu einer Explosion von meist amateurhaften Bildern. Jeder scheint sich berufen zu fühlen, an diesem Kult teilzunehmen. Die Mittelmäßigkeit ist zur Hauptkonkurrenz der Profis geworden. Helmut Herbst, ein verstorbener Professor und Animator, entwickelte eine Theorie über das, was er die Zersetzung von Bildern nannte, die mit Robertsons Phantasmagorien, geisterhaften Laterna Magica-Projektionen im 19. Jahrhundert, begann und mit dem Internet ihr »letztes« Stadium erreichte.

Und was ist das Ergebnis?

Ein neuer Typus von virtuellem Menschen: »The Amazing Transparent Man« ist mit Facebook, Nacktscanner, Überwachungskameras und Flying Eyes-Drohnen Realität geworden, ein Wunschkonzept für den globalen Totalitarismus. Ziel: die Öffnung des menschlichen Unterbewusstseins. Und – kaum zu glauben – die Menschen fragen nach dieser Art von Bewusstseinskontrolle und sind bereit, dafür zu bezahlen – wie Aldous Huxley 1932 in *Schöne neue Welt* voraussagte: um den weltweiten Terrorismus zu bekämpfen und mehr Sicherheit in einem scheinbar goldenen, virtuellen Käfig zu gewinnen. Ich hörte einmal einen YouTube-Manager über die Vorzüge seines Unternehmens sprechen: lebende Menschen! Wir sind mit einer Parallelwelt verbunden, einer Matrix aus digitalen Werkzeugen.

Das ist eine ziemlich pessimistische Sichtweise.

In der Zwischenzeit wurde mein Pessimismus zum Mainstream. Menschen wie ich sind in der Dystopie des Orwellschen Geistes aufgewachsen. Wir müssen lernen, die Spreu vom Weizen zu trennen, auszuwählen, was von Wert ist und was nicht. Wir müssen uns darüber im Klaren sein, dass ein Teil der digitalen Medien, ungeachtet ihres wohlwollenden Netzes nützlicher Informationen, die Simulation nichtexistierender realistischer Welten zu einer alltäglichen Angelegenheit macht. Was die digitale Simulation erreicht hat, ist nicht so sehr Realismus, sondern Fotorealismus. Es handelt sich um eine unglaubliche Scheinwelt, in der die Kunst der Animation und der praktischen Spezialeffekte längst überholt ist. Das Ziel ist nicht, unsere sinnliche und physische Erfahrung zu kopieren, sondern das Bild davon. Schließlich wird aus der bereits geöffneten Büchse der Pandora die Weltherrschaft der Bilderanbetung hervorgehen. Es gibt keine Distanz mehr zu Fantasy-Inhalten. Fantasie ist nichts Besonderes mehr. Sie ist bodenständig und schlicht, wie ein Tagtraum. Karl Marx hat die Religion bekanntlich als Opium des Volkes verunglimpft. Wie hätte er das beschrieben, was heute vor sich geht?

Alles muss »lebensecht« werden. Das war von Anfang an das Hauptziel. Es ging darum, das Bild des Menschen so naturgetreu wie möglich einzufangen und auf möglichst natürliche Weise zu animieren.

Biomechanische Organisationen überwachten und verfolgten die Bewegungen des menschlichen Körpers für die medizinische Forschung. Mehrere Kameras wurden mit einem Computer synchronisiert, um die Bewegungen des Körpers zu überwachen und zu registrieren. Reflektierende oder helle Markierungen an den Hauptbewegungspunkten des Körpers (Ellbogen, Handgelenke, Knie) konnten helfen, die Bewegungen zu verfolgen.

Die Videospielindustrie war eine der ersten, die dieses System in der Unterhaltungsindustrie einführte. Was dann geschah, mag uns an eine Geschichte erinnern, die Jack Finney 1954 schrieb: *Die Körperfresser*. Sie wurde viermal verfilmt, die erste Version unter der Regie von Don Siegel, und inspirierte auch eine Reihe von dümmeren Nachahmungen. Damals, im McCarthyismus des Kalten Krieges, sollten die Pod People die so genannte »kommunistische Bedrohung« darstellen. Aber es gibt eine tiefere Bedeutung.

Finneys »Pod People« sind überall in der Gesellschaft anzutreffen: unaussprechliche »Dämonen«, die von Freunden, Eltern, Verwandten, Ehepartnern und Nachbarn Besitz ergreifen werden. Laut Finney werden sogar Verliebte auf unerklärliche Weise kalt, erliegen Depressionen oder werden Opfer von Demenz – und wir fürchten, dass wir als Nächstes unseren Verstand und unsere Seele verlieren werden!

Werden wir uns unbewusst in digitale Marionetten verwandeln?

Synthetische Schauspieler, die Synthespians der digitalen Bilderwelt, könnten nicht nur unsere physische Identität und unsere Bewegungen übernehmen, sondern eines Tages sogar über eine künstliche Intelligenz verfügen, was ihr Auftreten in einem interaktiven Szenario viel interessanter und unvorhersehbarer machen würde. In interaktiven Umgebungen, die inzwischen erfolgreicher sind als das storymäßig analoge, immer noch lineare Produkt der Filmindustrie, arbeitet man besser mit digitalen Schauspielern, da sie sich am leichtesten von einem Medium zum anderen übertragen lassen. Mehr als 1.000 Schauspielerinnen und Schauspieler wurden bisher bereits gescannt und von einer Firma in Los Angeles digitalisiert. Diese Avatare werden eine virtuelle Spielwiese mit Spielen bevölkern, während wir, die »Originale«, in zahlende Esel eines Pinocchio-Szenarios verwandelt werden. Hersteller und Verbraucher werden sich gleichermaßen an dieses dystopische Szenario anpassen.

Sie haben einmal behauptet, Zeuge gewesen zu sein, wie sich Hollywood dem digitalen Zeitalter geöffnet hat.

Ich war Anfang der 1980er Jahre bei der Produktion von The Last Starfighter dabei, und was vorhergesagt wurde, wurde wahr. Aber wir waren nicht darauf vorbereitet, weil Personal Computer noch nicht zum Mainstream geworden waren. Alle digitalen Bilder von Kubricks »2001« wurden auf analoge Weise gefilmt, mittels 16-mm-Projektion. Tron und Last Starfighter wurden also nicht mit offenen Armen empfangen – aber ein Jahrzehnt später gab es Terminator 2 und Jurassic Park. Das Eis war gebrochen und wir kapitulierten. Und glauben Sie mir: Wenn sie keine Kosten für CGI scheuen, ist es wirklich gut – aber das Massenprodukt ist uniform und seelenlos.

Ein deutscher Produzent, den ich auf die schlechte Qualität der 3D-Animation von Charakteren ansprach, sagte mir, dass er für 12.000 Euro pro Minute nichts Besseres machen kann. Vor mehr als hundert Jahren war Winsor McCay sehr wohl in der Lage, mit Bleistift und Tusche und ganz ohne digitale Hilfsmittel hervorragende Animationen zu erstellen. Warum sollte man Animationsfilme machen, wenn die wichtigste Zutat, die Animation selbst, nach China oder anderswohin ausgelagert wird, nur um Geld zu sparen? Der Kapitalismus hat die Katze getötet, die wir seit unserer Kindheit so sehr geliebt haben. Die direkte Übersetzung des lateinischen Wortes Animation bedeutet, einer künstlichen Figur Seele und Leben zu geben, nicht nur sie zu bewegen. Ihr seht: Ich bin immer noch ein Kind der Zähne der Hydra. Ich liebe dieses Handwerk immer noch. Aber ich habe die Hoffnung auf die Zukunft verloren, denn nicht die Künstler bestimmen, sondern andere Kräfte.

Sie haben sie verschwinden sehen?

Ich habe sie verschwinden sehen. Kurz bevor mein Freund Albert Whitlock, einer der großen Matte Artists, der Parkinson-Krankheit erlag, bat er mich, ein letztes Mal unentgeltlich an einer Filmproduktion teil nehmen zu dürfen. Er wollte einfach nur dabei sein, ein paar Ratschläge geben und dann sterben. Niemand, den ich in Deutschland fragte, war bereit, ihm diesen Wunsch zu erfüllen. Sie blieben abweisend und unnahbar. Albert starb, ohne dass sein letzter Wille erfüllt wurde. Bilder verschlingen ihre Kinder, auch die berühmten. In der Welt der zersetzten Bilder ist nichts unsterblich, alles eine Illusion.

18. End Credits

Ich möchte mich hier bei einigen Personen bedanken, ohne die dieses Buch nicht entstehen konnte. Allen voran und mit all meiner Liebe gilt der Dank meiner Frau Maja, die dieses Projekt mitgetragen hat. Sie gab mir Zeit und Willen, dieses Projekt durchzuziehen (was manchmal nicht einfach war).

An zweiter Stelle steht Laurent Ohmansiek, der mich inspirierte, dieses Buch zu initiieren und der mir immer mit Rat und Tat bei Seite stand. Ihm gebührt Dank. Also: Danke, Laurent!

Ich möchte auch einer anderen Person danken, der mich damals, ohne es zu wissen, in die Materie der Spezialeffekte einwies: Dr. Rolf Giesen. Ohne seine Hilfe wäre dieses Buch nicht möglich gewesen. Und diesem Großmeister der guten alten Wirkungsschule bin ich unendlich dankbar, dass er ein Kapitel zu diesem Buch beigesteuert hat. Denn er war nicht nur von der Materie des Inhalts überzeugt, sondern hat sie auch uns allen im deutschsprachigen Raum nahegebracht, zu einer Zeit weit vor dem Internet.

Natürlich muss ich all den Künstlern dieses Buches danken, dass sie sich Zeit genommen haben mitzuwirken. Jeder war hoch motiviert und sehr kommunikativ und freundlich. Ohne sie hätte das alles keinen Sinn gehabt. In diesem Sinne meinen vollen Dank und meinen höchsten Respekt an Gino Acevedo, Enrico Altmann, John Dods, Andrea Ferrari, Alec Gillis, Jaques Haitkin, Gustav Hoegen, Doug McCarthy, Bruce McRae, John Ottman, Gary Pollard, Stephen Santangelo, Frank Schlegel, Dennis Skotak, David L. Snyder, Mark Sullivan, Harry Walton und Simon Weisse.

Von diesen Künstlern abgesehen möchte ich mich aber bei den vielen anderen Meistern der Spezialeffekte bedanken, die so vieles möglich gemacht haben und die hier nicht zur Sprache gekommen sind. Die alle aufzuzählen ist unmöglich. Was aber bleibt ist die Gewissheit, dass ihre Werke gemacht wurden für die Ewigkeit und hoffentlich noch viele Generationen begeistern werden.

Filmverzeichnis

Bildnachweis

Abbildung 1.1 – 1.4: Eigentum von und Freigabe durch Stephen R. Santangelo
Abbildung 2.1 – 2.5: Eigentum von und Freigabe durch David L. Snyder
Abbildung 3.1 – 3.6: Eigentum von und Freigabe durch Jaques Haitkin
Abbildung 4.1: Eigentum von und Freigabe durch Gino Acevedo
Abbildung 4.2 – 4.4: Eigentum von und Freigabe durch Alec Gillis
Abbildung 5.1 – 5.5: Eigentum von und Freigabe durch John Dods
Abbildung 6.1 – 6.7: Eigentum von und Freigabe durch Gary Pollard
Abbildung 7.1: Eigentum von und Freigabe durch Harry Walton Collection
Abbildung 7.2: Eigentum von und Freigabe durch Harry Walton
Abbildung 7.3 – 7.9: Eigentum von und Freigabe durch Harry Walton Collection
Abbildung 8.1 – 8.3: Eigentum von und Freigabe durch Mark Sullivan
Abbildung 9.1 & 9.2: Eigentum von und Freigabe durch Simon Weisse
Abbildung 9.3 & 9.10: Eigentum von und Freigabe durch Doug MacCarthy
Abbildung 10.1 – 10.3: Eigentum von und Freigabe durch Gustav Hoegen
Abbildung 10.4: 20th Century Fox
Abbildung 11.1 – 11.19: Eigentum von und Freigabe durch Bruce McRae
Abbildung 12.1 -12.5: Eigentum von und Freigabe durch Enrico Altmann
Abbildung 13.1 & 13.2: Eigentum von und Freigabe durch John Ottman
Abbildung 14.1 & 14.2: Eigentum von und Freigabe durch John Ottman
Abbildung 15.1 – 15.2: Eigentum von und Freigabe durch Frank Schlegel
Abbildung 15.3: Studiocanal/Arthaus
Abbildung 16.1 – 16.10: Eigentum von und Freigabe durch Dennis und Robert Skotak
Abbildung 17.1.: Eigentum von und Freigabe durch Rolf Giesen

Weitere Veröffentlichungen des Verlags:

Renatus Töpke:

Films of the Dead. Das Buch der Zombiefilme

500 Seiten, zahlreiche, teils exklusive Abb.
Print: 35 Euro; E-Book: 24,99 Euro

Das griffige Handbuch mit 154 besprochenen Filmwerken stellt Filme, Dokumentationen und Serien vor, die von Untoten erzählen, befasst sich mit ihrer Entstehung, was sie besonders macht und was besser sein könnte. Abgerundet wird dieses blutige Gemetzel durch viele Interviews mit Filmemachern und teils exklusive Fotos.

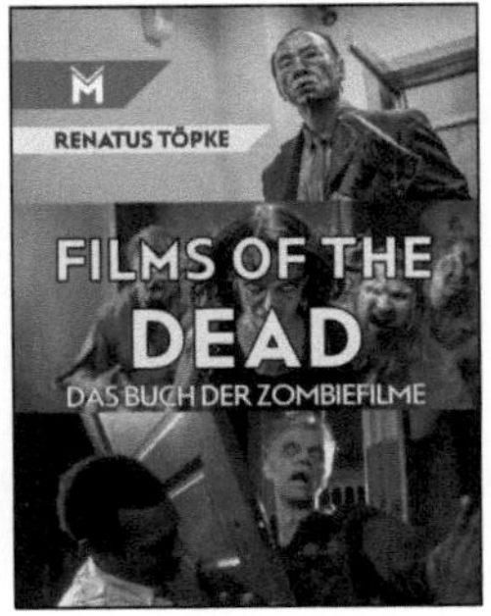

Films of the Dead ist ein Buch der Empfehlungen, des Kreuz- und Querlesens, ein Buch für Genrefans, Entdecker, Filmfreunde und Neugierige.

»Lesevergnügen pur – ein Standardwerk.« (Kinogucker – Filmblog)

Harald Mühlbeyer:

Grindhouse-Kino. Schund – Trash – Exploitation Deluxe!

248 Seiten, viele Abb.
Print: 18,90 Euro, E-Book: 13,99 Euro

Sex und Crime, harte Kerle und willige Frauen, knallende Schießeisen und schnelle Autos, schlitzende Messer und harte Prügel, Kungfu und Monster: Exploitation-Kino zielt auf die niedereren Instinkte. In *Grindhouse-Kino* bündelt Harald Mühlbeyer in assoziativ-verspielten Essays seine Filmerfahrungen und was Grindhouse-Filme auslösen können. Nämlich meistens Lachen, manchmal Erschrecken, und immer wieder ganz neue Einsichten: Grindhouse-Filme als Zeitgeisterbahnfahrten.

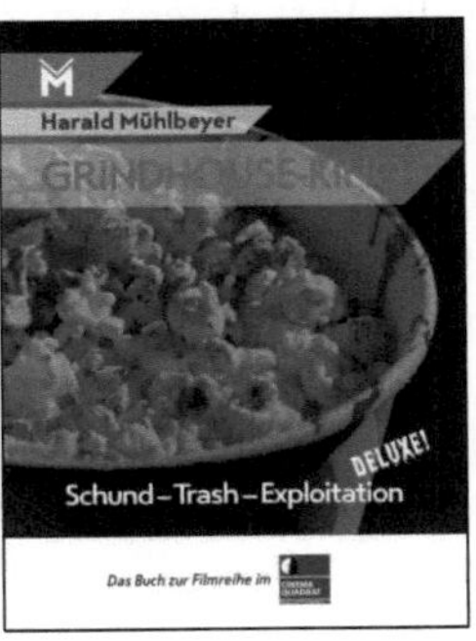

»Selten ein solch unterhaltsames Buch in Händen gehabt!« (Deadline)

Peter Vogl:

Das große Buch des kleinen Horrors. Eine Film-Enzyklopädie

453 Seiten, 555 Abb., 1 Mio. Sarkasmen
Print: 27 Euro; E-Book: 19,99 Euro

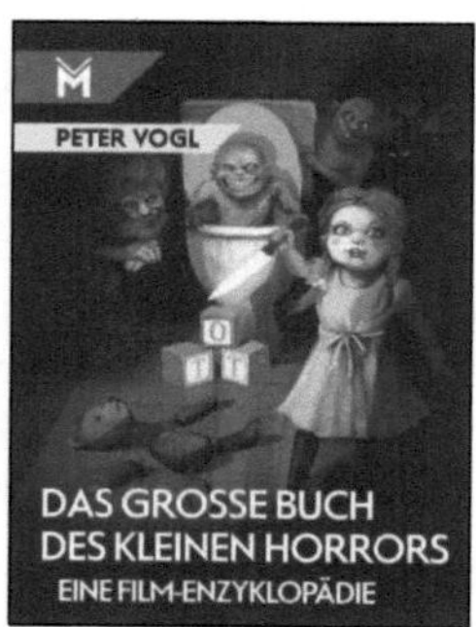

Das große Buch des kleinen Horrors versammelt ausnahmslos alle Filme, in denen kleine Fantasiewesen Terror verbreiten. Dabei wird vor nichts zurückgeschreckt, weder vor dem größten Trash und den tiefsten Untiefen der B-Filme und C-Filme noch vor seelenraubend schlechten Amateurproduktionen. Es finden sich aber auch einige Kultfilme und viele hochqualitative »Tiny Terrors«, die unter anderen von Hollywood-Größen wie Roland Emmerich, Spike Lee, Oliver Stone, Guillermo del Toro und Steven Spielberg produziert wurden.

»Vorsicht: Spaßfaktor hoch!« (culturmag.de)

Peter Vogl:

Hollywood Justice. Selbstjustiz im amerikanischen Film 1915 – 2015

218 Seiten, viele Abb.
Print: 18,90 Euro, E-Book: 14,99 Euro

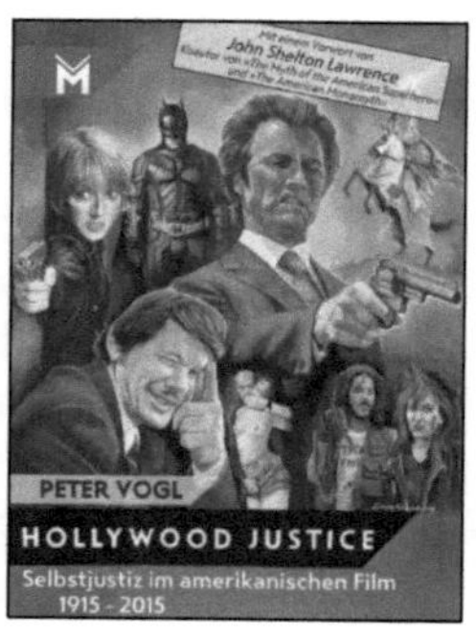

Vigilanten: Sie sind keine bloßen Rächer, sondern vehemente Verfechter von tödlicher Selbsthilfe, die einer gerechten Sache dient. Ein Jahrhundert Selbstjustiz im amerikanischen Film: *Hollywood Justice* von Peter Vogl ist die weltweit erste Veröffentlichung, die alle wichtigen (und einige weniger wichtige) Vertreter eines besonderen Genres vereint, eines dominanten und immer wiederkehrenden Mythos der amerikanischen Kultur. Das Buch ist Nachschlagewerk, historischer Überblick und Analyse in einem. Eine Enzyklopädie filmischen Faustrechts.

»Ein Grundlagenwerk.« (Filmdienst)

Weitere Infos unter www.muehlbeyer-verlag.de!